U0827775

检验检测机构质量工程师手册

Handbook for Quality Assurance Engineer of the Inspection and Testing Institution

# 实验室风险管理理论与实践

杨克军◎主编

Theory and Practice of Laboratory Risk Management

企业管理出版社
ENTERPRISE MANAGEMENT PUBLISHING HOUSE

**图书在版编目（CIP）数据**

实验室风险管理理论与实践 / 杨克军主编. －北京：
企业管理出版社，2022.8

ISBN 978-7-5164-2626-5

Ⅰ.①实… Ⅱ.①杨… Ⅲ.①实验室管理－安全管理
Ⅳ.①G311

中国版本图书馆CIP数据核字(2022)第084915号

**书　　名：**实验室风险管理理论与实践
**书　　号：**ISBN 978-7-5164-2626-5
**作　　者：**杨克军
**责任编辑：**于湘怡
**出版发行：**企业管理出版社
**经　　销：**新华书店
**地　　址：**北京市海淀区紫竹院南路 17 号　　**邮　　编：**100048
**网　　址：**http://www.emph.cn　　**电子信箱：**1502219688@qq.com
**电　　话：**编辑部（010）68701661　发行部（010）68701816
**印　　刷：**河北宝昌佳彩印刷有限公司
**版　　次：**2022 年 8 月 第 1 版
**印　　次：**2022 年 8 月 第 1 次印刷
**规　　格：**700 毫米 × 1000 毫米　　**开　　本：**1/16
**印　　张：**19.75 印张
**字　　数：**445 千字
**定　　价：**78.00 元

**主　　编**　杨克军

**副 主 编**　李　煜　　汪湘玲

**编写人员**　（按姓氏笔画排序）

王思思　王婉婷　刘婷婷　孙英鸿
李　煜　李若丽　李晓帆　杨克军
汪湘玲　张丽君　陈佐威　陈盼盼
赵肖东　胡　思　黄　靓　黄一珺
黄海兵　曾平龙

# 推荐序一

## 外化于行　内化于心

### 一、检验检测在国家高质量发展中的重要作用

2006年，联合国工业发展组织（UNIDO）和国际标准化组织（ISO）正式提出“国家质量基础设施”的概念，将计量、标准化、合格评定（主要包括认证认可、检验检测）并称为国家质量基础的三大支柱。计量是基准，是控制质量的基础；标准是依据，用以引领质量提升；合格评定是手段，控制质量并建立质量信任：三者构成一条完整的链条，是保护消费者权利、提高企业生产力和质量、保护环境、维护生命健康安全的重要技术手段，能够有效支撑国际贸易和可持续发展。现在，国家质量基础设施的概念已为国际社会广泛接受。

在我国，随着消费结构的升级，人们日益向往并追求更高品质的精神文明和物质文明生活，政府也更加重视检验检测在建立质量信任方面的重要作用。2012年1月11日，国务院召开研究部署进一步加强质量工作的常务会议，强调要加强标准、计量、认证认可和检验检测等质量基础工作。

国家“十二五”规划纲要及其系列规划首次将认证认可、检验检测定位为现代新兴服务业。国家“十三五”规划纲要进一步强化了认证认可、检验检测的地位和作用。国家“十四五”规划和2035年远景目标纲要聚焦提高产业创新力，明确要“加快发展研发设计、工业设计、商务咨询、检验检测认证等服务”，并提出了“诚信化、职业化发展”的新路子。

通过近20年的发展，检验检测已经成为我国经济发展的重要新兴经济形态，在服务国家高质量发展中有着不可替代的重要作用。

## 二、我国检验检测机构的发展现状

1. 数量迅速增长

国家市场监督管理总局发布的《2020年度全国检验检测服务业统计简报》显示，截至2020年年底，我国获得资质认定的各类检验检测机构共有48919家，从业人员141.19万人。2020年全年实现营业收入3585.92亿元，出具检验检测报告5.67亿份，平均每天对社会出具各类报告155.34 万份。面对严峻复杂的环境，我国检验检测市场仍然保持了较好的发展。

2. 结构不断优化

《2020年度全国检验检测服务业统计简报》显示，事业单位制检验检测机构比重进一步下降，企业制单位占比首次突破7成。2020年，我国企业制检验检测机构34459家，占机构总量的70.44%；事业单位制检验检测机构11160家，占机构总量的22.81%，近7年呈现明显的逐年下降趋势。

检验检测行业继续保持集约化发展势头。2020年，全国检验检测服务业中，规模以上检验检测机构数量达到6414家，营业收入达到2774.13亿元。年度营业收入在5亿元以上的机构有42家；收入在1亿元以上的机构有481家；收入在5000万元以上的机构有1197家。这些数据表明一大批规模大、水平高、能力强的中国检验检测品牌正在快速形成。

3. 进入资本市场

2009年，随着华测检测（CTI）在深圳创业板成功上市，检验检测行业掀起了一股资本化的浪潮，截至2020年年底，全国检验检测服务业上市企业数量为102家。

4. “小微”型机构数量大幅上涨

《2020年度全国检验检测服务业统计简报》显示：从就业人数来看，100人以下的检验检测机构数量占比达到96.43%，绝大多数检验检测机构属于小微型企业，承受风险能力薄弱；从服务半径来看，73.38%的检验检测机构仅在本省内提供检验检测服务，检验检测业务涉及境内外的检验检测机构仅有440家，国内检验检测机构走出国门仍然任重道远。

## 三、检验检测机构的公正性风险与诚信问题

2002年以前，中国的检测市场相对单一，以政府实验室为主，设备精良，人员素质高，执行自己的授权任务，不需要参与市场竞争，利益与个人挂钩不紧密，管理相对规范，服务意识相对较弱，市场反应不够迅速，生存没有压力。

2002年以后，检测市场放开，向多元化发展。一方面，民营检测机构迅猛发展，

体量小、人员新、经验不足、收益与个人密切相关；另一方面，中国加入WTO以后，独资、合资检测机构比例逐步增大，这些机构凭借雄厚的资本实力和丰富的国际运作经验成为中国检测市场的重要组成部分；此外，国有机构面临改革，生存出现压力，也开始参与市场竞争。

2002年之前，全国检验检测机构总量不足1000家，经过20年的快速发展，目前获证检验检测机构已约50000家。由于市场不成熟、机构不成熟、人员不成熟，检测技术快速发展，国家的监管也需要逐步探索。检验检测机构的不诚信行为开始出现，包括：低价竞争；未经检验检测直接出具检验检测数据、结果；篡改、编造检验检测数据、结果；超出检验检测能力范围向社会出具数据、结果；等等。国家市场监督管理总局自2018年成立以来，先后对检验检测机构开展监督检查4.3万次，查处违规违法案件6000多起，暴露了整个行业的公正性风险尚未得到充分控制，诚信建设已经是我们检验检测行业迫切的现实需要！

**四、如何努力践行诚信检测，控制公正性风险**

我一直认为，“诚信”不是虚无缥缈的，它是有形的，是可以传承的，是一种文化。诚信是一个品牌企业的基础，是一家百年老店的命根子，它的形成，需要“外化于行，内化于心”！检验检测行业如何开展诚信检测，如何有效控制公正性风险，政府部门、行业协会、检验检测机构，以及每个检验检测从业人员都应该积极行动起来，做好各自的工作。

国家已经出台了一系列法律法规，对检验检测提出了明确的诚信要求。2014年6月，国务院印发《社会信用体系建设规划纲要（2014—2020年）》，部署加快建设社会信用体系、构筑诚实守信的经济社会环境。纲要文件在“推进重点领域诚信建设”中明确要求“加强检验检疫质量诚信体系建设”。2016年11月，国务院印发《关于建立完善守信联合激励和失信联合惩戒制度 加快推进社会诚信建设的指导意见》（国发〔2016〕33号），以进一步加大联合奖惩力度，丰富联合奖惩措施。质检部门随后出台了对失信企业（包括检验检测机构）的联合惩戒措施。《检验检测机构资质认定管理办法》（163号令修正案）要求：申请资质认定的检验检测机构应当具有并有效运行保证其检验检测活动独立、公正、科学、诚信的管理体系。《检验检测机构监督管理办法》（39号令）要求：检验检测机构应当在其官方网站或者以其他公开方式对其遵守法定要求、独立公正从业、履行社会责任、严守诚实信用等情况进行自我声明，并对声明内容的真实性、全面性、准确性负责。

2015年9月，《检验检测机构诚信基本要求》（GB/T 31880—2015）正式发布，并于同年11月1日正式实施。该标准作为国内第一部针对检验检测机构提出诚信建设要求的标准，从法律要求、技术要求、管理要求以及责任要求四个方面出发，明确了检验检测机构进行诚信建设的具体要求。随后，相应的配套技术文件先后发布，包括《检验检测机构诚信评价规范》（GB/T 36308—2018），《检验检测机构诚信报告编制规范》（GB/T 39663-2021）等。这些文件的发布推动了各级政府监管部门、行业协会以及检验检测机构的各类诚信自律活动，提升了行业诚信治理能力和水平。

及时发现、解决或预防检验检测的诚信问题，检验检测机构是责任主体，检验检测机构应该通过建立制度，实施技术与管理相结合的措施来发现诚信（或公正性）风险的来源、性质，评估其可能性、严重度以及可能造成的后果，并制订相应的控制措施予以降低或消除，以确保机构的所有运作都能够满足法律法规、方法标准以及客户的合理要求。

新版ISO/IEC 17025：2017标准吸收了ISO 9001/14001/45001世界三大管理体系标准的“风险管理”思维，倡导机构将“风险管理”融入检验检测业务的全过程，但如何实施，目前国内尚无系统的专业书籍进行介绍。《实验室风险管理理论与实践》一书的出版，不仅为机构的诚信管理，还为机构更广泛的风险（包括公正性风险）管理提供了系统的指导。

诚信是我们中华民族的优良传统。一家有志于可持续发展、基业长青的第三方检验检测机构，同样应该将“公正性”排在第一位，并切实有效开展诚信文化建设。从管理层开始，率先垂范，以身作则，引领每一位员工秉承“诚信”理念，从本职工作做起，从小事做起，从小节做起，从现在做起。

实验室最终靠的是人，“人”的修养、素质、能力，凝聚成实验室的实力和形象。我们每一位检验检测从业人员都应对自己的职业生涯负责，对自己的个人形象负责。

让诚信的理念融入我们的血脉当中，成为我们骨子里的思维模式和行为习惯。往小处说，维护检测的权威性，也就是维护了我们自己作为一名检测工作者的荣誉和自豪感；往大处说，每一名从业者都做到专业技术过硬、行为作风正派、诚实公正严明，才能把我们共同参与建设的这个行业做好，让它在国家质量基础设施建设中发挥更大的作用。

宋桂兰
中国合格评定国家认可中心 原副主任
中国出入境检验检疫协会　总工程师

# 推荐序二

## 拾级而上　奋楫前行

### 一、经历让人成长，风景自在途中

进入检测认证行业其实并没有特别的机缘，很多时候是时代推着我们往前走。我1990年大学毕业，原本计划考研究生，希望走学术研究道路，但当年研究生入学考试取消了，我便开始考虑找工作。当时SGS集团刚开始在中国招聘员工，经过多轮面试和实习，我有幸成为SGS中国初创期的3名员工之一。那个年代，外资机构的工资和福利待遇比较高，就业吸引力很强。人生有很多机缘巧合，当你没走上想走的路时，其中也许蕴藏着幸运因子。

当时中国的检测认证机构几乎全是国有的，第三方检测认证在中国刚刚起步，也正因为这样，我才有幸见证了第三方检测认证行业在中国这30年的发展历程。

我在这个行业服务了30年，印象最深刻的是中国从几乎无人知晓什么是第三方检测认证到现在拥有全球最大的单一第三方检测认证市场，仅仅用了30年的时间。刚开始，国内缺少行业人才，外资企业的管理职位全部由外国人担任，随着国内第三方检测认证的发展，行业内涌现了一批优秀的专家型、管理型，甚至复合型人才。我认为，我们这些进入行业较早，拥有全球视野，积累了丰富运营管理经验的人有责任推动中国检测行业的国际化进程。也正是带着这个理想，2018年，我辞去了SGS全球执行副总裁的职位，从瑞士回到中国，加入了中国最大的民营第三方综合性检测认证机构——华测检测（CTI）。

随着我个人经历的丰富，我的理想也越来越清晰，希望带领企业成为有竞争力的国际检测认证机构，而华测创始人在创业之初就怀抱国际化的理想。华测的英文名是Centre Testing International（CTI），其中的“I”就是国际化。所以说，有共同的理想和创始人的诚意邀请是我加入华测的主因。中国市场目前已经成为全球最大的单一检测认证市场，华测经过17年的发展已经成为中国最大的民营综合性第三方检测认证机构，已经到了开始国际化征程的节点。2020年，华测检测开启步入资本市场的第二个十年。从外资到民营，对我个人而言是一个很大的转变，踏出这一步，也是为了更接近自己的理想，希望能够带领华测成为有竞争力的国际检测认证机构，做更有意义和成就感的事情。

## 二、中国TIC行业的发展机遇与挑战

我国正在经历消费结构升级，城乡居民的物质型消费需求基本得到满足，服务型消费需求不断增长，这场消费升级及其蕴含的巨大消费潜力，不仅是经济增长的突出优势，而且是经济转型升级的强大动力。

然而，当前有三大质量风险横亘在每个企业（尤其是制造业企业）面前。首先是质量诚信问题，假冒伪劣、商业欺诈及侵权行为屡禁不止；其次是质量安全问题，包括产品检测不符合安全标准、有些标准本身落后于时代、国内国外两套标准等，最起码的“底线”守不住，让人无法放心购买；最后是质量供给问题，产品的质量供给显然无法满足消费者的质量需求。解决这些问题，固然需要政府加强监管与治理，但无可否认，企业作为现代社会的经济细胞，更起着不可替代的作用。从每个经营个体到整个供应链，都需要制订并实施有效的质量风险应对方案，不断提升自身产品竞争力，使自己成为本次消费升级的最终受益者。

检验检测认证（Testing, Inspection & Certification，TIC）行业作为国家高质量发展的服务与支撑，作为国家质量基础设施的重要组成部分，发挥着重要的作用，同时也面临着前所未有的发展机遇与挑战。随着中国的不断崛起，国内国际双循环促进的新发展格局的构建，全球合作模式将大概率迎来以区域合作为主的新兴合作模式，而“中国速度”“中国制造”“中国产品”也将逐步向“中国质量”“中国创造”“中国品牌”转型升级。在这样的新形势下，TIC行业将迎来巨大的市场机遇，例如：双碳目标将给TIC企业带来产业增量；信息技术、生物技术、新能源、新材料、高端装备、人工智能等的发展也会为TIC行业的发展不断赋能。

在此过程中，检验检测企业应当紧抓机遇，发展自身。我们需要积极关注新形势下的国际标准动向，积极参与其中，推动中国标准与国际标准接轨，促进检验检测标准、数据和结果的互认采信；要紧跟国家的发展战略，紧跟全球不断变化的合作模式，打磨自身技术，夯实规范与标准，使中国检验检测认证的技术规范和标准及公信力为国际承认；“走出去”，实现合作区域甚至全球范围内的贸易通行无阻。

**三、供应链质量管理的本质，就是供应链质量风险管理**

总结这30年，最大的感受是检测认证行业在自身发展的同时，也在帮助客户提升，并不断推动社会向更健康、安全、环保、节能等方向可持续发展。2007年发生的“美泰玩具召回事件”对我个人产生了醍醐灌顶的影响。调查发现，事件中制造商的生产工艺和流程符合标准，但供应链中的涂料色粉供应商提供了不合格的产品，并伪造了合格的检测报告。这个事件对中国制造的声誉产生了极大的负面影响。

供应链质量管理的本质，就是供应链的质量风险管理。各种类型的组织面临的机遇和风险不同，质量管理的对象也存在非常大的差异，唯一相同的是需要识别出各自当前及未来可能存在的质量风险，找出重大风险，列明优先顺序，制订并实施应对措施，从而将质量风险控制在可以接受的水平范围内。这种质量风险管理的思维，既适合提供各类产品和服务的组织，也同样适合为这些组织提供第三方检验检测及认证的机构。

检验检测本身是供应链质量管理的一个重要环节和抓手，针对TIC行业如何开展质量风险管理，本书理论与实践相结合，提供了非常好的工具和方法，以及丰富的案例，为TIC行业的高质量发展做出了有益的贡献，在此向各位读者隆重推荐。

申屠献忠

华测检测认证集团董事、总裁

# 前 言

《诗经》有云："迨天之未阴雨，彻彼桑土，绸缪牖户。"《左传》曰："居安思危，思则有备，有备无患。"可见古人就已经意识到"未雨绸缪""居安思危"的重要性，这种预防思维其实就是"基于风险的思维"。

针对风险管理的早期研究始于20世纪初的西方工业化国家。在20世纪最严重的世界性经济危机（1929—1933年）中，许多经济学家将风险管理作为研究重点，其中美国管理协会保险部首先提出风险管理的概念，1932年纽约保险经纪人协会成立，风险管理学科正式兴起。

20世纪70年代，风险管理发展为企业管理科学中一门独立的、系统性的学科。在西方发达国家，出现了很多风险管理的工具和模型，例如失效模式及后果分析（Failure Model and Effects Analysis，FMEA）、危害分析与关键控制点（Hazard Analysis and Critical Control Point，HACCP），以及作业条件风险评价法（LEC）等。

2009年，经过多年研究和反复讨论，国际标准化组织（ISO）发布了ISO 31000《风险管理—原则与指南》，该标准提供了一个通用的风险管理原则和实施指南，有助于组织在任何范围和具体环境中以标准可靠的方式实施风险管理。ISO 31000总结和汲取了世界范围内风险管理的最新理论与最佳实践并将其标准化，使人类步入了管理风险的标准化时代。

受ISO 31000标准发布的影响，ISO 9001质量管理体系标准于2015年再次改版，在"策划"部分增加了"基于风险的思维"的要求，风险思维取代了预防措施，各过程在设计时需进行风险评估，并将风险管理的措施加入文件中进行规定。2017年，新版《检测和校准实验室能力的通用要求》（ISO/IEC 17025）发布，标准明确指出，"本准则要求实验室策划并采取措施应对风险和机遇。应对风险和机遇是提升管理体系有效性、取得改进效果，以及预防负面影响的基础。实验室有责任确定要应对哪些风险和机遇”。

在我国，伴随着人们对美好生活的不断追求和向往，检验检测作为国家质量基础设施（National Quality Infrastructure，NQI）的重要组成部分，在过去20年得到了快速成长，并形成了一个全新的行业——检验检测认证业（Testing, Inspection and Certification，TIC）。与此同时，行业竞争加剧，“弱、小、散”的现实导致行业乱象丛生。

2019年2月，国务院印发《关于在市场监管领域全面推行部门联合“双随机、一公开”监管的意见》，各级政府监管部门不断对检验检测行业违规乱象进行整治，不少检验检测机构被撤销资质、暂停资质、罚款、通报等。

检验检测机构如何策划并采取措施应对行业的风险和机遇，在合规运营的同时实现业务的可持续发展？“基于风险的思维”无疑为大家指明了方向。然而，非常遗憾的是，迄今为止，实验室如何将“风险管理”融入实验室质量管理体系建设的全过程，尚无专业的书籍进行介绍。

为此，本书在汲取风险管理理论在世界三大管理体系标准（ISO 9001/ 14001/45001）成功应用的基础上，结合ISO 31000：2018所提供的风险管理框架，创造性地开发出该理论在实验室应用的结构化方法，希望能够帮助各类检验检测机构降低经营风险，实现合规运营。

本书共八章。

第一章简要介绍了国内外风险管理理论的起源与发展，风险管理的概念、原则、框架与过程，并结合当前我国检验检测机构所面临的风险和机遇，指出实验室建立基于质量风险的管理体系的必要性和紧迫性。

第二章首先介绍了风险管理理论在ISO 9001/14001/45001标准中的具体应用，其次结合ISO 31000：2018所提供的风险管理框架，创造性地提出了该理论在ISO/IEC 17025：2017标准中应用的结构化方法。本章为全书的纲领。

第三章对实验室所处的外部环境（主要是法律法规环境）做了全面介绍，包括实验室资质认定的法律法规、重点行业对实验室管理的特殊要求，以及中国合格评定国家认可委员会（CNAS）的认可准则等。这些法律法规及相关要求是实验室质量风险识别的重要依据。

第四章对实验室常用的质量控制措施做了概括性介绍，包括外部质量控制措施

（如能力验证、室间比对）和内部质量控制措施（如有证标准物质监控、盲样考核、实验室内部比对），这些措施是实验室质量风险控制的技术手段。

第五章详细介绍了如何开展实验室质量风险管理体系的策划。首先介绍实验室质量风险的类别；其次按照风险识别、分析、评价和控制策划的顺序，分别介绍风险识别和评价的各种方法，并归纳出五类风险控制措施；最后对第一类质量风险控制措施（质量风险目标管理）做重点介绍。本章内容属于戴明质量环（PDCA）的策划（Plan）环节。

第六章详细介绍了质量风险控制的四类措施，包括通用要求（公正性和保密性）的保证、资源提供、运行策划与控制，以及应急准备和响应，这四类措施覆盖了实验室管理的多个方面，基本上涵盖了ISO/IEC 17025：2017主要条款的内容。本章内容属于戴明质量环（PDCA）的实施（Do）环节。

第七章的内容属于戴明质量环（PDCA）的监测（Check）环节。对实验室质量风险管理体系的监测方式包括合规性评价、目标指标监测、内部审核和管理评审，实验室通过监测发现改进机会并实现持续改进。

第八章的内容属于戴明质量环（PDCA）的改进（Action）环节，包括不符合和纠正措施、潜在风险/机遇应对、持续改进和质量创新四部分内容。其中：对纠正措施介绍了柏拉图、鱼骨图和5WHY三种分析工具；对潜在风险/机遇介绍了潜在失效模式和后果分析（FMEA）工具；对持续改进简要介绍了品管圈、提案改善、8D、零缺陷，以及六西格玛等工具；对质量创新介绍了质量大数据、追溯技术等工具。

最后，本书附录提供了一篇作者公开发表的文章——《商业实验室如何实施“零缺陷”质量管理》，供实验室制订质量竞争力目标时参考。

本书具有如下三大特色。

第一，在理论上，本书创造性地提出了“实验室质量风险管理体系模型”的基本框架，采用“风险管理策划→风险管理实施→风险管理监测→风险管理改进”的PDCA循环，指导检验检测机构将“风险管理”理念融入实验室质量风险管理体系建立的全过程。

第二，在实务上，本书厘清了检验检测机构质量管理与经营管理之间的逻辑关系，例如将质量管理体系中的质量目标与实验室运营的绩效评价指标相结合，将机构的战略回顾与管理评审相融合等，并提供了大量的实践案例，以指导检验检测机构提升质量绩效。

第三，在合规上，本书整理了最新的与检验检测机构相关的法律法规及认可要求清单并做了全面阐释，同时归纳、总结、提炼出了实验室常见的质量风险清单及相应的控制措施，能够有效指导检验检测机构降低合规风险，实现高质量发展。

本书是一本理论性及实用性兼备的专业书籍，既可供大专院校师生在从事计量、检测及质量管理专业教学和研究时参考，也可供从事实验室质量管理的各类人员自学或作为培训教材。此外，对于各类企事业单位内部获证实验室及第三方商业实验室，管理层可以根据本书提供的原理和方法，建立适合自身的实验室质量风险管理体系。

本书共分八章。第一章由黄靓编写；第二章由曾平龙、杨克军编写；第三章由王婉婷、陈佐威、黄一珺编写；第四章由赵肖东、刘婷婷编写；第五章由李煜、汪湘玲、黄靓、李晓帆编写；第六章由黄靓、王思思、陈盼盼、胡思、李晓帆、孙英鸿、张丽君编写；第七章由黄海兵、李若丽、李晓帆、曾平龙编写；第八章由黄海兵编写。杨克军担任主编，并负责统稿与审核；李煜、汪湘玲担任副主编，并负责审稿和校对。

限于作者水平，再加上实验室质量风险是一个全新的课题，对它的认识和研究都还不够深入，因此本书难免存在谬误。作者真心希望读者提出批评意见，并能及时予以反馈（作者电子邮箱：1554611471@qq.com）。

杨克军

2021年8月

# 目 录

# 第一章

# 实验室质量风险管理概述

风险管理的研究自20世纪初萌芽，经过百年发展，风险管理的理念及系统已日臻成熟，并从21世纪开始日渐渗透到经营管理的方方面面。本章共三节。第一节重点介绍国内外风险管理的发展历史。第二节重点介绍ISO 31000：2018风险管理的原则、框架和过程。第三节介绍实验室建立基于质量风险的管理体系的必要性与紧迫性，包括当前检验检测行业面临的机遇和挑战，实验室监管及认可机构通报的违法违规案例，并提出“实验室质量管理的本质就是质量风险管理”的观点。

# 第一节　风险管理的发展历史

## 一、国外风险管理的发展

### （一）风险管理发展：早期研究

风险管理的研究始于20世纪初的西方工业化国家。当时，在第一次世界大战中战败的德国面对经济衰退提出了包括风险管理在内的企业经营管理问题，由于研究部门和行业的局限性，在20世纪30年代前并未形成系统的风险管理理论。在20世纪最严重的世界性经济危机（1929—1933年）中，许多经济学家将风险管理作为研究重点，其中美国管理协会保险部率先提出风险管理的概念。1932年纽约保险经纪人协会成立，风险管理学科正式兴起。

20世纪50年代，美国企业界发生了两件大事：美国通用汽车公司的自动变速器装置引发火灾造成了巨额经济损失；美国钢铁行业工人罢工影响了经济发展。这两件事引起美国工商业对风险问题的重视，促进了风险管理在企业的推广。1963年美国出版《企业的风险管理》（《保险手册》）引起了欧洲各国的重视，风险管理逐步趋向系统化和专业化。

20世纪70年代，风险管理逐渐发展为企业管理科学中的一门独立和系统的学科。在西方发达国家，风险管理管理部门已成为企业中具有较强专业性和技术性管理部门，通过识别风险为企业最高层的领导提供决策依据。

20世纪80年代后，风险管理的国际化趋势明显。1983年，在美国风险与保险管理协会年会上，各国专家讨论并通过了“101条风险管理准则”作为各国风险管理的一般原则；1986年10月在新加坡召开风险管理国际学术会议；1986年欧洲11个国家成立欧洲风险研究会，标志着风险管理进入新的发展阶段。

### （二）风险管理发展：标准化发展

风险管理早期发展可以追溯到两个行业（金融与保险）和两个管理领域（财务管理和安全管理），两者之间又有交叉。1971年，美国著名风险管理评论家菲利克斯·克曼发文称，“如果破除不了风险管理就是保险的咒语，就不可能成为一名真正的风险管理者”，说明风险管理的理论不应局限于任何行业，风险管理一般流程应具有普遍适用性。

1991年，第一个和风险相关的标准——挪威标准机构发布的*Krav til risikoanalyser*，已具备了风险管理的要素。这个标准强调了如何制订风险分析规划，以及风险分析在安全管理中的作用，以此为起点开始了近30年的风险管理标准化之路。

1995年，澳大利亚/新西兰标准联合技术委员会经过三年的工作，发布了AS/NZS 4360。在此标准中，风险被定义为“将会对目标产生影响的事项发生可能性”，已经具备今天 ISO 31000 的框架雏形，可算作第一份真正意义上的风险管理标准。

1997年至1998年，加拿大、日本、英国等国家和地区纷纷开展风险管理标准化行动，并发布文件。1999年，澳大利亚标准/新西兰标准联合技术委员会更新了AS/NZS标准，进一步细化了风险管理流程，修订了沟通和咨询要素，但风险评估仍然和第一版一样，不包括风险识别环节。

其实早在1996年，国际标准化组织和国际电工委员会就已组织国际会议讨论制定国际标准，但由于各种原因未果，但促使了ISO/IEC指南ISO GUIDE 73—2002《风险管理—词汇》的发布。2004年，澳大利亚、新西兰和日本重新提出要求，希望ISO采取AS/NZS 4360作为国际标准。同年，AS/NZS 4360 再次更新，此时已经非常接近2009年第一版ISO 31000的框架。

2005年9月，国际标准化组织终于成立了研究风险管理标准的工作组，启动制定国际通行的风险管理标准。经过四年的研究和反复讨论，国际标准化组织终于在2009年发布了ISO 31000《风险管理—原则与指南》（*Risk management-Principles and guidelines*）。它提供了一个通用的风险管理原则和实施指南，有助于组织在任何范围和具体环境中以标准可靠的方式实施风险管理。这个标准无论在结构完整性和严密性方面，还是在科学性方面，都经过了实践的检验。

**（三）风险管理发展：融入企业战略和绩效**

1992年，COSO（The Committee of Sponsoring Organizations of the Treadway Commission，美国反虚假财务报告委员会下属的发起委员会）发布了指导内部控制的纲领性文件《内部控制—整合框架》，简称COSO报告。该框架面世后，在全球范围内被许多国家的上市公司和企业广泛采用。进入21世纪，COSO委员会发现即便企业建立了完善的内控体系，仍然会发生经营失败甚至破产倒闭，所以开始从更高层面思考企业的管理活动，以及内部控制体系的局限性，并于2004年发布了《企业风险管理—整合框架》（*Enterprise Risk Management—Integrated Framework*，简称ERM框架）。COSO在起草ERM框架时采用了COSO内部控制框架，并在此基础上进行了升级和扩充。ERM框架发布之后，在企业实践风险管理体系的过程中，内外部环境不断变化，新的技术不断出现，新的风险和复杂性不断增加，使企业仍不能保证有效达成经营目标。

为突破局限，从整合绩效的角度考虑风险管理和经营管理之间的关系，实现企业战略目标，COSO于2017年发布了新版《企业风险管理—与战略和绩效的整合》（*Enterprise Risk Management — Integrating with Strategy and Performance*）。如图1-1所示。

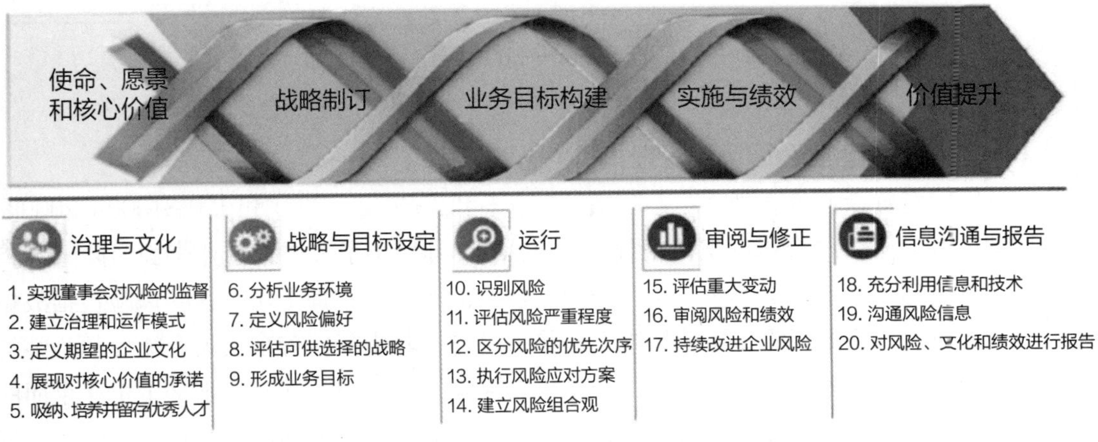


**图1-1　2017年《企业风险管理—与战略和绩效的整合》框架**

这个框架以企业价值为主线，交织在一起的五条丝带分别代表治理与文化、战略与目标设定、运行、评审与修正、信息沟通与报告，也可以说是新风险管理框架的五要素。

新版风险管理框架表明：风险管理工作应贯穿企业治理、战略、目标设定和日常运营决策的始终；风险管理能协助企业更加关注战略和商业目标的风险并及时应对风险、及时评审、及时整改，从而使企业获得更好的绩效。

## 二、我国风险管理的发展

### （一）我国风险管理早期发展

20世纪80年代以前，我国在风险管理的研究几乎为零。1980年，我国研究者开始向国内介绍西方国家企业风险管理的成果，包括决策论理论和风险管理方法，之后开始具体研究我国的风险管理问题，提出了风险的定义和分类，在企业经营管理中运用风险分析方法，并逐步深入研究风险问题的更多方面。1997年爆发亚洲金融危机，金融风险问题研究受到高度重视，从金融风险出发，我国的风险管理理论和技术方法开始与世界同步。

### （二）我国的风险管理标准

2009年中国发布国家风险管理标准《风险管理　原则与实施指南》（GB/T 24353—2009），它的编制参考了《风险管理—原则与实施指南》（ISO/DIS 31000）。GB/T 24353—2009比ISO 31000：2009正式发布早两个月，有部分内容不同步，GB/T 24353-2009只有过程的一部分。如图1-2所示。

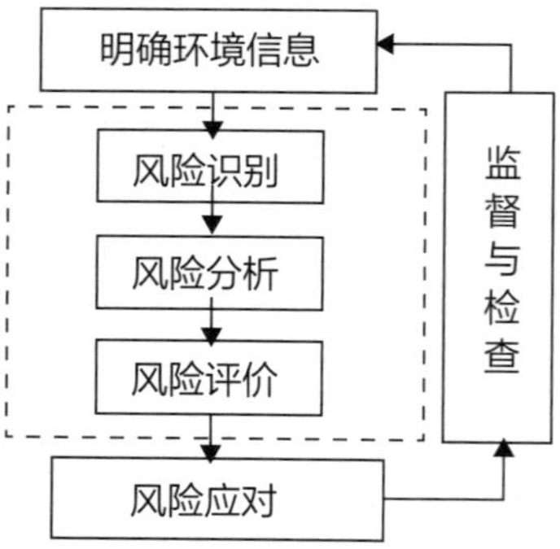


**图1-2　GB/T 24353—2009 风险管理过程**

### （三）《中央企业全面风险管理指引》

国务院国有资产监督管理委员会在借鉴澳新标准 AS/NZS 4360 和 ISO 31000：2009委员会草案的基础上，结合国内实际情况，于2006年6月发布了《中央企业全面风险管理指引》（以下简称《指引》），用于指导企业开展全面的风险管理工作。这些风险包括战略风险、财务风险、市场风险、运营风险、法律风险等，其中只能带来损失可能性的是纯粹的风险，能带来损失和盈利两种可能性的是机会风险。《指引》同时还定义了企业全面的风险管理，即企业围绕总体的经营目标，同企业管理的各个环节和经营过程中执行风险管理的基本流程，培育良好的风险管理文化，建立健全风险管理体系，包括风险管理策略、风险理财措施、风险管理的组织职能体系、风险管理信息系统和内部控制系统，从而实现风险管理的总体目标。

《指引》将风险管理的基本流程分为五个步骤：收集风险管理初始信息，进行风险评估，制订风险管理策略，提出和实施风险管理解决方案，风险管理的监督和改进。

《指引》同时提出风险管理的三道防线的概念，具备条件的企业可设置这三道防线。第一道：各有关职能部门和业务单位；第二道：风险管理职能部门和董事会下设的风险管理委员会；第三道：内部审计部门和董事会下设的审计委员会。三道防线更适用于大中型企业，所以风险管理和内部控制需根据实际情况开展。

**（四）我国实验室的风险管理标准**

2015年4月，原国家质量监督检验检疫总局发布了《检验检测机构资质认定管理办法》（总局令第163号）。2015年7月，国家认证认可监督管理委员会印发了15份资质认定配套工作文件，包括检验检测机构评审准则，质量管理体系的部分都没有涉及风险管理的内容。ISO 9001：2015引入风险管理的内容后，ISO/IEC 17025：2017与ISO 9001：2015的管理要求保持一致，也增加了风险和机遇的管理内容，删除了准则中原有的预防措施的要求。2017年10月，由国家认证认可监督管理委员会发布的认证认可行业标准《检验检测机构资质认定能力评价 检验检测机构通用要求》（RB/T 214—2017）也加入了风险管理的思路，与国际要求保持一致。

无论是ISO/IEC 17025：2017 还是 RB/T 214—2017，都没有规定实验室运用正式的风险管理方法或形成文件的风险管理过程。实验室可决定是否采用超出准则要求的更广泛的风险管理方法。实验室在风险管理方面存在很多问题，如缺少风险管理的系统思维，也导致实施风险控制时缺少指导。检验检测的风险管理一直是弱项，需要与现行管理体系高度融合的风险管理指南文件。在这种背景下，《合格评定 检验检测服务风险管理指南》（GB/T 27423—2019）应运而生，用于指导实验室建立基于风险思维的管理方法和体系，其在管理框架上与国家风险管理标准GB/T 24353—2009 基本一致。如图1-3所示。

总则要求风险管理作为机构管理的有机部分，宜融入机构的文化和行为中，贯穿于机构运营的全过程。基于风险思维的机构治理的关键环节，包括内部环境、目标设定、事项识别、风险评估、风险处理、控制活动、信息沟通，以及监督和检查，机构可以按照这八个环节（但不限于）组织、策划和实施风险管理，该指南首次给实验室提供了系统风险管理思路。机构的管理体系可能涉及质量、能力、服务、环境、安全等，机构可以有机融合不同的管理要求，建立统一协调的基于风险思维的管理体系。

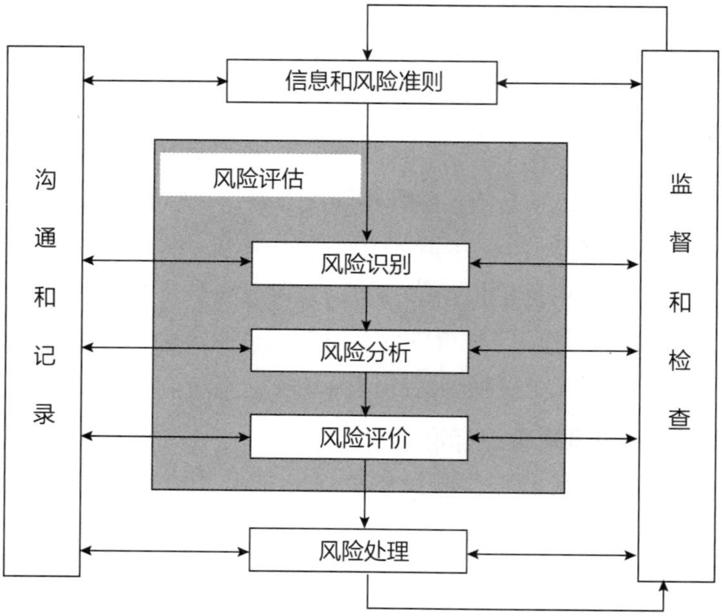


**图1-3　GB/T 27423—2019 典型风险管理过程**

## 第二节　ISO 31000：2018 风险管理的原则、框架和过程

《风险管理—原则与指南》（ISO 31000：2009）基于现代风险管理科学的最新成果，阐述了风险管理科学的通用原理。图1-4表述了风险管理原则、框架和过程之间的关系："风险管理原则"表述了风险管理科学最精髓的理论思想，是开展风险管理应遵循的最基本原则；"风险管理框架"提供在组织内设计、实施、监测和评审、持续改进风险管理的指南，对于组织开展风险管理工作，既提供了统一的语言，又提供了一套完整的解决方案；"风险管理过程"是组织在实施风险管理时应遵循的基本流程，该流程循环从"明确状况"开始，依次经过"风险识别""风险分析""风险评定"和"风险处理"，最后返回"明确状况"，形成了一个风险"识别→分析→评定→处理"的PDCA管理闭环。

2018年，ISO 31000得到首次修订，新版标准继承了上一版的基本结构和主要内容，确定了原则、框架、过程的"三轮车"的模型，将原来的左中右结构变成稳定的三角形结构，如图1-5所示。这一变化说明ISO将风险管理过程的地位提高了，风险管理的原则不能只悬浮在框架上，而应直接嵌入风险管理过程之中。负责制定该标准的ISO风险管理技术委员会主席杰森·布朗（Jason Brown）表示："ISO 31000修订版侧重与组织的整合以及领导者的角色和责任。风险从业者往往处于组织管理的边缘，这种强调将有助于他们证明风险管理是业务的一个组成部分。"

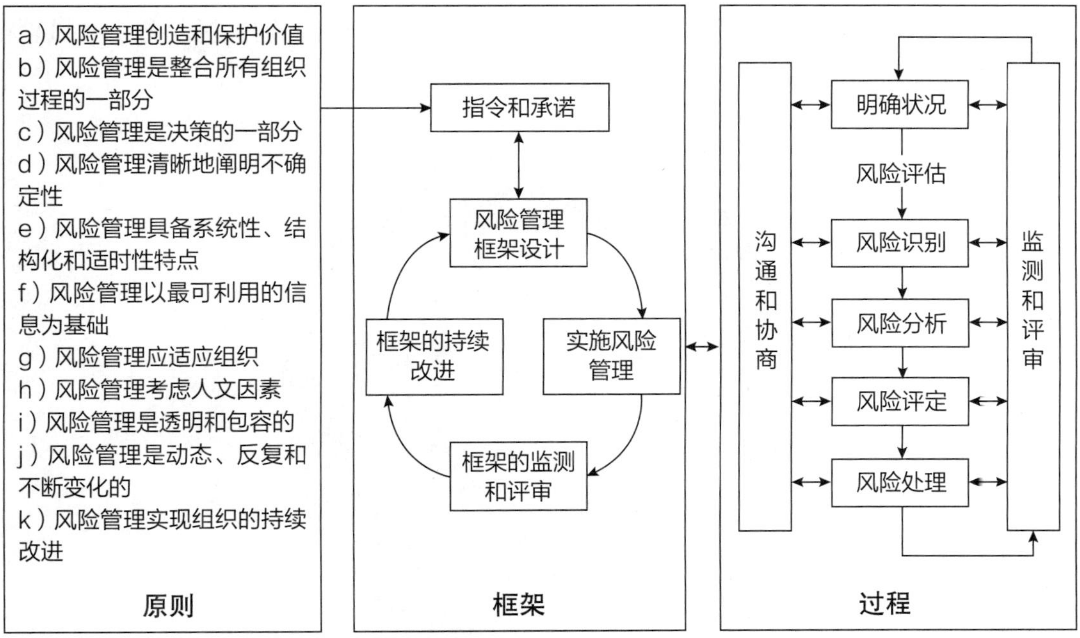


图1-4　风险管理原则、框架和过程之间的关系（ISO 31000：2009）

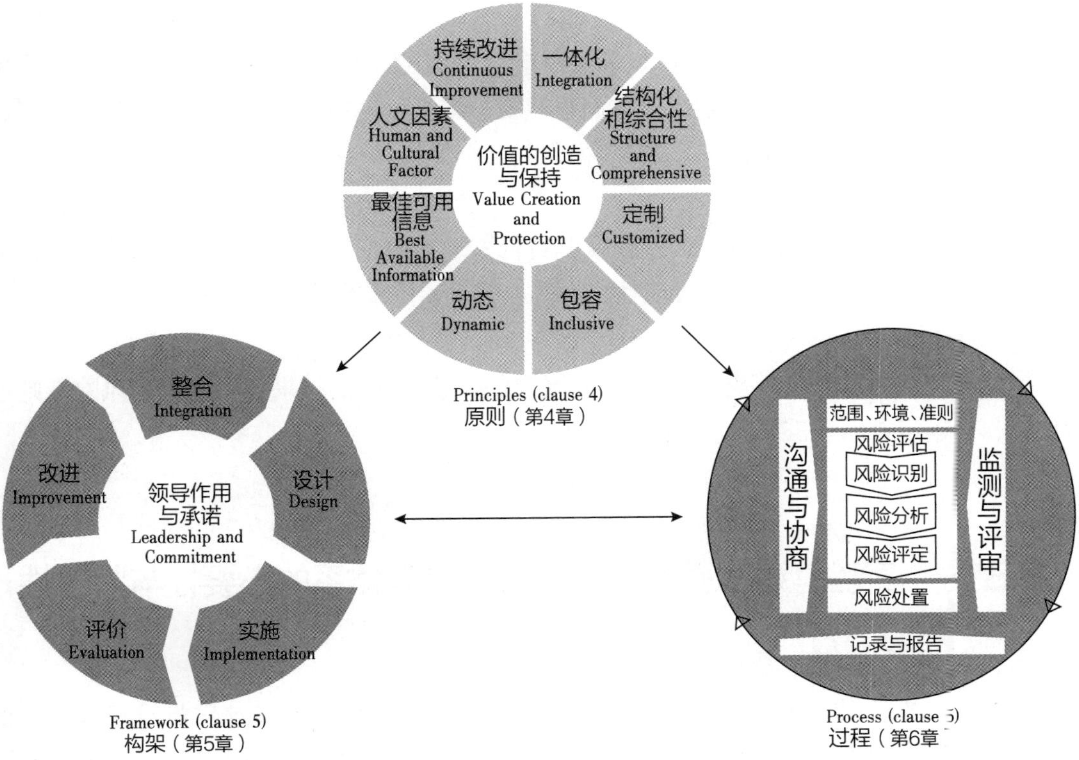


图1-5　风险管理原则、框架和过程的“三轮车”模型（ISO 31000：2018）

本书在构架实验室质量风险管理模型时，借鉴了ISO 31000：2018“三轮车”模型的“过程”部分，即图1-6所示的“风险评价”过程，包括风险识别、风险分析和风险评价，后文将进行详细阐述。

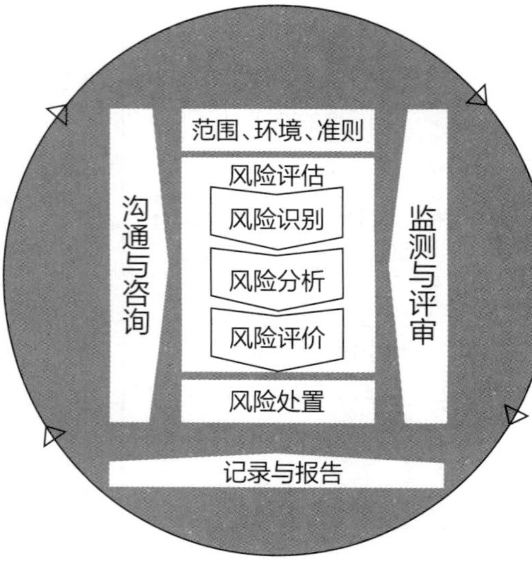


**图1-6 ISO 31000：2018 风险管理过程**

**1. 风险识别**

风险识别的目的是发现、识别和描述可能帮助或阻止组织实现其目标的风险。相关的、适当的和最新的信息在识别风险方面很重要。组织可以使用一系列技术来识别可能影响一个或多个目标的不确定性。

**2. 风险分析**

风险分析的目的是理解风险的性质及其特征，适当时也包括风险级别。风险分析包括对不确定性、风险来源、后果、可能性、事件、情景、控制及其有效性的详细考虑。

**3. 风险评价**

风险评价的目的是支持决策。风险评价包括将风险分析的结果与已建立的风险准则进行比较，以确定在哪里需要采取附加的行动。

## 第三节　实验室建立基于质量风险的管理体系的必要性与紧迫性

### 一、检验检测行业面临的机遇和挑战

2015年至2020年，我国检测行业持续增长，检验检测机构数量及检验检测市场规模保持同步增长。统计数据显示：截至2020年年底，我国共有检验检测机构48919家，相比2015年的31122家实现大幅增长。规模以上机构6414家，占全行业的13.11%，其中营收1亿

元以上机构481家，就业人数在100人以下的检验检测机构数量占比达到96.43%。从服务半径来看，73.38%的检验检测机构仅在本省区域内提供检验检测服务，业务范围涉及境内外的检验检测机构仅有440家。近年来我国检验检测行业发展迅速，结构持续优化，综合实力不断增强，但“弱、小、散”以及市场化发展不足的问题仍然客观存在。

我国为深入推进供给侧结构性改革和“放管服”改革，全面实施质量强国战略，贯彻落实《中共中央　国务院关于开展质量提升行动的指导意见》，2018年1月国务院印发《关于加强质量认证体系建设促进全面质量管理的意见》（以下简称《意见》），部署推进质量认证体系建设，强化全面质量管理，推动我国经济高质量发展。《意见》明确提出加强认证活动事中事后监管，包括：完善认证监管体系；完善“法律规范、行政监管、认可约束、行业自律、社会监督”五位一体监管体系；加强认证监管能力建设，充实基层认证监管力量，推进部门联动监管；健全认可约束机制，强化行业自律和社会监督作用，形成多元共治格局。在加大认证监管工作力度方面。全面推行“双随机、一公开”监管，加强对检验检测认证机构和获证企业、产品的联动监管，严厉打击非法从事检验检测认证活动和伪造、冒用、买卖认证证书或认证标志等行为，严禁未获强制性认证的产品进入市场，确保认证的有效性和公信力。在严格落实从业机构及人员责任方面。严格落实从业机构对检验检测认证结果的主体责任、对产品质量的连带责任，健全对参与检验检测认证活动从业人员的全过程责任追究机制，建立出证人对检验检测认证结果负总责制度，落实“谁出证，谁负责；谁签字，谁担责”。推行从业机构公开承诺和信息公示制度，建立从业机构及从业人员的诚信档案，完善永久退出和终身禁入等失信惩戒机制，提高违法失信成本。

2019年1月，《市场监管总局办公厅关于开展2018年度认可及检验检测服务业统计工作的通知》（市监检测函〔2019〕194号）发布，要求各检验检测机构应在检验检测统计直报系统上传本机构2016—2018年度出具的全部有效检验检测报告和证书编号，并于2019年起，每季度后一个月内报送上一季度出具的全部有效检验检测报告和证书编号。市场监管总局将据此向社会提供检验检测报告和证书编号有效性的网上查询平台。未按要求及时上报统计数据，以及故意瞒报、错报、漏报的，资质认定部门将依具体情况，采取警告、公告、不再受理其资质认定申请和列为异常检验检测机构等措施予以处理。

2019年10月，《市场监管总局关于进一步推进检验检测机构资质认定改革工作的意见》（国市监检测〔2019〕206号）发布，明确继续加强事中事后监管，落实主体责任。各省级市场监管部门要全面落实“双随机、一公开”监管要求，对社会关注度高、风险等级高、投诉举报多、暗访问题多的领域实施重点监管，加大抽查比例，严查伪造、出具虚假检验检测数据和结果等违法行为；积极运用信用监管手段，逐步完善“互联网+监管”系统，落实检验检测机构主体责任和相关产品质量连带责任；对以告知承诺方式取得资质认定的机构承诺的真实性进行重点核查，发现虚假承诺或者承诺严重不实的，应当撤销相应资质认定事项，公布并记入其信用档案。

为使已有的检验检测机构资质认定改革措施和成果制度化、法制化，并为在更大范围内复制和推广相关改革举措提供法规层面的依据，国家市场监督管理总局对《检验检测机构资质认定管理办法》进行了修改，并于2021年4月22日发布。为强化检验检测机构事中事后监管，进一步规范检验检测市场，将《办法》中关于检验检测机构从业规范、监督管理、法律责任的相关内容调整至《检验检测机构监督管理办法》并于2021年4月23日发布。

检验检测是现代社会经济发展的重要技术支撑，能够解决经济、民生、贸易及其他社会焦点问题中信息不对称的矛盾，为供需双方提供产品质量符合性评价，打破行业壁垒，促进形成全球市场竞争新格局。近年来，国家将检验检测列为高技术服务业、生产性服务业和科技服务业，重点支持发展。检验检测机构在加强质量安全、推动结构调整、促进产业升级、维护群众利益等方面发挥着重要作用，但其运作也存在较高的风险。这些风险不仅包括法律风险和政策风险，也包括自身的技术风险和管理风险。检验检测机构如何抓住机遇、控制风险，是非常重要的课题。

## 二、实验室违规案例

2018年以来，在全国的检验检测监督检查结果的通报中，出现大量检验检测机构违法违规问题，给整个行业的健康发展带来了巨大的风险。

### （一）国家检验检测机构监督抽查

2021年，市场监督管理总局、自然资源部、生态环境部、国家药品监督管理局联合发布通告，公布2020年度国家级资质认定检验检测机构监督抽查结果。此次监督抽查随机抽取了300家机构，数量约占全部国家级资质认定机构总数的11%，覆盖全国29个省（区市），其中重点监管领域抽查生态环境监测机构35家、机动车检验机构10家、医疗器械防护用品检验检测机构10家、海洋调查观测监测机构10家、食品检验机构60家，以及建材检验检测机构45家。抽查结果显示，有8家机构存在不满足运营条件、未开展检验检测业务活动的问题，2家机构存在基本条件和技术能力不能够持续符合资质认定条件和要求的问题，2家机构存在出具的检验检测数据、结果失实的问题，17家机构存在超出资质认定能力范围出具报告的问题，2家机构存在使用已失效的资质认定标志的问题，1家机构存在转让、出租、出借资质认定证书和标志的问题。

根据抽查结果，按照《检验检测机构资质认定管理办法》相关规定，处理如下：依法注销了不能持续运营的8家检验检测机构的资质认定证书；责令出具失实报告、超范围出具报告的21家检验检测机构实施整改，整改期间不得对外出具报告，同时将检查情况交属地市场监管部门依法进一步处理；责令违规使用资质认定证书和标志的3家检验检测机构进行改正，同时将检查情况交属地市场监管部门依法进一步处理。本次监督抽查的相关信息已经归集到全国企业信用信息公示平台。

### （二）省级检验检测机构监督抽查

江苏省2020年度综合类检验检测机构双随机监督检查，随机抽取485家，实际对456家机构进行了现场检查，其中61家机构通过现场检查；134家机构在管理和技术方面存在轻微问题，自行整改；220家机构责令改正；40家机构责令整改；1家机构建议列入企业经营异常名录。

四川省2020年监管部门随机抽查了196家检验检测机构，对141家存在违规行为的机构依法进行查处，并通过部门网站及国家企业信用信息公示系统等平台对外公布。通过联合检查，发现部分违规检测机构存在不少问题。

福建省2020年按照“双随机、一公开”方式对有关重点检验检测领域开展监督抽查，分别抽取机动车、环境等30家检验检测机构实施了现场检查。存在一般问题，给予自行整改的7家；存在较多问题，给予责令改正的15家；存在较严重问题，给予进一步调查处理的4家。

河北省2020年监管部门撤销机构资质3家，注销机构资质8家，暂停处罚机构56家，缩减机构资质参数能力4家。

检查结果表明，经过近几年“双随机、一公开”监督检查，检验检测行业整体情况有所好转，但机构依然存在以下主要问题。

**1. 应被撤销检验检测机构资质证书的违法行为**

例如：部分机构2019年被暂停期间仍对外出具检验检测数据、结果；部分机构对外出具虚假检验检测数据；没有原始记录，样品数量与检测用样无法对应等问题；样品交接时间与检验时间错后，实验室搬迁期间对外出具检验检测数据、结果等问题。

**2. 应被暂停检验检测机构资质的违法行为**

例如：生态环境监测机构违法行为主要表现在样品采样时间、检测时间不满足标准要求，部分采样设备不能满足样品采样要求，样品保存、运输条件不满足环境要求等问题；机动车检验机构违法行为主要表现在人工检验部分数据记录与对应判定不一致，排放检验标准不符合对应车辆检验要求，设备软件对检测不正常的数据未报警，部分设备检定校准不满足标准要求等问题；建工建材检验检测机构违法行为主要表现在样品试验环境条件不满足标准要求，超范围出具检验数据、结果，使用作废标准出具检验数据、结果等问题。

**3. 基本条件和技术能力不能持续符合资质认定条件和要求**

（1）管理体系问题。检验检测机构普遍存在内部管理不规范、质量控制不到位的情况。部分机构标识、标准公示等缺失；档案管理不到位；原始记录缺失等。

（2）未依法办理变更问题。部分机构对法人、标准和方法发生变化的检测项目等，未按照资质认定管理有关规定及时办理标准和方法变更手续。资质证书能力附表中的个别作废标准未及时更新。

（3）仪器设备问题。设备条件不能满足标准要求，部分机构仪器设备到期未检定或校准，检定、校准后的仪器设备没有经过计量确认或者确认错误即投入使用，缺少唯一性标识。

（4）报告问题。部分机构现场发现部分未按标准开展检验检测的报告，信息填写不完整，表述不规范，涉嫌出具超范围检测报告。

### （三）实验室认可的违规案例

根据中国合格评定国家认可委员会（CNAS）2020年发布的典型案例通报，截至 2019

年年底，CNAS认可实验室10615家，认可检验机构 606家，绝大部分获认可机构能够按照认可要求规范运作、服务客户，但也有个别机构存在弄虚作假、超认可范围和管理体系不能正常运行等严重问题，这些严重问题往往表现为检测、校准和检验原始记录缺失、不完整或不规范。经深入调查核实，CNAS对原始记录存在严重问题的个别实验室和检验机构给予了暂停或撤销认可资格的处理。

根据《实验室认可评审不符合项分级指南》（CNAS—GL008）的规定，如下问题均属于严重不符合。

**1. 原始记录全部缺失**

某实验室不能提供检测报告的原始记录，检测项目涉及声学试验、粘合强度和承载载荷等。经核查，实验室未配备相关声学检测设备和相关力学性能检测夹具等设备，无分包方及分包数据，不能说明数据来源。

**2. 原始记录部分缺失**

某实验室2份经纬仪原始记录中主要参量“一测回水平方向标准偏差”为“＜4”。该结果需要通过被检经纬仪与标准装置多个角度测量值的实测数据才能计算得到，但原始记录中缺少支持该结果的原始测量数据。2017年以来，该实验室出具了97份存在该类问题的证书。

**3. 原始记录与报告不一致**

某实验室5份电涌保护器检测报告中部分项目检测信息与原始记录不一致，具体为热稳定性和耐热性试验项目，检测报告中样品编号7、8、9结果合格，原始记录中显示只做了样品7。2015年11月至2016年8月，实验室出具了138份存在同类问题的报告。

**4. 原始数据雷同**

某实验室使用分度值为0.0001g的电子天平多次称重结果完全相同，如2017年6月5日和2017年7月18日分别进行的色谱工作曲线标准溶液配制称取的丙酮均为0.0101g、丁酮均为0.0100g、乙酸乙酯均为0.0103g，另有9种标准物质均存在同类问题。

**5. 原始数据与实际不符**

实验室某份检测报告和原始记录有球压试验和灼热丝试验测试数据，但试验样品上没有测试或取样痕迹。试验员复述不出当时球压试验和灼热丝试验样品安装和试验过程情况，也提供不出对试验样品加工及进行状态调节的记录和证据。经核查，实验室承认未对该报告对应样品进行球压试验和灼热丝试验，而是抄录了其他样品的试验结果。

**6. 超范围出具报告**

某实验室参加水中铅镉的能力验证，镉项目结果不满意，CNAS 要求实验室在检测该项目时暂停使用认可标识，暂停期内，实验室出具了百余份含镉项目的带有认可标识的报告。实验室A地点和B地点都获得资质认可，A地点的应力腐蚀开裂项目的检测设备由A地点搬到B地点，搬迁后出具了10份报告，报告的检测地址是A地点。

**7. 管理体系不能有效运行**

监督检查发现某实验室出现多个问题：没有年度内审计划，超过策划周期没有开展内审工作；未制订年度管审计划，超过策划周期没有开展管审工作；缺少年度培训计划，也未进行任何培训活动；使用的仪器设备管理受控；原始记录丢失或缺少相关的检测数据；例行开具的不符合项没有关闭。

除了严重不符合，还有重大不符合，主要指能力不能保持的五种情况，包括人员能力、设备能力、方法标准、检测经历，以及体系运行等不满足要求。

**1. 人员能力不具备**

检测人员对设备操作完全不熟悉，无法说清基本要求；检查其人员档案，入职时所列学习专业和工作年限不满足检测要求；化学领域授权签字人，学历为法律专业，职称为质量专业高级工程师，且其技术背景没有化学分析专业背景和化学分析工作经历的信息，不符合化学领域授权签字人要求。

**2. 设备能力不具备**

某实验室不能提供检测绝缘电阻试验的水浴锅的校准证书，或能满足检测标准的核查记录；查实验室放置既有恒温检测项目，也有高温检测项目，没有进行隔离。

**3. 方法标准不具备**

实验室不能提供某标准的方法验证记录；使用作废标准出具报告。

**4. 检测经历不具备**

实验室材料化学分析项目三年内没有检测工作记录，也不能提供有效的质量控制记录。

**5. 体系运行问题**

实验室获认可的项目导体电阻，抗拉强度，没有近三年内参加能力验证活动的证明；实验室不能提供玩具领域的质控计划，也未开展相关的质量控制活动。

## 三、实验室质量管理的本质就是质量风险管理

质量管理体系是实验室内部建立的、为实现质量目标所必需的、系统的质量管理模式，是一项战略决策，实验室开展质量管理工作，必须策划、建立、实施和保持质量管理体系。《质量管理体系—要求》（ISO 9001：2015）、《检测和校准实验室能力的通用要求》（ISO/IEC 17025：2017）最新版本中的变化，均强调了将风险管理思维融入质量体系管理各个过程中。

实验室质量管理要保证满足管理体系的承诺和客户期望的质量要求。第一，在理解机构内外部环境和相关方（包括客户、监管机构等）的期望和要求情况下，实验室应策划应对风险和机遇的措施，以及如何在质量管理体系过程中纳入和应用这些措施和评价措施有效性的方法。第二，实验室为检验检测活动能够满足策划要求，应配备合适且充分的资源，包括检验检测人员、设施设备、外部服务和供应品等。第三，实验室在检验检测活动实施的各个过程中，实验风险管理的思路，将风险评估（包括风险识别、风险分析、风险评价）融入质量体系运行中，并根据风险评估的结果制订合适的风险处理方案和计划。第四，实验室需要对风险管理的运行持续监测和定期评审（如内审和管理评审），确保风险措施的有效性，同时也是确保质量管理体系目标的实现。

《检测和校准实验室能力的通用要求》（ISO/IEC 17025：2017）虽然没有要求实验室单独建立风险管理体系，但事实上要求实验室将风险管理的思路纳入各要素中。实验室活动的风险因素包括公正性、保密性、人员、设备、样品、方法、设施与环境、记录和报告等，这与质量体系的要素基本一致。

无论是质量管理还是风险管理，其共同的目的是为实验室创造价值。将风险管理思路融入实验室的质量管理中，机构可应对市场环境的快速变化和监管要求的愈加严格，将已知高概率的不符合项、已预测的风险、潜在的风险带来的损失降至最低，在增加少量成本情况下，为机构创造更多的价值。所以说，实验室质量管理的本质就是质量风险管理。

# 第二章

# 风险管理体系要求

在科技发展日新月异的当代，风险管理的理念已经被越来越多的组织或企业接受并采用。无论是世界三大管理体系标准（ISO 9001：2015、ISO 14001：2015和ISO 45001：2018），还是通用实验室准则（ISO/IEC 17025：2017《检测和校准实验室能力的通用要求》），都将采用风险管理理念（基于风险的思维）作为其重要的变更内容之一，由此可见整个社会对风险管理知识的迫切需要。

本章首先从风险管理理念如何应用于三大管理体系标准入手，其次分析ISO/IEC 17025：2017对实验室风险管理的各项要求，最后提出实验室如何构建风险管理的系统框架。本章共三节：第一节介绍了ISO 9001：2015、ISO 14001：2015和ISO 45001：2018三大管理体系标准如何将“基于风险的思维”融入标准的理念、结构及条文要求；第二节对ISO/IEC 17025：2017新增“风险管理”的要求进行解读；第三节在总结相关风险管理体系标准框架结构的基础上，创造性地提出了实验室质量风险管理的一种新模式。

# 第一节 风险管理理念在世界三大管理体系标准中的应用

## 一、风险管理理念在ISO 9001：2015标准中的应用

### （一）ISO 9001：2015标准中的风险管理概述

ISO 9001质量管理体系标准是世界上第一个，也是最成功的管理标准。从ISO 9000系列标准的变更历史来看，其之前多个版本均提及风险管理相关的内容，如预防措施等。在最新的2015版质量管理体系标准中，“基于风险的思维”是变更的重要内容之一，标准将“基于风险的思维”与“过程方法”的管理原则一起，融于质量管理体系及其各个过程之中，使风险管理扩展到整个管理体系，使预防措施成为业务策划和组织战略的组成部分。

ISO 9001：2015质量管理体系标准的过程方法结合了P（策划）—D（实施）—C（检查）—A（处置）循环与“基于风险的思维”，对过程和整个管理体系进行管理，旨在为提高质量管理体系的有效性、实现改进结果以及防止不利影响奠定基础。如图2-1所示。

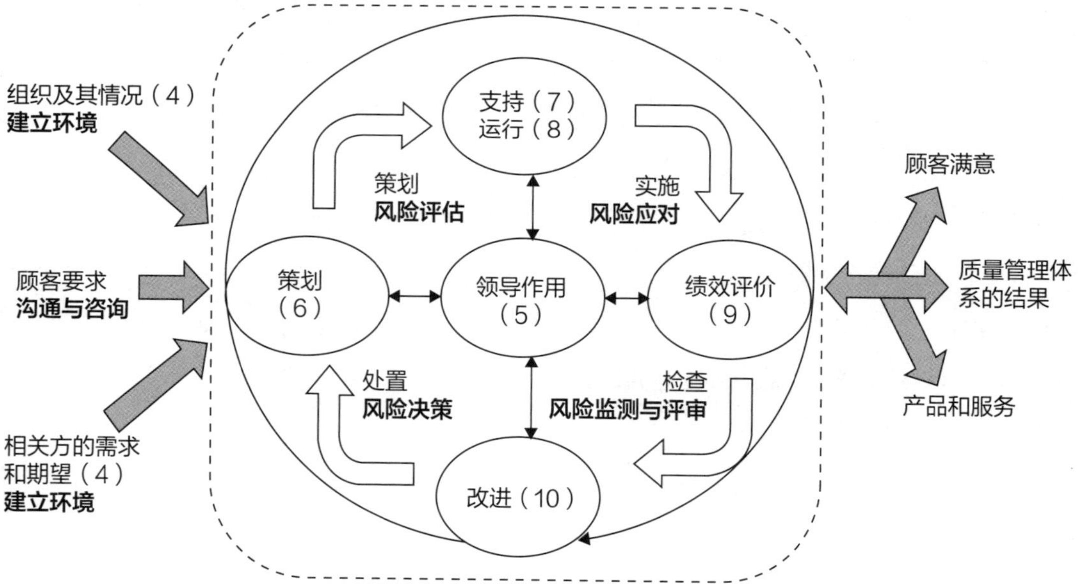


图2-1 质量管理体系框架

### （二）ISO 9001：2015标准中风险管理的具体要求

从图2-1中可知，ISO 9001：2015标准要求组织理解其所处的环境及相关方的需求，以确定风险作为策划的基础，通过质量管理体系过程得以实施，风险管理的要求贯穿始终。

**1. 确定质量管理体系过程及所需应对的风险和机遇**（标准第四章）

组织应识别外部和内部环境，以及来自相关方需求的风险因素。组织的外部和内部环

境，以及相关方的需求和期望会随着组织所在环境的变化而变化，这些对组织的质量管理体系是否能实现其预期结果、是否能最大限度地增强有利影响、是否能预防和减少不利影响并实现改进产生动态影响。

在当今社会，顾客作为组织的关键资源，决定着组织的前途和命运，如何实现客户需求是极其重要的。因此，开展风险管理工作时，组织要重点关注那些影响产品和服务符合性及顾客满意度的风险和机遇。

当识别的风险可能影响组织的产品和服务的符合性及增强顾客满意的能力和责任时，这些风险和产生的活动都应纳入质量管理体系界定范围进行管理。将风险管理整合到组织中是一个动态的、迭代的过程，并且应该根据组织的需要和组织的特有文化进行定制。

**2. 质量管理体系中的领导作用**（标准第五章）

最高管理者作为组织的最高负责人，应对促进基于风险的思维做出承诺。最高管理者有责任在组织中培育和促成风险管理意识和环境，建立过程，使组织能够主动地关注、识别和理解顾客当前和未来的期望，及时了解社会、经济、技术、政治的发展趋势对顾客需求和期望影响的风险，及时了解顾客的需求和期望的变化，并能够以高效、敏捷的方式及时做出响应。

质量管理体系要求组织以顾客为关注焦点，要求最高管理者承诺对确定能够影响产品和服务的符合性以及增强顾客满意度能力的风险和机遇做出应对，承诺确保实施与已确定的风险和机会相适应的应对措施，最终实现预期结果。

**3. 识别与质量管理体系绩效相关的风险及机遇，并制订适宜的应对措施**（标准第六章）

组织在策划质量管理体系时，应确定需要应对的风险和机遇。组织对这些风险和机遇进行分析，通过平衡考虑这些风险与机遇，以确定风险的优先顺序，确定哪些是可以接受的风险，哪些是不可以接受的风险。

组织在策划应对这些风险和机遇的措施时，应考虑其与产品和服务符合性的潜在影响是否相适宜。应对风险的措施可选择为寻求机遇承担风险、规避风险、消除风险源、改变风险的可能性或后果、分担风险，或通过信息充分的决策选择保留风险。而机遇可能给组织带来新的机会，组织可利用新技术、新实践，推出新产品，开辟新市场，从而赢得新顾客并建立合作伙伴关系等一系列应对组织或其顾客新需求的措施。

**4. 确保风险管理活动具备所需的资源**（标准第七章）

风险管理活动实施的必要条件是获得相应的资源分配。在适用的情况下，最高管理和监督机构应确保风险管理活动具备足够的资源，这些资源可包括但不限于：

——风险管理活动涉及的人及其技能、经验和能力；

——用于管理风险的过程、方法和工具；

——风险管理文件化的过程和程序；

——风险管理涉及信息和知识管理系统；

——风险管理专业发展和培训需求。

组织还应考虑现有资源的能力和对现有资源的约束。

**5. 管理措施运行过程**（标准第八章）

要求组织策划、实施和控制满足产品和服务要求所需的过程（标准第四章），并实施应对风险和机遇所确定的措施（标准第六章）。当策划发生变更时，组织应对其进行控制，评审非预期变更的后果，必要时，采取措施减轻不利影响。

组织应与顾客保持沟通，当问题重大到影响所提供的服务或产品的符合性及顾客的满意度时，需要制订相关应急措施。

组织应识别、评审和控制在产品和服务设计、开发期间以及后续所做的变更，以避免不利影响，确保符合要求。若组织使用了外部提供的过程、产品和服务，还需确保其不会对组织持续地向顾客交付合格产品和服务的能力产生不利影响。

**6. 监视、测量、分析及评价应对风险和机遇措施的效果**（标准第九章）

组织应利用分析结果评价针对风险和机遇所采取的措施的有效性。同时，在策划和实施管理评审时，应考虑与质量管理体系相关的内外部因素的变化以及应对风险和机遇所采取措施的有效性。

**7. 纠正、预防或减少非预期结果并改进质量管理体系，更新风险和机遇**（标准第十章）

组织发生不符合时，应考虑是否更新策划期间确定的风险和机遇。

这些不符合的发生可能和策划所期望的结果相违背，组织需要重新审视之前所采取措施的有效性；也可能产生新的风险和机遇，组织需要重新评估并进行策划。

组织的风险不是一成不变的，它是伴随着内外变化而不断变化的。组织需要不断改进措施的适用性、充分性和有效性及整合风险管理过程的方式。

### （三）ISO 9001：2015标准中风险管理的过程方法

ISO 9001：2015标准中风险管理的过程方法可以简单地理解为融合“基于风险的思维”的PDCA循环，包括策划（Plan）、实施（Do）、检查（Check）、处置（Act）四个步骤。

策划（Plan）：标准要求（第四章）组织根据自身所处的内外部环境和相关方的需求，确定质量管理体系过程并应对风险及机遇，（第五章）最高管理层履行其领导作用，（第六章）组织策划应对风险和机遇的措施，以及制订评价这些措施有效性的准则。

实施（Do）：标准要求（第七章）组织提供实施应对风险和机遇的措施所需的资源，（第八章）实施应对风险和机遇所确定的措施，同时识别更新。

检查（Check）：标准要求（第九章）组织监视、测量、分析及评价应对风险和机遇措施的效果，并输入到管理评审中进行措施有效性评价。

处置（Act）：标准要求（第十章）组织纠正、预防或减少非预期结果并改进质量管理体系，并适时更新风险和机遇。

标准的风险管理过程方法与管理体系过程方法相一致，体现了循环改进的理念，风险管理理念可以很好地融入重要的活动和功能中，起到全过程的风险预防作用。组织也能在这个过程中，确定可能导致过程和质量管理体系偏离预期结果的各种因素，及时预防控制，最大限度地降低对组织预期结果的不利影响，并最大限度地利用出现的机遇实现改进。

## 二、风险管理理念在ISO 14001：2015标准中的应用

### （一）ISO 14001：2015标准中的风险管理概述

对比ISO 9001：2015标准的变更内容，采用“基于风险的思维”也是ISO 14001：2015的重要变化之一，进一步强调了系统性风险管理的必要性。ISO 14001：2004标准更多地依赖“反应”性的预防措施过程，而ISO 14001：2015标准以风险管理取代预防措施，达到管理体系的改进。

ISO 14001：2015标准旨在确保组织在环境问题上采取积极主动的行动，制订可测量的和战略性的环境目标，确保组织能够不断地改善、保护环境。其中的风险管理更侧重于对事件的识别和预防，而非对风险发生后的反应，这将对保护环境产生非常正面的影响。

风险管理融于管理体系过程，需要使用管理手段系统性地考虑可能影响业务的任何风险因素，并讨论如何管理、减轻和消除这些环境风险，这将大大提高组织的环境绩效。不断识别、审查、调整和持续改进，将确保这一循环生生不息。事前预防佐以提前规划和风险管理，远远优于事后处理，不仅利于企业的环境绩效管理，也有利于保护地球环境。

### （二）ISO 14001：2015标准中风险管理的具体要求

ISO 14001：2015的风险管理要求和ISO 9001：2015标准基本一致，相同部分不再赘述，以下仅对不同之处做简要分析。

**1. 应对风险和机遇的措施**

在策划实施应对风险和机遇的措施时，ISO 14001：2015标准将从组织所处环境及相关方的要求中识别出来的风险和机遇分为三类：环境因素、合规义务及其他在组织所处环境及相关方的要求中识别出来的风险和机遇。环境因素，即与或能与环境发生相互作用的要素，它可能产生与有害环境影响、有益环境影响和其他对组织的影响有关的风险和机遇。

组织需要确定活动、产品和服务的过程，从中识别能够控制和能够施加影响的环境因素及其相关的环境影响，并考虑其生命周期。在这些因素中，根据预先设定或建立的评价准则，确定那些具有或可能具有重大环境影响的环境因素，即重要环境因素。继而，组织针对这些重要环境因素采取相适宜的措施。

同时，组织需要识别、确定并获取与环境因素有关的合规义务，确定将这些合规义务应用于组织的过程，在建立、实施、保持和改进环境管理体系时必须考虑这些和组织相关的合规义务，并保留合规义务应对措施的相关文件化信息。

**2. 环境目标及其实现的策划**

在ISO 14001：2015标准的风险管理概述中，进一步强调了战略风险管理的需要。在ISO 14001：2004 标准中，组织依靠风险评估、纠正和预防措施，尽可能减少企业对环境的影响，但三者之间的预期结果无法相互影响。预防措施在组织内可能只是几个人的事（如最高管理者、管理者代表或工作小组等），无法做到企业战略方向的预防，实施的效果也是事倍功半，而ISO 14001：2015标准中的风险管理需要整个管理过程的参与，和组织的战略目标方向相一致，在设定环境目标时就考虑了组织的重要环境因素及相关的合规义

务及相关的环境风险。

因此环境目标需要与环境方针一致，可度量（如可行），得到监视，可沟通，在适当时更新。在策划实施环境目标时，需要确定要做什么、需要什么资源、由谁负责、何时完成和如何评价风险管理措施实施的结果（包括所评价的参数）。

通过这种方式，可以将风险管理融入组织的战略目标中，加强战略目标实现的可能性。

**3. 成功因素（领导作用）**

环境管理体系的成功实施（包括风险管理的有效实施）取决于最高管理者领导下的组织各层次和职能承诺。最高管理者要对环境管理体系的有效性负责，确保组织建立环境方针和环境目标，并确保其与组织的战略方向及所处的环境相一致，并将环境管理体系要求融入组织的业务过程。最高管理者需要确保环境管理体系实施（包括风险管理活动）所需的资源，并就有效环境管理的重要性和符合环境管理体系要求的重要性进行沟通。

最高管理者要支持其他相关管理人员在其职责范围内的领导作用，指导并支持员工开展风险管理活动，促进持续改进，以确保对环境管理体系有效实施做出贡献。

### （三）ISO 14001：2015标准中风险管理的过程方法

从ISO 14001：2015标准的过程管理架构和风险管理实施的具体要求获知，环境管理体系中的风险管理也是随着环境管理体系的过程方法（P策划—D实施—C检查—A处置）实施的，虽然文本架构与ISO 9001：2015标准基本一致，但ISO 14001：2015标准每一步的演进相较来说还是比较清楚的，ISO 9001：2015标准如何遵循这一循环有时并不容易看清楚。如图2-2所示。

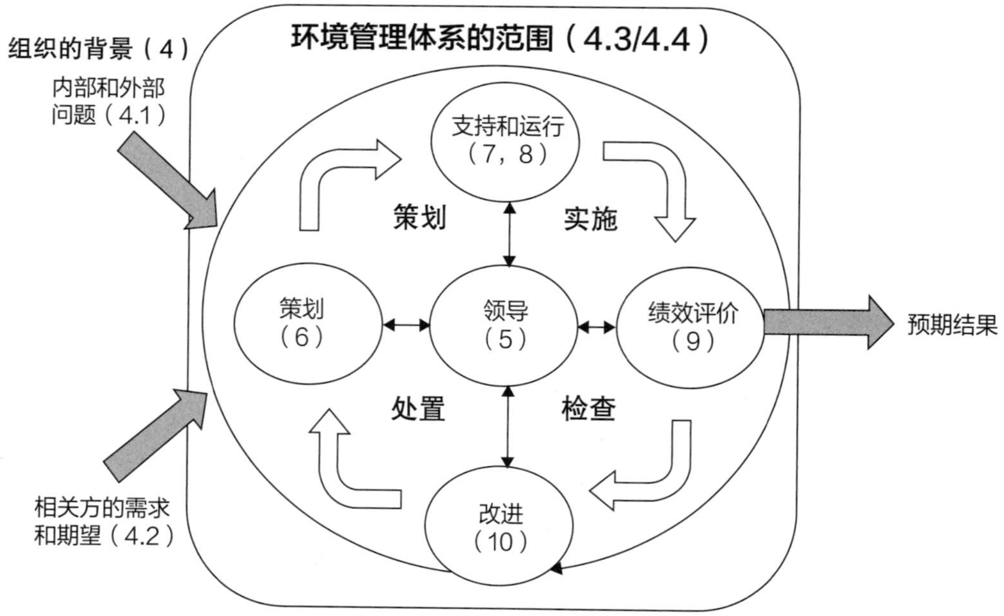


图2-2 环境管理体系框架

## 三、风险管理理念在ISO 45001：2018标准中的应用

### （一）ISO 45001：2018标准中的风险管理概述

职业健康安全管理体系（OHSMS）、质量管理体系（QMS）和环境管理体系（EMS）同为后工业化时代的管理方法，是20世纪80年代后期在国际上兴起的现代安全生产管理模式。2018年3月，ISO 45001：2018标准正式发布，取代OHSAS 18001：2007标准，成为全球首个ISO职业健康安全标准。在这次变更中，“基于风险的思维”也是重要的变更内容之一。

ISO 45001：2018标准要求一个组织不仅专注于直接关联的健康和安全问题，还要考虑更大的社会期许和影响。组织需要考虑其所关联的各相关方的影响，包括上下游的分包商和供应商等，考虑自身的工作会对邻居造成怎样的影响。这比仅关注内部员工的各项条件和因素更加广泛，也意味着组织不能简单地将其风险通过外包转移出去。

ISO 45001：2018标准强调，职业健康和安全因素体现在组织的整个管理体系中，需要从管理层获得更高程度的认可和支持。这是一个很大的变化，区别于之前习惯将责任授权给一个安全经理或者某个工作小组，而不是完全融入组织的运行中。ISO 45001：2018要求职业健康和安全风险管理是组织管理体系中不可分割的一部分，而不再只是以附加的形式存在。

标准要求组织在策划职业健康安全体系时，应确定组织所需要应对的职业健康安全风险和机遇。风险和机遇存在于组织的危险源、合规性，以及所处的环境和相关方需求和期望中。针对识别的风险和机遇采取措施，以确保体系能够实现组织的预期结果和在职业健康安全方面的持续改进。

### （二）ISO 45001：2018标准中风险管理的具体要求

**1. 应对风险和机遇的措施**

在策划实施应对风险和机遇的措施时，ISO 45001：2018标准将从组织所处环境及相关方的要求中识别出来的风险和机遇分为两类：职业健康安全危险源及其相关联的职业健康安全风险和机遇、法律法规要求和其他要求。

组织需要建立、实施并保持持续积极地对产生的危险源进行辨识，结合适用的法律法规要求和其他要求以及现有控制措施的有效性等信息，进一步识别出危险源中的职业健康安全风险，再结合组织所处的环境及相关方的需求，制订适宜的评价准则，从而策划建立、实施、运行和保持应对职业健康安全管理体系风险的措施。同时在这个过程中，组织还要识别、关注提升职业健康安全绩效和改进职业健康安全管理体系的机遇，针对其策划应对措施，从而获得改进管理体系的机会。

另外，组织还要确保建立、实施和保持应对合规义务的过程：确定并获取适用于组织危险源和职业健康安全风险的、最新的法律法规要求和其他组织应遵守的要求（包括如何将这些法律法规要求和其他要求应用于组织，并确定需要沟通的内容），在建立、实施、保持和持续改进其职业健康安全管理体系时必须考虑这些法律法规要求和其他要求。

根据适用的法律法规和其他要求，组织需要策划措施准备应对紧急情况，并策划在其

职业健康安全管理体系过程中或其他业务过程中融入并实施这些措施，并在实施完成后评价这些措施的有效性。

在策划措施时，组织应考虑控制层级和职业健康安全管理体系的输出（如管理评审针对风险管理的输出），及最佳实践、可选技术方案、财务、运行和经营要求的限制，综合选出最适宜的应对措施。

**2. 职业健康安全目标及其实现的策划**

考虑到风险管理对实现职业健康安全目标的重要性，组织在设定职业健康安全目标时，目标应和组织的职业健康安全方针保持一致，充分考虑适用的法律法规要求和其他要求，参考职业健康安全风险和职业健康安全机遇以及其他风险和机遇的评价结果，理解和考虑与员工及员工代表（如有）协商的结果，并在后续策划实施中可评价、可监视、可清晰沟通、适当时可更新。

组织在策划实现职业健康安全目标时，应确定组织需要做什么、需要什么资源、由谁负责、何时完成、如何监视、如何评价结果、如何将实现职业健康安全目标的措施融入业务过程。

风险管理融入组织的职业健康安全目标策划中，体现了风险管理和管理体系过程相融合的风险管理理念，也有利于增强实现组织的预期结果。

**3. 工作人员参与**

相较于ISO 9001标准关注的对象是顾客和ISO 14001标准关注的对象是社会和相关方，ISO 45001标准关注的对象是员工。因此在ISO 45001：2018标准中，除了强调最高管理者的领导作用，工作人员在职业健康安全管理体系（包括风险管理活动）中也起到很大的作用，因此组织在发展、策划、实施、绩效评价和采取措施以改进职业健康安全管理体系时，应建立、实施和保持各相关层次和职能部门的员工和员工代表（如有）协商和参与的过程。

组织需要为员工提供参与所需的机制和资源（包括时间、资源等），及时向员工提供有关职业健康安全管理体系（包括风险管理）清晰的、可理解的和相关的信息，对员工的输入或建议做出回应，为语言或读写障碍人群扫清沟通障碍，不得采用报复、报复性的威胁、使员工丧失参与信心或其他妨碍员工参与的做法。

组织还需要特别强调非管理类员工能够参与确定相关方的需求和期望、建立职业健康安全方针、确定如何符合法律法规和其他要求、建立职业健康安全目标并策划实现目标等活动。

### （三）ISO 45001：2015标准中风险管理的过程方法

和ISO 9001：2015标准、ISO 14001：2015标准一样，ISO 45001：2018标准中风险管理与管理体系关系非常紧密，基于过程、风险管理和PDCA的过程方法构成了职业健康安全管理体系的三大基本要素。无论是持续改进还是“P策划—D实施—C检查—A处置”循环，其抓手都是风险，因此风险管理是职业健康安全管理体系建设的核心。当然，不同的组织，其特点、内外部环境不同，对应的职业健康安全风险便有所不同，可以结合组织的具体情况制订更详细的风险管理措施。如图2-3所示。

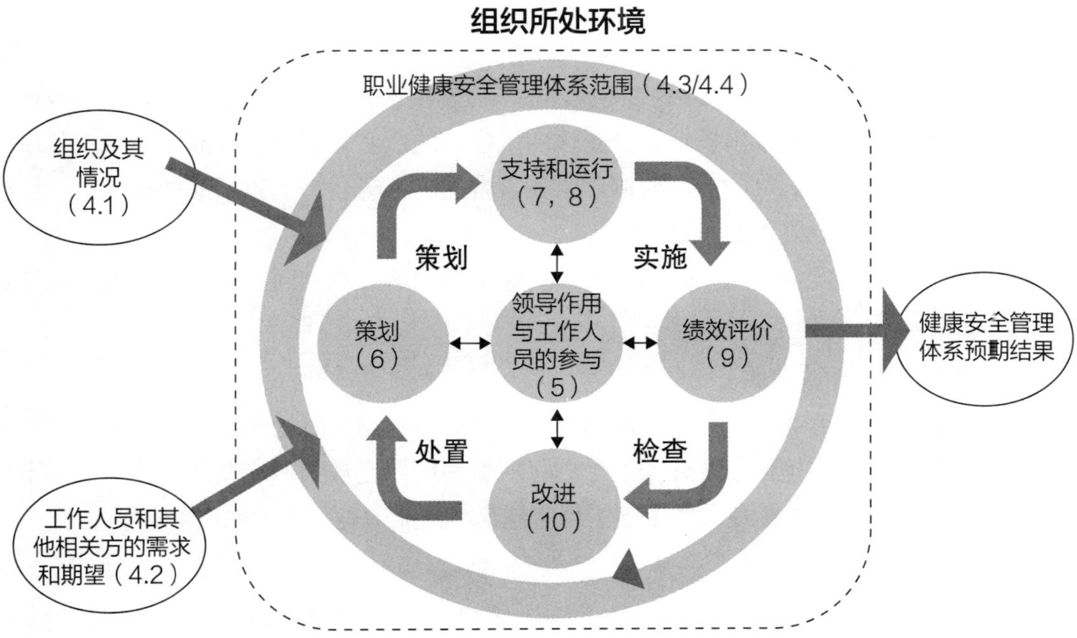


图2-3 职业健康管理体系框架

# 第二节 ISO/IEC 17025：2017新增“风险管理”要求解读

## 一、引入“风险管理”的要求

ISO/IEC 17025：2017标准较ISO/IEC 17025：2005标准一个比较重点的变化就是引入了“风险管理”的要求，这些要求主要体现在以下几点。

（1）ISO/IEC 17025：2017在引言中声明：“本文件要求实验室策划和实施相应措施来应对识别出的风险和机会。识别风险和机会将提升质量管理体系的有效性、改进结果和防止负面效应。实验室负责决策对哪些风险和机会应采取措施”。

（2）ISO/IEC 17025：2017参照ISO 9001：2015，增加一新的条款“8.5 风险和机会的管理措施”，将ISO 9001：2015第6.1条款的相关要求纳入，强调风险管理融入过程和体系之中，从系统层面考虑风险，不再局限于之前版本的预防措施。

（3）ISO/IEC 17025本身在起草过程中，已充分纳入了风险管理的模式，比如设备校准、质量控制、人员培训和监督等均需要实验室根据自身的检测或校准活动范围、客户需求和测试技术的复杂性等进行风险分析，实施相应的管理。

（4）对于实验室是否有必要单独建立风险管理体系，由实验室自己决定，ISO/IEC 17025：2017标准本身并未要求。

## 二、新增的“风险管理”要求解读

### （一）公正性

实验室应持续识别影响公正性的风险。这些风险应包括实验室活动、实验室的各种关系，或者实验室人员的关系引发危害公正性的风险。危及实验室公正性的关系可能基于所有权、控制权、管理、人员、共享资源、财务、合同、市场营销（包括品牌推广）、给介绍新客户的人销售佣金或其他好处等。

如果识别出影响实验室公正性的风险，实验室应能够证明如何消除或最大限度降低这种风险。

### （二）报告符合性声明

当报告做出与规范或标准符合性声明时，实验室应考虑与所用判定规则相关的风险水平（如错误接受、错误拒绝、统计假设），将所使用的判定规则形成文件，并应用判定规则。如果客户、法规或规范性文件规定了判定规则，则无须进一步考虑风险水平。

### （三）不符合工作

当实验室活动或结果不符合自己的程序或与客户达成一致的要求时（如设备或环境条件超出规定限值、监测结果不能满足规定），实验室应有程序实施风险管理措施，包括必要时采取暂停或重复工作以及扣发报告的措施，从而确保实验室处于其所能接受的风险水平内。

### （四）应对风险和机遇的措施

实验室应根据自身所处的环境和相关方的要求，考虑与实验室活动相关的风险和机遇，以确保管理体系能够实现其预期结果、增强实现实验室目的和目标的机遇、预防或减少实验室活动中的不利影响和可能的失败并实现改进。标准要求实验室从系统层面全方位考虑风险，并将之融入管理体系过程，需要识别和确认影响管理体系的任何风险，这些风险主要来源于内部和外部因素。

内部风险因素包括方针、目标、管理体系、资源、人员、运行等，来自内部各种管理数据和信息的分析。内部最大的风险主要来自安全和质量，人为因素是最重要的风险点；安全事故、不诚信、不公正、泄密和技术能力缺陷（检验结果出错）等对实验室是致命的风险；承诺未兑现、管理体系运行不畅、管理体系架构缺陷、资源不足、未实现目标、客户不满意等也会对实验室的生存造成严重影响。

外部风险因素包括政治、经济、社会、技术、市场及法律法规等，来自法律法规、政策、标准、专业和技术出版物、客户及相关方需求等。外部因素与机构生存密切相关，也是确保实验室可持续发展的重要信息，实验室管理层应持续识别、评估、应对外部风险，及时调整战略方向、质量方针、目标及管理体系，以免错失机构生存发展的良机。

实验室应策划应对所确认的这些风险和机遇的措施，并确保这些措施能在管理体系中整合并实施。应对风险和机遇的措施应与其对实验室结果有效性的潜在影响相适应。应对风险的方式包括识别和规避威胁、为寻求机遇承担风险、消除风险源、改变风险的可能性或后果、分担风险、或通过信息充分的决策而保留风险等。

按照策划完成应对措施后，实验室应按照策划的要求评价这些措施的有效性。

**（五）改进**

实验室应识别和确定改进机遇，并采取必要的应对措施。常见的，实验室可通过管理评审、人员建议、风险评估、评审操作程序、实施方针、总体目标、审核结果、纠正措施、数据分析和能力验证结果识别改进机遇。

**（六）纠正措施**

实验室在实施纠正措施时，如风险和机遇发生变化，应更新在策划期间确定的风险和机遇。

**（七）管理评审**

实验室应将风险识别的结果输入管理评审中进行有效性确认。如有效，将响应的措施融入管理体系的过程，实现实验室风险管理和过程管理的融合。

**（八）其他要求**

**1. 风险承诺**

公正性承诺：实验室管理层应做出公正性承诺，不允许商业、财务或其他方面的压力损害公正性，确保实验室活动的公正性。

保密性承诺：实验室应对在实验室活动中获得或产生的所有信息做出具有法律效力的承诺，确保客户信息不会失密。

活动范围界定：风险管理实施的有效性和其管理体系的活动范围有关，实验室应声明符合本准则（不包括持续从外部获得的实验室活动）的实验室活动范围。

管理体系有效运行承诺：实验室管理层应提供建立和实施管理体系，并保留持续改进其有效性承诺的证据，包括实施风险管理的证据。

**2. 外部风险免责声明**

合同：每项合同应在实验室和客户双方接受的情况下签署，包括后续的任何更改都应获得双方的认可。

样品：当实验室接收样品时发现与规定条件的偏离，应记录相关情况。如客户执意要求偏离，则在报告中做出免责声明，并指出偏离可能影响的结果。

报告：当实验室不负责抽样时，应在报告中声明仅适用于收到的样品。当报告不作为证明作用时，应标注不具备社会证明作用的等效备注。

保密性：实验室应将其准备公开的信息事先通知客户，法律法规规定的除外。

## 第三节　实验室质量风险管理：一种新模式探索

检验检测机构如何策划并采取措施应对行业的风险和机遇，在合规运营的同时实现业务的可持续发展？前文已经介绍了风险管理体系ISO 31000：2018以及三大管理体系标准中基于风险的管理思维，以及检验检测实验室建立质量风险管理体系的必要性和紧迫性。然而，实验室如何将“风险管理”融入实验室质量管理体系建设的全过程，目前尚缺少有效的解决方案。

无论是ISO/IEC 17025：2017还是RB/T 214—2017，都没有规定实验室运用正式的风险管理方法或形成文件的风险管理过程，虽然指明了实验室可决定通过应用其他指南或标准建立风险管理体系，但应用融合的过程并未见提及。

现阶段关于实验室风险管理体系的标准，基本都是参照ISO 31000的基本框架讲述风险管理过程，包括系统应用方针、程序以及沟通与协商活动实践，建立环境以及评估、处理、监控、评审、记录和报告风险。讲述的都是理论流程，而其中的关键环节——风险控制目标、风险控制的策划与实施、风险管理监测的方式方法并无可操作的具体内容。关于实验室管理体系的要素如何嵌入风险管理体系的思路也亟须指明。

为此，本书在风险管理理论在世界三大管理体系标准的成功应用的基础上，结合ISO 31000：2018所提供的风险管理框架，创造性地开发出了该理论在实验室应用的结构化方法，希望能够帮助各类实验室降低经营风险，实现合规运营。

## 一、来自ISO 45001：2018标准的启示

ISO 45001：2018标准虽然采用了新的高阶结构，但与OHSAS 18001：2007标准相比，各要素之间的逻辑关系变得不太清晰，例如：如何理解组织及其所处的环境；如何确定组织需要应对的风险和机遇；如何策划应对风险和机遇的措施；如何对风险进行系统化管理等。

为了更好地揭示ISO 45001：2018标准条款中各要素之间的逻辑关系，便于标准使用者更好地理解和实施，一些认证、咨询机构借鉴OHSAS 18001：2007标准，提出了ISO 45001：2018的要素逻辑关系。如图2-4所示。

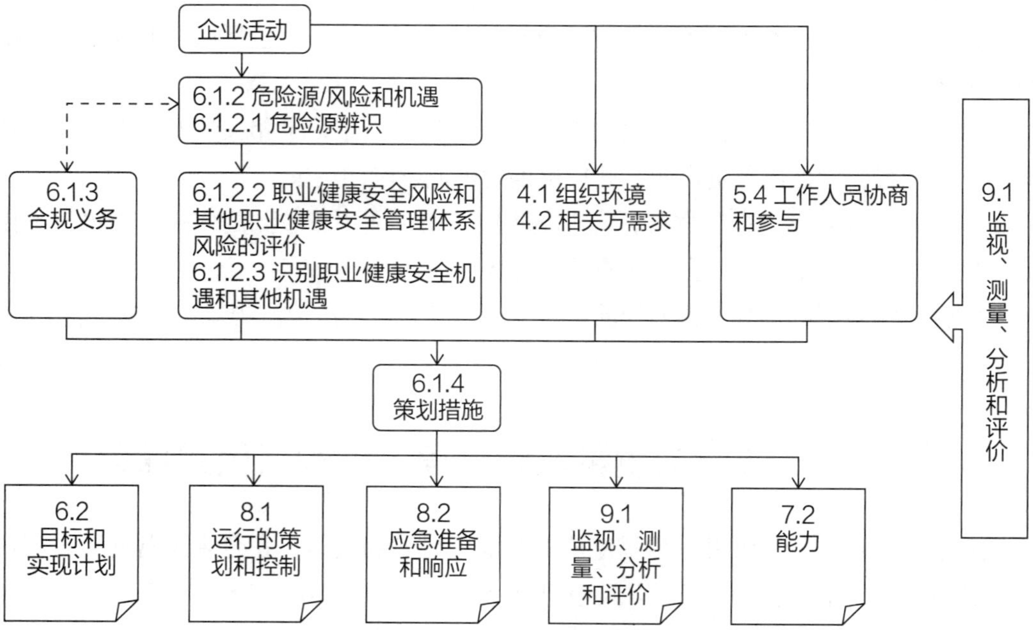


**图2-4 ISO 45001：2018 职业健康安全管理体系要素逻辑关系**

图2-4的上部为危险源/风险和机遇的识别、分析与评价；图2-4的中部为重大危险/风险和机遇的应对方案策划；图2-4的下部为重大危险/风险和机遇的控制措施的实施，包括五个方面，即OHS目标和实现计划（6.2），运行的策划和控制（8.1），应急准备和响应（8.2），监视、测量、分析和评价（9.1），能力（7.2）。

## 二、实验室质量风险管理：一种新模式

每个行业都有自身的特点，通用性的管理体系标准往往无法满足一些特定行业的特殊要求，因此产生了一些特定行业的标准。以ISO 9001：2015标准为例，该标准是一个通用的质量管理体系标准，由于无法满足一些特定行业的特殊要求，由此产生了一系列行业专用标准，例如汽车行业的IAF 16949、食品行业的ISO 22000、医疗器械行业的ISC 13485、通信行业的TL 9000等。

同样，ISO 31000：2018是一个风险管理体系的通用性标准，对一些特定风险类型也无法做到充分覆盖，因此在环境风险管理方面产生了ISO 14001标准，在职业健康安全风险管理方面产生了ISO 45001标准，在检验检测服务风险管理方面产生了GB/T 27423—2019标准。

然而，由于GB/T 27423—2019标准的基本框架与GB/T 24353—2009基本一致，而GB/T 24353—2009基本来源于ISO 31000：2009的DIS稿，所以，该标准是否能够充分满足检验检测行业风险管理的应用要求还有待验证。

为了将“基于风险的思维”有效付诸检测/校准实验室的质量管理体系，本书参考ISO 31000：2018和ISO45001：2018标准，并结合ISO/IEC 17025：2017的条款要求，提炼出一套完整的实验室质量风险管理工具和方法，并建立了一个“实验室质量风险管理体系”模型。如图2-5所示。

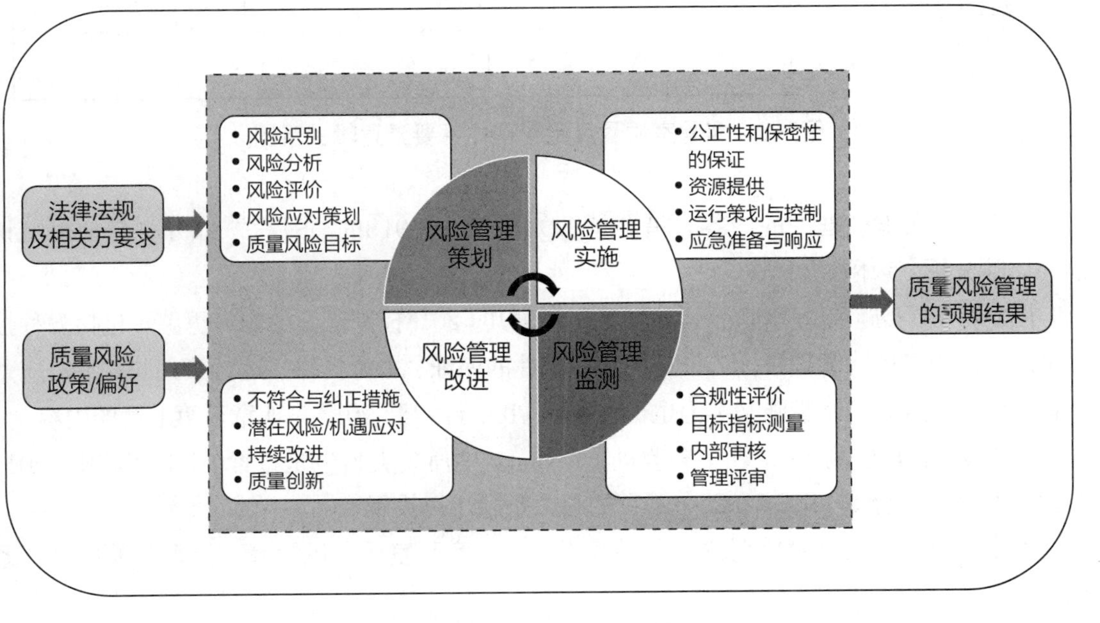


图2-5 实验室质量风险管理体系模型

该模型效仿ISO 45001：2018，按照“过程方法”的原理，将整个实验室质量管理视为一个“大过程”，其输入为“法律法规及相关方要求”和“质量风险政策/偏好”，其输出为“质量风险管理的预期结果”。这个“大过程”又由四个“子过程”组成，分别是“策划”“实施”“监测”和“改进”，每个“子过程”又由若干“小过程”组成。

1）策划过程包括风险识别、风险分析、风险评价、风险应对策划、质量风险管理目标。

2）实施过程包括公正性和保密性的保证、资源提供、运行策划与控制、应急准备与响应。

3）监测过程包括合规性评价、目标指标测量、内部审核、管理评审。

4）改进过程包括不符合与纠正措施、潜在风险/机遇应对、持续改进、质量创新。

为了更好地解释“实验室质量风险管理体系”模型，本书提供了“实验室质量风险管理体系要素逻辑关系图”，如图2-6所示。

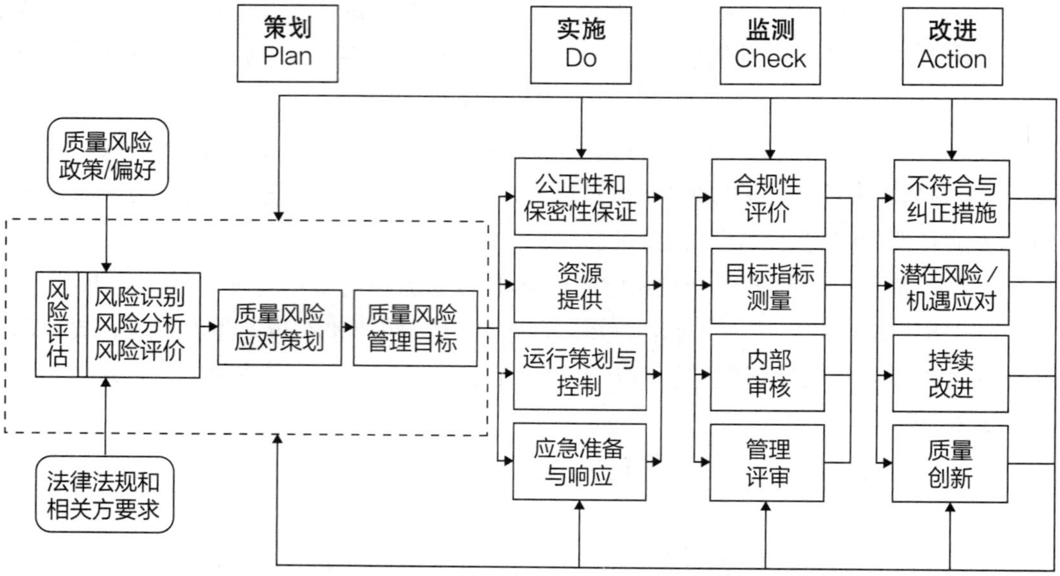


**图2-6　实验室质量风险管理体系要素逻辑关系图**

图2-6左端虚线框中的内容，借鉴了ISO 31000：2018的“过程”部分，包括风险识别、风险分析、风险评价等。

图2-6中端实施（Do）部分，借鉴了ISO 45001：2018控制措施的制订思路，包括五种控制措施，即质量风险管理目标、公正性和保密性的保证、资源提供、运行策划与控制、应急准备和响应，这些控制措施基本上也覆盖了ISO/IEC 17025：2017 第四章至第七章的内容。

图2-6中右端监测（Check）和改进（Action）中所列类目也是参考了ISO 45001：2018的相关类目并结合ISO/IEC 17025：2017的相关条款予以设置。

本书第五章至第八章将对这个新的模式——“实验室质量风险管理体系”模型进行系统介绍。

# 第三章

# 实验室质量管理重要法律法规及其他要求介绍

合规性评价指组织应建立、实施并保持评价其合规义务履行状况所需的过程，组织应保留文件化信息作为合规性评价结果的证据。检验检测机构基于风险的思维，应定期对管理体系适用的法律法规及其他要求进行合规性评价。本书第二章中提出的新型“实验室质量风险管理体系”模型也把法律法规及相关方的要求作为该模型策划环节的输入之一。

本章共三节：第一节介绍我国检验检测机构资质认定管理法律法规及部分地方特殊要求；第二节介绍重点行业/领域对检验检测机构管理的特殊要求；第三节介绍中国合格评定国家认可委员会关于实验室的认可规范。每节都从背景和目的、主要内容、监管重点、违规处罚，以及典型案例等方面进行阐述。

# 第一节　我国检验检测机构资质认定管理重要法律法规介绍

在我国全面推进依法治国的背景下，为使检验检测行业健康有序发展，充分激发检验检测市场活力，规范市场行为，市场监督管理部门出台了一系列部门规章，包括《检验检测机构资质认定管理办法》《检验检测机构监督管理办法》《检验检测机构资质认定告知承诺实施办法（试行）》等。地方政府也出台了一系列管理办法，如：上海市出台了《上海市检验检测条例》《上海市检验检测机构能力验证管理办法（试行）》《上海市检验检测机构资质认定告知承诺管理办法（试行）》；浙江省出台了《浙江省检验机构管理条例》；江苏省出台了《江苏省生态环境监测条例》；广东省出台了《广东省市场监督管理局检验检测机构资质认定告知承诺和自我声明实施方案》；等等。

## 一、《检验检测机构资质认定管理办法》

《检验检测机构资质认定管理办法》（国家质量监督检验检疫总局令第163号，以下简称“163号令”）于2015年8月起施行，与此同时，2006年2月发布的《实验室和检查机构资质认定管理办法》废止。为进一步体现“简政放权、放管结合、优化服务”的理念，2021年4月国家市场监督管理总局发布修正案，满足了行政审批改革的需要，顺应了检验检测行业发展的客观需求。整部规章包括总则、资质认定条件和程序、技术评审管理、监督检查、附则五大组成部分。

### （一）背景和目的

为深入贯彻落实党的十八大、十八届三中全会、十八届四中全会精神，进一步简政放权、深化检验检测机构资质许可改革，完善资质认定管理法规，营造公平竞争、有序开放的检验检测市场环境，推动检验检测高技术现代服务业做强做大、健康发展，按照《国务院办公厅转发中央编办质检总局关于整合检验检测认证机构实施意见的通知》要求部署，2015年4月原国家质量监督检验检疫总局发布“163号令”。为深入贯彻“放管服”改革要求，落实“证照分离”工作部署，依照《优化营商环境条例》《国务院办公厅关于深化商事制度改革 进一步为企业松绑减负激发企业活力的通知》等文件要求，市场监督管理总局积极推动检验检测机构资质认定改革，优化检验检测机构准入服务。

2019年，市场监督管理总局发布《市场监管总局关于进一步推进检验检测机构资质认定改革工作的意见》（国市监检测〔2019〕206号），推动实施依法界定检验检测机构资质认定范围，试点告知承诺制度，优化准入服务，便利机构取证，整合检验检测机构资质认定证书等改革措施。2020年，持续推进许可事项改革，并根据疫情防控形势，推行远程评审等应急措施。随着一系列检验检测机构资质认定改革措施的推出和实施，检验检测机构资质认定的审批效率显著提升，机构准入更加便捷，市场主体大幅增加，市场环境持续优化。为了落实国务院“放管服”改革的最新部署要求，进一步深化和推进检验检测机构资质认定改革，充分激发检验检测市场活力，使已有的检验检测机构资质认定改革措施和成果制度化、法制化，并为在更大范围内复制和推广相关改革举措提供法规层面的依据，国家市场监督管理总局对“163号令”的部分条款进行了修改，并于2021年4月发布。

**（二）主要内容**

按照实施更加规范、要求更加明确、准入更加便捷和运行更加高效的原则，国家市场监督管理总局对“163号令”的部分条款进行了修改。

（1）明确资质认定事项实行清单管理的要求。

为避免重复审批，解决资质认定事项范围不统一问题，从制度层面明确依法界定并细化资质认定实施范围，逐步实现动态化管理。

（2）明确实施告知承诺的程序和要求。

检验检测机构申请资质认定时，可以自主选择一般程序或者告知承诺程序。同时，资质认定部门做出许可决定前，申请人有合理理由的，可以撤回告知承诺申请，为申请机构提供了更多选择。

（3）固化优化准入服务便利机构的措施。

一是明确提出了检验检测机构资质认定推行网上审批，有条件的市场监督管理部门可以颁发资质认定电子证书；二是进一步压缩了许可时限，审批时限压缩至10个工作日内，技术评审时限压缩至30个工作日内；三是对上一许可周期内无违反市场监管法律、法规、规章行为的检验检测机构，可以采取书面审查方式，予以延续资质认定证书有效期。

（4）固化疫情防控长效化措施。

为应对新冠肺炎疫情，服务复工复产，检验检测机构资质认定对现场技术评审环节进行了优化，推出了远程评审等有效措施。此次修改在涉及现场技术评审的条款中对“远程评审”的方式予以了明确，使疫情防控的有效措施长效化。同时，为应对突发事件等工作需要，增加了“因应对突发事件等需要，资质认定部门可以公布符合应急工作要求的检验检测机构名录及相关信息，允许相关检验检测机构临时承担应急工作”的条款，以保证应急所需的检验检测技术支撑。

**（三）监管重点**

“163号令”将原有的检验检测机构从业规范、监督管理、法律责任的相关内容调整至《检验检测机构监督管理办法》（国家市场监督管理总局令第39号，以下简称“39号令”）。虽有专项的监督规章为监管提供法律支撑，但依然保留以下五方面作为监管的重点内容，足见其重要程度。第一，是否诚实守信、未采取违规手段取得资质认定；第二，是否按规定向资质认定部门申请办理变更手续；第三，是否能保证管理体系的完善，保证基本条件和技术能力的持续符合性；第四，是否在资质认定的范围内规范出具检验检测数据、结果；第五，是否规范管理和使用资质认定证书或标志。

> 第三条 检验检测机构从事下列活动，应当取得资质认定：
> （一）为司法机关作出的裁决出具具有证明作用的数据、结果的；
> （二）为行政机关作出的行政决定出具具有证明作用的数据、结果的；
> （三）为仲裁机构作出的仲裁决定出具具有证明作用的数据、结果的；
> （四）为社会经济、公益活动出具具有证明作用的数据、结果的；
> （五）其他法律法规规定应当取得资质认定的。
> 第十四条 有下列情形之一的，检验检测机构应当向资质认定部门申请办理变更手续：
> （一）机构名称、地址、法人性质发生变更的；
> （二）法定代表人、最高管理者、技术负责人、检验检测报告授权签字人发生变更的；
> （三）资质认定检验检测项目取消的；
> （四）检验检测标准或者检验检测方法发生变更的；
> （五）依法需要办理变更的其他事项。
> 检验检测机构申请增加资质认定检验检测项目或者发生变更的事项影响其符合资质认定条件和要求的，依照本办法第十条规定的程序实施。
> 第十八条 检验检测机构应当定期审查和完善管理体系，保证其基本条件和技术能力能够持续符合资质认定条件和要求，并确保质量管理措施有效实施。
> 检验检测机构不再符合资质认定条件和要求的，不得向社会出具具有证明作用的检验检测数据和结果。
> 第十九条 检验检测机构应当在资质认定证书规定的检验检测能力范围内，依据相关标准或者技术规范规定的程序和要求，出具检验检测数据、结果。
> 第二十条 检验检测机构不得转让、出租、出借资质认定证书或者标志；不得伪造、变造、冒用资质认定证书或者标志；不得使用已经过期或者被撤销、注销的资质认定证书或者标志。
> 第二十一条 检验检测机构向社会出具具有证明作用的检验检测数据、结果的，应当在其检验检测报告上标注资质认定标志。

### （四）违规处罚

根据监管重点，有过则有罚，违规处罚措施主要有依法撤销资质认定延缓申请、责令限期改正且处罚款（分为3万元、3万元以下、1万元以下三个罚款等级）等形式。未诚实守信、采取违规手段取得资质认定的，撤销资质认定且三年内不得再次申请资质认定；未取得资质认定或超范围向社会出具具有证明作用的数据、结果的或基本条件和技术能力不能持续符合资质认定条件和要求的，责令限期改正且处3万元罚款；未规范管理和使用资质认定证书或者标志的，责令改正且处3万元以下罚款；未按规定向资质认定部门申请办理变更手续的，或未按规定标注资质认定标志的，处1万元以下罚款。

第三十二条　以欺骗、贿赂等不正当手段取得资质认定的，资质认定部门应当依法撤销资质认定。

被撤销资质认定的检验检测机构，三年内不得再次申请资质认定。

第三十四条　检验检测机构未依法取得资质认定，擅自向社会出具具有证明作用的数据、结果的，依照法律、法规的规定执行；法律、法规未作规定的，由县级以上市场监督管理部门责令限期改正，处3万元罚款。

第三十五条　检验检测机构有下列情形之一的，由县级以上市场监督管理部门责令限期改正；逾期未改正或者改正后仍不符合要求的，处1万元以下罚款。

（一）未按照本办法第十四条规定办理变更手续的；

（二）未按照本办法第二十一条规定标注资质认定标志的。

第三十六条　检验检测机构有下列情形之一的，法律、法规对撤销、吊销、取消检验检测资质或者证书等有行政处罚规定的，依照法律、法规的规定执行；法律、法规未作规定的，由县级以上市场监督管理部门责令限期改正，处3万元罚款：

（一）基本条件和技术能力不能持续符合资质认定条件和要求，擅自向社会出具具有证明作用的检验检测数据、结果的；

（二）超出资质认定证书规定的检验检测能力范围，擅自向社会出具具有证明作用的数据、结果的。

第三十七条　检验检测机构违反本办法规定，转让、出租、出借资质认定证书或者标志，伪造、变造、冒用资质认定证书或者标志，使用已经过期或者被撤销、注销的资质认定证书或者标志的，由县级以上市场监督管理部门责令改正，处3万元以下罚款。

## 二、《检验检测机构监督管理办法》

检验检测是国家质量基础设施的重要组成部分，是国家重点支持发展的高技术服务业、科技服务业和生产性服务业，在服务市场监管、提升产品质量、推动产业升级、保护生态环境、促进经济社会高质量发展等方面发挥着重要作用。近年来，我国检验检测服务业高速发展，社会各界呼唤完善的监管规则。市场监督管理总局2021年于4月发布《检验检测机构监督管理办法》（国家市场监督管理总局令第39号）。“39号令”立足于解决现阶段检验检测市场存在的主要问题，着眼于促进检验检测行业健康、有序发展，对夯实从业机构主体责任、强化事中事后监管、严厉打击不实和虚假检验检测行为具有重要现实意义。

### （一）背景和目的

#### 1. 夯实检验检测机构主体责任

党的十九届五中全会提出，坚定不移建设制造强国、质量强国，提高经济质量效益和核心竞争力。《国务院关于加强质量认证体系建设　促进全面质量管理的意见》（国发〔2018〕3号）提出，要严格落实从业机构对检验检测结果的主体责任、对产品质量的连带责任，健全对参与检验检测活动从业人员的全过程责任追究机制。现有法律、行政法规对于检验检测机构主体责任和行为规范的规定较为原则，需要在部门规章中进一步明确细化。

**2. 强化检验检测系统性监管**

《国务院关于在市场监管领域全面推行部门联合“双随机、一公开”监管的意见》（国发〔2019〕5号）提出在市场监管领域全面推行“双随机、一公开”监管是加快政府职能转变的内在要求，是创新事中事后监管的重要内容。《国务院关于加强和规范事中事后监管的指导意见》（国发〔2019〕18号）提出，要转变政府职能，进一步加强和规范事中事后监管，以公正监管促进公平竞争。现有《检验检测机构资质认定管理办法》等规章偏重于技术准入，监管重点在于资质能力的维持，对“双随机”监管、重点监管、信用监管等新型市场监管机制要求缺乏具体规定。

**3. 规范检验检测行业发展**

目前，我国检验检测行业在持续高速发展的同时，存在“散而不强”“管理不规范”等问题，部分领域、部分机构的不实和虚假检验检测行为，严重损害了市场竞争秩序和行业公信力。上述问题的产生，一方面有从业主体法律责任意识淡薄、恶意竞争、管理不规范等原因，另一方面也有法律规范滞后于“放管服”改革进程的原因。现有法律法规对“不实报告”“虚假报告”的规定不够明确，需要在部门规章中明确监管执法的操作性指引。

**（二）主要内容**

**1. 关于检验检测机构及其人员的主体责任**

“39号令”强调检验检测机构及其人员应当对所出具的检验检测报告负责，并明确除依法承担行政法律责任外，还须依法承担民事、刑事法律责任。作为部门规章，“39号令”主要对检验检测机构及其人员违反从业规范的行政法律责任进行具体规定。而依据《民法典》及《产品质量法》《食品安全法》等规定，检验检测机构及人员对其违法出具检验检测报告造成的损害应当依法承担连带的民事责任。根据《刑法》第二百二十九条“提供虚假证明文件罪”“出具证明文件重大失实罪”的规定，对虚假检验检测行为要追究刑事责任。2020年12月26日，第十三届全国人民代表大会常务委员会第二十四次会议通过的《中华人民共和国刑法修正案（十一）》，更是将环境监测虚假失实行为明确作为《刑法》第二百二十九条的适用对象。

**2. 关于检验检测从业规范**

“39号令”对检验检测机构在取得资质许可准入后的行为规范进行了系统梳理，明确了与检验检测活动的规范性、中立性等有重大关联的义务性规定，包括检验检测活动基本要求、人员要求、过程要求、送样检测规范、分包要求、报告形式要求、记录保存要求、保密要求、社会责任及行政管理要求等。而对于检验检测资质认定许可的取得、使用及能力维持要求，仍由新修订发布的《检验检测机构资质认定管理办法》进行调整。

**3. 关于打击不实和虚假检验检测行为**

"39号令"将严厉打击不实和虚假检验检测作为最重要的任务。目前,《产品质量法》《食品安全法》等法律、行政法规对不实和虚假检验检测做出了禁止性规定。但监管实践中难以界定并区分不实、虚假与一般性违法违规行为。因此,"39号令"第十三条列举了四种不实检验检测报告情形、第十四条列举了五种虚假检验检测报告情形,充分吸收采纳了监管执法中的经验做法,有利于检验检测机构明确必须严守的行业底线,也有利于各级市场监管部门突出打击重点。

**4. 关于落实新型市场监管机制要求**

为加快推动新型市场监管机制建设,提升系统性监管效能,"39号令"对检验检测监管体制和监管职权进行了重新梳理,对多种新型监管手段进行了规定。将"双随机、一公开"监管要求与重点监管、分类监管、信用监管有机融合。重点突出信用监管手段的运用和衔接,规定市场监管部门应当依法将检验检测机构行政处罚信息等信用信息纳入国家企业信用信息公示系统等平台,推动检验检测监管信用信息归集、公示,也为下一步将检验检测违法违规行为纳入经营异常名录和严重违法失信名单进行失信惩戒提供了依据。

**5. 关于违法违规的法律责任**

对于检验检测机构违反义务性规定的情形,"39号令"区分风险、危害程度,采取了不同的行政管理方式。一是依法严厉打击不实和虚假检验检测行为。强调对"39号令"列举的不实和虚假检验检测,市场监管部门要严格按照《产品质量法》《食品安全法》《道路交通安全法》《大气污染防治法》《农产品质量安全法》《医疗器械监督管理条例》《化妆品监督管理条例》等实施吊销资质或证书等行政处罚。二是督促改正较严重的违法违规行为。"39号令"仅对可能损害检验检测活动委托方或不特定第三方权益、较易引发争议的一般违法行为设置处理处罚规定,包括违反国家强制性规定实施检验检测尚未对结果造成影响的违规分包、出具检验检测报告不规范等。三是提醒纠正一般性违规事项。对于违反一般性管理要求的事项,指导监管执法人员采用"39号令"第二十四条规定的"说服教育、提醒纠正等非强制性手段"。

**(三)监管重点**

"39号令"重点监管不实检验检测及虚假检验检测,强调检验检测活动的规范性、中立性。"39号令"第十三条列举了四种不实检验检测报告情形、第十四条列举了五种虚假检验检测报告情形,充分吸收、总结、采纳了监管执法过程中的经验做法,明确了检验检测机构的行业底线,为检验检测机构拉响警钟,也有利于各级市场监管部门抓重点、严监管。除此之外,强制性规定的规范执行、分包的管理、授权签字人的规范签发依然是监管的重点内容。

第八条 检验检测机构应当按照国家有关强制性规定的样品管理、仪器设备管理与使用、检验检测规程或者方法、数据传输与保存等要求进行检验检测。

检验检测机构与委托人可以对不涉及国家有关强制性规定的检验检测规程或者方法等作出约定。

第十条 需要分包检验检测项目的，检验检测机构应当分包给具备相应条件和能力的检验检测机构，并事先取得委托人对分包的检验检测项目以及拟承担分包项目的检验检测机构的同意。

检验检测机构应当在检验检测报告中注明分包的检验检测项目以及承担分包项目的检验检测机构。

第十一条 检验检测机构应当在其检验检测报告上加盖检验检测机构公章或者检验检测专用章，由授权签字人在其技术能力范围内签发。

第十三条 检验检测机构不得出具不实检验检测报告。

检验检测机构出具的检验检测报告存在下列情形之一，并且数据、结果存在错误或者无法复核的，属于不实检验检测报告：

（一）样品的采集、标识、分发、流转、制备、保存、处置不符合标准等规定，存在样品污染、混淆、损毁、性状异常改变等情形的；

（二）使用未经检定或者校准的仪器、设备、设施的；

（三）违反国家有关强制性规定的检验检测规程或者方法的；

（四）未按照标准等规定传输、保存原始数据和报告的。

第十四条 检验检测机构不得出具虚假检验检测报告。

检验检测机构出具的检验检测报告存在下列情形之一的，属于虚假检验检测报告：

（一）未经检验检测的；

（二）伪造、变造原始数据、记录，或者未按照标准等规定采用原始数据、记录的；

（三）减少、遗漏或者变更标准等规定的应当检验检测的项目，或者改变关键检验检测条件的；

（四）调换检验检测样品或者改变其原有状态进行检验检测的；

（五）伪造检验检测机构公章或者检验检测专用章，或者伪造授权签字人签名或者签发时间的。

**（四）违规处罚**

“39号令”加大了监管处罚的力度，处罚形式主要包括说服教育、提醒纠正等非强制性手段，以及撤销、吊销、取消检验检测资质或者证书，责令限期改正并罚款等强制手段。在处罚形式上具有一定的柔韧性，如在监管过程中发现检验检测机构存在不符合本办法规定，但无须追究行政和刑事法律责任的情形的，可以采用说服教育、提醒纠正等非强制性手段予以处理。受行政和刑事法律责任追究的情形主要有五种：第一，未按照国家有关强制性规定进行检验检测；第二，未按照要求实施分包或应当注明而未注明；第三，未按照规定规范签发检验检测报告；第四，出具不实检验检测报告；第五，出具虚假检验检测报告。前三种情形由县级以上市场监督管理部门责令限期改正，逾期未改正或者改正后仍不符合要求的，处3万元以下罚款。后两种情形，出具不实或虚假检验检测报告的由县级以上市场监督管理部门责令限期改正，处3万元罚款。

第二十四条 县级以上市场监督管理部门发现检验检测机构存在不符合本办法规定，但无须追究行政和刑事法律责任的情形的，可以采用说服教育、提醒纠正等非强制性手段予以处理。

第二十五条 检验检测机构有下列情形之一的，由县级以上市场监督管理部门责令限期改正；逾期未改正或者改正后仍不符合要求的，处3万元以下罚款：

（一）违反本办法第八条第一款规定，进行检验检测的；

（二）违反本办法第十条规定分包检验检测项目，或者应当注明而未注明的；

（三）违反本办法第十一条第一款规定，未在检验检测报告上加盖检验检测机构公章或者检验检测专用章，或者未经授权签字人签发或者授权签字人超出其技术能力范围签发的。

第二十六条 检验检测机构有下列情形之一的，法律、法规对撤销、吊销、取消检验检测资质或者证书等有行政处罚规定的，依照法律、法规的规定执行；法律、法规未作规定的，由县级以上市场监督管理部门责令限期改正，处3万元罚款：

（一）违反本办法第十三条规定，出具不实检验检测报告的；

（二）违反本办法第十四条规定，出具虚假检验检测报告的。

出具不实或虚假行为除在“39号令”中有上述处罚规定外，上位法《中华人民共和国刑法修正案（十一）》（2020年12月26日第十三届全国人民代表大会常务委员会第二十四次会议通过，以下简称《刑法修正案》）、《中华人民共和国产品质量法》和《中华人民共和国食品安全法》也对虚假行为做出了更明确的处罚规定。如《刑法修正案》第二十五第（三）款规定：在涉及公共安全的重大工程、项目中提供虚假的安全评价、环境影响评价等证明文件，致使公共财产、国家和人民利益遭受特别重大损失的，处五年以上十年以下有期徒刑，并处罚金。

二十五、将刑法第二百二十九条修改为：“承担资产评估、验资、验证、会计、审计、法律服务、保荐、安全评价、环境影响评价、环境监测等职责的中介组织的人员故意提供虚假证明文件，情节严重的，处五年以下有期徒刑或者拘役，并处罚金；有下列情形之一的，处五年以上十年以下有期徒刑，并处罚金：

“（三）在涉及公共安全的重大工程、项目中提供虚假的安全评价、环境影响评价等证明文件，致使公共财产、国家和人民利益遭受特别重大损失的。

“有前款行为，同时索取他人财物或者非法收受他人财物构成犯罪的，依照处罚较重的规定定罪处罚。

《中华人民共和国产品质量法》规定对产品质量检验机构、认证机构伪造检验结果或出具虚假或不实证明、检验结果的，除机构受行政处罚外，直接负责的主管人员和其他直接责任人员也将受到处罚，包括罚款、没收违法所得等。产品质量认证机构违法，不符合认证标准而使用认证标志的产品，未依法要求其改正或者取消其使用认证标志资格的，对因产品不符合认证标准给消费者造成的损失，与产品的生产者、销售者承担连带责任。

> 第五十七条　产品质量检验机构、认证机构伪造检验结果或者出具虚假证明的，责令改正，对单位处五万元以上十万元以下的罚款，对直接负责的主管人员和其他直接责任人员处一万元以上五万元以下的罚款；有违法所得的，并处没收违法所得；情节严重的，取消其检验资格、认证资格；构成犯罪的，依法追究刑事责任。
>
> 产品质量检验机构、认证机构出具的检验结果或者证明不实，造成损失的，应当承担相应的赔偿责任；造成重大损失的，撤销其检验资格、认证资格。
>
> 产品质量认证机构违反本法第二十一条第二款的规定，对不符合认证标准而使用认证标志的产品，未依法要求其改正或者取消其使用认证标志资格的，对因产品不符合认证标准给消费者造成的损失，与产品的生产者、销售者承担连带责任；情节严重的，撤销其认证资格。

《中华人民共和国食品安全法》同样规定追究检验人员责任及连带责任。

> 第一百三十八条　违反本法规定，食品检验机构、食品检验人员出具虚假检验报告的，由授予其资质的主管部门或者机构撤销该食品检验机构的检验资质，没收所收取的检验费用，并处检验费用五倍以上十倍以下罚款，检验费用不足一万元的，并处五万元以上十万元以下罚款；依法对食品检验机构直接负责的主管人员和食品检验人员给予撤职或者开除处分；导致发生重大食品安全事故的，对直接负责的主管人员和食品检验人员给予开除处分。
>
> 违反本法规定，受到开除处分的食品检验机构人员，自处分决定作出之日起十年内不得从事食品检验工作；因食品安全违法行为受到刑事处罚或者因出具虚假检验报告导致发生重大食品安全事故受到开除处分的食品检验机构人员，终身不得从事食品检验工作。食品检验机构聘用不得从事食品检验工作的人员的，由授予其资质的主管部门或者机构撤销该食品检验机构的检验资质。
>
> 食品检验机构出具虚假检验报告，使消费者的合法权益受到损害的，应当与食品生产经营者承担连带责任。

## 三、《检验检测机构资质认定告知承诺实施办法（试行）》

### （一）背景和目的

为深入贯彻“放管服”改革要求，认真落实“证照分离”工作部署，进一步推进检验检测机构资质认定改革，创新完善检验检测市场监管体制机制，优化检验检测机构准入服务，加强事中事后监管，营造公平竞争、健康有序的检验检测市场营商环境，充分激发检验检测市场活力，市场监管总局于2019年10月发布《市场监管总局关于进一步推进检验检测机构资质认定改革工作的意见》（国市监检测〔2019〕206号），在检验检测机构资质认定工作中试点推行告知承诺制，在检验检测机构资质认定工作中，对于检验检测机构能够自我承诺符合告知的法定资质认定条件，市场监管总局和省级市场监管部门通过事中事后予以核查纠正的许可事项，采取告知承诺方式实施资质认定。具体工作按照国务院有关要求和市场监管总局制定的《检验检测机构资质认定告知承诺实施办法（试行）》执行。

**（二）主要内容**

（1）划定实施范围。除特殊领域外，检验检测机构初次申请资质认定、扩项、变更、延续证书有效期均可采取告知承诺的方式。

（2）细化告知及承诺事项。由资质认定部门告知申请机构资质认定事项的依据、应具备的条件及能力、申请所需材料、所需承担的法律责任等；在申请人承诺部分重点强调应对承诺内容的真实性、准确性负责，虚假承诺或者承诺内容严重不实将承担相应的法律责任。

（3）梳理告知承诺许可流程。申请机构通过官方途径下载告知承诺书，向资质认定部门递交告知承诺书以及相关申请材料，从正式提交申请到拿到资质认定证书仅需12个工作日，与一般程序相比大大缩短了取证时间。告知承诺采取置后技术评审的形式，一般3个月内安排技术评审，并做出相应的核查判定。

（4）阐明法律责任。检验检测机构做出虚假承诺或者承诺内容严重不实的，由资质认定部门撤销资质认定证书或者相应资质认定事项，记入信用档案，取消其采取告知承诺获得资质认定的资格。对外出具的相关检验检测报告不具有证明作用，并承担由此产生的相应法律责任。

**（三）监管重点**

“163号令”就强调过诚信是监管的重点，第三十二条中规定：“以欺骗、贿赂等不正当手段取得资质认定的，资质认定部门应当依法撤销资质认定。被撤销资质认定的检验检测机构，三年内不得再次申请资质认定。”告知承诺是建立在诚信基础之上的一种许可形式，所以重点关注承诺的内容是否属实与检验检测机构的诚实性。

> 第十一条　对于机构作出虚假承诺或者承诺内容严重不实的，由资质认定部门依照《行政许可法》的相关规定撤销资质认定证书或者相应资质认定事项，并予以公布。
>
> 被资质认定部门依法撤销资质认定证书或者相应资质认定事项的检验检测机构，其基于本次行政许可取得的利益不受保护，对外出具的相关检验检测报告不具有证明作用，并承担因此引发的相应法律责任。
>
> 第十二条　对于检验检测机构作出虚假承诺或者承诺内容严重不实的，由资质认定部门记入其信用档案，该检验检测机构不再适用告知承诺的资质认定方式。
>
> 第十三条　以告知承诺方式取得资质认定的检验检测机构发生违法违规行为的，依照法律法规的相关规定，予以处理。

### （四）违规处罚

对于因虚假承诺取得资质认定的检验检测机构，做出虚假承诺或者承诺内容严重不实的，可撤销资质认定证书或者相应资质认定事项，对外出具的相关检验检测报告不具有证明作用，并承担因此引发的相应法律责任。检验检测机构做出虚假承诺或者承诺内容严重不实的行为也将记入其信用档案，且不再适用告知承诺的资质认定方式。

## 四、地方政府特殊要求

为营造公平竞争的市场环境，促进检验检测行业健康有序发展，根据有关法律、行政法规规定，地方政府结合自身实际发布了相关管理办法，例如：上海市发布了《上海市检验检测条例》和《上海市检验检测机构能力验证管理办法（试行）》；浙江省发布了《浙江省检验机构管理条例》；江苏省发布了《江苏省生态环境监测条例》和《江苏省检验检测机构能力验证管理办法（征求意见稿）》。其中《上海市检验检测条例》和《上海市检验检测机构能力验证管理办法（试行）》作为全国省级市场监管部门第一部全面规范检验检测机构及行为的地方性法规及第一部规范能力验证工作的规范性文件非常具有参考意义。

### （一）《上海市检验检测条例》

**1. 背景和目的**

上海市2016年11月发布《上海市检验检测条例》（以下简称《条例》），自2017年1月1日起施行。作为一部专门用于全面规范检验检测机构及行为的地方性法规，其目的主要有三方面：一是坚持问题导向，强化落实主体责任，划定检验检测机构和人员的行为底线，建立市场行为规则；二是由重事前资质审批，转变为加强事中事后监管，将面向社会接受委托的检验检测机构纳入调整范围；三是优化审批流程，简化审批程序，创新监管手段，提高监管成效，释放市场活力。《条例》对于促进检验检测行业健康有序发展具有重要意义。

**2. 主要内容**

（1）填空白。检验检测涉及国民经济各个领域，但没有一部专门的法律规范。个别省份出台了只针对产品质量检验机构的规定，覆盖面过窄。《条例》率先将无须取得资质许可、接受社会委托的检验检测机构纳入调整范围，消除了监督管理的空白地带。《条例》为上海市检验检测行业发展提供了制度保障，也为国家检验检测立法进行了有益探索。

（2）立规矩。《条例》突出落实检验检测机构的主体责任，规定了检验检测机构的从业基本要求和行为规范，要求检验检测机构和人员独立开展检验检测活动，确保数据、结果的真实、准确，明确了信息公示、重大信息报告、普遍服务等义务。同时，《条例》从重事前审批转变为重事中、事后监管，罗列了不得出具虚假检验检测报告，不得推销、监制与检验检测活动有利益关联的产品等禁止性行为，划定了行业底线。

（3）做优化。《条例》坚持创新，对现有审批和监管工作从制度层面加以优化。审批方面，建立联合现场评审、采信计量认证结果、简化评审程序等新工作机制和制度，降低企业制度性交易成本。监管方面，建立联合监管和分类监管机制，统一编制专项监督检查计划，明确行政监管措施，推行信用管理，完善市场退出机制，严惩违法行为，提高监管实效。

（4）促发展。《条例》着眼于产业发展，要求上海市相关部门做好检验检测行业发展规划，综合使用各类专项资金，明确产业发展目标和促进保障措施。上海市、区人民政府在开放政府检验检测业务的同时，在检验检测机构申请高新技术企业、技术先进型服务企业等认定方面给予政策倾斜。鼓励检验检测机构参与标准制定，申请国内外实验室认可等能力认定，实现检验检测数据、结果的国际互认，推进检验检测市场快速健康发展。

**3. 监管重点**

《条例》创设了新的监管体制，规定“承担质量技术监督的部门负责本行政区域内检验检测活动监督管理综合工作，指导、协调其他有关部门履行检验检测活动监督管理职责”，质量技监部门成为检验检测行业监督管理的综合协调部门，从而形成了全面的综合监管。《条例》不仅设置了新的监管体制，还赋予了质量技监部门相应的监管执法权。规定了检验检测机构和人员不得从事的行为：检验检测机构不得聘用法律、法规禁止从事检验检测活动的人员；检验检测机构和人员不得出具虚假检验检测数据、结果；不得伪造、变造检验检测机构印章、资质许可标志或者检验检测人员签字；不得推销、监制被检对象或者其他与检验检测活动有利益关联的产品、服务；不得从事其他影响检验检测数据、结果的真实、准确、完整的行为。

《条例》监管的重点对其他地区或检验检测实验室也是非常有参考意义的。

> 第十一条　检验检测机构应当采取必要措施，持续具备与其开展检验检测活动相适应的能力。
>
> 鼓励检验检测机构参加政府部门、国际组织、专业技术评价机构、行业协会等开展的能力验证和比对。取得资质许可的检验检测机构应当按照规定参加资质许可部门开展的能力验证和比对。
>
> 第十二条　检验检测机构应当在经营场所、官方网站、网络交易平台经营活动主页面的醒目位置，公示其取得的资质许可证书、认可证书。公示信息应当真实、完整，内容发生变化的，应当及时更新。
>
> 网络交易平台提供者应当查验入驻平台检验检测机构的资质许可证书、认可证书，督促检验检测机构在网络交易平台经营活动主页面公示相关信息。发现检验检测机构存在虚假描述、超出资质许可范围从事检验检测活动或者其他违法行为的，应当立即向检验检测监督管理部门报告。
>
> 第十三条　检验检测机构在从事检验检测活动中发现被检对象不符合法定要求或者强制性标准，可能存在严重危害环境或者公共安全情形的，应当立即向检验检测监督管理部门报告。
>
> 检验检测监督管理部门应当根据各自职责和行业管理的需要，对前款规定的严重危害环境或者公共安全的情形制定信息报告目录，并对外公布。

第十五条 法律、行政法规对检验检测人员有执业资格规定的，检验检测人员应当符合相应的资格要求。

检验检测机构在聘用检验检测人员之前，应当通过市公共信用信息服务平台等途径查询其信用记录，不得聘用法律、法规禁止从事检验检测活动的人员。

检验检测机构应当建立必要的检验检测人员培训和考核制度，确保检验检测人员具备相应的专业技术能力。

第十六条 检验检测机构和人员应当独立开展检验检测活动，不受任何可能干扰其技术判断因素的影响。

检验检测机构和人员应当恪守职业道德，诚信自律，确保检验检测数据、结果的真实、准确、完整。

第十八条 检验检测机构和人员不得从事下列行为：

（一）伪造、变造检验检测数据、结果，或者以其他方式出具虚假检验检测数据、结果；

（二）伪造、变造检验检测机构印章、资质许可标志或者检验检测人员签字；

（三）推销、监制被检对象或者其他与检验检测活动有利益关联的产品、服务；

（四）其他影响检验检测数据、结果的真实、准确、完整的行为。

第二十条 检验检测机构属于事业单位法人且面向社会接受委托的，应当向社会公布其资质许可范围内能够提供的检验检测项目。在公告的项目范围内，除下列情形外，不得拒绝提供检验检测服务；因下列情形无法提供检验检测服务的，应当说明理由：

（一）被检对象不符合样品标准或者技术规范的；

（二）对所承担的政府委托业务公正性产生影响的；

（三）因设备故障等原因暂时停止对外服务的；

（四）法律、法规规定的其他情形。

鼓励其他检验检测机构在其资质许可范围内提供前款规定的普遍服务，并向社会公布。

第二十三条 检验检测机构应当依据相关标准、技术规范或者约定的方法进行检验检测，并出具检验检测报告。检验检测报告应当注明样品获取方式、检验检测依据，以及检验检测数据、结果等信息。

任何单位和个人不得指使、利诱、胁迫检验检测机构和人员出具虚假检验检测报告。

第二十五条 检验检测机构应当对检验检测活动的原始记录和检验检测报告建立档案，并至少保存六年。法律、法规有专门规定的，依照其规定。

委托人对检验检测数据、结果有异议的，检验检测机构应当向委托人进行解释说明；委托人有需要的，检验检测机构应当向委托人提供相关原始记录和其他证明材料。法律、法规有专门规定的，依照其规定。

**4. 违规处罚**

《条例》在法律责任一章设定了相应罚则，对检验检测机构违法行为进行处罚的目的是引导检验检测机构合法、诚信经营，强化落实主体责任，建立有序规范的市场行为规则，促进检验检测产业健康发展。其中违反本条例第十八条第一项及第二项处罚规定最为严重，除处罚检验检测机构外，相关的主管人员和检验检测人员也将受到处罚。有重大信息未上报的，如可能存在严重危害环境或者公共安全情形，检验检测机构也将受到处罚。

第四十条　违反本条例第十一条第一款、第十五条第一款规定，检验检测机构和人员不再符合资质许可或者执业资格条件仍继续从事相应检验检测活动的，由检验检测监督管理部门责令限期改正；逾期未按规定要求改正的，暂扣其资质许可证；情节严重的，依法吊销其资质许可证。

第四十一条　违反本条例第十二条第一款规定，检验检测机构未在经营场所、官方网站、网络交易平台经营活动主页面的醒目位置公示相关信息的，由检验检测监督管理部门责令限期改正；逾期未改正的，处一万元以上五万元以下的罚款。

违反本条例第十二条第二款规定，网络交易平台提供者未履行信息查验义务，或者未按照规定向检验检测监督管理部门报告的，由检验检测监督管理部门责令改正，可并处一万元以上五万元以下的罚款。

第四十二条　违反本条例第十三条第一款规定，检验检测机构在从事检验检测活动中发现被检对象不符合法定要求或者强制性标准，可能存在严重危害环境或者公共安全情形时，未立即向检验检测监督管理部门报告的，由检验检测监督管理部门没收其所收取的检验检测费用，并处一万元以上十万元以下的罚款。

第四十三条　违反本条例第十八条第一项规定，检验检测机构伪造、变造检验检测数据、结果，或者以其他方式出具虚假检验检测数据、结果的，由检验检测监督管理部门责令改正，没收其所收取的检验检测费用，并处检验检测费用五倍以上十倍以下的罚款；检验检测费用不足一万元的，并处五万元以上十万元以下的罚款。

对出具虚假检验检测数据、结果直接负责的主管人员和检验检测人员，处一万元以上五万元以下的罚款，并依法禁止其从事检验检测活动。

第四十四条　违反本条例第十八条第二项规定，检验检测机构伪造、变造检验检测机构印章、资质许可标志或者检验检测人员签字的，由检验检测监督管理部门责令改正，没收其所收取的检验检测费用，并处一万元以上十万元以下的罚款。

对实施伪造、变造行为的检验检测人员处二千元以上二万元以下的罚款。

第四十五条　违反本条例第二十条第一款规定，属于事业单位法人且面向社会接受委托的检验检测机构无正当理由拒绝提供检验检测服务的，由检验检测监督管理部门责令限期改正；逾期未改正的，处一万元以上五万元以下的罚款。

第四十六条　检验检测机构有下列情形之一的，由检验检测监督管理部门责令改正，并处一万元以上五万元以下的罚款：

（一）违反本条例第十五条第二款规定，聘用法律、法规禁止从事检验检测活动的人员的；

（二）违反本条例第十六条第二款规定，出具的检验检测数据、结果失实的；

| |
|---|
| （三）违反本条例第二十三条第一款规定，未按照相关标准、技术规范进行检验检测，或者出具的检验检测报告不符合要求的；<br>（四）违反本条例第二十五条第一款规定，未按照规定保存原始记录和检验检测报告的。 |

### （二）《上海市检验检测机构能力验证管理办法（试行）》

**1. 背景和目的**

开展能力验证是市场监督管理部门判断检验检测机构持续保持技术能力的行政监督管理方式，2020年11月，上海市发布了《上海市检验检测机构能力验证管理办法（试行）》（以下简称《能力验证管理办法》），自2021年1月1日起施行。作为全国省级市场监管部门第一部全面规范能力验证工作的规范性文件，《能力验证管理办法》进一步强化了能力验证的行政监管属性，完善了工作程序、实施要求和行政处理机制，切实加强检验检测机构监督管理，推动检验检测行业能力持续提升。

**2. 主要内容**

（1）明确适用范围，完善能力验证管理机制。明确开展能力验证是本市市场监督管理部门判断检验检测机构持续保持技术能力的行政监督管理方式，并遵循科学严谨、统一规范、公平公正、信息公开的原则。获得本市相关项目参数资质认定能力的检验检测机构，均应当参加市、区两级市场监督管理部门组织开展的能力验证。

（2）细化申报条件，科学确定能力验证项目。从资质、人员、硬件、管理能力等方面明确了申报单位的条件，且申报项目应当具备科学性、可行性和代表性。鼓励技术机构向市市场监管局集中报送能力验证项目，通过严格审核筛选后形成上海市检验检测机构能力验证项目库，不仅更好地满足监管需要，还面向行业提供社会化能力验证服务。

（3）加强过程管理，规范能力验证实施程序。对能力验证实施过程进行全面梳理统一规定，包括样品制备、样品发放、现场核查、数据汇总、能力评定、整改确认、记录归档、异议处理等程序要求，确保能力验证方案的科学性、样品的可靠性以及结果判定的准确性。

（4）强化结果应用，突出能力验证监管功能。对能力验证评定为可疑、不满意的机构，依法实施暂停、撤销资质等处理决定，并规定本市市场监管部门在委托、授权或者指定检验检测任务时予以限制。对有多个实验场所的检验检测机构，规定各实验室应当共同参加，不留监管死角。对于现场核查发现的问题，规定机构应当及时整改，形成监管闭环。

（5）推动结果互认，形成能力验证工作合力。本市市场监管部门加强与长三角各省市场监管部门、中国合格评定国家认可委员会（CNAS）以及本市有关行业管理部门的沟通协作，推动能力验证的联合实施和结果互认，强化对重点领域检验检测机构监督考核，促进长三角检验检测能级整体提升，打造统一开放、竞争有序的行业营商环境。

**3. 监管重点**

检验检测机构能力验证方面监管的重点分为三个方面：可疑、不满意结果的处理；不参加机构的处理；现场技术核查问题的整改和处理。2021年4月“39号令”发布实施，原

“163号令”中部分处罚规定移入“39号令”中。因此根据《上海市检验检测条例》《检验检测机构监督管理办法》（“39号令”）的相关规定进行处理。处理意见可参考《上海市市场监督管理局关于2021年检验检测机构能力验证情况的通报》（沪市监认检〔2022〕0026号）中提出的四种方式。

（1）能力验证评定结果为“满意”的参加机构，且相关项目参数所涉及的人员、仪器设备、环境设施、检验检测依据等能力条件未发生显著变化的，在2年内可以免于该项目参数的本市资质认定现场评审。

（2）能力验证评定结果为“可疑”“不满意”的参加机构，经整改后通过的，自收到上海市市场监督管理局整改确认通知书之日起可恢复对外出具相关项目参数的具有社会证明作用的检验检测数据、结果。

（3）未按照规定参加能力验证，或者整改仍然不通过的参加机构，即日起立当取消其相关项目参数的资质认定能力，不得对外出具相关项目参数的具有社会证明作用的检验检测数据、结果。

（4）对于现场核查发现的问题，参加机构应当认真分析原因，采取切实有效的纠正措施自行整改，并保存相关整改记录，后续监督检查时作为重点核查内容。

上海市各级市场监管部门在委托、授权或者指定检验检测任务时，应当优先选择能力验证评定结果为“满意”的检验检测机构，并对评定结果为“可疑”“不满意”的检验检测机构依法予以限制。

各区市场监管局应当落实属地化监管职责，对未按照规定参加能力验证，现场核查发现问题较多，以及能力验证评定结果为“可疑”“不满意”的参加机构，作为重点监管对象加强跟踪检查。

第二十六条【对可疑、不满意结果的处理】

能力验证评定结果为可疑、不满意的机构，未在规定时间内进行整改或者整改后仍然不符合要求的，由市市场监管局依照《检验检测机构资质认定管理办法》的规定进行处理。

参加机构在能力验证中出具虚假检测数据、结果的，由市市场监管局依照《上海市检验检测条例》《检验检测机构资质认定管理办法》的规定进行处理。

第二十七条【对不参加机构的处理】

取得资质认定的检验检测机构未按照要求参加能力验证的，由市市场监管局依照《检验检测机构资质认定管理办法》的规定进行处理。

第二十八条【现场技术核查问题的整改和处理】

对于现场技术核查发现的问题，被核查机构应当及时进行整改，并在规定期限内向市市场监管局提交整改报告。

被核查机构涉嫌存在违法检验检测行为的，依照《上海市检验检测条例》《检验检测机构资质认定管理办法》等法规、规章处理。

## 第二节　重点行业/领域对检验检测机构管理的特殊要求介绍

目前我国一些重点行业或领域对检验检测机构建立了特殊的检验检测管理要求，例如：环境监测领域的《环境监测数据弄虚作假行为判定及处理办法》和《检验检测机构资质认定 生态环境监测机构评审补充要求》；建设工程检测领域的《建设工程质量检测管理办法》；农产品检测行业的《农产品质量安全检测机构考核办法》；食品检测领域的《食品安全抽样检验管理办法》；产品质量监督领域的《产品质量监督抽查管理暂行办法》。本节对不同行业和领域规章从背景和目的、主要内容、监管重点、违规处罚四个方面进行解析，帮助检验检测机构增强风险意识，掌握基本的法规要求。

### 一、《环境监测数据弄虚作假行为判定及处理办法》

#### （一）背景和目的

《中华人民共和国环境保护法》第十七条规定“监测机构及其负责人对监测数据的真实性和准确性负责”，第六十五条规定“环境影响评价机构、环境监测机构以及从事环境监测设备和防治污染设施维护、运营的机构，在有关环境服务中弄虚作假，对造成的环境污染和生态破坏负有责任的，除依照有关法律法规规定予以处罚外，还应当与造成环境污染和生态破坏的其他责任者承担连带责任”。为配合《中华人民共和国环境保护法》的贯彻执行，严肃查处环境监测数据弄虚作假行为，提升环境监测数据的公信力和权威性，2016年1月国务院环境保护主管部门发布了《环境监测数据弄虚作假行为判定及处理办法》（环发〔2015〕175号，以下简称《处理办法》）。

#### （二）主要内容

《处理办法》针对环境监测数据弄虚作假行为判定、环境监测数据弄虚作假行为的调查以及环境监测数据弄虚作假行为的处理做出了明确的规定。

**1. 环境监测数据弄虚作假行为的判定**

弄虚作假行为判定是《处理办法》的核心内容，主要分为三种类型：篡改，伪造，指使篡改、伪造。根据文件规定和社会中存在的一些问题，《处理办法》共整理出27种弄虚作假的方式，其中篡改监测数据行为14种，伪造监测数据行为8种，指使篡改、伪造监测数据行为5种。其范围既包括了监测机构环境监测活动的各个环节（如监控点位布设、采样、测试分析、质量控制、监控数据处理、报告出具、使用数据），也覆盖了自动监测的各个环节（如布设点位、设备站房、采样系统、分析处理数据、质量控制、档案管理）。此外，还确定了监测人员、排污单位及设备运维单位可能存在的弄虚作假情形，同时也详细界定了国家机关人员和监测委托方可能干预环境监测的方式或方法。

**2. 环境监测数据弄虚作假行为的调查**

《处理办法》明确了调查的责任主体为地市级以上人民政府环境保护部门。我国环保系统已经形成一整套比较完整、规范的环境违法行为调查、取证和处理程序，相关规定也已经很多，如《环境行政处罚办法》《环境执法人员行为规范》。目前，发现监测数据弄虚作假行为的渠道主要有地市级以上环保部门定期或不定期开展的监测质量监督检查、单位和个人举报、自动监测设备设置的远程质量监控系统等。

**3. 环境监测数据弄虚作假行为的处理**

经确认的监测数据弄虚作假行为，可按照有关法律规定和《处理办法》有关规定予以处理。《处理办法》规定了两类处理手段：行政手段和法律手段。行政手段对监测机构和人员、政府部门、服务机构和人员、监测仪器生产商、销售商、党政领导和国家机关人员均有明确规定处理措施。法律手段在相关的法律法规中已有规定，如《刑法》修正案第二百二十九条、《环境保护法》第六十三条及第六十五条、《行政主管部门移送适用行政拘留环境违法案件暂行办法》（公治〔2014〕853号）、《检验检测机构监督管理办法》第二十六条等，所以《处理办法》未赘述。

**（三）监管重点**

《处理办法》监管重点是环境监测数据弄虚作假行为，监管范围纵贯在线监测和手动监测的整个过程，还包括监测人员、排污机构和运维企业的弄虚作假行为，党政领导和委托监测方干预行为，为打击环境监测数据弄虚作假行为提供了判定依据。《处理办法》第四条列举了14种篡改监测数据的行为，第五条列举了8种伪造监测数据情形，第六条列举了5种涉嫌指使篡改、伪造监测数据的行为。

第四条 篡改监测数据，系指利用某种职务或者工作上的便利条件，故意干预环境监测活动的正常开展，导致监测数据失真的行为，包括以下情形：

（一）未经批准部门同意，擅自停运、变更、增减环境监测点位或者故意改变环境监测点位属性的；

（二）采取人工遮挡、堵塞和喷淋等方式，干扰采样口或周围局部环境的；

（三）人为操纵、干预或者破坏排污单位生产工况、污染源净化设施，使生产或污染状况不符合实际情况的；

（四）稀释排放或者旁路排放，或者将部分或全部污染物不经规范的排污口排放，逃避自动监控设施监控的；

（五）破坏、损毁监测设备站房、通讯线路、信息采集传输设备、视频设备、电力设备、空调、风机、采样泵、采样管线、监控仪器或仪表以及其他监测监控或辅助设施的；

（六）故意更换、隐匿、遗弃监测样品或者通过稀释、吸附、吸收、过滤、改变样品保存条件等方式改变监测样品性质的；

（七）故意漏检关键项目或者无正当理由故意改动关键项目的监测方法的；

（八）故意改动、干扰仪器设备的环境条件或运行状态或者删除、修改、增加、干扰监测设备中存储、处理、传输的数据和应用程序，或者人为使用试剂、标样干扰仪器的；

（九）未向环境保护主管部门备案，自动监测设备暗藏可通过特殊代码、组合按键、远程登录、遥控、模拟等方式进入不公开的操作界面对自动监测设备的参数和监测数据进行秘密修改的；

（十）故意不真实记录或者选择性记录原始数据的；

（十一）篡改、销毁原始记录，或者不按规范传输原始数据的；

（十二）对原始数据进行不合理修约、取舍，或者有选择性评价监测数据、出具监测报告或者发布结果，以至评价结论失真的；

（十三）擅自修改数据的；

（十四）其他涉嫌篡改监测数据的情形。

第五条 伪造监测数据，系指没有实施实质性的环境监测活动，凭空编造虚假监测数据的行为，包括以下情形：

（一）纸质原始记录与电子存储记录不一致，或者谱图不分析结果不对应，或者用其他样品的分析结果和图谱替代的；

（二）监测报告与原始记录信息不一致，或者没有相应原始数据的；

（三）监测报告的副本与正本不一致的；

（四）伪造监测时间或者签名的；

（五）通过仪器数据模拟功能，或者植入模拟软件，凭空生成监测数据的；

（六）未开展采样、分析，直接出具监测数据或者到现场采样、但未开设烟道采样口，出具监测报告的；

（七）未按规定对样品留样或保存，导致无法对监测结果进行复核的;

（八）其他涉嫌伪造监测数据的情形。

第六条 涉嫌指使篡改、伪造监测数据的行为，包括以下情形：

（一）强令、授意有关人员篡改、伪造监测数据的；

（二）将考核达标或者评比排名情况列为下属监测机构、监测人员的工作考核要求，意图干预监测数据的；

（三）无正当理由，强制要求监测机构多次监测并从中挑选数据，或者无正当理由拒签上报监测数据的；

（四）委托方人员授意监测机构工作人员篡改、伪造监测数据或者在未作整改的前提下，进行多家或多次监测委托，挑选其中“合格”监测报告的；

（五）其他涉嫌指使篡改、伪造监测数据的情形。

### （四）违规处罚

经确认存在弄虚作假行为的，执法人员按照法律规定和《处理办法》中相关规定的行政手段和法律手段予以处理。如《处理办法》中的行政手段有5条：第十条是适用于环境监测所有机构和监测人员的通用制度；第十一条适用于政府部门；第十二条适用于服务机构和人员；第十三条适用于监测仪器生产、销售商配合弄虚作假行为的；第十四条和第十五条适用于党政领导和国家机关工作人员。其他相关的法律法规，详见《刑法》修正案第二百二十九条、《环境保护法》第六十五条及第六十八条、《行政主管部门移送适用行政拘留环境违法案件暂行办法》（公治〔2014〕853号）等。

> 第十条　负责调查的环境保护主管部门应当通报环境监测数据弄虚作假行为及相关责任人，记入社会诚信档案，及时向社会公布。
>
> 第十一条　环境保护主管部门发现篡改、伪造监测数据，涉及目标考核的，视情节严重程度将考核结果降低等级或者确定为不合格，情节严重的，取消授予的环境保护荣誉称号；涉及县域生态考核的，视情节严重程度，建议国务院财政主管部门减少或者取消当年中央财政资金转移支付；涉及《大气污染防治行动计划》《水污染防治行动计划》排名的，分别以当日或当月监测数据的历史最高浓度值计算排名。
>
> 第十二条　社会环境监测机构以及从事环境监测设备维护、运营的机构篡改、伪造监测数据或出具虚假监测报告的，由负责调查的环境保护主管部门将该机构和涉及弄虚作假行为的人员列入不良记录名单，并报上级环境保护主管部门，禁止其参与政府购买环境监测服务或政府委托项目。
>
> 第十三条　监测仪器设备应当具备防止修改、伪造监测数据的功能，监测仪器设备生产及销售单位配合环境监测数据造假的，由负责调查的环境保护部主管部门通报公示生产厂家、销售单位及其产品名录，并上报环境保护部，将涉嫌弄虚作假的单位列入不良记录名单，禁止其参与政府购买环境监测服务或政府委托项目，对安装在企业的设备不予验收、联网。
>
> 第十四条　党政领导干部指使篡改、伪造监测数据的，由负责调查的环境保护主管部门提出建议，移送有关任免机关或监察机关依据《党政领导干部生态环境损害责任追究办法（试行）》的有关规定予以处理。
>
> 第十五条　国家机关工作人员篡改、伪造或指使篡改、伪造监测数据的，由负责调查的环境保护主管部门提出建议，移送有关任免机关或监察机关依据《行政机关公务员处分条例》和《事业单位工作人员处分暂行规定》的有关规定予以处理。

## 二、《检验检测机构资质认定 生态环境监测机构评审补充要求》

### （一）背景和目的

为贯彻《关于深化环境监测改革提高环境监测数据质量的意见》文件中关于开展环境监测的机构必须取得资质认定证书及建立覆盖监测全过程的质量管理体系的要求，同时为弥补《检验检测机构资质认定能力评价 检验检测机构通用要求》（RB/T 214—2017）中未明确规定环境监测领域的布点、采样、现场监测等重要环节评审要求，结合中国国家认证认可监督管理委员会于2018年发布的《检验检测机构资质认定工作采用相关认证认可行业标准的通知》（国认实〔2018〕28号）中的规定“认证认可行业标准作为相关领域检验检测机构的资质认定评审依据，检验检测机构资质认定评审遵循‘通用要求+特殊要求’

的模式”，根据环境监测行业的特殊性，国家认监委和生态环境部联合制定了《检验检测机构资质认定 生态环境监测机构评审补充要求》（国市监检测〔2018〕245号，以下简称《补充要求》）。

## （二）主要内容

作为评审准则，本书将《补充要求》各条款归纳为三部分：资源要求、检测过程活动要求和管理体系要求。

### 1. 资源要求

明确了机构主体责任，机构应独立、公正、诚信开展环境监测工作，要求机构需依据《环境监测数据弄虚作假行为判定及处理办法》（环发〔2015〕175号）的要求，建立“谁出数谁负责，谁签字谁负责”的制度和措施。在人员要求方面，《补充要求》比《通用要求》更为具体和严格，除对关键人员，如技术负责人、质量负责人、授权签字人的能力有要求外，对其从业经历也有明确的要求，对机构人员的比例也有要求，即中级及以上技术职称（或同等能力）人员数量不少于机构人员的15%。在场所环境方面，除了提出控制并记录环境条件、合理分区外，还对现场监测安全管理提出了明确要求，如在现场监测需设立安全警示标志等。在设备管理方面，提出配齐覆盖所有监测环节的仪器设备，对现场监测仪器提出了具体的要求，如对设备的数量、种类及使用记录的溯源性，需核查和记录现场检测设备关键性能指标等。

### 2. 检测过程活动要求

要求对使用的标准方法和非标方法验证及确认其有效性。在采样方面，要求制订监测方案或采样计划，并保证现场测试或采样过程客观、真实和可追溯，以及应至少有 2 名监测人员在场。在样品方面，要求样品管理覆盖整个监测环节，从采样到留样保存均保证样品性状稳定、标识清晰可追溯、记录完整等。在记录方面，要求不管是纸质记录还是电子记录，需关注记录的充分性、原始性、规范性和完整性。在结果有效性（质控）方面，要求质量控制活动应该覆盖机构所有的活动范围。在报告结果方面，要求在报告结果时，授权签字人需了解相关标准，并具备监测结果符合性判定的能力。对分包活动也有要求，需要对分包方的资质能力进行确认，还需要对分包的监测质量进行监督验证等。在数据信息管理方面，要求使用LIMS时注重记录追溯性和备份重要性。

### 3. 管理体系要求

管理体系建立需要符合自身监测活动的特点。覆盖活动相关的固定、临时、可移动的全部场所。在文件管理方面，要求对体系文件进行有效控制，包括外来文件。在档案管理方面，要求生态环境监测档案保存期限符合生态环境监测领域相关法律法规和技术文件的规定。

## （三）监管重点

《补充要求》在体系、人员、场所和环境、仪器设备、分包管理、结果有效性等方面提出了更为具体和严格的要求。第五条提出须将建立识别、防范与惩治弄虚作假行为的制度和措施纳入体系文件；第六条对机构人员比例提出了明确的要求；第十五条对分包管理中分包方能力确认、监督验证提出了明确的要求。

> 第五条 生态环境监测机构应建立防范和惩治弄虚作假行为的制度和措施，确保其出具的监测数据准确、客观、真实、可追溯。生态环境监测机构及其负责人对其监测数据的真实性和准确性负责，采样与分析人员、审核与授权签字人分别对原始监测数据、监测报告的真实性终身负责。
>
> 第六条 生态环境监测机构应保证人员数量及其专业技术背景、工作经历、监测能力等与所开展的监测活动相匹配，中级及以上专业技术职称或同等能力的人员数量应不少于生态环境监测人员总数的15%。
>
> 第十五条 有分包事项时，生态环境监测机构应事先征得客户同意，对分包方资质和能力进行确认，并规定不得进行二次分包。生态环境监测机构应就分包结果向客户负责（客户或法律法规指定的分包除外），应对分包方监测质量进行监督或验证。

#### （四）违规处罚

由于《补充要求》主要要求环境监测机构合规化运营，机构未符合《补充要求》可能面临取消资质项目，涉及弄虚作假行为还会面临被记入社会诚信档案、接受行政处罚、政府采购受限、个人失信惩戒、聘用人员受限等。如《补充要求》第五条规定“环境监测机构及其负责人对其监测数据的真实性和准确性负责”的责任追溯制度。

### 三、《建设工程质量检测管理办法》

#### （一）背景和目的

建设工程质量管理一直是各级建设行政主管部门工作的重中之重。2000年1月国务院颁布了《建设工程质量管理条例》，确定建设工程质量检测工作的地位和重要性。为规范检测行为、维护检测市场秩序和保证工程质量，加强对建设工程检测行业的管理力度，2005年8月建设部发布了《建设工程质量检测管理办法》（建设部第141号令，以下简称《办法》），并于2005年11月起实施。

#### （二）主要内容

《办法》主要明确对工程质量检测机构的基本要求、检测活动管理、监督管理等内容。

**1. 机构基本要求**

明确检测机构开展业务具备的基本条件。须取得许可资质证书和国家（省级）计量认证，且应在建设主管部门的资质许可、计量认证的检测项目范围内从事检测活动。检测机构取得资质后，须符合相应资质标准的要求，如人员、设备、场所等要求，此外还须合法使用资质证书、及时办理变更及延续证书有效期手续。

**2. 检测活动管理**

明确检测活动过程中的行为规范，例如：委托须签订书面合同；取样须有建设单位或工程监理单位监督；对客户送样，须明确对样品真实性负责；检测报告至少有检测人员和法人或授权签字人签名、加盖公章或检测专用章，并对其真实性和准确性负责；对发现违规行为须及时上报建设主管部门；须建立档案管理制度；对人员受聘、行政隶属、转包业务均有禁止的相关管理要求。

**3. 监督管理**

明确规定建设主管部门的监督检查内容、监督检查措施、取证收集、处理结果上报、投诉处理等内容。对监督过程中发现的检测机构违规行为，制定了不同的行政处理方式，如发现无资质从事检测活动、对弄虚作假申请资质、以不正当手段取得资质证书、超资质范围从事检测、未合法使用资质证书、出具虚假报告等，对机构及责任人也会有不同程度的罚款。对委托方、建设主管部门工作人员的违规行为，也制定了不同的行政处理方式。

**4. 监管重点**

《办法》第八条规定了检测机构资质证书的有效期，在证书使用期间内如出现五种违规行为，将不予证书延期。第九条规定机构取得检测资质后，还须继续符合相应资质标准的要求。《办法》还对机构、人员、委托、场所、设施与环境、数据传输、远程监控、原始记录、检测报告及档案管理等方面提出了具体和严格的要求。如在机构管理方面，《办法》第十七条中明确了机构不得转包。在原始记录方面，第十八条要求机构应对其检测数据和检测报告的真实性和准确性负责。在检测报告方面，第二十条要求机构应当建立档案管理制度，确保数据可追溯。《办法》在第二十一条还明确了监督机构检查的内容。

第八条　检测机构资质证书有效期为3年。资质证书有效期满需要延期的，检测机构应当在资质证书有效期满30个工作日前申请办理延期手续。

检测机构在资质证书有效期内没有下列行为的，资质证书有效期届满时，经原审批机关同意，不再审查，资质证书有效期延期3年，由原审批机关在其资质证书副本上加盖延期专用章；检测机构在资质证书有效期内有下列行为之一的，原审批机关不予延期：

（一）超出资质范围从事检测活动的；

（二）转包检测业务的；

（三）涂改、倒卖、出租、出借或者以其他形式非法转让资质证书的；

（四）未按照国家有关工程建设强制性标准进行检测，造成质量安全事故或致使事故损失扩大的；

（五）伪造检测数据，出具虚假检测报告或者鉴定结论的。

第九条　检测机构取得检测机构资质后，不再符合相应资质标准的，省、自治区、直辖市人民政府建设主管部门根据利害关系人的请求或者依据职权，可以责令其限期改正；逾期不改的，可以撤回相应的资质证书。

第十七条　检测机构不得转包检测业务。

检测机构跨省、自治区、直辖市承担检测业务的，应当向工程所在地的省、自治区、直辖市人民政府建设主管部门备案。

第十八条 检测机构应当对其检测数据和检测报告的真实性和准确性负责。

检测机构违反法律、法规和工程建设强制性标准，给他人造成损失的，应当依法承担相应的赔偿责任。

第二十条 检测机构应当建立档案管理制度。检测合同、委托单、原始记录、检测报告应当按年度统一编号，编号应当连续，不得随意抽撤、涂改。

检测机构应当单独建立检测结果不合格项目台账。

第二十一条 县级以上地方人民政府建设主管部门应当加强对检测机构的监督检查，主要检查下列内容：

（一）是否符合本办法规定的资质标准；

（二）是否超出资质范围从事质量检测活动；

（三）是否有涂改、倒卖、出租、出借或者以其他形式非法转让资质证书的行为；

（四）是否按规定在检测报告上签字盖章，检测报告是否真实；

（五）检测机构是否按有关技术标准和规定进行检测；

（六）仪器设备及环境条件是否符合计量认证要求；

（七）法律、法规规定的其他事项。

**（三）违规处罚**

由于发布《办法》的主要目的是加强对建设工程检测机构的管理，《办法》也是县级以上地方人民政府建设主管部门对建设工程检测机构的执法依据，所以违反《办法》的相关条款，将面临被责令改正、警告、撤销资质证书、记不良记录、行政罚款，以及追究刑事责任的风险。如违反《办法》第二十一条规定，超出现资质范围从事检测活动，将依据第二十九条责令机构改正，可并处1万元以上3万元以下的罚款；构成犯罪的，依法追究刑事责任。

第二十二条 建设主管部门实施监督检查时，有权采取下列措施：

（四）发现有不符合国家有关法律、法规和工程建设标准要求的检测行为时，责令改正。

第二十六条 违反本办法规定，未取得相应的资质，擅自承担本办法规定的检测业务的，其检测报告无效，由县级以上地方人民政府建设主管部门责令改正，并处1万元以上3万元以下的罚款。

第二十七条 检测机构隐瞒有关情况或者提供虚假材料申请资质的，省、自治区、直辖市人民政府建设主管部门不予受理或者不予行政许可，并给予警告，1年之内不得再次申请资质。

第二十八条 以欺骗、贿赂等不正当手段取得资质证书的，由省、自治区、直辖市人民政府建设主管部门撤销其资质证书，3年内不得再次申请资质证书；并由县级以上地方人民政府建设主管部门处以1万元以上3万元以下的罚款；构成犯罪的，依法追究刑事责任。

第二十九条 检测机构违反本办法规定，有下列行为之一的，由县级以上地方人民政府建设主管部门责令改正，可并处1万元以上3万元以下的罚款；构成犯罪的，依法追究刑事责任：

（一）超出资质范围从事检测活动的；

（二）涂改、倒卖、出租、出借、转让资质证书的；

（三）使用不符合条件的检测人员的；

（四）未按规定上报发现的违法违规行为和检测不合格事项的；

（五）未按规定在检测报告上签字盖章的；

（六）未按照国家有关工程建设强制性标准进行检测的；

（七）档案资料管理混乱，造成检测数据无法追溯的；

（八）转包检测业务的。

第三十条　检测机构伪造检测数据，出具虚假检测报告或者鉴定结论的，县级以上地方人民政府建设主管部门给予警告，并处3万元罚款；给他人造成损失的，依法承担赔偿责任；构成犯罪的，依法追究其刑事责任。

第三十一条　违反本办法规定，委托方有下列行为之一的，由县级以上地方人民政府建设主管部门责令改正，处1万元以上3万元以下的罚款：

（一）委托未取得相应资质的检测机构进行检测的；

（二）明示或暗示检测机构出具虚假检测报告，篡改或伪造检测报告的；

（三）弄虚作假送检试样的。

第三十二条　依照本办法规定，给予检测机构罚款处罚的，对检测机构的法定代表人和其他直接责任人员处罚款数额5%以上10%以下的罚款。

第三十三条　县级以上人民政府建设主管部门工作人员在质量检测管理工作中，有下列情形之一的，依法给予行政处分；构成犯罪的，依法追究刑事责任：

（一）对不符合法定条件的申请人颁发资质证书的；

（二）对符合法定条件的申请人不予颁发资质证书的；

（三）对符合法定条件的申请人未在法定期限内颁发资质证书的；

（四）利用职务上的便利，收受他人财物或者其他好处的；

（五）不依法履行监督管理职责，或者发现违法行为不予查处的。

## 四、《农产品质量安全检测机构考核办法》

### （一）背景和目的

目前国内农产品质量检测主要由政府部门和社会机构承担，其结果深受人民的关心。随着农产品质量安全检测机构的日益增多，为加强对机构的管理及规范考核，根据《中华人民共和国农产品质量安全法》等有关法律、行政法规的规定，农业部制定了《农产品质量安全检测机构考核办法》（农业部令第8号，以下简称《办法》），并于2008年1月起实施。由于《办法》与《检验检测机构资质认定管理办法》和《检验检测机构资质认定能力评价 检验检测机构通用要求》（RB/T 214—2017）中的部分内容存在冲突或与实际运行不一致，农业部在2017年对《办法》进行了适当的修订。

### （二）主要内容

《办法》主要明确了检测机构通过农业主管部门考核的基本要求和能力要求以及监督管理方式，对证书考核的申请与评审、审批与颁发、延续与变更也有相应的规定。

**1. 机构基本要求**

《办法》对机构的基本条件与能力条件有明确的要求，包括机构架构、人员能力与数量、设备、场所、管理体系等。与《检验检测机构资质认定管理办法》和《检验检测机构资质认定能力评价 检验检测机构通用要求》（RB/T 214—2017）不同的是，《办法》提出一些特殊要求，例如：人员数量的最低要求为5人；关键岗位（技术负责人、质量负责人、授权签字人）须有农产品质量安全5年以上的工作经验；仪器设备配备率应达到98%，完好率达到100%。《办法》还明确机构在获取《考核合格证书》后须及时做好证书延续与办理变更手续的要求。

**2. 监督管理**

《办法》明确了监督管理工作由农业部和省级农业部承担，规定了多种监督方式。对监督过程中发现的检测机构违规行为，如对伪造检测结果或者出具虚假证明报告，擅自发布检测数据和结果造成不良后果，超范围出具检验数据、结果，非授权签字人签发检验报告，未按要求参加能力验证，《办法》分别规定不同程度的行政处罚。

**3. 监管重点**

《办法》第二十六条规定了机构获证后考核机关的监管方式，如年度报告、能力验证、现场核查等方式；第二十八条要求机构在考核中不得隐瞒或者弄虚作假，不得采取欺骗、贿赂等手段获取证书，不得伪造检测结果或者出具虚假证明以及擅自发布检测数据和结果；第二十九条规定了机构在获得《考核合格证书》后的运行体系管理要求，如人员、设施设备、检测过程、原始记录、变更手续等；第三十条明确了机构不得超范围出具检验检测数据、结果，非授权签字人不得签发报告的规定。

> 第二十六条　考核机关通过年度报告、能力验证、现场检查等方式，对农产品质量安全检测机构进行监督管理。
>
> 农产品质量安全检测机构应当按照考核机关的要求，参加其组织开展的能力验证或者比对，以保证持续符合机构考核条件和要求。
>
> 第二十八条　农产品质量安全检测机构在考核中隐瞒有关情况或者弄虚作假的，考核机关应当予以警告，取消考核资格，一年内不再受理其考核申请；采取欺骗、贿赂等不正当手段取得考核证书的，撤销考核证书，三年内不再受理其考核申请。
>
> 农产品质量安全检测机构伪造检测结果或者出具虚假证明的，或擅自发布检测数据和结果，并造成不良后果的，依照《中华人民共和国农产品质量安全法》相关规定处罚，三年内不受理其机构考核申请。
>
> 第二十九条 农产品质量安全检测机构有下列情形之一的，由考核机关责令其1个月内改正；逾期未改正或改正后仍不符合要求的，由考核机关暂停其检测工作。

（一）未按规定对人员、仪器设备、设施条件、质量管理体系、检测工作等实施有效管理的；

（二）未按规定办理变更手续的；

（三）检验报告、原始记录及其他档案管理不规范的。

第三十条　农产品质量安全检测机构有下列情形之一的，由考核机关责令其3个月内整改，整改期间不得向社会出具具有证明作用的检验检测数据、结果；逾期未整改或整改后仍不符合要求的，由考核机关注销其《考核合格证书》。

（一）超出批准的检测能力范围，擅自向社会出具检验数据、结果的；

（二）非授权签字人签发检验报告的；

（三）检测工作存在较大风险隐患的。

**（三）违规处罚**

由于发布《办法》的主要目的是加强对农产品质量安全检测机构的管理，《办法》也是县级以上地方人民政府农业行政主管部门对农产品检测机构的执法依据，所以违反《办法》的相关条款，将面临被警告、取消考核资格、撤销考核证书、责令改正、暂停检测工作、注销考核证书的风险。例如：《办法》第二十八条规定，机构在考核中隐瞒有关情况或者弄虚作假的，考核机关应当予以警告，取消考核资格；采取欺骗、贿赂等不正当手段取得考核证书的，撤销考核证书，三年内不再受理其考核申请。违反《办法》第二十九条规定的三种情形，责令其1个月内改正；违反《办法》第三十条规定的三种情形，责令其3个月内整改；责令改正、责令整改后仍不符合要求的，将面临暂停检测工作、注销考核证书的处罚。对于伪造检测结果或者出具虚假证明以及擅自发布检测数据和结果，并造成不良后果的，依照《中华人民共和国农产品质量安全法》第四十四条规定“农产品质量安全检测机构伪造检测结果的，责令改正，没收违法所得，并处五万元以上十万元以下罚款，对直接负责的主管人员和其他直接责任人员处一万元以上五万元以下罚款；情节严重的，撤销其检测资格；造成损害的，依法承担赔偿责任。农产品质量安全检测机构出具检测结果不实，造成损害的，依法承担赔偿责任；造成重大损害的，并撤销其检测资格。”《办法》第三十一条规定了注销《考核合格证书》的六种情形。

第三十一条　农产品质量安全检测机构有下列行为之一的，考核机关应当视情况注销其《考核合格证书》：

（一）所在单位撤销或者法人资格终结的；

（二）检测仪器设备和设施条件发生重大变化，不具备相应检测能力，未按本办法规定重新申请考核的；

（三）《考核合格证书》有效期届满，未申请延续或者依法不予延续批准的；

（四）无正当理由未按照考核机关要求参加能力验证的；

（五）无正当理由不接受、不配合监督检查的；

（六）依法可注销检测机构资格的其他情形。

## 五、《食品安全抽样检验管理办法》

### （一）背景和目的

为有效落实《关于深化改革加强食品安全工作的意见》和《地方党政领导干部食品安全责任制规定》的要求和贯彻党中央、国务院决策部署，规范食品安全抽样检验工作，加强食品安全监督管理，保障公众身体健康和生命安全。根据《中华人民共和国食品安全法》第八十七条的规定："县级以上人民政府食品药品监督管理部门应当对食品进行定期或不定期的抽样检验，并依据有关规定公布检验结果，不得免检"，市场监督管理总局修订了《食品安全抽样检验管理办法》（国家市场监督管理总局令第15号，以下简称《办法》），并于2019年10月起实施。食品监督抽检成为食品安全监管部门实施食品安全监管的重要手段，是全面掌握食品安全形势和质量状况的重要措施，也是查办食品违法违规案件的技术支撑和依据。

### （二）主要内容

《办法》主要明确了食品安全抽样检验的含义和范围、抽样程序要求、复检程序规定、抽样异议处理程序、核查处理措施及食品生产经营者和食品承检机构的法律义务。

（1）明确了食品安全抽样检验的含义和范围。根据工作目的和工作方式不同，食品安全抽检工作分为监督抽检、风险监测和评价性抽检。明确了评价性抽检以及餐饮食品、食用农产品的抽检也可以参考《办法》中的相关规定开展。

（2）明确了抽样程序要求。食品安全抽检需遵守"双随机、一公开"的要求，明确了现场抽样和网络抽样的多个方面的区别，及在现场抽样和网络抽样中应该履行的程序。明确了抽样、检验、样品移交等环节的时限性要求。《办法》还适用于监管部门对没有实际经营的食品经营者的抽样检验。

（3）明确了复检程序规定。明确申请复检时限、复检机构确认方式。如：规定了复检备份样品移交、报告提交、结果通报等环节的工作时限；规定了复检备份样品由复检机构实施并记录。

（4）明确了抽样异议处理程序。为保障食品生产者的权益，将抽样、检验及判定依据也纳入《办法》中异议申请范围，明确了异议提出的主体，规定了异议提出、受理、审核、结果通报等各环节时限和程序。

（5）明确了核查处理措施。明确了各监督部门组织的抽检以及网络抽检中发现不合格食品需通过食品安全抽样检验信息系统通报的程序。

（6）明确了食品生产经营者和食品承检机构的法律义务。《办法》对食品生产经营者提出了依法配合监管部门实施抽检和收到不合格检验结论后采取风险控制措施的要求，并明确了食品生产经营者的各种处罚规定。明确了食品承检机构的管理责任，明确了建立严格抽样、检验、结果报送管理制度，严格执行检验标准，保证出具的检验数据和结论客观、公正，不得出具虚假报告的要求。对于发现的违法行为，除依法处理并向社会公布，终身或者五年内不得接受监管部门委托的抽样检验任务。此外，对复检机构承担复检任务也提出了约束要求。

### （三）监管重点

《办法》中规定承检机构应当依照有关法律、法规规定取得资质认定后方可从事检验活动。《办法》第五条规定：承检机构保证出具的检验数据和结论客观、公正，不得出具虚假检验报告，市场监督管理部门应当对承检机构的抽样检验工作进行监督检查。第十三条要求抽样单位须建立详尽的食品抽样管理制度、明确各岗位职责、明确抽样流程和建立遵循工作纪律，加强培训和指导。第十四条和第十五条进一步细化现场抽样规范和要求，要求不得提前通知被抽样食品生产者，不得由食品生产经营者自行提供样品，保证抽样公平、公正、客观。第二十三条明确规定抽检应该采用食品安全标准规定的检验项目和检验方法。第二十四条明确了食品安全抽样检验出具报告的责任制和检验时限性，不得分包或者转包检验任务。第三十二条要求复检机构无正当理由不得拒绝承担复检任务。

> 第五条　市场监督管理部门应当与承担食品安全抽样、检验任务的技术机构（以下简称承检机构）签订委托协议，明确双方权利和义务。
>
> 承检机构应当依照有关法律、法规规定取得资质认定后方可从事检验活动。承检机构进行检验，应当尊重科学，恪守职业道德，保证出具的检验数据和结论客观、公正，不得出具虚假检验报告。
>
> 市场监督管理部门应当对承检机构的抽样检验工作进行监督检查，发现存在检验能力缺陷或者有重大检验质量问题等情形的，应当按照有关规定及时处理。
>
> 第十三条　抽样单位应当建立食品抽样管理制度，明确岗位职责、抽样流程和工作纪律，加强对抽样人员的培训和指导，保证抽样工作质量。
>
> 抽样人员应当熟悉食品安全法律、法规、规章和食品安全标准等的相关规定。
>
> 第十四条　抽样人员执行现场抽样任务时不得少于2人，并向被抽样食品生产经营者出示抽样检验告知书及有效身份证明文件。由承检机构执行抽样任务的，还应当出示任务委托书。
>
> 案件稽查、事故调查中的食品安全抽样活动，应当由食品安全行政执法人员进行或者陪同。
>
> 承担食品安全抽样检验任务的抽样单位和相关人员不得提前通知被抽样食品生产经营者。
>
> 第十五条　抽样人员现场抽样时，应当记录被抽样食品生产经营者的营业执照、许可证等可追溯信息。
>
> 抽样人员可以从食品经营者的经营场所、仓库以及食品生产者的成品库待销产品中随机抽取样品，不得由食品生产经营者自行提供样品。
>
> 抽样数量原则上应当满足检验和复检的要求。
>
> 第二十三条　食品安全监督抽检应当采用食品安全标准规定的检验项目和检验方法。没有食品安全标准的，应当采用依照法律法规制定的临时限量值、临时检验方法或者补充检验方法。

风险监测、案件稽查、事故调查、应急处置等工作中，在没有前款规定的检验方法的情况下，可以采用其他检验方法分析查找食品安全问题的原因。所采用的方法应当遵循技术手段先进的原则，并取得国家或者省级市场监督管理部门同意。

第二十四条 食品安全抽样检验实行承检机构与检验人负责制。承检机构出具的食品安全检验报告应当加盖机构公章，并有检验人的签名或者盖章。承检机构和检验人对出具的食品安全检验报告负责。

承检机构应当自收到样品之日起20个工作日内出具检验报告。市场监督管理部门与承检机构另有约定的，从其约定。

未经组织实施抽样检验任务的市场监督管理部门同意，承检机构不得分包或者转包检验任务。

第三十二条 市场监督管理部门应当自收到复检申请材料之日起5个工作日内，出具受理或者不予受理通知书。不予受理的，应当书面说明理由。

市场监督管理部门应当自出具受理通知书之日起5个工作日内，在公布的复检机构名录中，遵循便捷高效原则，随机确定复检机构进行复检。复检机构不得与初检机构为同一机构。因客观原因不能及时确定复检机构的，可以延长5个工作日，并向申请人说明理由。

复检机构无正当理由不得拒绝复检任务，确实无法承担复检任务的，应当在2个工作日内向相关市场监督管理部门作出书面说明。

复检机构与复检申请人存在日常检验业务委托等利害关系的，不得接受复检申请。

## （四）违规处罚

由于发布《办法》的主要目的是加强对食品安全监督的管理，《办法》也是国家市场监督管理总局和县级以上地方市场监督管理部门对承检机构的执法依据，所以违反《办法》的相关条款，承检机构将面临被警告，责令限期整改，不同时间、程度暂停委托检验任务，撤销机构资质并向社会公布等风险。例如：违反《办法》第五十条规定出具虚假检验报告的，市场监督管理部门终身不得委托其承担抽样检验任务；违反第三十二条规定复检机构无无正当理由拒绝承担复检任务的，由县级以上人民政府市场监督管理部门给予警告。

第五十条　有下列情形之一的，市场监督管理部门应当按照有关规定依法处理并向社会公布；构成犯罪的，依法移送司法机关处理。

（一）调换样品、伪造检验数据或者出具虚假检验报告的；

（二）利用抽样检验工作之便牟取不正当利益的；

（三）违反规定事先通知被抽检食品生产经营者的；

（四）擅自发布食品安全抽样检验信息的；

（五）未按照规定的时限和程序报告不合格检验结论，造成严重后果的；

（六）有其他违法行为的。

有前款规定的第（一）项情形的，市场监督管理部门终身不得委托其承担抽样检验任务；有前款规定的第（一）项以外其他情形的，市场监督管理部门五年内不得委托其承担抽样检验任务。

复检机构有第一款规定的情形，或者无正当理由拒绝承担复检任务的，由县级以上人民政府市场监督管理部门给予警告；无正当理由1年内2次拒绝承担复检任务的，由国务院市场监督管理部门商有关部门撤销其复检机构资质并向社会公布。

## 六、《产品质量监督抽查管理暂行办法》

### （一）背景和目的

我国的经济发展正从高速增长阶段进入高质量发展阶段，为维护市场经济秩序、保护消费者的合法权益，加强产品质量监督管理，规范产品质量监督抽查工作，根据《中华人民共和国质量法》和《中华人民共和国消费者权益保护法》等法律法规，市场监管总局于2019年11月发布《产品质量监督抽查管理暂行办法》（国家市场监督管理总局令第18号，以下简称《管理办法》），并于2020年1月起施行。《管理办法》将原国家工商总局在流通领域和原国家质检总局在生产领域的监督抽查的管理要求整合在一起，同时也融入了国家产品质量监督抽查过程中的改革措施。

### （二）主要内容

（1）融合近年改革措施。确定抽检分离的工作机制，改变抽样、检验机构确定方式，抽样人员不得从事产品检验工作；建立由政府公开招标购买服务的方式；明确与国家监督抽查有所差异的“双随机、一公开”机制，即抽样人员和检验人员分离的机制；建立可视化视频监控追溯性的工作机制，要求在各重点环节通过拍照或者录像的方式留存证据，包括现场抽样、网络抽样、收样、复检等。

（2）明确了抽检样品的获取方式。规定检验样品全部付费购买，备用样品由被抽样生产者、销售者先行无偿提供，启动复检时支付备用样品费用。但进行网络抽样时检验样品和备用样品要求全部购买。此举不仅有效降低了企业成本，尊重了企业合法权益，还有效节约了财政经费。对部分工业产品、价值较大等产品还设置了例外处理方式。

（3）明确了严格限制重复抽样的要求。《管理办法》第八条规定了同一市场监督管理部门不得在6个月内对同一生产者按照同一标准生产的同一商标、同一规格型号的产品进行两次以上监督抽查。同时规定了“上抽下不抽”的原则，为避免因监督抽查的保密性和延时性而发生重复抽查，被抽查企业应提前告知并提交相关证明材料证明已接受过监督抽查。

（4）明确了网络抽样具体程序要求。网络抽样章节对网络抽样做出特别规定：明确监管范围为本行政区域内的电子商务经营者销售的产品和其在本行政区域内的生产者生产的产品，该限制有效避免了无序抽查，提高了监管效能，减低了企业成本；明确以“消费者的名义买样”的监督抽查方式，此举能够获取市场销售最真实的产品。

（5）明确换机构复检的要求。考虑被抽查企业的诉求、复检公正性及对检验机构的约束力，复检和初检不得为同一机构，除非组织监督抽查的市场监督管理部门行政区域内仅有一个具备相应资质的技术机构。《管理办法》还明确了如果被抽查机构提出换机构异议复检，须由监督抽查组织部门指定更换的复检机构。

**（三）监管重点**

《管理办法》第九条中规定监督抽查应实施抽检分离；第十四条中规定机构应秉承客观、公正、真实的原则开展抽样和检验工作。这两条规定为监督管理部门实施监管提供了依据。

> 第九条　监督抽查实行抽检分离制度。除现场检验外，抽样人员不得承担其抽样产品的检验工作。
>
> 第十四条　抽样机构、检验机构应当在委托范围内开展抽样、检验工作，保证抽样、检验工作及其结果的客观、公正、真实。
>
> 抽样机构、检验机构不得有下列行为：
>
> （一）在实施抽样前以任何方式将监督抽查方案有关内容告知被抽样生产者、销售者；
>
> （二）转包检验任务或者未经组织监督抽查的市场监督管理部门同意分包检验任务；
>
> （三）出具虚假检验报告；
>
> （四）在承担监督抽查相关工作期间，与被抽样生产者、销售者签订监督抽查同类产品的有偿服务协议或者接受被抽样生产者、销售者对同一产品的委托检验；
>
> （五）利用监督抽查结果开展产品推荐、评比，出具监督抽查产品合格证书、牌匾等；
>
> （六）利用承担监督抽查相关工作的便利，牟取非法或者不当利益；
>
> （七）违反规定向被抽样生产者、销售者收取抽样、检验等与监督抽查有关的费用。

**（四）违规处罚**

《管理办法》第五十二条规定了监管部门对机构在抽样、检验过程中违反规定行为的处罚方式，涉及行政处罚，涉嫌犯罪的，还将由更高的法律法规追究责任。

> 第五十二条　抽样机构、检验机构及其工作人员违反本办法第九条、第十四条第二款规定的，由县级市场监督管理部门按照有关法律、行政法规规定处理；法律、行政法规未作规定的，处三万元以下罚款；涉嫌构成犯罪，依法需要追究刑事责任的，按照有关规定移送公安机关。

## 第三节　中国合格评定国家认可委员会关于实验室的认可规范介绍

检测报告是实验室的“最终产品”，准确、清晰、明确、客观地出具结果是中国合格评定国家认可委员会（China National Accreditation Service for Conformity Assessment，CNAS）对检测报告的总体要求。报告的质量，也直接影响实验室的信誉和客户的切身利益。近年来，CNAS秘书处对认可机构开展专项监督评审，加大投诉调查力度，并通报发现的典型案例，视具体情节轻重给予机构警告、暂停和撤销认可资质等处理，性质严重的可能诉诸法律，为实验室敲响了警钟。

本节从认可标识的使用、报告/证书的结果信息、认可能力的评价三个方面出发，通过对《认可标识使用和认可状态声明规则》《检测报告和校准证书相关要求的认可说明》和《能力验证规则》三个文件的出台背景和目的、主要内容、监管重点、违规处罚、处罚案例五个方面的介绍，帮助机构增强风险意识和质量意识。

### 一、《认可标识使用和认可状态声明规则》

#### （一）背景和目的

近年来，在CNAS的专项监督评审和社会反馈的投诉调查中，发现机构“超认可范围出具带认可标识和认可状态声明报告和证书”的问题屡见不鲜。2017年1月CNAS发布《CNAS关于实验室和检验机构“超认可范围”典型案例通报》，通报了近几年发现的“超认可范围”的典型案例，并视具体的情节轻重，给予涉事机构警告、暂停和撤销认可资格的处置。

为保证CNAS认可标识、国际互认联合认可标识与认可证书的正确使用，防止误用或滥用标识和认可证书，以及错误声明认可状态、维护CNAS信誉，CNAS特制定了《认可标识使用和认可状态声明规则》（CNAS—R01：2020），对获准认可的合格评定机构正确使用CNAS认可标识、国际互认联合认可标识、认可证书及声明认可状态进行了规定。

#### （二）主要内容

CNAS—R01：2020主要从CNAS徽标和国际互认标志式样，合格评定机构使用CNAS认可标识和声明认可状态的要求，国际互认联合认可标识的使用要求，认可证书使用要求，对误用或滥用认可标识、证书以及误导宣传的处理5个方面进行阐述。其中合格评定机构使用CNAS认可标识和声明认可状态的要求是全文的核心部分，包括使用CNAS认可标识和声明认可状态的通用要求，认证机构使用CNAS认可标识和声明认可状态的特殊要求，实验室或检验机构使用CNAS认可标识和声明认可状态的特殊要求，CNAS认可标识在校准标签上的使用要求4个方面。

### （三）监管重点

**1. 是否建立管理程序**

合格评定机构应对CNAS认可标识使用和认可状态声明建立管理程序，校准实验室应建立签发带 CNAS 认可标识校准标签的管理程序。

**2. 是否存在超范围使用认可标识或声明认可状态的情况**

是否存在以下几种情况：认可时间超范围、认可能力超范围、认可名称超范围、认可地点超范围、授权签字人超范围。

**3. 是否违规使用认可标识或声明认可状态**

以下八种情况，禁止使用认可标识或声明认可状态。

（1）未获得认可，包括认可资格或技术能力。

（2）暂停认可期间，被暂停的认可范围内。

（3）实验室被撤销、注销或缩小的认可范围。

（4）实验室名称、地址、授权签字人、检测/校准的方法/标准/规程/规范等变更，但尚未被批准。《实验室认可规则》（CNAS—RL01：2019）9.1.1 变更通知规定获准认可实验室如发生下列变化，应在 20 个工作日内通知 CNAS 秘书处：a) 获准认可实验室的名称、地址、法律地位和主要政策发生变化；b) 获准认可实验室的组织机构、高级管理和技术人员、授权签字人发生变更；c) 认可范围内的检测/校准/鉴定依据的标准/方法、重要试验设备、环境、检测/校准/鉴定工作范围及有关项目发生改变；d) 其他可能影响其认可范围内业务活动和体系运行的变更。9.1.2.2 规定当实验室的环境发生变化，如搬迁，实验室除按 9.1.1 条规定通报 CNAS 秘书处外，还应立即停止使用认可标识/联合标识，并制定相应的验证计划，保留相关记录，待CNAS 确认后，方可继续（恢复）在相应领域使用认可标识/联合标识。

（5）认可要求变化，但实验室未按时完成转化。

（6）认可资格到期后，尚未获得新的认可资格。

（7）与认可范围无关的其他业务。

（8）仅包含判定标准的报告。

> 5.1 使用CNAS认可标识和声明认可状态的通用要求
>
> 5.1.1 CNAS拥有CNAS认可标识的所有权；合格评定机构在认可范围和认可有效期内按照本规则以及相关要求的规定使用CNAS认可标识或声明认可状态，其他机构不得使用认可标识或声明认可状态。合格评定机构拥有CNAS认可标识的使用权，但不得转让认可标识使用权。CNAS对合格评定机构使用CNAS认可标识或声明认可状态的情况进行监督。
>
> 5.1.2 合格评定机构应对CNAS认可标识使用和认可状态声明建立管理程序以保证符合本规则的规定，且不得在与认可范围无关的其他业务中使用CNAS认可标识或声明认可状态。
>
> 5.1.4 合格评定机构应以认可证书上标注的机构名称或CNAS同意的名称使用CNAS认可标识或声明认可状态。

5.1.6 当认可要求发生变化，合格评定机构未按时完成转换的，不得继续使用认可标识，也不得以任何方式声明认可状态仍然有效。

5.1.10 被暂停认可资格的合格评定机构应在被暂停范围内立即停止任何关于获得CNAS认可的宣传，并应立即停止在报告或证书、文件、办公用品、宣传品和网页等上使用CNAS认可标识或声明认可状态。

5.1.11 被撤销、注销认可资格或缩小认可范围的合格评定机构应在CNAS作出撤销、注销或缩小认可范围决定之日起，在被撤销、注销认可资格或缩小认可范围内立即停止任何关于获CNAS认可的宣传，收回、销毁和删除一切带有CNAS认可标识或声明认可状态的证书、报告、文件、办公用品、宣传品和网页等。

5.1.12 认可资格到期后，合格评定机构如未获得新的认可资格，不得继续使用CNAS认可标识，也不得以任何方式声明认可状态仍然有效。

5.3 实验室或检验机构使用CNAS认可标识和声明认可状态的特殊要求

5.3.2 带CNAS认可标识或认可状态声明的报告或证书应由授权签字人在其授权范围内签发。

5.3.3 如果实验室或检验机构签发的报告或证书结果全部不在认可范围内或全部结果来自外部供应商，则不得在其报告或证书上使用CNAS认可标识或声明认可状态。

5.3.4 实验室或检验机构签发的带CNAS认可标识或认可状态声明的报告或证书中包含部分非认可项目时，应清晰标明此项目不在认可范围内；实验室或检验机构签发的带CNAS认可标识或认可状态声明的报告或证书中的结果/结论依据部分非认可项目时，应清晰标明结果/结论所依据的合格评定活动不在认可范围内。

5.3.5 实验室或检验机构签发的带CNAS认可标识或认可状态声明的报告或证书中部分结果来自外部供应商时，应予以清晰标明。实验室或检验机构从外部供应商的报告或证书中摘录信息应得到外部供应商的同意；如果外部供应商的项目未获CNAS认可，应标明此项目不在认可范围内。

5.3.7 对于多地点的实验室或检验机构，CNAS认可标识使用或认可状态声明不应使相关方误认为未获认可地点的相关能力在认可范围内。

5.3.13 根据检测或校准结果，与规范或客户的规定限量做出的符合性判断，不属于本规则所规定的“意见和解释”。实验室签发的报告或证书中仅包含判定标准（无具体的检测或校准方法）时，不得在报告或证书上使用认可标识或声明认可状态。

5.4 CNAS认可标识在校准标签上的使用要求

5.4.1 校准实验室应建立签发带CNAS认可标识校准标签的管理程序。

### （四）违规处罚

对于误用或滥用CNAS认可标识、认可证书以及误导宣传认可状态的机构或个人，CNAS将视违规问题的情节轻重，给予告诫、暂停、撤销、提起法律诉讼及赔偿的处理。

> 8.1 CNAS将根据任何机构和个人误用、滥用或伪造CNAS认可标识、国际互认联合认可标识、认可证书以及误导宣传认可状态的情节轻重作出处理，包括告诫、暂停、撤销或提起法律诉讼。
>
> 8.2 被暂停或撤销（含注销）认可资格的合格评定机构，如果继续使用CNAS认可标识、国际互认联合认可标识、认可证书以及声明认可状态的，CNAS有权要求其承担由此给CNAS造成的全部损失并承担法律责任。
>
> 8.3 合格评定机构由于使用CNAS认可标识、国际互认联合认可标识、认可证书以及声明认可状态，而导致其他机构提起诉讼，如未及时通告CNAS或者给CNAS造成声誉或经济上的损失，CNAS将撤销其认可资格，并有权要求其承担由此给CNAS造成的全部损失及相关法律责任。
>
> 8.4 上述合格评定机构或个人应对8.1至8.3项中情形导致CNAS产生的损失进行赔偿，该赔偿范围包括但不限于：CNAS采取前述处理措施所发生的费用，CNAS承担的各种罚款、赔偿费用，裁判机构或其他机构收取的各种诉讼费用。

#### （五）处罚案例

**案例3-1**

【问题描述】某实验室2019年7月19日和2020年5月28日共出具了9份带CNAS标识的检验报告，该9份报告批准人均为张××，经核查确认，张××不是该实验室的授权签字人。

【处理措施】依据相关性规定，CNAS给予撤销、暂停、告诫或缩小能力范围等处理。

【案例来源】中国合格评定国家认可委员会文件，认可委（秘）〔2021〕37号

**案例3-2**

【问题描述】实验室错误理解工频耐压检测项目和工频耐压试验，在泄漏电流项目未获认可的情况下，出具了40份含有工频耐压和泄漏电流两个项目的带有CNAS标识的报告。

【处理措施】依据相关性规定，CNAS给予撤销、暂停、告诫或缩小能力范围等处理。

【案例来源】中国合格评定国家认可委员会文件，认可委（秘）〔2021〕37号

**案例3-3**

【问题描述】实验室原认可证书有效期至2015年3月26日，因其申请复评审不及时导致新认可证书签发日期为2015年5月22日。在认可证书无效期间，该实验室出具了91份带ILAC—MRA国际互认联合认可标识的检测报告。

【处理措施】依据相关性规定，CNAS给予警告、暂停和撤销认可资格的处理。

【案例来源】中国合格评定国家认可委员会文件，认可委（秘）〔2017〕7号

### 二、《检测报告和校准证书相关要求的认可说明》

#### （一）背景和目的

《检测和校准实验室能力认可准则》（CNAS—CL01：2018）7.8.1.2中规定：实验室应准确、清晰、明确和客观地出具结果，并且应包括客户同意的、解释结果所必需的以及

所用方法要求的全部信息。实验室通常以报告的形式提供结果（如检测报告、校准证书或抽样报告）。所有发出的报告应作为技术记录予以保存。2019年12月CNAS发布了《检测报告和校准证书相关要求的认可说明》（CNAS—EL—13：2019），明确了报告的结果信息、使用、管理、评审等方面的相关要求，对CNAS—CL01（等同采用ISO/IEC 17025）相关条款的进一步解释和说明，帮助检测和校准实验室统一对标准的理解，确保认可评审和管理的一致性。

## （二）主要内容

《检测报告和校准证书相关要求的认可说明》（CNAS—EL—13：2019）主要内容包括实验室出具报告的要求，实验室对认可能力的管理要求以及CNAS对报告的认可评审要求等三个方面。

### 1. 实验室出具报告的要求

（1）实验室应准确、清晰、明确和客观地出具报告，主要包括以下几种情况。

1）样品信息准确，并且必须是实测样品。报告中的样品信息只能针对实际测试的样品，未测试的样品信息不能列入报告中，除非实验室经过验证，同时报告验证结果和支持数据。

2）当测试地址不在实验室固定场所时，报告中应给出详细的地址信息，不应给出模糊地址。

3）如果是目击试验，应在报告中以显著的方式清晰注明，并不得使用认可标识或声明认可。

4）当结果来源于外部供应商时，报告中应清晰标注，确保不会使人产生误解。

（2）实验室对报告中的所有信息负责，客户提供的信息除外。对客户提供的信息，需要时应以醒目的方式标识并做出免责声明。

（3）当在实验室永久控制之外的地点或设施中实施实验室活动时，或使用永久控制之外的设备时，原始记录中应体现设施和环境条件或者设备信息。

（4）实验室应正确使用CNAS认可标识或声明认可状态。

### 2. 实验室对认可能力的管理要求

对于初次申请认可的项目，实验室对每个项目均应出具报告；对于已获认可的项目，实验室应有相应的测试经历，两年内应出具相应的报告，否则应主动申请缩小认可范围。

### 3. CNAS对报告的认可评审要求

CNAS要求评审组应现场随机抽查报告，抽样量要与出报告的数量相匹配，并从10个方面对报告的合规性进行核查。重点关注原始记录与报告的符合性和可追溯性。对于初次申请认可的项目，要求每个申请项目均应有相应的报告，且报告数量与申请书填写的检测经历相一致；对于已获认可的项目，两年之内没有测试经历的项目，原则上不推荐认可。

## （三）监管重点

实验室是否准确、清晰、明确和客观地出具结果；客户提供的信息是否有清晰标注或者免责声明；实施实验室活动的设施和环境是否满足检测要求，记录的信息量是否充足；实验室是否持续保持认可能力。

2. 实验室出具报告的要求

2.1 实验室应准确、清晰、明确和客观地出具结果。（CNAS—CL01：2018，7.8.1.2）

a）样品信息准确，并且必须是实测样品。

示例1：客户送测样品A、B和C，声称是三种型号对应同一原型产品，实验室实际测试的是B样品。实验室在报告的样品信息描述中，只能声明被测样品是B，不应列入A和C的信息，因该信息是由客户提供，实验室未进行验证。如果实验室通过验证能够证明A、B、C三种型号确实是对应同一原型产品，实验室可以在报告中列出三种型号的信息，但应声明被测样品是B，同时报告型号验证结果和相应的支持数据或信息。

示例2：实验室在对客户产品的第一次测试中发现有些项目是不合格的，客户对产品进行了改进，再次送检。第二次测试如果只是测试了不合格项目，实验室出具的报告应只包括此次测试的项目。如果客户要求将第一次测试合格的项目也纳入报告中，出具完整的测试合格报告，实验室应在报告中以清晰的方式标明第一次测试合格和第二次测试合格的数据，并说明第二次测试数据为第一次测试不合格经客户对样品进行改进后测试的数据，必要时给出原不合格数据以及客户所做的改进工作说明。

b）如果测试地点不在实验室的固定场所，如在客户地点或样品所在地，报告中应给出详细的地址信息，仅给出“客户地点”等模糊信息是不充分的。（参见CNAS—CL01：2018，7.8.2.1 c）

c）如果实际测试过程是由客户的技术人员操作，实验室只是目击了试验的过程并记录下测试数据和信息，报告应以清晰的方式在正文中注明是目击试验，并且不得使用认可标识或声明认可。

d）实验室出具的报告中如有摘用其他机构报告信息的内容，则应在报告中给出清晰的标注，标注的方式应确保报告的使用人不会产生误解（参见CNAS—CL01：2018，7.8.2.1 p）。当使用认可标识时，按“外部提供的信息”（视同“分包”）要求控制。

2.2 实验室对报告中的所有信息负责，客户提供的信息除外。客户提供的数据应予明确标识。此外，当客户提供的信息可能影响结果的有效性时，报告中应有免责声明。（CNAS—CL01：2018，7.8.2.2）

对于客户送样，除非抽样信息影响到测试结果，报告中不应包含抽样信息。如果报告中包含样品抽样信息（如地点），实验室应以显著方式在报告正文中说明此为客户提供信息，实验室对此真实性不承担责任。

示例1：客户声称所送样品是为某品牌供货的原材料，并要求将品牌信息写入报告中。由于对原材料是无法辨别品牌信息的，实验室不应将客户提供的品牌信息写入报告中，除非有信息来源说明和免责声明。

示例2：客户声称样品来自某个地点，要求实验室将样品的地点信息写入报告中。由于此信息实验室是客户提供的，实验室无法证明，因此不应将此信息写入报告，除非有信息来源说明和免责声明。

2.3 当实验室在永久控制之外的地点或设施中实施实验室活动时，应确保满足本准则中有关设施和环境条件的要求（CNAS—CL01：2018，6.3.5）。实验室使用永久控制以外的设备时，应确保满足本准则对设备的要求。（CNAS—CL01：2018，6.4.2）

a）在客户或样品所在地现场进行的测试活动，如果设备无法便携、设备的运输对设备的准确度有影响、或样品的运输会影响测试结果，实验室可以使用客户的设备，在原始记录中应体现设备信息，包括设备型号信息、唯一性识别、校准证书信息等。测试方法对设施和环境条件有要求时，相应的环境条件也应予以记录。

b）对设施和环境条件有严格要求的校准活动，原则上不应进行现场校准，除非实验室可以提供充分的证据证明试验现场符合方法要求。记录应包括环境监测的设备信息和监测数据，必要时拍摄照片保存。

3. 实验室对认可能力的管理要求

3.1 对初次申请认可的项目，包含扩项，实验室每个项目均应出具过报告。如果实验室没有对外提供过正式报告，内部报告或测试结果也可以作为检测/校准经历。实验室应在申请书中如实填写检测/校准经历次数。

3.2 实验室应对认可的能力进行有效管理，以持续保持技术能力。对于已获认可的项目，实验室应有相应的测试经历，2年内应出具过相应的报告（可以是内部报告或测试结果）。对2年内没有出具过报告或结果，也没有内部验证试验或相关质量控制记录的项目，应主动申请缩小认可范围。

4. CNAS对报告的认可评审要求

4.1 在现场评审中，评审组应注重抽查报告，由评审组现场随机抽取，抽样量应与出报告的数量相匹配。

4.2 评审组应核查报告的以下内容：

a）与认可要求的符合性（以CNAS—CL01：2018的7.8条款为依据）；

b）信息的适宜性和充分性（以测试方法为依据）；

c）报告数据与原始记录的可追溯性；

d）对客户提供信息的控制，需要时应以醒目的方式标识并做出免责声明；

e）发出报告或数据的控制管理；

f）报告的控制系统，应易于追溯报告编号，不得随机编号；

g）认可标识使用及认可状态声明的管理；

h）客户现场试验出具报告的控制；

i）客户现场试验原始记录的控制，是否含地点、设备、测试人员，以及必要时的环境信息；

j）对目击试验的控制，应在报告中以显著的方式如实说明是目击试验。

### （四）违规处罚

《检测报告和校准证书相关要求的认可说明》（CNAS—EL—13：2019）在CNAS对报告的认可评审要求部分，从以下三个方面做出不同的处理。

（1）原始记录与报告的符合性，可追溯性。如果不能提供原始记录证明实施过测试、且不能提供合理的解释，或实验室原始记录不真实，则按不诚信行为处理。

（2）对于初次申请认可的项目，要求每个申请认可的项目均应有相应的报告，如果发现报告数量明显少于申请书填写的经历，则按照申请信息不真实做出处理。

（3）对于已获认可的项目，两年之内没有测试经历的项目，原则上不推荐认可。

> 4.3 评审组应重点关注原始记录与报告的符合性，可从报告追溯至原始记录。实验室应能够提供实验室活动过程的充分信息，可以只有测试结果的原始记录而不出具报告，但不应以试验报告取代原始记录。如果实验室不能提供原始记录及其它能证明实施过测试的相关记录或证据（如设备使用记录、自动化仪器内后台数据、相应样品上的测试痕迹等）、且不能提供合理的解释，或实验室的原始记录不真实，均视为没做试验出报告，按不诚信行为处理。
>
> 4.4 对初次申请认可的项目，包含扩项，要求每个申请认可的项目均应有相应的报告，（可以是内部报告或测试结果）。现场评审时，评审组应检查每个申请项目的报告，在时间允许的情况下，尽量扩大报告抽样量。如果发现报告数量明显少于申请书填写的经历，实验室不能提供合理的解释，可按申请信息不真实做出处理。
>
> 4.5 对于已获认可的项目，在认可评审中，评审组将重点关注实验室能力的有效保持以及对能力范围的监控情况。在定期监督评审和复评审中，评审组应重点抽查自上次评审以来发出的报告或结果，每个认可的项目均在抽查范围内。视实验室出具报告的情况，原则上对所抽查的测试项目，每个项目在可行时至少查3份报告，查阅的报告应为评审员的主动抽样。二年之内没有测试经历的项目，原则上不推荐认可。

### （五）处罚案例

**案例3-4**

【问题描述】某手机改型产品U5000（申请者为A，制造商为B）检测报告的数据和图表与原型产品A1报告中的数据和图表完全一致。经核查，实验室未对U5000进行检测。虽然U5000检测报告中有条款明确说明其数据和图表来源于A1检测报告，但U5000检测报告数据页和图表页声明测试对象为U5000产品，并非A1产品。某手机改型产品KR7（申请者为甲，制造商为乙）检测报告中数据和图表与上述U5000报告中的数据和图表完全一致。经核查，实验室未对KR7进行检测。虽然KR7检测报告中有条款明确说明其数据和图表来源于U5000检测报告，但KR7检测报告中数据页和图表页声明测试对象为KR7产品，并非U5000产品。

【处理措施】依据相关规定，CNAS给予暂停认可资格处理。

【案例来源】中国合格评定国家认可委员会文件，认可委（秘）〔2019〕26号

**案例3-5**

【问题描述】某实验室进行专项监督时发现，5份电涌保护器检测报告中部分项目检测信息与原始记录不一致，具体为热稳定性和耐热性试验项目，检测报告中样品编号7、编号8和编号9结果合格，原始记录中显示只做了样品7。2015年11月至2016年8月期间，实验室出具了138份存在同类问题的报告。

【处理措施】依据相关性规定，CNAS给予暂停或撤销认可资格的处理。

【案例来源】中国合格评定国家认可委员会文件，认可委（秘）〔2020〕52号

**案例3-6**

【问题描述】某实验室进行专项监督评审时，核查设备清单及现场能力发现实验室存在以下问题：1）缺少电源线拉扭试验设备，不能进行GB 7000.1—2015第5.2.10.3条电源线拉扭试验等项目；2）缺少路灯风压试验及破碎试验装置，不能满足GB 7000.203—2013标准中6.3和6.5条的要求；3）缺少脉冲试验装置，不能进行GB 7000.212—2008标准中6.11条的浪涌冲击试验；4）缺少轴向力试验装置，不能进行IEC 60968—2015标准中第9.3条的机械强度试验、IEC 62560：2015 标准中第9.4条的机械强度试验；5）缺少调光试验装置，不能进行IEC 62560：2015 标准中第15条的异常工作试验；6）缺少160A试验电源和负载，不能进行IEC 61347—1：2015 标准中第14条的故障试验、IEC62031：2018标准中第12条的故障试验。

【处理措施】依据相关性规定，CNAS给予撤销、暂停、告诫或缩小能力范围等处理。

【案例来源】中国合格评定国家认可委员会文件，认可委（秘）〔2021〕37号

## 三、《能力验证规则》

### （一）背景和目的

能力验证是实验室认可和质量控制的重要组成部分，是实验室内部质量控制活动的有效补充，是实验室、客户、认可机构评价实验室技术能力的重要依据，也是CNAS对合格评定机构能力进行评价的方式之一。《能力验证规则》（CNAS—RL02：2018）确保了CNAS认可的有效性，保证了CNAS认可质量，促进了合格评定机构的能力建设。

合格评定机构包括检测和校准实验室（含医学领域实验室）、标准物质/标准样品生产者以及检验机构（相关时）。

### （二）主要内容

《能力验证规则》（CNAS—RL02：2018）规定了CNAS能力验证的政策和要求，包括对合格评定机构的要求和对CNAS的要求。合格评定机构需要重点关注对合格评定机构的要求。合格评定机构的要求分为总则、制定参加能力验证工作计划的要求、参加能力验证的最低要求、不满意结果的处理要求，以及选择能力验证活动的要求等5个方面的内容。

合格评定机构作为参加能力验证的主体，有责任和义务参加能力验证活动。选择能力验证时应从自身需求出发，利用好能力验证结果，并向CNAS报告参加能力验证的信息，重申《能力验证规则》的要求仅是合格评定机构参加能力验证的最低要求。

合格评定机构应建立能力验证程序，并规定能力验证计划的要求和不满意结果的处理，保存相关记录。能力验证计划应从考虑自身因素出发，包括认可的领域、人员、内部质控情况、检测对象的数量种类及结果的用途、检测技术的稳定性、能力验证的可获得性等，并根据这些因素的变化定期审查和调整能力验证计划。

初次认可和扩大认可范围时，合格评定机构申请认可的每个子领域应至少参加过一次能力验证并获得满意结果，能力验证领域（子领域）和频次参见《能力验证规则》附录B。无特殊理由，也应参加CNAS指定的能力验证计划。复评审和监督评审时，获准认可合格评定机构参加能力验证的领域和频次应满足CNAS能力验证领域和频次的要求。对 CNAS能力验证领域和频次表中未列入的领域（子领域），只要存在可获得的能力验证，鼓励获准认可合格评定机构积极参加，同时也应参加CNAS指定的能力验证计划。对于多场所合格评定机构，每个场所视同单独的合格评定机构分别制订能力验证活动计划并分别组织实施。

对于通过CNAS认可的实验室，如果能力验证结果为不满意且已不能符合认可项目依据的标准或规范所规定的判定要求时，应自行暂停在相应项目的证书/报告中使用CNAS认可标识，并立即按照体系文件要求查找原因、实施纠正措施，验证措施的有效性。在验证纠正措施有效后，才可以恢复使用认可标识。采取的纠正措施通常包括：再次参加能力验证计划；参加CNAS的测量审核活动；CNAS评审组的现场评价等。

如果能力验证结果虽不满意，但符合判定要求，或者为可疑结果时，实验室应进行相应的风险评估，必要时采取预防或纠正措施。

《能力验证规则》明确了合格评定机构应优先选择按照ISO/IEC 17043运行的能力验证计划，并给出了选择的优先顺序。一是，强调优先参加CNAS认可的能力验证提供者（Proficiency Testing Provider，PTP）以及已签署PTP相互承认协议（Mutual Recognition Arrangement，MRA）的认可机构认可PTP在其认可范围内运作的能力验证计划；二是，未签署PTP MRA的认可机构依据ISO/IEC 17043认可的PTP在其认可范围内运作的能力验证计划；三是，国际认可合作组织运作的能力验证计划或国际权威组织实施的实验室间比对。如果都不符合以上要求，合格评定机构应填写《能力验证规则》附录A《能力验证活动适宜性核查表》，从检测方法、样品特性、结果评价等多个方面自行确认所参加能力验证活动的技术特性和适宜性。

**（三）监管重点**

合格评定机构应建立能力验证的程序并保存相关记录，定期审查或调整，确保申请的技术能力至少满足CNAS的最低要求，能力验证提供者应满足要求，并规范处理不满意结果。对于多场所的实验室，各场所参加能力验证活动的频次和覆盖的领域应满足《能力验证规则》的要求。

4.2.1 合格评定机构的质量管理体系文件中，应有参加能力验证的程序和记录要求，包括参加能力验证工作计划和不满意结果的处理措施等内容。

4.2.2 合格评定机构应分析自身的能力验证需求，制定参加能力验证的工作计划并实施，同时根据人员、方法、场所和设备等变动情况，定期审查和调整参加能力验证的工作计划。

4.3.1.1 只要存在可获得的能力验证，合格评定机构申请认可的每个子领域应至少参加过1次能力验证且获得满意结果，或虽为有问题（可疑）结果，但仍符合认可项目依据的标准或规范所规定的判定要求。

4.3.2.1 只要存在可获得的能力验证，获准认可合格评定机构参加能力验证的领域和频次应满足CNAS能力验证领域和频次的要求(见附录B)。对CNAS能力验证领域和频次表中未列入的领域（子领域），只要存在可获得的能力验证，鼓励获准认可合格评定机构积极参加。

4.4.1 合格评定机构在参加能力验证中结果为不满意且已不能符合认可项目依据的标准或规范所规定的判定要求时，应自行暂停在相应项目的证书/报告中使用CNAS认可标识，并按照合格评定机构体系文件的规定采取相应的纠正措施，验证措施的有效性。在验证纠正措施有效后，合格评定机构自行恢复使用认可标识。合格评定机构的纠正措施和验证活动（可行时）应在180天（自能力验证最终报告发布之日起计）内完成。合格评定机构应保存上述记录以备评审组检查。

4.4.2 合格评定机构参加能力验证的结果虽为不满意，但仍符合认可项目依据的标准或规范所规定的判定要求，或当合格评定机构参加能力验证结果为可疑或有问题时，合格评定机构应对相应项目进行风险评估，必要时，采取预防或纠正措施。

4.4.3 在参加CNAS指定的能力验证计划中，合格评定机构的结果为不满意时，如果不满意项目已获CNAS认可，CNAS可暂停合格评定机构在相关项目的证书/报告中使用CNAS认可标识，直至撤销其相关项目的认可。

4.5.1 合格评定机构应优先选择按照ISO/IEC 17043运作的能力验证计划，并按照以下顺序选择参加：

a）CNAS认可的能力验证提供者（PTP）以及已签署PTP相互承认协议（MRA）的认可机构认可的PTP在其认可范围内运作的能力验证计划；

b）未签署PTP MRA的认可机构依据ISO/IEC 17043认可的PTP在其认可范围内运作的能力验证计划；

c）国际认可合作组织运作的能力验证计划，例如：亚太实验室认可合作组织（APLAC）等开展的能力验证计划；

d）国际权威组织实施的实验室间比对，例如：国际计量委员会（CIPM）、亚太计量规划组织（APMP）、世界反兴奋剂联盟（WADA）等开展的国际、区域实验室间比对；

e）依据ISO/IEC 17043获准认可的PTP在其认可范围外运作的能力验证计划；

f）行业主管部门或行业协会组织的实验室间比对；

g）其他机构组织的实验室间比对。

4.5.2 如果合格评定机构选择4.5.1中第e至g项来满足能力验证的领域和频次要求时，合格评定机构应填写附录A《能力验证活动适宜性核查表》，以对所选能力验证活动的适宜性进行评价。

**（四）违规处罚**

CNAS将依据相关性规定，给予撤销、暂停、告诫或缩小能力范围等处理。

5.7 对不能满足能力验证领域和频次要求，或虽参加了能力验证但结果不满意且未在180天（能力验证最终报告发布之日起计）内开展纠正措施及其验证活动的合格评定机构，CNAS可撤销其相应项目的认可资格。

**（五）处罚案例**

**案例3-7**

【问题描述】某实验室参加压电加速度计能力验证中出现不满意结果，2012年6月收到CNAS发出的《关于CNAS M0042能力验证计划结果处理的通知》，于2012年9月17日完成整改。2012年6月至8月整改期间，实验室依据JJG 233—2008《压电加速度计检定规程》出具了两份带CNAS认可标识的校准证书。

【处理措施】依据相关性规定，CNAS给予警告、暂停和撤销认可资格的处理。

【案例来源】中国合格评定国家认可委员会文件，认可委（秘）〔2017〕7号

**案例3-8**

【问题描述】某实验室于2018年11月参加国际原子能机构组织的水中某元素检测国际比对，结果为不满意。实验室在收到不满意结果通知后，采用同份国际比对样品的留样进行复测，仅将复测结果符合组织方发布的国际比对报告作为纠正措施，但未进行跟踪验证。后期实验室于2019年9月报名参加该项目国内的测量审核，并收到满意结果。专项监督评审时抽查实验室在2018年11月至2019年9月期间出具的检测报告20份，发现于2019年4月和6月出具的两份使用了认可标识的检测报告，报告检测依据的方法及检测项目同不满意结果的国际比对项目，且该报告报出了相关结果（水中该元素）。

【处理措施】依据相关性规定，CNAS给予撤销、暂停、告诫或缩小能力范围等处理。

【案例来源】中国合格评定国家认可委员会文件，认可委（秘）〔2021〕37号

**案例3-9**

【问题描述】某实验室自2017年获得认可以来，虽然存在可获得的能力验证活动，但

实验室所有领域均未参加能力验证活动。

【处理措施】依据相关性规定，CNAS给予撤销、暂停、告诫或缩小能力范围等处理。

【案例来源】中国合格评定国家认可委员会文件，认可委（秘）〔2021〕37号

# 第四章

# 实验室质量控制措施

检验检测实验室在运行过程中，最常遇到的风险类型就是涉及检验检测结果、数据准确性的技术性风险。针对检测结果、数据准确性，现有的实验室质量管理体系、检测技术标准已经提出了一些控制要求或建议，如《检验检测机构资质认定能力评价 检验检测机构通用要求》（RB/T 214—2017）中4.5.19“质量控制”、《检测和校准实验室能力认可准则》（CNAS—CL01：2018）中7.7“确保结果有效性”等章节均有涉及。实验室如不能按照相关要求实施质量控制活动，则可能导致检测结果、数据错误，违反评审准则和《检验检测机构监督管理办法》（“39号令”）的相关条款要求，受到投诉、诉讼甚至行政处罚。因此，实验室质量控制措施是实验室风险管控的重要组成部分。

本章共分三节阐述实验室质量控制措施的相关内容。第一节从质量体系和技术要求两个方面来说明检验检测质量控制的要求；第二节以能力验证为代表，介绍外部质量控制措施的基本概念、实施流程和统计方法；第三节分别介绍实验室常用的内部质量控制手段，包括使用有证标准物质、盲样考核、实验室内部比对、回收率试验、空白与重复测试、标准曲线绘制，以及质控图等。

# 第一节　检验检测质量控制要求

## 一、管理体系准则对质量控制措施的要求

《检验检测机构资质认定能力评价 检验检测机构通用要求》（RB/T 214—2017）、《检测和校准实验室能力认可准则》（CNAS—CL01：2018）以及各应用领域要求等实验室管理体系都对实验室质量控制措施给出了说明和规定，并提供了基本指引。

### （一）《检验检测机构资质认定能力评价 检验检测机构通用要求》

> 4.5.19 结果有效性
>
> 检验检测机构应建立和保持监控结果有效性的程序。检验检测机构可采用定期使用标准物质、定期使用经过检定或校准的具有溯源性的替代仪器、对设备的功能进行检查、运用工作标准与控制图、使用相同或不同方法进行重复检验检测、保存样品的再次检验检测、分析样品不同结果的相关性、对报告数据进行审核、参加能力验证或机构之间比对、盲样检验检测等进行监控。检验检测机构所有数据的记录方式应便于发现其发展趋势，若发现偏离预先判据，应采取有效的措施纠正出现的问题，防止出现错误的结果。质量控制应有适当的方法和计划并加以评价。

### （二）《检测和校准实验室能力认可准则》

> 7.7.1 实验室应有监控结果有效性的程序。记录结果数据的方式应便于发现其发展趋势，如可行，应采用统计技术审查结果。实验室应对监控进行策划和审查，适当时，监控应包括但不限于以下方式：
>
> a）使用标准物质或质量控制物质；
>
> b）使用其他已校准能够提供可溯源结果的仪器；
>
> c）测量和检测设备的功能核查；
>
> d）适用时，使用核查或工作标准，并制作控制图；
>
> e）测量设备的期间核查；
>
> f）使用相同或不同方法重复检测或校准；
>
> g）留存样品的重复检测或重复校准；
>
> h）物品不同特性结果之间的相关性；
>
> i）审查报告的结果；
>
> j）实验室内比对；
>
> k）盲样测试。

7.7.2 可行和适当时，实验室应通过与其他实验室的结果比对监控能力水平。监控应予以策划和审查，包括但不限于以下一种或两种措施：

a）参加能力验证；

b）参加除能力验证之外的实验室间比对。

7.7.3 实验室应分析监控活动的数据用于控制实验室活动，适用时实施改进。如果发现监控活动数据分析结果超出预定的准则时，应采取适当措施防止报告不正确的结果。

根据准则条款要求，实验室应对检测或校准以及抽样结果的有效性进行监控，而“结果有效性的监控”往往也被表述为结果质量控制。本书就沿用习惯上的说法，采用“质量控制”这一表述。

**（三）CNAS发布的实验室能力认可准则在各领域的应用说明**

上述要求以外，CNAS发布的各应用领域说明，也结合各自行业领域的特点，对相应的检测过程及质量控制措施提出了更进一步的要求。如在化学元素痕量分析中，检测项目的特点导致结果的有效性易受到外界因素影响，因此通过空白检测这一质量控制方式来排除试剂、容器等带来的影响。《检测和校准实验室能力认可准则在化学检测领域的应用说明》（CNAS—CL01—A002：2020）对这些质量控制措施的要求进行了补充。此处就以CNAS—CL01—A002：2020为例进行介绍。

7.7.1 实验室对检测结果进行监控时应综合考虑检测对象、项目/参数、样品基体及检测方法等等的覆盖性以确保并证明检测过程受控以及检测结果的有效性。监控方法应包括但不限于 CNAS—CL01 7.7.1 a）~k）所述的一种或多种。监控实施时还应考虑监控频率。策划监控活动时，应在方案中明确每项监控活动数据分析结果可接受准则。

7.7.1 a）实验室控制样品通常应与待测样品的基体相匹配、含量水平相当；如无适宜的控制样品，也可采用加标回收的方式。

7.7.1 c）痕量分析的检测结果应考虑空白及信噪比的影响。当检测方法对空白有具体规定时，应满足方法要求；必要时，实验室应规定空白的接受限。

7.7.1 d）实验室可制作质量控制图进行监控。控制图应基于统计原理。实验室应观察和分析控制图显示的异常趋势，必要时采取处理措施。

注：可参考 CNAS—GL027《化学分析实验室内部质量控制指南—控制图的应用》。

7.7.1 f）对于非常规检测项目（方法），应加强对结果有效性的监控，包括但不限于CNAS—CL01 7.7.1 a）、f）、g）所述方法，确保检测结果的可靠性和准确性。

注：本文件中的“非常规检测项目（方法）”是指检测活动一个月少于1次的检测项目（方法）。

7.7.1 j）针对同一参数由多人多台设备提供检测结果的情况，应根据需要制定实验室内人员、设备比对的计划。

由于检验检测领域涉及社会生产的方方面面，领域特性的差异又导致质量控制措施的适用性和要求也会因检测过程的不同特点而发生变化，因此本节将CNAS各应用领域说明中的质量控制措施要求进行了整理，并形成表4-1。

**表4-1　CNAS各应用领域说明中要求的质量控制措施**

| 认可机构应用准则 | 标准物质监控 | 使用质控样品 | 人员比对 | 设备比对 | 方法比对 | 加标回收 | 质量控制图 | 空白实验 | 重复实验 | 校准曲线 | 实验室间比对 | 能力验证 |
|---|---|---|---|---|---|---|---|---|---|---|---|---|
| 《检测和校准实验室能力认可准则在微生物检测领域的应用说明》（CNAS—CL01—A001：2018） | √ | √ | √ | √ | √ | | | | | | | |
| 《检测和校准实验室能力认可准则在化学检测领域的应用说明》（CNAS—CL01—A002：2020） | | √ | | | | √ | √ | √ | | | | |
| 《检测和校准实验室能力认可准则在电气检测领域的应用说明》（CNAS—CL01—A003：2019） | | | √ | | | | √ | | √ | | | |
| 《检测和校准实验室能力认可准则在汽车和摩托车检测领域的应用说明》（CNAS—CL01—A005：2020） | √ | | | | | | √ | | | | √ | √ |
| 《检测和校准实验室能力准则在无损检测领域的应用说明》（CNAS—CL01—A006：2018） | | | | | | | | | | | | |
| 《检测和校准实验室能力认可准则在玩具检测领域的应用说明》（CNAS—CL01—A009：2018） | | | √ | | | | | | √ | | | √ |
| 《检测和校准实验室能力认可准则在纺织检测领域的应用说明》（CNAS—CL01—A010：2018） | | | √ | | | | | | | | | |
| 《检测和校准实验室能力认可准则在金属材料检测领域的应用说明》（CNAS—CL01—A011：2018） | | √ | √ | | | | √ | | | | √ | √ |
| 《检测和校准实验室能力认可准则在卫生检疫领域的应用说明》（CNAS—CL01—A012：2018） | | √ | | | | | √ | | | | √ | √ |
| 《检测和校准实验室能力认可准则在珠宝玉石、贵金属检测领域的应用说明》（CNAS—CL01—A015：2018） | | | | | | | | | | √ | √ | √ |

续表

| 认可机构应用准则 | 标准物质监控 | 使用质控样品 | 人员比对 | 设备比对 | 方法比对 | 加标回收 | 质量控制图 | 空白实验 | 重复实验 | 校准曲线 | 实验室间比对 | 能力验证 |
|---|---|---|---|---|---|---|---|---|---|---|---|---|
| 《检测和校准实验室能力认可准则在感官检验领域的应用说明》（CNAS—CL01—A016：2018） | √ | | | | | | | | √ | | | √ |
| 《检测和校准实验室能力认可准则在软件检测领域的应用说明》（CNAS—CL01—A019：2018） | | | √ | | | | | | √ | | √ | √ |
| 《检测和校准实验室能力认可准则在信息安全检测领域的应用说明》（CNAS—CL01—A020：2018） | | | √ | | √ | | | | √ | | | |
| 《检测和校准实验室能力认可准则在光伏产品检测领域的应用说明》（CNAS—CL01—A021：2019） | | | | √ | | | | | √ | | √ | √ |
| 《检测和校准实验室能力认可准则在校准领域的应用说明》（CNAS—CL01—A025：2018） | | | | | | | | | | | | √ |

## 二、重点行业领域对实验室质量控制措施的要求

除了管理体系和专业技术领域准则对实验室质控活动有要求，相关法律法规、部门规章及部分行业标准中对实验室的质控活动和标准也有相应要求。

2021年4月，国家市场监督管理总局发布了《检验检测机构监督管理办法》（“39号令”）。为了确保检验检测结果的有效性，“39号令”的第八条、第十三条第三项、第十四条第二项对违反强制性标准规定的检验检测规程或方法，以及违反标准规定采用原始数据和记录的行为进行了规定。所以，了解相关标准中关于质控的要求是非常必要的。各行业的要求不同，在此列举食品和环境领域的相关标准重点介绍。

食品和环境行业中许多强制性标准或推荐性标准中都有质控方面的规定，如《实验室质量控制规范 食品理化检测》（GB/T 27404—2008）、《实验室质量控制规范 食品微生物检测》（GB/T 27405—2008）、《环境监测质量管理技术导则》（HJ 630—2011）、《固定污染源监测 质量保证与质量控制技术规范（试行)》（HJ/T 373—2007）、《地下水环境监测技术规范》（HJ 164—2020）、《生活饮用水标准检验方法 水质分析质量控制》（GB/T 5750.3—2006）等。根据标准要求，内部质控的方式有许多种，常见的有使用空白样、现场平行样、校准曲线、平行双样、有证标准物质或实验室自制质控样等。在实际操作中需要注意的是，不同的检测对象和检测方法，对质控的方式、程序、数量及判定要求有所不同。表4-2至4-5以食品和环境标准为例分析实验室内外部质控的要求。

**表4-2 《实验室质量控制规范 食品理化检测》（GB/T 27404—2008）**

| | | |
|---|---|---|
| 内部质量控制 | 空白试验要求 | a）若空白值在控制限内可忽略不计；<br>b）若空白值比较稳定，可进行n次重复测定空白值，计算出空白值的平均值，在样品测定值中扣除；<br>c）若空白值明显超过正常值，则表明测试过程有严重玷污，样品测定结果不可靠。 |
| | 控制样品的测定要求 | a）控制样品一般有以下两种：<br>——在样品（该样品中被测组分的含量相对加标量可以忽略不计，或者已知其含量）中加入已知量的标准物质，成为加标样品；<br>——选用与被测样品基体相同或相近的实物标准样。<br>b）控制样品中被测组分的含量应与被测样品相近，若被测样品为未检出，则控制样品中被测组分的含量应在方法测定低限附近。<br>c）控制样品测定结果的回收率应符合要求。<br>d）绘制质量控制图，观察测试工作的稳定性、系统偏差及其趋势，及时发现异常现象。 |
| | 比对试验要求 | a）使用标准物质或实物标样比对；<br>b）保留样品的重复试验；<br>c）不同人员用相同方法对同一样品的测试；<br>d）不同方法对同一样品的测试；<br>e）某样品不同特性结果的相关性分析。 |
| 外部质量控制 | 国际、国内同行实验室比对试验要求 | a）中国合格评定国家认可中心（CNAS），亚太地区实验室认可协会（APLAC）等实验室认可机构组织的能力验证；<br>b）国际专业技术协会组织的协同试验；<br>c）国内行业主管部门组织的能力验证，能力验证提供者组织的能力验证试验；<br>d）与其他同行实验室进行分割样品（子样）的比对试验，与其他同行实验室进行标准溶液的比对试验。 |

**表4-3 《实验室质量控制规范 食品微生物检测》（GB/T 27405—2008）**

| | |
|---|---|
| 内部质量控制 | a）使用添加已知水平的标准培养物（包括目标微生物和背景微生物）的样品；<br>b）使用标准物质（包括能力验证样品）；<br>c）平行试验；<br>d）检测结果的平行评估。 |
| 外部质量控制 | 实验室应尽可能参加与其检测范围相关的外部质量评估计划（如能力验证）和实验间比对试验。 |

**表4-4 《环境监测质量管理技术导则》（HJ 630—2011）**

| | | |
|---|---|---|
| 内部质量控制 | 空白试验要求 | 空白样品（包括全程序空白、采样器具空白、运输空白、现场空白和实验室空白等）测定结果一般应低于方法检出限。一般情况下，不应从样品测定结果中扣除全程序空白样品的测定结果。 |

续表

| | | |
|---|---|---|
| 内部质量控制 | 校准曲线要求 | 采用校准曲线法进行定量分析时，仅限在其线性范围内使用。必要时，对校准曲线的相关性、精密度和置信区间进行统计分析，检验斜率、截距和相关系数是否满足标准方法的要求。若不满足，需要从分析方法、仪器设备、试剂和操作等方面查找原因，进行改进后重新绘制校准曲线。 |
| | 方法检出限和测定下限要求 | 开展新的检测项目前，应通过实验确定方法检出限，并满足方法要求。方法检出限和测定下限的计算方法执行HJ 168。 |
| | 平行样测定要求 | 应按方法要求随机抽取一定比例的样品做平行样品测定。 |
| | 加标回收率测定要求 | 加标回收实验包括空白加标、基体加标及基体加标平行等。<br>空白加标在与样品相同的前处理和测定条件下进行分析。<br>基体加标和基体加标平行是在样品前处理之前加标，加标样品与样品在相同的前处理和测定条件下进行分析。在实际应用时应注意加标物质的形态、加标量和加标的基体。加标量一般为样品浓度的0.5~3倍，且加标后的总浓度不应超过分析方法的测定上限。样品中待测物浓度在方法检出限附近时，加标量应控制在校准曲线的低浓度范围。加标后样品体积无显著变化，否则应在计算回收率时考虑这项因素。每批相同基体类型的样品应随机抽取一定比例样品进行加标回收及其平行样的测定。 |
| | 标准样品/有证标准物质测定要求 | 监测工作中应使用标准样品/有证标准物质或能够溯源到国家基准的物质。应有标准样品/有证标准物质的管理程序，对其购置、核查、使用、运输、存储和安全处置等进行规定。<br>标准样品/有证标准物质应与样品同步测定。进行质量控制时，标准样品/有证标准物质不应与绘制校准曲线的标准溶液来源相同。<br>应尽可能选择与样品基体类似的标准样品/有证标准物质进行测定，用于评价分析方法的准确度或检查实验室（或操作人员）是否存在系统误差。 |
| | 质量控制图要求 | 常用的质量控制图有均值—标准差控制图和均值—极差控制图等，在应用上分空白值控制图、平行样控制图和加标回收率控制图等。<br>日常分析时，质量控制样品与被测样品同时进行分析，将质量控制样品的测定结果标于质量控制图中，判断分析过程是否处于受控状态。测定值落在中心附近、上下警告线之内，则表示分析正常，此批样品测定结果可靠；如果测定值落在上下控制线之外，表示分析失控，测定结果不可信，应检查原因，纠正后重新测定；如果测定值落在上下警告线和上下控制线之间，虽分析结果可接收，但有失控倾向，应予以注意。 |
| | 方法比对或仪器比对要求 | 对统一样品或一组样品可用不同的方法或不同的仪器进行比对测定，以检查分析结果的一致性。 |
| | 密码平行样要求 | 质量管理人员可根据实际情况，按一定比例随机抽取样品作为密码平行样，交付监测人员进行测定。若平行样测定偏差超出规定允许偏差范围，应在样品保存有效期内补测；若补测结果仍超出规定的允许偏差，说明该批次样品测定结果失控，应查找原因，纠正后重新测定，必要时重新采样。 |

续表

| | | |
|---|---|---|
| 内部质量控制 | 密码质量控制样及密码加标样要求 | 由质量管理人员使用有证标准样品/标准物质作为密码质量控制样品，或在随机抽取的常规样品中加入适量标准样品/标准物质制成密码加标样，交付监测人员进行测定。如果质量控制样品的测定结果在给定的不确定度范围内，则说明该批次样品测定结果受控。反之，该批次样品测定结果作废，应查找原因，纠正后重新测定。 |
| | 人员比对 | 不同分析人员采用同一分析方法、在同样的条件下对同一样品进行测定，比对结果应达到相应的质量控制要求。 |
| 外部质量控制 | 实验室间比对 | 可采用能力验证、比对测试或质量控制考核等方式进行实验室间比对，证明各实验室间的监测数据的可比性。 |
| | 留样复测要求 | 对于稳定的、测定过的样品保存一定时间后，若仍在测定有效期内，可进行重新测定。将两次测定结果进行比较，以评价该样品测定结果的可靠性。 |

**表4-5 《固定污染源监测 质量保证与质量控制技术规范（试行）》（HJ/T 373—2007）**

| | | |
|---|---|---|
| 内部质量控制 | 全程序空白要求 | 每批次监测样品应做全程序空白样品，以判断分析结果的准确性。可根据分析方法的需要，在分析结果中扣除全程序空白值对监测结果进行修正。 |
| | 精密度控制要求 | 采用平行样测定结果判定分析的精密度时，每批次监测应采集不少于10%的平行样，样品数量少于10个时，至少做1份样品的平行样。若测定平行双样的相对偏差在允许范围内，最终结果以双样测定值的平均值报出；若测试结果超出规定允许偏差的范围，在样品允许保存期内，再加测一次，监测结果取相对偏差符合质控指标的两个监测值的平均值。否则该批次监测数据失控，应予以重测。 |
| | 准确度控制要求 | 实验室分析准确度可采用分析标准样品、自配标准溶液或实验室内加标回收中的任意一种方法来控制。<br>在对每批次样品进行分析时，需对一个已知浓度的标准样品或自配标准溶液进行同步测定，若标准样品测试结果超出保证值范围，或自配标准溶液分析结果相对误差超出±10%，应查找原因，予以纠正。 |
| 外部质量控制 | 实验室间质量控制可采取密码样考核、能力验证等方式实施，每年应至少进行一次。 | |

在对管理体系准则要求、技术领域应用说明、行业要求以及标准要求梳理的基础上，为了便于理解和操作，本书将上述各类质控措施，按照组织主体和方式的不同分为外部质量控制措施和内部质量控制措施。外部质量控制措施主要包括能力验证、实验室间比对和准确度实验等；内部质量控制措施主要包括使用标准物质、使用质控样进行盲样考核、内部比对（人员比对、设备比对、方法比对等）、加标回收、质量控制图、空白实验、重复试验等。需要说明的是，外部质控与内部质控的分类方式并不是绝对的，某些质控措施可以用于实验室内部控制，也可以用于外部审核，方法相同，组织与参与者不同而已，可以根据实际需要灵活使用。

# 第二节　外部质量控制措施

随着企业对高质量的要求，越来越多的实验室选择参加外部质量控制来加强自身的能力建设。实验室外部质量控制措施主要包括能力验证、实验室间比对和测量审核等，外部质量控制活动可以客观地评价试验结果、及时发现和识别检测结果的差异和问题，从而有效改善测量系统、持续改进实验室质量管理体系，最终达到提高检测能力、实现质量控制的目的。

## 一、能力验证

### （一）基本概念

能力验证是指利用实验室间比对，按照预先确定的准则来评价参加者能力的活动。对实验室而言，参加能力验证活动，是衡量与其他实验室检测结果的一致性，识别自身存在问题的重要质量控制手段之一。能力验证是检验实验室质量保证的一项重要措施，是反映实验室质量管理体系有效性的重要手段，对隐藏的风险有预测和预警作用。

能力验证一般是实验室自愿参加，但对于获得资质认定及实验室认可的实验室来说，能力验证也是具有一定强制要求的质控手段，《能力验证规则》（CNAS RL02）对几何量、力学、声学和振动、光学、热学、无线电、电磁、时间频率和化学的各个子领域的最低每年参加频次进行了规定，非CNAS实验室可参考CNAS RL02定期参加能力验证。近年来，各地市场监督管理部门以组织开展专项能力验证作为对检验检测机构长效监管的一种重要手段。

### （二）能力验证计划类型

根据能力验证计划中评价参加实验室能力所依据的结果的类型不同，能力验证计划可分为两种基本类型：定量能力验证计划和定性能力验证计划。定量能力验证计划指确定能力验证物品的一个或多个被测量的量。在该类能力验证计划中，评价参加实验室能力所依据的结果属于定量测量的结果，即其测量结果是数值型的，并用定距或比例尺度标识。在定量能力验证计划中，对数值结果通常进行统计分析。化学检测对于特定元素或物质含量分析均属于这类计划。定性能力验证计划指对能力验证物品的一个或多个特性进行鉴别或描述。评价参加实验室能力所依据的结果不是数值型的而是描述性的，以分类或顺序尺度标识。

根据能力验证计划中样品分发形式的不同，能力验证计划可分为两类：顺序能力验证计划和同步能力验证计划。顺序能力验证计划指将能力验证样品连续地从一个参加者传递到下一个参加者，有时需要传送回能力验证组织者进行再次检查，以确保指定值没有明显变化。这种能力验证计划类型通常适合非破坏性检测项目，且应特别注意样品在多次检测和传递过程中不受影响。由于需要逐个检测和传递，需要的时间一般较长。同步能力验证计划指将若干份相同的能力验证样品同时分发给参加者，每个参加者1份，在规定期限内同时进行检测或测量。该类计划能较快回收结果，但必须确保分发给所有参加者的能力验证样品是足够均匀的，即各样品的差异不会影响对实验室能力的评价。一般检测实验室接触的能力验证计划都属于同步能力验证计划这一类型。

### （三）能力验证参与程序

实验室参加能力验证计划首先要明确能力验证计划的选择原则。除了部分能力验证计划是管理机构要求必须参加的，大多数情况下，能力验证是实验室根据需求资源选择参加。实验室应优先选择获得认可（一般是CNAS）的能力验证提供者或认可机构直接组织的能力验证计划，这类能力验证计划组织更有保证，结果更为可靠，更容易被承认。应注意，能力验证提供方应按照合格供应商的要求纳入实验室现有的质量管理体系进行评价和管理。评价的主要内容应包括能力验证提供者的资质、本年度计划与实验室需求的匹配程度等。

选择能力验证计划项目时，应考虑以下因素。

（1）涉及的检测应与实验室所开展的检测活动类型相匹配，包括检测样品、检测标准方法、检测仪器等。

（2）利益相关方对计划设计的细节、确定指定值的程序、给参加者的指导书、数据统计处理，以及最终总结报告的可获得性。

（3）能力验证计划运作的频次，对于日常检测业务量较大，检测风险相对较高的项目应增加相应的能力验证计划。因此，选择能力验证计划时，参加者应考虑可利用的或已开展的其他质量控制活动。

（4）与有意向参加者相关的能力验证计划组织保障方面的适宜性（包括时间、地点、样品稳定性的考虑等）。

（5）接受准则（即判定能力验证中的满意表现）的适宜性。

（6）成本。

（7）认可机构关于参加能力验证计划的政策。包括参加特定能力验证计划的频次和其他强制性要求，以及当参加能力验证被判定为不满意时有何具体要求等。

需要注意的是，在没有适当能力验证的领域时，实验室应当通过强化其他质量保证手段（如过测量审核或实验室间比对）来确保能力，这些措施也应当作为实验室相关质量控制计划或参加能力验证工作计划的组成部分。

参加能力验证的具体程序可包括如下内容。

**1. 制订年度计划**

能力验证计划制订应综合考虑的因素如下。

（1）监管机构的频次要求。

（2）实验室自身的需求，如新扩项目、自身风险识别等。

（3）经济因素及成本。

（4）能力验证提供商的能力及计划等。能力验证计划制订后，还应根据人员、方法、场所和设备等变动情况，定期审查和调整参加能力验证的工作计划。根据收集到的信息，选择实验室需要参加的能力验证项目。

**2. 申请参加**

根据每个能力验证计划的安排，组织方通常会有公告或通知，实验室如需参加，应根据组织方的相关要求，做好准备，如及时报名及缴纳相关费用等。

**3. 能力验证样品的检测**

参与能力验证的实验室收到样品时，应特别留意组织方发放的“作业指导书”，检查样品的状态，确认样品无异常后向组织方反馈“样品状态确认表”，如样品状态不适宜开展检测，应尽快与组织方沟通。在开始进行检测时，应严格按照“作业指导书”的相关要求对样品进行检测，尤其当“作业指导书”与检测标准的要求有一定偏离时。参加能力验证的实验室应正确认识能力验证的目的和作用，正确对待检测结果，独立完成检测数据，杜绝与其他参加者串通结果。

**4. 能力验证结果的提交**

能力验证结果的提交通常在“作业指导书”上有明确的要求，检测结果通常需要按照组织方的要求提交，如通常需要将检测结果填写到组织方的统一表单中。除了最终检测结果，参与能力验证的实验室还需要根据“作业指导书”的要求，将诸如不确定度、试验条件等信息一并提交。还应特别留意结果提交的截止日期，防止逾期提交造成结果无效。

**5. 能力验证报告分析**

在收到能力验证计划报告后，应认真阅读，组织相关人员学习研究，在重点了解自身结果的基础上，还应关注相关项目检测的整体情况、检测标准和检测方法、目前检测的精密度和准确度、其他实验室与本实验室的差异、检测容易出现的偏差和产生偏差的原因等。

**6. 存在问题及采取的相应措施**

能力验证结果不满意的实验室，应及时进行改进，启动实验室纠正措施程序，认真查找分析不满意的原因并进行整改。

**（四）能力验证统计方法**

**1. 定量结果**

（1）量值比对方案（En值）。

实施能力验证计划的目的是评定某一参加者在其声称的扩展不确定度水平内得到接近指定值的结果的能力，可以使用En值进行评价。在一对一能力验证或校准领域能力验证中常使用此类统计量。该统计量的公式为：

$$En=\frac{LAB-REF}{\sqrt{U_{LAB}^2+U_{ref}^2}}$$

式中LAB和$U_{LAB}$分别代表实施测量审核的实验室的结果和95%置信概率时的不确定度，REF代表参考实验室给出的参考值或指定值，$U_{ref}$代表95%置信概率时参考值的总不确定度。

根据En值公式可知其分子式参加者结果相对于指定值的偏差。如果参加者正确给出

了实验室结果的不确定度，并且能力验证组织者可以正确地提供参考值的不确定度，则其分母应是一个不小于分子的合成扩展不确定度。如果 | En | ≤1，则结果为满意；如果 | En | >1，则结果为不满意，实验室应调查原因，采取纠正措施，并通过后续质量控制手段，如再次参加测量审核来验证纠正措施的有效性。同时，这一能力验证的统计方法中纳入了不确定度的信息，也可有力促进参加者对测量不确定度的理解和评定。

（2）检测比对方案（Z值）。

能力验证提供者对各能力验证活动参加者的反馈的数据进行统计分析。对分析检测结果的统计方法很多，一个方便的并为国际和区域实验室认可组织广泛认同的方法是计算每一家参加实验室的Z比分数。Z比分数是一个标准化值，它相当于给每项结果“打分”，它与数据组中的其他数据有关 。根据Z比分数统计结果，将参与实验室分为“满意”“可疑”“不满意”三类。

采用这种稳健统计得到的统计量包括结果数、中位值、四分位间距、标准四分位数间距、稳健变异系数、最小值、最大值和极差等。

1）结果数。从一个特定检测中得到的结果总数，符号位N。

2）中位值。中位值是一组数据的中间值，即有一半的结果高于它，一半的结果低于它。若N为奇数，那么中位值是一个单一的中心值，若N是偶数，那么中位值是两个中心值的平均值。

3）四分位间距（IQR）。四分位间距是低四分位数值和高四分位数值的差值。将数值按由小到大的顺序排列，通过数据值之间的内插法，处于25%位数处的数值即为低四分位数值（Q1），处于75%位数处的数值即为高四分位数值（Q3）。四分位间距IQR=Q3-Q1。

4）标准四分位数间距（NIQR）。标准四分位数间距等于四分位间距IQR乘以因子0.7413。因子0.7413从标准正态分布中导出。

5）稳健变异系数（CV）。CV=NIQR/中位值×100%

以上统计量中最重要的是中位值和标准化IQR，它们是数据集中和分散的量度，与平均值和标准偏差相似。使用中位值和标准化IQR是因为它们是稳健的统计量，即它们受数据中离群值的影响较小。

根据以上统计量，计算各实验室提交结果数据的Z值，公式为：

$$Z=\frac{x-X}{NIQR}$$

式中x表示参加实验室结果值，X表示所有结果的中位值，NIQR表示标准化四分位数间距。

分析计算结果：| Z | ≤2，表明结果满意；2< | Z | <3，表明结果可疑，产生警诫信号；| Z | ≥3，表明结果不满意，应采取行动。

**2. 定性结果和半定量结果的分析**

对于定性结果和半定量结果，如果应用统计方法，必须与结果的特性相适应。对定性数据，可采用直接将参加者结果与指定值进行比较的技术。如果两者相同，则结果是可接受的；如果不相同，可由专家判断参加者结果是否满足预期用途。在某些情况下，可审查参加者的结果，并确定该能力验证物品不适于评估，或者指定值不正确。

用于定性数据的技术也适用于半定量结果（也称“顺序”结果）。顺序结果包括很多类型，如响应为等级或排序、感官评价，或化学反应强度（如 1+，2+， 3+，等）。有时，这些响应结果由数字表示，如：1=差、2=不满意、3=满意、4=良好、5=优秀。对顺序数据，即使结果以数值表示，计算常规的总计统计量也是不合适的。因为这些数值并不是基于区间尺度，也就是说，客观意义上，1和2间的差可能与3和4间的差并不相同，因而不能解释其平均值和标准差的意义。因此，对半定量结果使用诸如Z比分数的统计量是不合适的。特定的统计量，如秩统计量或顺序统计量，对顺序数据是可以使用的。描述出（或作图表示）所有参加者结果的分布，以及每一类结果的数量或百分比，并给出总计统计量（如众数和极差）是适当的。根据与指定值的接近程度评价结果的可接受性也是适当的，如结果落在指定值之上或之下一个数值范围内即为可接受的。在某些情况下，利用百分位数评估能力也是合适的，如可以规定距离众数或指定值最远的5%的结果是不可接受的。这些规则应根据能力验证计划的目的来确定。

**（五）能力验证在质量控制中的作用**

（1）用来确认新的检测项目。实验室开展一个新的检测项目，需要做许多测试准备工作，进行大量方法验证试验才能确定新的检测项目的可靠性。然而，这些实验室内部进行的验证仍存在一定的风险，此时若有这类项目的能力验证活动，实验室可以利用能力验证结果来进一步确认该检测项目的可靠性。

（2）监控实验室能力水平。采用各种质量控制方法对实验室能力进行监控是实验室保证检测结果质量必须进行的一项质量管理活动，作为内部质量控制的重要补充，应用能力验证结果是监控实验室能力最直观的一种方法。通过参加能力验证，实验室可以客观了解自身的技术能力和水平。应注意的是，由于实验室在不断发展变化，一次的能力验证也只能反映实验室当时的状态，当时人员条件下实验室的能力水平，只有持续参加能力验证，获得检测能力验证结果，将单一结果与持续监测的能力验证结果综合比较，才能真实反映实验室能力水平及其发展趋势。

（3）能力验证的教育意义。实验室参加能力验证，相关检测人员、设备、方法等可全面得到考核，技术能力可由此获得锻炼和提高。无论是检测人员的综合素质，还是严格执行检测规程，都能在实验室间比对的实践活动中得到最有效的提升。能力验证计划完成后的相关信息可为实验室的检测工作审查分析提供参考。能力验证报告，特别是能力验证计划结果的说明和评论是实验室质量管理与继续教育的重要资源。

## 二、实验室间比对

**（一）基本概念**

实验室间比对是由主导实验室负责实施，按照预先规定的条件，测量（或分度）传递标准，通过分析测量结果的量值，确定各实验室测量结果与参考值的一致程度，分析各实验室的量值与参考值在合理的不确定度范围内的符合程度，从而判断该实验室的测量能力。

### （二）实验室间比对计划及方案

参加实验室间比对主要有两种方式，即实验室自身组织实验室间比对和选择参加其他实验室或有关管理部门组织的实验室间比对。比对开始之前，应确定比对路径以及比对的方案和评价方法等内容。常见的比对方式有环式、星形式和花瓣式，如图4-1所示。

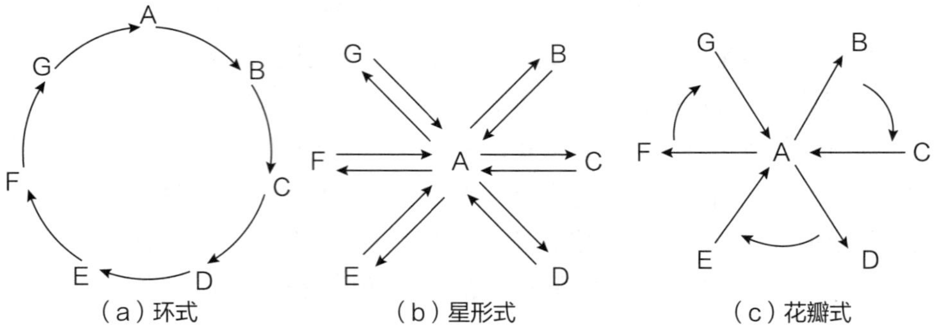


**图4-1　实验室间比对方式**

制订实验室间比对方案可以从以下几个方面考虑。

1）比对目的及比对能够证明的能力范围。

2）比对量及相关要求。

3）具备的条件（包括稳定、可靠的传递标准）。

4）比对组织者的组织能力。

5）主导实验室的技术能力。

6）符合比对条件的参比实验室数量及邀请参比实验室数量的建议。

7）初步实施方案。

8）经费预算及时间安排等。

### （三）实验室间比对实施

组织实验室和参与实验室按确定的比对实施方案实施比对活动主要包括以下步骤。

**1. 样品选择和制备**

实验室间比对组织者根据拟开展项目的样品特性，合理选择或制备比对用样品。选取的样品应充分考虑样品的均匀性、稳定性。实验室间比对虽不要求如能力验证一样进行充分的均匀性试验等，但仍需考虑样品的均匀性、检测结果的复现性，以及样品在一定环境条件、运输过程中的稳定性，以确保比对结果的有效性。

实验室可选择标准质控样品进行比对，或者使用标准溶液自配。标准质控样浓度批次较少时，可利用标准溶液自配样品，满足考核项目、浓度多样性的要求。若配制浓度不在分析方法范围内，宜在分析环节中设置稀释方法，稀释成检测样品后再进行检测。尽可能一次性定容稀释，然后分装，确保检测样品均匀稳定，浓度间不存在显著差异，同时也便于计算不确定度。可用安瓿瓶熔融封口，也可选择密封性较好的不与之反应的容器，大部分项目可选聚乙烯塑料瓶。

**2. 样品运送及接收**

实验室间比对组织者根据样品特性，合理选择样品运输方式。一般开展实验室间比对，采取的是统一发样方式。对于部分特殊的，可重复测定的，或非破坏性样品的检测，也可采取顺序流转的方式发送样品。但需要参与实验室在样品运输中同样注意样品状态的保护。

**3. 样品检测**

组织方为本次实验室间比对编制作业指导书，规范分析流程，约定分析方法、结果表示和报送时间等内容。比对试验的方法一般以标准方法为宜，需要时也可补充样品的前处理方法等。参与实验室间比对的实验室接收到样品后，根据组织方提供的作业指导书或指定的检测标准，开展样品检测。检测环节基本与能力验证或测量审核等质量控制措施类似。

**4. 数据回收及统计**

比对试验完成后，参与实验室应在规定时间内向组织实验室提交经确认的比对数据及相关资料。原则上，参与实验室一旦向组织实验室提交了比对资料，所有数据便不允许修改，在规定时限内，如确有原因，任何修改均应以书面报告方式正式提出，且应在勘误报告中详细说明原因，并列出原提交数据与修正后的数据。

### （四）实验室间比对评价方法

实验室间比对数据汇总一般采用En值法进行评价。需要注意的是，采用En值法进行结果评价，参与实验室在提供检测结果的同时，还要提供检测结果相应的测量不确定度。对于一些主观评价类的项目，或其他不适合采用En值法进行统计评价的比对项目，也可根据实验室间比对方案确定的方法进行评价。

实验室间比对也可采用Z比分数评定结果。需要时，通过计算配制稀释过程中的不确定度，结合标物证书上的参考值和扩展不确定度，给出样品的检测结果参考值范围，补充作为评价依据。

### （五）实验室间比对在质量控制中的作用

实验室间比对能考察实验室出具的检测结果和检测标准的一致的程度，考核检测标准、环境条件、检测方法、数据处理、管理能力、材料供应等方面的实际水平和能力，确保实验室检测结果准确、一致、可靠。实验室间比对的结果可作为各种认证、认可和考核的评审证据及实验室能力的有效证明。

## 三、密码样控制

另有一些外部质控措施，在外部监督活动中较为多见，如密码样控制。质控实施部门使用密码样进行质量控制，分析人员将密码样与常规样品同步进行检测，由质控实施部门对结果的相对偏差进行计算，若满足允许相对偏差范围，则检测结果满足质量控制要求。

密码样品质量控制的实施方式一般有两种，一种是使用被测试样品，一种是使用质控样品。密码样品为被测试样品时，质控人员随机抽取一定比例的待测样品作为密码平行样，单独编号下发给检测人员先行分析，然后将样品插回原位置再进行分析，计算两次分析结果的相对偏差，监控批次间的分析结果偏移，以控制结果的精密度。当密码样品为质控样品时，质控人员在每批样品中随机加入一种有证标准物质作为样品，或加入加标样品，按照日常任务下发给检测人员，通过计算质控样品的相对误差或回收率控制结果的准确度。以上两种密码样品如果测定结果在给定的可接受范围内，说明该批次样品测定结果受控。否则，应查找原因，纠正后重新测定。

在进行密码样结果分析时，针对密码平行样，可以采用相对偏差进行评价。相对偏差的计算公式为：

$$\delta = \frac{x_i - \bar{x}}{\bar{x}} \times 100\%$$

式中 δ 表示相对偏差，$x_i$表示某一次测量值，$\bar{x}$表示多次测量值的均值。当相对偏差在标准规定的范围或预先设定的允许范围时，检测结果可靠；反之检测结果可疑。对密码质控样，可以直接参考有证标准物质的参考值以及不确定度范围进行结果评价。

## 第三节　内部质量控制措施

虽然能力验证等外部质量控制措施在监控和提高实验室的能力与水平方面有诸多优点和重要作用，但同时也有组织难度大、筹备时间长、参与成本高、项目不够多等缺点，且各实验室能力参差不齐，大量使用外部控制手段不经济也不现实。因此，实验室大多采用内外部质量控制措施相结合的方式来确保结果的有效性。

实验室内部质量控制是实验室对检测质量进行自我控制的过程，与外部质控方式相比，具有组织难度低、筹备时间灵活、获得结果快速、方法/试剂/样品/仪器设备等选择自由、考核人员范围更广、实施成本低廉等优点。本节就实验室目前常用的几种内部质量控制方法进行简单介绍。

### 一、采用标准物质监控

#### （一）基本概念

**1. 定义**

根据《标准物质/标准样品的使用指南》（CNAS—GL004：2018）和《标准样品工作导则》（GB/T 15000.2—2019）的规定，标准物质又称标准样品，是一个通用术语，按照标准物质是否附有证书，可分为有证标准物质和无证标准物质，具体有如下定义。

标准物质/标准样品（Reference Material，RM）：具有一种或多种规定特性，足够均匀且稳定的材料，已被确定符合测量过程的预期用途。

有证标准物质/标准样品（Certified Reference Material，CRM）：采用计量学上有效程序测定的具有一种或多种规定特性的标准物质/标准样品，并附有证书提供规定特性值及其不确定度和计量溯源性的陈述。

此处所说的特性可以是定量的或定性的。特性值指表示标准物质/标准样品的物理、化学或生物所对应特性量的值。

**2. 分级及代号**

1987年7月原国家计量局发布的《标准物质管理办法》第六条规定了标准物质的定级条件，将标准物质分为一级标准物质和二级标准物质。两种级别的标准物质须满足的条件和代号分别如下。

（1）一级标准物质。

1）用绝对测量法或两种以上同原理的准确可靠的方法定值。在只有一种定值方法的情况下，用多个实验室以同种准确可靠的方法定值。

2）准确度具有国内量高水平，均匀性在准确度范围之内。

3）稳定性在一年以上或达到国际上同类标准物质的先进水平。

4）包装形式符合标准物质技术规范的要求。

（2）二级标准物质。

1）用与一级标准物质进行比较测量的方法或一级标准物质的定值方法定值。

2）准确度和均匀性未达到一级标准物质的水平，但能满足一般测量的需要。

3）稳定性在半年以上，或能满足实际测量的需要。

4）包装形式符合标准物质技术规范的要求。

一级标准物质的编号由国家市场监督管理总局统一指定、颁发，代号“GBW”。编号规则：代号“GBW”位于编号前部，编号的前两位是标准物质的大类号，第三位是标准物质的小类号，每大类标准物质分1~9个小类。

二级标准物质的代号为“GBW（E）”，其中“（E）”是等级二级中“二”的汉语拼音“Er”的缩写。编号规则：代码后的前两位数是标准物质的大类号，后四位数为顺序号，生产批号用英文小写字母表示，排于编号的最后一位。

### （二）标准物质的作用

标准物质可以用于测量系统的校准、测量程序的评估、给其他材料赋值和进行质量控制。在日常分析检测过程中，标准物质通常用来进行准确度控制。比如《污水监测技术规范》（HJ 91.1—2019）中就有相关规定：“采用标准样品/有证标准物质作为控制手段，每批样品带一个已知浓度的质控样品，与样品同步测定，且标准样品/有证标准物质不应与绘制标准曲线的标准溶液来源相同。”

### （三）标准物质的使用场景

使用标准物质进行质量控制可靠性高，但也存在一些局限性，比如成本较高，特别是有证标准物质。除成本高昂之外，有证标准物质还可能存在不能连续供应、基质类型或被测项目不能满足需要、被测物含量值和实验室需要进行质控的范围不一致的问题。所以在质控中，有证标准物质一般用于新标准、新方法、新检测项目、设备的校准和核查等方面，对于日常标准方法和项目的质控，实验室可以根据自身实际情况酌情选用，或制备内部使用的室内标准物质作为有证标准物质的替代品。但是由于室内标准物质的制作没有专门的设备和相关的经验，也没有经过广泛和权威的测试，其特性值不确定度较大，其应用也受到许多限制，在对不确定度要求较严格、涉及量值溯源和传递等情况下应慎用。

## 二、盲样考核

### （一）基本概念

实验室内部开展的盲样考核的形式与使用标准物质的质控较为类似，通常的做法是实验室根据需要，选用合适的物质作为密码样（如密码平行样、密码质控样或密码加标样）发放给实验室人员进行定量分析检测。检测完成后，质控组织者用检测结果与密码样中已知的含量进行比对，以评价检测结果的准确性。此处的密码样可以是有证标准物质，也可以是其他有稳定赋值的样品。

### （二）盲样考核的作用

盲样考核是开展实验室质量控制的另一项重要手段，盲样测试能直接反映实验室检测人员技术素质的实际水平和测量系统的可靠性。实验室自行组织开展盲样考核，能够在第一时间发现检测过程或测量系统中存在的问题。

### （三）盲样考核的使用场景

盲样考核通常被用于外部评审的现场考核。现场考核项目确定后，在其中选择一个或多个项目进行盲样考核，以判定被考核实验室实际检测能力。在时间和其他条件满足的情况下，也可以对参数进行分批次全覆盖。外部评审的现场考核，通常选择有证标准物质作为密码样。

在实验室内部质量控制中，盲样考核主要用于人员的技术能力考核和评价测量系统的可靠性。盲样考核的参数选择和样品浓度应根据质控目的合理选取，通常的做法是选择日常检测频次高的项目，在线性较稳定的范围内实施。在密码样的选择上，由于有证标准物质存在一些局限性，实验室可通过制备简易盲样或以加标样品替代有证标准物质。如利用实验室现有单元素高浓度标准物质或其他适用的标准溶液，通过稀释或直接添加到选定样本中完成简易盲样的制备。需要注意的是，在盲样制备时，需考虑样品的均匀性和稳定期、所使用的量器的体积误差造成的不确定度的影响，以及测试方法的特殊过程等。测试方法中有样品前处理步骤，则应在前处理之前进行加标，同时要考虑空白、本底。例如：环境监测中滤膜加标盲样，需同时测定空白滤膜相应物质的含量；食品检测蔬菜中添加农药回收试样，需同时测定样品相应物质的本底量。

## 三、实验室内部比对

### （一）基本概念

实验室内部比对试验，指在实验室内部设置两个或两个以上的实验组，按照预先规定的条件，就同一或类似的检测对象进行检测的组织、实施和评价。

### （二）实验室内部比对的作用

实验室内部比对是检测实验室质量控制的重要手段，可以用于评价实验室检测人员技术水平、监控实验室检测质量、反映设备及检测质量稳定性状况、验证非标检测方法是否达到预期目的等，是保证实验室质量体系持续有效运行的重要手段。

实验室内部比对试验，是除了拟进行比对的条件不同以外，其他条件尽量完全相同的情况下进行的试验，可视为最大化排除了其他因素的干扰。通过比较和分析检测结果的一致性，可以评价该比对条件对检测结果的影响，如通过人员比对可考察检测人员的技能，通过设备比对可复核检测仪器的性能，通过方法比对可验证检测方法的适用性等。实验室定期或不定期开展内部比对试验，有利于及时发现实验室潜在的问题，使实验室有针对性地采取纠正措施或预防措施，避免或减少不符合工作的发生。

### （三）实验室内部比对的形式

比对试验的目的是分析某个因素对检测结果是否有影响或影响程度如何，为了便于分析，避免其他因素的干扰，一次比对试验往往只选择一个因素作为比对项目。因此，比对试验就用拟比对和分析的因素来命名，不同的名称对应不同的比对形式。实验室常进行的比对有人员比对、方法比对、设备比对、留样再测等。

**1. 人员比对**

人员比对指在相同的环境条件下，采用相同的检测方法、相同的检测设备和设施，由不同的检测人员对同一样品进行检测的试验。在实验室，通常有多名检测人员负责相同的检测项目的检测工作，但是检测人员的检测技术水平往往参差不齐，实验室采用人员比对试验的方式对检测人员的检测技术能力、操作差异和其他存在的问题进行考核，用以评价检测人员对实验室检测结果准确性、稳定性和可靠性的影响。人员比对主要用于以下情况。

1）主要依靠检测人员主观判断的项目，如食品品尝等。

2）新上岗、转岗或在培人员的检测技术能力的考核、确认。

3）检测过程的关键控制点或环节。

4）操作难度大的样品或检测项目。

5）检测结果在临界值附近的项目。

6）新安装使用的设备。

7）新检测项目。

**2. 方法比对**

方法比对指在相同的环境条件下，由相同的检测人员采用不同的检测方法对同一样品进行检测的试验。当同一个检测项目可由多种检测方法进行检测时，实验室可采用方法比对试验的方式考察使用不同的检测方法的检测结果是否存在显著差异，分析不同的检测方法存在的系统误差，评价检测方法对实验室检测结果准确性、稳定性和可靠性的影响。方法比对主要用于以下情况。

1）新标准或新方法。

2）引进的新方法或实验室内部研制的新方法。

3）同一个检测具有多个检验标准或检测方法。

**3. 设备比对**

设备比对指在相同的环境条件和使用相同的检测方法条件下，由同一个检测人员采用不同的仪器设备对同一样品进行检测的试验。当用多台甚至多种测量仪器设备进行某项检测活动时，实验室可采用设备比对的方式评估不同仪器设备之间的检测结果的差异程度，判断和评价不同仪器设备的性能差异（如灵敏度、精密度、抗干扰能力等）对实验室检测结果准确性、稳定性和可靠性的影响。设备比对主要用于以下情况。

1）新安装使用的设备。

2）修复后，对测量准确度、结果有效性有影响的设备。

3）检测结果出现在临界值附近的设备。

4）使用年限久远或使用环境恶劣，经常搬动、运输的设备。

5）临时维持超出内部制订的校准周期的设备。

**4. 留样再测**

留样再测指在尽可能相同的条件下，采用相同的检测方法、相同的检测设备和设施，由相同的检测人员对已完成检测的样品在其留样保存期间进行再次检测的试验。实验室通过对同一样品进行重复检测，比较两次测试结果的一致性，可发现实验室因偶然因素对实验室检测结果准确性、稳定性和可靠性的影响。留样再测主要用于以下情况。

1）验证检测结果的准确性。

2）验证检测结果的重复性。

3）对留存样品特性的监控。

**5. 其他形式**

除以上主要的比对形式外，实验室内部比对试验还有其他形式，例如：研究不同环境条件对检测结果的影响采用的环境条件的比对；验证不同批次或不同品牌的试剂、器具或耗材对检测结果的影响的比对。

### （四）实验室内部比对的步骤

实验室内部比对的步骤主要包括方案设计、组织实施、结果分析与评价、结果利用。当比对结果不符合时，应启动不符合工作程序，对原因进行分析、采取纠正并进行跟踪验证等。

**1. 方案设计**

实验室内部比对通常是按照实验室年度质量控制计划实施的。通常在年初，实验室相关责任人根据实验室内部质量控制程序文件，结合实验室检测项目的特点和实际情况选定本年度实验室内部比对项目，编制本年度质量控制计划或方案，报技术负责人审批。

参与方案设计的人员应包括熟悉实验室管理、检测方法和统计学等方面工作的技术人员，或者成立比对试验技术小组，负责方案的设计、计划的实施情况监督，并对比对试验的过程进行指导。比对试验方案的内容一般包括但不限于以下几个方面。

1）实施目的。

2）预期实施的时间。

3）比对形式、参加人员、检测项目、检测方法等。

4）试验用仪器、设备（必要时）。

5）检测技术要求，如重复（独立）测量的次数。

6）所用样品的描述，如发放形式和处置要求、均匀性和稳定性。

7）需要记录的与试验结果相关的信息，如环境条件、标准物质。

8）对试验数据的统计方法。

9）结果的判定准则。

10）结果评价的处置方法。

11）其他需要特殊注意的事项。

在方案设计时，应根据实验室实际情况，有针对性地挑选进行比对的检测项目，例如：对特别重要的项目、检测量非常大的项目、新项目或出问题概率较高的项目等进行比对；综合考虑监控的实效性、可操作性、时效性和经济性，以及实施的难易程度，选择合适的比对试验进行策划和实施。

**2. 组织实施**

确定比对试验的方案和计划后，实验室应按计划组织实施。在实施比对试验前，要对样品进行条件确认、准备或制备满足要求的样品并进行处置。对于化学实验室，在样品准备/制备以及处置过程中需要考虑样品的均匀性和稳定性，并采取合适的措施保证被测样品能满足所有测试项目的要求，如在合适的条件下保存、留出附加测试的样品、采用不会对结果产生影响的容器分装样品、使用标准物质或质控样品作为比对的样品等。

在实施过程中应注意以下几个问题。

1）确认环境条件不会对比对试验的检测质量产生不良影响。

2）确认用于比对试验的所有测量设备，包括辅助测量设备，经过校准并通过期间核查保持其校准状态的置信度。

3）参与比对试验的人员应按检测方法的要求进行测试，如实记录试验结果及相关信息，提交检测报告和原始记录。

4）参加比对试验的人员不可弄虚作假，在活动结束前不可互相打听试验结果，负责留样再测的检测人员不应翻查原来的检测结果进行参照或修改，以免人为影响和干扰试验结果，使比对试验结果不准确。

5）当试验过程中出现可能影响比对试验结果统计分析的意外情况时，比对试验负责人应及时分析各种因素，与检测人员进行充分协调，并做出继续按原试验方案进行或修改原试验方案、执行新方案的决定。

**3. 结果分析与评价**

比对试验预定的完成时间到达后，比对试验的组织实施人员应及时收集比对试验的相关记录，包括检测报告、检测设备检定或校准证书、标准品证书等，汇总所有试验结果数据，并按比对试验方案中规定的统计方法进行统计分析，编制比对试验结果报告。比对试验结果报告必须包括所有试验结果数据以及各种统计图（需要时）、包括所有统计计算过程和数据、包括样品均匀性测试数据与统计评价数据，还应该包括对试验结果数据的一致性、对有可能影响试验结果的各种条件、对异常试验结果数据等的分析，并探讨出现异常的可能原因，需要时提出改进的建议。

由于比对试验结果数据的统计分析是做出比对试验结果评价的依据，所以试验结果数据的统计计算方法的选用是非常重要的。实验室没有从真正意义上进行评价，或者评价不到位，就会失去开展比对试验的意义，更无法指导实验室通过比对试验进行检测工作质量控制。所以，实验室应选用既能反映结果数据的差异程度，又能避免极个别离群数据对整体试验结果的干扰，与比对试验项目内容、范围相适应的统计方法。

（1）人员比对。

当方法规定了允许差时，具有较高准确度的一方的测定值应作为参考值，参与比对其他方测定值与参考值之差不超过标准方法规定的允许差为满意。实验室也可参考检测方法提供的精密度要求，结合实际检测情况，拟定一个合适的比对测试结果允许差。

关系计算式如下：

$$\delta=\frac{|x_i-x|}{x}\times 100\%\leqslant D\%$$

$x_i$表示比对方的测定值；$x$表示参考方的测定值；D%表示方法规定的允许差，以百分数（%）计。

当方法没有规定允许差时，进行人员比对的双方应对测定值的测量不确定度进行评定，满足下式的结果为满意，反之为不满意。

关系计算式如下：

$$|y_1-y_2|\leqslant\sqrt{U_1^2+U_2^2}$$

$y_1$表示比对一方的测定值；$y_2$表示比对另一方的测定值；$U_1$表示比对一方测定值$y_1$的测量不确定度，k=2；$U_2$表示比对另一方测定值$y_2$的测量不确定度，k=2。

（2）方法比对。

方法比对的结果若满足下式的关系，则比对结果评价为满意，反之为不满意。

$$|y_1-y_2|\leqslant\sqrt{U_1^2+U_2^2}$$

$y_1$表示第一种方法的测定值；$y_2$表示第二种方法的测定值；$U_1$表示第一种方法测定值的测量不确定度，k=2；$U_2$表示第二种方法测定值的测量不确定度，k=2。

（3）仪器比对。

当比对设备仅有两台且准确度等级不同时，高准确度等级的设备的测定值作为参考值，若满足下式的关系，则比对结果为满意，反之为不满意。

$$|y_1-y_0|\leqslant\sqrt{U_1^2+U_2^2}$$

$y_1$表示比对设备的测定值；$y_0$表示参考设备的测定值；$U_1$表示比对设备测定值的测量不确定度，k=2；$U_0$表示参考设备测定值的测量不确定度，k=2。

当参与比对试验的设备准确度等级相同且数量大于两台时，若满足下式的关系，则比对结果为满意，反之为不满意。

$$|y_i-\bar{y}|\leqslant\sqrt{\frac{n-1}{n}}U$$

$y_i$表示第i台设备的测定值；$\bar{y}$表示相同准确度等级的设备测定值的平均值；n表示参加比对的设备台数；U表示参加比对的相同准确度等级设备的测量不确定度，k=2。

（4）留样再测。

留样再测的比对结果按下式计算，若满足下式的关系，则比对结果为满意，反之为不满意。

$$|y_1-y_2|\leqslant\sqrt{2}U$$

$y_1$表示样品首次测定值；$y_2$表示留样再测的测定值；U表示测定值的测量不确定度，k=2。

由计算方式可见，比对试验结果通常有满意和不满意两种。实验室也可以根据需要，增加一种判定规则——可疑。对于可疑和不满意结果，应组织人员分析产生结果的原因，针对找出的原因制订和实施纠正，必要时对质量体系相关文件进行修改。

最后，由比对试验的负责人编制比对试验报告，内容一般包括但不限于目的、比对试验时间、比对形式、样品描述、检测项目、检测方法、仪器设备、参加人员、检测原始记录、结果评价准则和结论、评价人、审核人和批准人等信息，如果比对的检测结果异常，还应包括原因分析及整改措施要求、整改记录和整改验证结果等。

## 四、回收率试验

### （一）基本概念

回收率试验又称“加标回收率试验”，是将已知质量或浓度的待测目标物质，如标准样品，添加到被测样品中，使用对应的方法进行检测，将所得的结果与添加的物质质量或浓度进行比较，计算被测物质分析结果增量占添加的已知量的百分比的质量控制手段。该计算的百分比即称该方法对测定物质的“加标回收率”，以下简称“回收率”。

### （二）回收率试验的作用

回收率是评价化学分析方法准确度的一个量化指标，可反映分析方法的系统误差。加标回收试验是化学分析中常用的实验方法，在化学实验室质量控制中起着重要的作用，其具体作用主要有以下几个方面。

**1. 准确度控制**

在化学分析中，由于试样中欲测组分含量的真值往往是未知的，评价定量分析结果准确度时只能采用相对的办法，常用的有分析标准样品、自配标准溶液或实验室内加标回收等方法，但由于标准物质和自配标准溶液的局限性，实验室往往用加标回收率试验来评价定量分析结果的准确度。

**2. 精密度控制**

方法的精密度指用一特定的分析程序在受控条件下重复分析同一均匀的样品所得测定值的一致程度，反映分析方法或测量系统存在随机误差的大小，实验室常用相对标准偏差来评价精密度的大小。然而，在化学分析中经常出现检测样品含量未检出的情况，这样就没有一定含量水平的测试数据用来计算相对标准偏差，故可采用样品加标回收的方式，添加的目标物质和水平可根据需要自行调整，从而获得相关数据，了解方法的精密度。

**3. 实验室检测能力监控**

回收率试验方法简便，能综合反映多种因素引起的误差，因此常用来判断某分析方法是否适合特定试样的测定。回收率过低，表明样品前处理可能存在损失或检测结果偏低；回收率过高，表明样品前处理可能存在污染或检测结果偏高。

### （三）回收率试验的种类

**1. 根据加标样品的不同，回收率试验可分为空白样品加标回收和待测样品加标回收**

空白样品加标回收：在没有被测物质的空白样品基质中定量加入标准物质，按样品的处理步骤分析，得到的结果与理论值的比值即为空白加标回收率。

待测样品加标回收：相同的样品取两份，其中一份加入定量的待测成分的标准物质，两份同时按相同的步骤分析，加标的一份所得的结果减去未加标一份所得的结果，其测定结果差值与加入标准物质的实际值之比即为待测样品加标回收率。

**2. 根据加标方式的不同，回收率试验可分为全程加标回收和部分过程加标回收**

全程加标回收：指从样品测试最初始的步骤就添加标准物质的回收率试验，即向待测样品中加入待测组分的标准物质，与另外一份待测样品一起消解或进行其他前处理，获得样品溶液，然后测定待测组分的含量，确定样品的回收效果。

部分过程加标回收：指在分析后的某个中间步骤添加标准物质的回收率试验，即向处理好的样品溶液中加入待测组分的标准溶液，然后通过待测组分的测定值来看样品溶液中待测元素的回收效果。

以上两种加标方式各有用途：全程加标回收可以用来检验整个分析过程是否存在问题；部分过程加标回收可以用来检验样品经处理转变成溶液后基体对分析结果是否存在影响。结合两种方式可以判断进行样品处理时是否会造成分析组分的损失或带来分析组分的玷污。

### （四）回收率试验的原理

从加标回收试验的概念可知，加标回收率的实质是所加入的标准物质的量被某检测方法实际测得的百分率。所以根据试验原理，加标回收率试验的理论可以简单理解为下式：

$$P=\frac{\text{加标试样测定值}-\text{试样测定值}}{\text{加标量}}\times 100\%$$

式中的“加标试样测定值”和“试样测定值”均可由试验测定数据直接给定。“加标量”应为标准物质在加标试样的总体积中形成的质量值，由添加标准物质浓度、体积或质量直接给出。

从理论上讲，若检测方法可靠、操作人员没有任何失误，回收率的结果应接近100%，多次测定回收率的标准偏差也应处在某一水平，否则说明方法可能存在系统误差。任何某次测定回收率结果的异常偏差或波动都可能反映该次测定结果存在问题。因此，通过回收率的结果可监控测试结果的质量。

### （五）回收率试验的步骤

采用加标回收率试验进行质量控制的步骤包括方案的设计、实施、结果的评价等，其中以方案的设计最为关键。对于不同的检测标准和检测项目，样品检测步骤可能有很大差异，但其方案设计、回收率的计算、结果的判定等步骤有一些通用的方法。

**1. 方案的设计**

采用加标回收率试验作为质量控制手段时，首先应根据实际情况进行方案设计，加标试验方案可根据不同项目、不同分析方法和不同的需要确定基本思路，一般考虑以下内容。

1）样品的选择，包括样品来源、初步估计待测物质含量、样品的均匀性等。

2）样品的特性。

3）样品待测物质大致含量。

4）检测方法。

5）加入标准物质的形态与样品中待测物质的形态应保持一致，且加入的溶剂应不影响对待测物的测定。

6）加标量，加标物质浓度及体积（或质量），标准物质的加入量与水样中待测组分的含量相等或相近为宜，并注意对原水样体积的影响。

7）加标方式。

8）回收率的允许范围。

9）回收率的计算方法。

10）测定频率。

**2. 样品测定**

加标回收分析的方法是：对同一样品取两份试样，其中一份测定原样中的被测组分，加标样的测定值减去原样的测定值，其差值与加入标准物质的理论值之比即为样品加标回收率。

回收率试验是基于某待测样品和加标样品组成一对样品，根据两个样品中待测物质含量测定之差来计算的，其样品测定步骤与一般样品测定步骤完全一致，只是加标样品多了加标步骤，根据不同目的，采取的加标方式也不同。为了评价一个完整的测定方法的可靠性，应尽可能采取全程加标回收，分过程加标回收只能在一定程度上反映相应步骤的可靠性。加标样和原样的测定应同时进行，保证实验条件一致。

**3. 回收率的计算**

实际工作中，不同检测方法，不同目的，回收率试验的具体操作方法可能有一定的差异，以下是目前化学检测实验室常见的几种加标方式，不同的方式对应不同的计算方法。

方式一：某样品按标准方法进行检测，称取试样质量m，经过一系列前处理步骤后，获得溶液样品，溶液体积为V，溶液中被测成分质量浓度为$c_1$；同时进行全程加标试验，称取试样质量m（不考虑与原样品的差异），加入一定量的标准物质，经过一系列前处理步骤后，获得溶液样品，溶液体积为V，溶液中被测成分质量浓度为$c_2$；加标量，采用标准溶液加标，加标体积为$V_s$，质量浓度为$c_s$。

$$R=\frac{c_2V-c_1V}{c_sV_s}\times 100\%$$

方式二：某样品按标准方法进行检测，称取试样质量m，经过一系列前处理步骤后，获得溶液样品，溶液体积为V，溶液中被测成分质量浓度为$c_1$；自前处理好的溶液取$V_p$两份，向其中一份加标（标准溶液），随后均定容为$c_d$，测定两溶液中被测成分质量浓度分别为$c_1$和$c_2$；加标量，采用标准溶液加标，加标体积为$V_s$，质量浓度为$c_s$。

$$R=\frac{c_2V_d-c_1V_d}{c_sV_s}\times 100\%$$

实际工作中，通常当加标体积远小于试样体积，与试样体积相比可忽略时；需要对样品进行预处理后再重新定容，加标样品与原样品定容体积一致时：均可按上述方法计算。

方式三：为减少稀释对测定的影响，简化操作，方式二的简化方法为前处理好的溶液取分装一定体积，测定溶液中被测成分质量浓度为$c_1$；另外取前处理好的溶液$V_p$，添加少量体积的标准溶液摇匀后直接测定，溶液中被测成分质量浓度为$c_2$；加标量，采用标准溶液加标，加标体积为$V_s$，质量浓度为$c_s$。

方式三与方式二的差异在于无须将溶液定容，且仅准确移取$V_p$溶液1次操作，但该方法回收率计算稍复杂。

当加标样的测定体积与原样的测定体积不一致时（方式三），原样在加标试样中的浓度值与原样的测定值不一致，此时公式中的“试样测定值”受加标体积的影响，需将原样的测定值通过加标体积校正换算成在加标试样中的浓度值。同样“加标量”也存在通过加标体积校正进行浓度换算的问题。这些在理论公式中并没有明确表示出来，需根据加标回收率的内涵，导出通过体积校正计算回收率的实用公式。

当以被测组分在加标前后质量浓度（mg/L）的变化为依据，分子、分母均以待测物质的质量为单位计算加标回收率（R）时，其计算公式可表示为：

$$R=\frac{c_2(V_p+V_s)-c_1V_p}{c_sV_s}\times 100\%$$

$c_2$表示加标样溶液的浓度测定值，单位为mg/L；$c_1$表示原样溶液的浓度测定值，单位为mg/L；$c_s$表示所加标准物质溶液的浓度，单位为mg/L；$V_p$表示加标样中所含样品的体积，单位为mL；$V_s$表示所加标准物质溶液的体积，单位为mL。

$c_2(V_p+V_s)$为加标样的测得量；$c_1V_p$为加标样中的原有量；$C_sV_s$为标样的加入量，直观地反映了加标回收率的实质。

由于加标后的试样体积变为（$V_p+V_s$），理论计算公式中的“试样测定值”和“加标量”需通过加标体积校正进行浓度换算，故将分子、分母同时除以（$V_p+V_s$），得式如下：

$$R=\frac{c_2-c_1V_p/(V_p+V_s)}{c_sV_s/(V_p+V_s)}\times 100\%$$

式中$c_1V_p/(V_p+V_s)$和$c_sV_s/(V_p+V_s)$分别代表了样品、标准物质在加标水样中的浓度。

**4. 结果的判定**

不少化学分析标准方法规定了加标回收率的允许范围，若标准有相关规定，则应按测定标准方法规定的范围进行判定和评价。除此之外，还可以用加标回收率质量控制图的方法进行判定。

加标回收试验和回收率质量控制图是实验室内控技术中比较简单易行的质控方法，而且对实验室分析的准确度有着较好的监控作用，其中质量控制图对实验室保持稳定的分析质量更是具有预警作用。因此，建议使用加标回收率质量控制图来控制分析结果的准确度。

加标回收率质量控制图也称百分回收率质量控制图。理论上，向试样中加入已知标准物质的回收率应为100%，但由于方法中客观存在各种因素的干扰，如环境条件、仪器设备、监测人员技术水平等，不可避免地会产生误差，使得到的百分回收率产生偏差。

有足够的样本，也可以回收率的平均值为中心线，计算回收率的标准差作为控制范围，绘制成百分回收率质量控制图。在加标回收试验中，可将测定结果（百分回收率）标记在上述对应的质量控制图中。标记点在控制限之内，说明分析质量受控可靠；标记点落在控制限之外，则说明分析过程存在问题，该批次测定结果不可信，应立即采取相应措施查找原因，消除影响因素后复测样品。

## 五、空白测试和重复试验

### （一）基本概念

**1. 空白测试**

空白测试是指在不加待测样品（特殊情况下可采用不含待测组分，但有与样品基本一致基体的空白样品代替）的情况下，用与待测定样品相同的方法、步骤进行定量分析，获得分析结果的过程。空白测试所获得的空白值一般反映测量系统的本底，可从样品的分析结果中扣除。通过这种扣除可以消除试剂不纯或干扰等造成的系统误差。空白试验值反映了测试仪器的噪声、试剂中的杂质、环境及操作过程中的玷污等因素对样品产生的综合影响，直接关系到测定的最终结果的准确性。

空白测试是化学分析中质量控制的关键内容之一。通过空白测试，既可以监控整个测量过程中各类要素对分析结果的影响程度，也可以通过空白值校正由试剂、试验器皿和环境等带入的杂质引起的误差，从而减小实验误差。特别是在化学痕量分析中，不从结果中扣除空白值，将使检测结果产生很大的系统误差。

**2. 重复试验**

重复试验也称平行样测试，指在重复性条件（即在同一实验室，由同一试验人员使用相同的设备，按照相同的检测标准或测试方法，在短时间内对同一被测对象进行相互独立测试的条件）下进行的两次或多次测试。

通过重复测试，可以衡量实验室在重复性条件下检测结果的精密度。在测试方法的标准正文中，有时可以见到关于测试精密度的要求，如“在重复性条件下获得的两次独立测定结果的相对偏差应小于5%”等。比较重复测试结果的差异，并与规定值或质控要求进行比较，以此判断该批次测试的精密度是否符合要求，或者判断检测水平是否处于稳定和受控状态下。

### （二）空白测试和重复试验的作用

#### 1. 空白测试的作用

（1）校正误差。空白测试的首要作用为可以校正由试剂、蒸馏水、试验器皿和环境等带入的杂质引起的误差。化学检测项目在样品分析过程中通常需要采用一定的化学试剂、蒸馏水等来处理样品，而在这些步骤过程中所使用的试剂、蒸馏水、试验器皿乃至环境空气中都有可能存在影响检测结果的因素，为了消除这些影响，应将测定结果扣除空白值而获得校正后的结果。

（2）监控影响。空白值的大小还可以监控整个分析过程中试剂、环境等因素对检测结果的影响程度。空白值低，数据离散程度小，表明分析结果的精度较高，分析方法和试验人员的检测水平较高。空白值较高，则提示实验室测量系统可能存在风险，应全面检查试验用水、试剂、器皿等的玷污情况，试验环境等的状态，以尽快降低或消除这些影响。

（3）测定方法检出限。

#### 2. 重复试验的作用

（1）减少测量结果的随机误差。重复性试验是在重复性条件下进行的测试，测试时的相关条件基本都一致，因此可以通过重复性试验减少随机误差。通过对重复试验结果的统计处理，如取平均值，理论上可以消除偶然误差，从而得到更为精确的检测结果。理论上，重复试验的次数越多，减少随机误差越明显。

（2）评估测试方法的重复性条件精密度。通过重复试验获得多次独立测试的平行样测试结果，经统计分析计算相对标准偏差，可以反映测试方法的精密度。与空白试验类似，在一些产品标准或检测方法中，会提出在重复性条件下进行重复测量的精密度要求，只有符合该类质控要求的测试结果才可以作为最终测试结果报出。

### （三）空白测试和重复试验的种类

#### 1. 空白测试的种类

（1）按试验时是否采用样品，可以分为样品空白和试剂空白。

（2）按空白值来源，可以分为试剂空白、容器空白、环境空白等。

（3）按空白用途，可以分为标准空白和分析空白。

#### 2. 重复试验的种类

重复试验可以分为全程平行样测试和部分过程平行样测试。全程平行样测试指从样品抽样或采样开始，直到最终报告测试结果，整个测试过程均按照相同的方法和步骤进行的平行样（重复性）测试。因此全程平行获得的重复性大小反映了整个检测过程的随机异变。相对应的部分过程平行样测试可以根据实验室自身的需求，选取部分检测过程进行平行样测试，如不包含取样但包含样品前处理过程的实验室平行，或仅在设备上机检测过程进行的仪器平行。部分过程平行可以用于监控特定检测过程的实验室重复性精密度。

### （四）空白测试和重复试验的步骤

#### 1. 空白测试的步骤

（1）方案设计。空白测试的方案需要重点考虑检测样品的选择、测定的目的以及数据的处理、结果评价等。

（2）方案实施。进行空白检测的过程中，最需要关注的是必须严格按照标准操作步骤进行操作，如样品存在过滤步骤，则空白测试也须采用同样的过滤步骤，不可省略。

（3）数据的处理及结果评价。空白测试一般根据空白值的大小进行不同处理。当实验室空白测定值小于检出限时，即空白值未检出，该空白值不需额外处理，测试结果也不用扣除空白值。当单个检测空白值的结果大于检出限，也大于报告限时，空白值的结果对于最终检测结果的影响不可忽略，需考虑安排多次测试，以获得多个空白值数据，对空白值进行定量，并在测试结果中对空白值进行扣除。当进行多次空白测试并获得了多个空白值时，应对所用空白值进行评估，确认有无异常值。出现异常值需额外调查或从本次空白值数据处理中提出。如果多次空白值的结果无异常，则可取多次空白的平均值作为空白值，用于检测结果的校正。

#### 2. 重复试验的步骤

（1）方案设计。重复试验方案首先需确定重复试验的检测对象。对于检测实验室来说，一旦检测方法和检测目标物确定了，相应的检测对象就确定了。其次需考虑测试方法和结果的要求。很多检测标准都规定了精密度方面的要求，大部分是针对重复性试验的。最后需确定重复性试验的类型，根据样品范围、浓度水平和测试方法及结果的要求，综合考虑所采用的样品类型。

（2）方案实施。重复性试验方案实施过程较为简单，一般确保重复性条件进行相应检测即可，即前文所述的待测样品、检测人员、检测设备、测试方法、环境条件等因素在多个样品测试过程中保持一致。另外需注意的是要保持每个测试样品的独立性，即前一个测试样品不会对后一样品的测试产生影响

（3）数据的处理及结果评价。重复性试验获取的多个试验数据，经过标准规定的处理后，与方案中确定的评价要求或测试标准中的精密度要求进行比较，以对重复试验的结果进行评价，起到质量控制的作用。

## 六、校准曲线的核查

### （一）基本概念

校准曲线用于描述待测物质浓度或量与检测仪器相应值或指示值之间的定量关系，是

进行实验室仪器分析经常采用的方法。通过使用标准溶液按照正常样品检测程序作简化或完全相同的分析处理，绘制得到的校准曲线则相应成为标准曲线和工作曲线。采用校准曲线法检测的项目，在检测过程中所使用的校准曲线精密度和准确度会受到实验室的检测条件、检测仪器的响应性能、检测人员的操作水平等多种因素的影响。因此，定期核查校准曲线一方面可以验证仪器的相应性能、检测人员的操作规范程度等，另一方面也可以同时得到绘制曲线时所用的标准溶液的稳定性核查信息。标准曲线一般采用标准溶液直接测试，取不同含量的标准溶液直接加入试剂进行测量，得出浓度值与信号值之间的线性关系。由于使用的标准溶液没有经过预处理过程，可能使结果产生一定的误差。工作曲线所使用的标准溶液经过了与样品相同的前处理过程，取不同的标准溶液，与样品分析同样的前处理步骤，由此得出浓度值与信号值之间的线性关系。

为确保校准曲线始终具有良好的精密度和准确性，实验室需要定期采用相应的方法进行核查。对精密度的核查，通常在校准曲线上取低、中、高三个浓度点进行验证。对准确度的核查，一般采用加标回收率试验的方法进行控制。

### （二）实施步骤

#### 1. 校准曲线的绘制

按照标准方法规定的步骤，使用标准物质制备标准溶液和空白，并根据检测方法进行测试，测定出仪器指示值（如吸光度等）。以被测物浓度为横坐标，仪器测得值为纵坐标，绘制出具有线性关系的校准曲线。绘制校准曲线时，还应当考虑基体的影响。通常做法是：首先将标准溶液系列所对应的吸光度进行试剂空白校正（系统误差校正），然后根据最小二乘法原理进行回归分析，绘制校准曲线。绘制校准曲线应注意以下问题。

（1）标准溶液一般可直接测定，但如试样的预处理复杂致使污染或损失不可忽略，应和试样同样处理后测定。

（2）校准曲线的斜率常随环境温度、试剂和贮藏时间等实验条件的改变而变动。在测定试样时绘制校准曲线最为理想。

#### 2. 校准曲线的检验

（1）线性检验。

即检验校准曲线的精密度，对4~6个浓度单位所获得的测量信号值绘制的校准曲线，分光光度法一般要求其相关系数 $|r| \geq 0.9990$，否则应找出原因重新绘制。根据数理统计知识，若两变量呈线性关系，则关系的密切程度可用相关系数 r 测定。其数学表达式为：$y=a+bx$。

（2）截距检验。

即检验校准曲线的准确度，在线性检验合格的基础上，对其进行线性回归，得出 $y=a+bx$，然后将所得的截距a与0作t检验，当取95%置信水平，检验无显著性差异时，a可作0处理，方程简化为 $y=bx$。当a与0有显著差异时，表示校准曲线回归方程的准确度不高，应找出原因予以校正，重新绘制校准曲线并经线性检验合格，再计算回归方程，经截距检验合格后投入使用。回归方程如不经上述检验和处理，就直接投入使用，必将给测定结果引入差值相当于a的系统误差。举例说明如下。

方程1：y=0.06x+0.0136

方程2：y=0.06x+0.000

从以上两方程可知，两方程斜率相等，截距不等，方程1求得的截距0.0136表示试剂空白的大小，它是围绕它的总体积均值0呈正态分布的随机变量，是实验室误差在y轴上的反映。实验室误差越小，截距越趋于0，若实验室中存在正的或负的系统误差，则截距也会是正值或负值，遇此情况就应查明原因消除系统误差。同时截距值也是检验校正曲线是否通过坐标原点的尺度。

（3）斜率检验。

即检验分析方法的灵敏度。方法灵敏度是随实验条件而改变的。在完全相司的条件下，仅由于随机中的操作误差导致的斜率变化不应超出一定的允许范围。例如，一般而言，分子吸收分光光度法要求其相对差值小于5%，而原子吸收分光光度法则要求其相对差值小于10%。

## 七、质量控制图

### （一）基本概念

质量控制图可简称控制图，是统计过程控制的一种重要手段。控制图通常以按时间或顺序抽取的样本号为横坐标，以质量特征值水平为纵坐标，绘制反映控制质量特征值分布状态随时间发生变动的坐标图。它的构成要素一般包含一个中心线（CL）、一个上控制限（UCL）、一个下控制限（LCL）和由多个质量特征值在图上对应的点连成的折线。

在检测实验室，质量控制图的主要作用是区分检测过程中质量的异常，发现检测过程中所出现的系统性变异，以便及时“报警”，使实验室采取纠正或预防措施，促测量系统回复稳定，维持并不断改善现有工序的质量水平。图4-2为某实验室质量控制图。

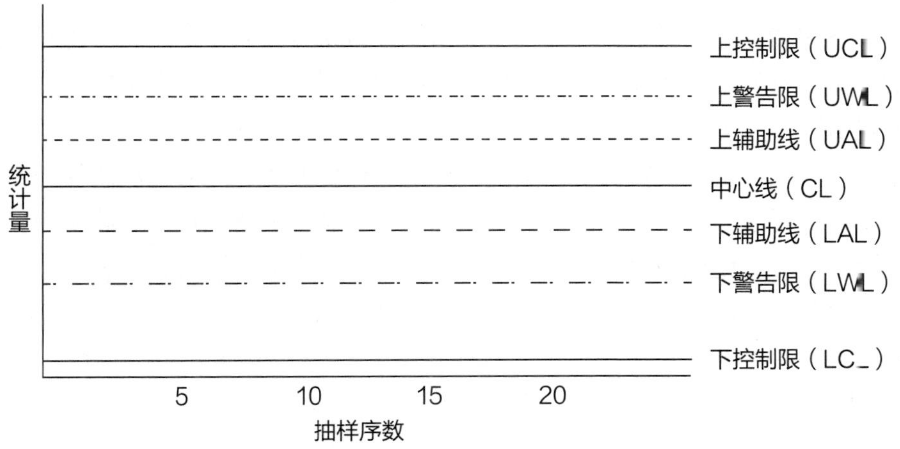


**图4-2　某实验室质量控制图**

### （二）原理

质量控制图理论认为检测结果一般会存在两种变异，即随机变异和系统变异。

随机变异由偶然原因造成，包括由种种始终存在的，且不易识别的原因，其中每一种原因的影响只构成总变异的一个很小的分量，而且无一构成显著的分量。然而，所有这些不可识别的偶然原因的影响总和是可度量的，并假定为过程所固有。消除和纠正这些偶然原因，减少随机误差，需要管理决策来配置资源，以改进过程和系统。

系统变异表征过程中实际的改变，这种改变可归于某些可识别的、非过程所固有的、并且至少在理论上可加以消除的原因。这些可识别的原因成为“可查明原因”或“特殊原因”，它们可以归结为原材料不均匀、工具破损、工艺或操作的问题、制造或检测设备的性能不稳定等。

控制图是对过程质量特征值进行测定、记录与评估，从而观察过程是否处于控制状态的一种统计图。当过程仅由偶然原因造成，过程处于统计控制状态时，超出此水平的变异都可假定为可查明原因造成的，便可发现这些问题，并对这些可查明原因进行调查和分析，进而进行消除。具体来说，当控制图上按时间顺序抽取的样本统计量数值的描点序列落在上、下控制限外或在上、下控制限内不随机分布，则表明过程异常。异常说明：一是这个结果异于重复测量的大多数结果；二是造成这个结果的原因是异因。这就要求质量控制者找到这个原因，并加以纠正或预防。通过控制图及时发现异常，可进行预防：一是应用控制图对过程不断监控，异常因素刚一露出苗头，甚至在造成不合格结果之前就能及时被发现并采取措施加以消除，起到预防的作用；二是更多的情况是控制图显示异常，表明异常原因已经发生，这时一定要贯彻“查出异因，采取措施，保证消除，不再出现”，否则控制图就形同虚设。如此，每贯彻一次这样的循环，就消除一个异常因素，使它不再出现，从而起到预防作用。

### （三）应用场景

分析质量控制图是保证分析质量的有效措施之一，质量控制图有三个作用：是测量系统性能的系统图表记录，可用来证实测量系统是否处于系统控制状态之中；能直观地描述数据质量的变化情况，监视分析过程，及时发现分析误差的异常变化或变化趋势，判断分析结果的质量是否异常，从而可采取必要的措施加以纠正；可累积大量数据，从而得到比较可靠的置信限。

质量控制图无疑是质量控制活动中的一种重要评价方法，但需要注意的是，这个方法的结论评价是依托于其他质控样品的检测数据而存在的，是通过对质控数据的统计分析实现质量控制的目的。因此，相比于其他质量控制手段而言，质量控制图更倾向于作为一种评价质量控制数据的工具，在这一点上它与其他实验室内部质量控制手段还是有所区别的。

质量控制图适用于以下场景。

1）希望对过程输出的变化范围进行预测时。

2）判断一个过程是否稳定（处于统计受控状态）时。

3）分析过程变异来源是随机性还是非随机性时。

4）决定怎样完成一个质量改进项目时——防止特殊问题的出现或对过程进行基础性的改变。

5）希望控制当前过程，问题出现时能觉察并对其采取补救措施时。

### （四）质量控制图建立与使用步骤

**1. 准备工作**

（1）质量控制图建立前首先应确定需要监控的质量特征值。实验室通常可以考虑以下因素来确定需要监控的检测项目：在日常检测工作中出现问题概率较高的项目；产品的关键项目，若该项目不合格，在使用中有可能导致人身和财产安全事故；实验室检测批量大的常规项目；检测方法不完善，易出现不稳定的项目；检测过程的输入中易波动的项目。

（2）确定质量特征值后，需要选择合适的质量控制样品。质量控制样品可以是有证标准物质，也可以是留存的检验样品。当要监控项目的检测为破坏性试验时，要求样品数量充足，质量特性稳定、均匀。当要监控项目的检测为非破坏性试验时，宜采用留存的检验样品进行重复检测，要求样品的质量特性稳定，特别是不能随时间或外部条件的变化而产生变化。

（3）检测数据的采集。在对影响质量的所有输入进行有效确认的情况下，由检测人员对质量控制用样品按子组设计的间隔连续进行多组检测，获得连续的检测数据。试验设计进行分组时要遵循合理的原则，包括组内差异仅由偶然因素造成和组间差异主要由异常因素造成。

**2. 质量控制图制作步骤**

（1）确定数学模型。计量型数据符合连续性函数分布，所以一般使用正态分布。

（2）确定统计量。统计量是统计理论中用来对数据进行分析、检验的变量。常用的统计量有均值、中位值、单值、极差、标准差等。具体根据检测项目特点和实际情况，按照表4-1所列不同控制图特点选择，不同的统计量可绘制成不同的控制图。如果选择平均值和极差两个统计量，最后画的控制图就是均值控制图和极差控制图。

（3）确定中心线（CL）、上控制限(UCL)、下控制限（LCL）。中心线为统计量的基准值，对于标准值给定的情况，一般中心线对应于给定相应的标准值。控制限区分合格测试与不合格测试。控制限表征统计量的数据离散程度参数的倍数，具体的倍数取决于统计量的种类及子组大小，常规控制图的控制限分别位于中心线两侧的3σ距离处，即±3σ控制限。如表4-6所示。

**表4-6　常规统计量控制图控制限公式**

| 统计量 | 标准值未给定 | | 标准值给定 | |
|---|---|---|---|---|
| | 中心线 | UCL、LCL | 中心线 | UCL、LCL |
| 平均值$\overline{X}$ | $\overline{\overline{X}}$ | $\overline{\overline{X}} \pm A_2\overline{R}$或$\overline{\overline{X}} \pm A_3\overline{s}$ | $X_0$或μ | $X_0$或$A\sigma_0$ |
| 极差R | $\overline{R}$ | $D_3\overline{R}$、$D_4\overline{R}$ | $R_0$或$d_2\sigma_0$ | $D_1\sigma_0$、$D_2\sigma_0$ |
| 标准差s | $\overline{s}$ | $B_3\overline{s}$、$B_4\overline{s}$ | $s_0$或$c_4\sigma_0$ | $B_5\sigma_0$、$B_6\sigma_0$ |
| 单值X | $\overline{X}$ | $\overline{X} \pm E_2\overline{R_s}$ | $X_0$或σ | $X_0 \pm 3\sigma_0$ |
| 移动极差$R_s$ | $\overline{R_s}$ | $D_3\overline{R_s}$、$D_4\overline{R_s}$ | $R_0$或$d_2\sigma_0$ | $D_1\sigma_0$、$D_2\sigma_0$ |

3σ控制限有时也称“行动限”，即有一个点超出控制限时，应该采取行动。在许多场合，控制图加上2σ控制限比较有用，任何落在2σ控制限以外的子组值都可作为失控状态即将来临的一个警示，因此，2σ控制限也可被称作“警戒限”。

（4）绘制分析用控制图。控制图由CL、UCL、LCL以及统计量的描点组成。一般CL为实线，UCL、LCL为虚线。由于CL和LCL之间或者CL和UCL间都相差3σ，因此可以使用以下公式得到σ，并由此可计算得到警戒限2σ。

$$\sigma=\frac{CL-LCL}{3},\quad \sigma=\frac{UCL-CL}{3}$$

（5）使用分析控制图判断测量过程是否处于稳定状态或者统计控制状态。即在检测过程中，只有偶然因素产生的变异，也就是参与测量的人、机、料、法、环、测都处于正常状态，测量过程中没有任何异常情况发生。这里说的偶然因素产生的变异包括系统误差和一部分随机误差，在确定控制限时这部分随机误差是允许的。判断的标准可以是判稳准则，也可以是判异准则。准则中的界限是“上、下控制限”。判稳准则：连续25个点，界外点数d=0；连续35个点，d≤1；连续100个点，d≤2。判异准则：点出界即判异，界内点排列不随机也判异。具体有8项判异标准：一点落在3σ以外区域，即点出界判异；连续9点落在中心线同一侧；连续6点递增或递减；连续14点中相邻点上下交替；连续3点中有2点落在中心线同一侧的2σ以外；连续5点中有4点落在中心线同一侧的σ以外；连续15点落在中心线两侧的σ内；连续8点在中心线两侧，但无一点在σ内。若判断过程状态不稳定，应查明原因，消除不稳定因素，重新收集预备数据，直至得到稳定状态下的分析用控制图。

（6）将分析用质量控制图转换为控制用质量控制图。通过分析用质量控制图得知过程处于稳定状态，并且相应的过程能力满足检测方法要求，可将分析用质量控制图的控制线作为控制用质量控制图的控制限，并继续将日常测定数据描点上去，判断是否存在系统变异或变异趋势。控制用质量控制图的功能就是当变异出现时发出统计信号，体现在控制图上，或是当符合判异标准中的情况出现时，表明过程中出现了系统异常，这个异常是可以查明原因的。通过分析，找到原因，采取纠正或纠正措施。通过持续的努力，系统地消除不利因素，最终使过程回到统计控制状态。

# 第五章

# 实验室质量风险管理策划

实验室质量风险管理工作是一项持续性的、循序渐进的工作。在开展风险管理工作之前，实验室应先学习和掌握实验室风险管理的系统理论以及工具/方法，再结合内外部环境，如外部法律法规及相关方要求、内部的实际资源、质量管理基础和风险偏好等做详细的策划。本章通过分析实验室质量风险的来源与类别，从风险识别、风险评价、风险控制整个风险管理过程讲述如何策划质量风险管理工作。

本章共四节：第一节对风险来源技术和分类理论标准进行讨论，综合提炼出实验室质量风险分类方式，并详细介绍；第二节讲述实验室质量风险识别的系统理论和辨识方法，详细讲述典型的风险识别的步骤，并重点讲述几种实用的工具；第三节介绍实验室如何利用工具开展有效的质量风险分析、评价以及编制风险评价准则；第四节介绍质量风险的7种应对方式，以及质量风险控制的5类措施，并概述实验室如何应用这些措施，为接下来第六章详细讲解实施实验室质量风险管理做好铺垫。

## 第一节　实验室质量风险的来源与类别

近年来，随着检验检测机构的快速发展，实验室质量风险事件频繁发生，实验室质量风险受到产业界的广泛关注，不少文献和技术规范对实验室质量风险的分类进行了许多探索性研究，并取得了一些研究成果。

目前我国产业界对实验室质量风险的分类主要有两种方式。第一种是比较常见的“6M1E”法，即将风险按照“人、机、料、法、环、测、管”七个类别将实验室的质量风险分为人员风险、设备风险、方法风险、环境风险、耗材风险、测量风险和管理风险。第二种是《合格评定 检验检测服务风险管理指南》（GB/T 27423—2019）的分类法，该标准根据实验室风险来源将风险分为内部风险和外部风险。内部风险包括但不限于人员风险、管理风险、运营风险、财务风险、技术风险，以及信用风险；外部风险包括但不限于市场风险、技术风险、经济风险、法律风险、客户的风险、合作方的风险、其他相关方的风险、自然灾害风险，以及其他机构的案例收集与借鉴。

杨克军在《供应链质量管理：概念、战略及方法》一书中，按照产品（Product）、过程（Process）、系统（System）、策略（Strategy）及文化（Culture）五个维度将供应链质量管理风险分为产品风险、过程风险、系统风险、策略风险和文化风险。本书借鉴此分类方法，将实验室质量风险分为结果风险、过程风险、系统风险、策略风险和文化风险。

在这五类风险中，结果风险是核心风险（或最重要风险），过程风险和系统风险对结果风险造成直接影响，策略风险和文化风险对过程风险和系统风险产生直接影响，并间接影响结果风险，而过程风险和系统风险本身会相互影响。如图5-1所示。

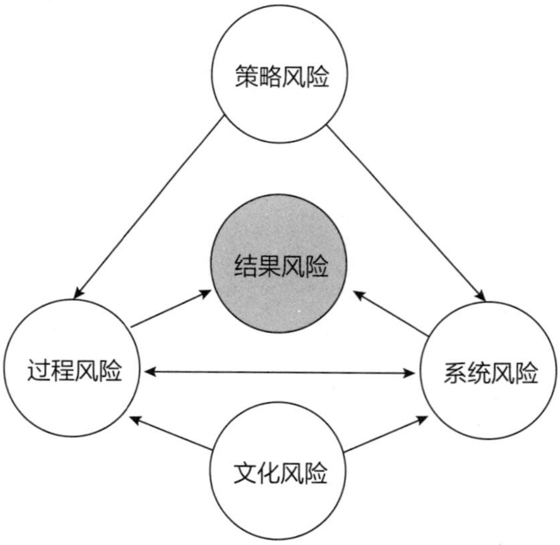


**图5-1　实验室风险分类**

为了更好地帮助读者理解质量风险的类别，本书将实验室的质量风险分为结果、过程、系统、策略和文化共5大类19小类，各类风险分布于检验检测运作的各个环节，包括要求、标书和合同评审环节，抽样/采样环节，检测/校准环节，技术记录环节，以及结果报告环节等。表5-1给出了实验室质量风险的分类（含示例）及其分布。

**表5-1　实验室质量风险分类一览表**

<table>
<tr><th colspan="3">实验室质量风险</th><th colspan="5">检测/校准工作环节</th></tr>
<tr><th>大类</th><th>小类</th><th>列举事项</th><th>要求、标书和合同评审</th><th>抽样/采样</th><th>检测/校准</th><th>技术记录</th><th>结果报告</th></tr>
<tr><td rowspan="24">结果风险</td><td rowspan="3">样品风险</td><td>样品失效风险</td><td rowspan="3">○</td><td rowspan="3">●</td><td rowspan="3">●</td><td rowspan="3">●</td><td rowspan="3">◎</td></tr>
<tr><td>样品丢失风险</td></tr>
<tr><td>样品混淆风险</td></tr>
<tr><td rowspan="6">抽样风险</td><td>抽样方案风险</td><td rowspan="6">●</td><td rowspan="6">●</td><td rowspan="6">●</td><td rowspan="6">●</td><td rowspan="6">○</td></tr>
<tr><td>抽样设备风险</td></tr>
<tr><td>抽样方法风险</td></tr>
<tr><td>抽样人员风险</td></tr>
<tr><td>抽样保存风险</td></tr>
<tr><td>抽样环境风险</td></tr>
<tr><td rowspan="2">方法风险</td><td>未选择正确方法风险</td><td rowspan="2">●</td><td rowspan="2">●</td><td rowspan="2">●</td><td rowspan="2">●</td><td rowspan="2">●</td></tr>
<tr><td>方法使用错误风险</td></tr>
<tr><td>环境风险</td><td>环境控制风险</td><td>○</td><td>●</td><td>●</td><td>●</td><td>●</td></tr>
<tr><td rowspan="2">人员风险</td><td>授权签字人风险</td><td rowspan="2">○</td><td rowspan="2">○</td><td rowspan="2">◎</td><td rowspan="2">○</td><td rowspan="2">●</td></tr>
<tr><td>人员能力风险</td></tr>
<tr><td rowspan="4">设备风险</td><td>设备校准风险</td><td rowspan="4">○</td><td rowspan="4">●</td><td rowspan="4">●</td><td rowspan="4">●</td><td rowspan="4">●</td></tr>
<tr><td>设备核查风险</td></tr>
<tr><td>设备标识风险</td></tr>
<tr><td>设备配置风险</td></tr>
<tr><td rowspan="4">物料风险</td><td>物料污染风险</td><td rowspan="4">○</td><td rowspan="4">◎</td><td rowspan="4">●</td><td rowspan="4">●</td><td rowspan="4">●</td></tr>
<tr><td>物料误用风险</td></tr>
<tr><td>物料核查风险</td></tr>
<tr><td>物料采购风险</td></tr>
<tr><td rowspan="2">报告风险</td><td>报告信息风险</td><td rowspan="2">◎</td><td rowspan="2">●</td><td rowspan="2">●</td><td rowspan="2">●</td><td rowspan="2">●</td></tr>
<tr><td>报告印章风险</td></tr>
<tr><td rowspan="7">过程风险</td><td rowspan="4">溯源风险</td><td>样品记录风险</td><td rowspan="4">○</td><td rowspan="4">●</td><td rowspan="4">●</td><td rowspan="4">●</td><td rowspan="4">○</td></tr>
<tr><td>检测记录风险</td></tr>
<tr><td>修改记录风险</td></tr>
<tr><td>记录留档风险</td></tr>
<tr><td rowspan="3">分包风险</td><td>分包合同风险</td><td rowspan="3">●</td><td rowspan="3">◎</td><td rowspan="3">◎</td><td rowspan="3">●</td><td rowspan="3">●</td></tr>
<tr><td>分包方风险</td></tr>
<tr><td>分包报告风险</td></tr>
</table>

续表

<table>
<tr><th colspan="3">实验室质量风险</th><th colspan="5">检测/校准工作环节</th></tr>
<tr><th>大类</th><th>小类</th><th>列举事项</th><th>要求、标书和合同评审</th><th>抽样/采样</th><th>检测/校准</th><th>技术记录</th><th>结果报告</th></tr>
<tr><td rowspan="7">过程风险</td><td rowspan="5">HSE风险</td><td>HSE备案风险</td><td rowspan="5">○</td><td rowspan="5">●</td><td rowspan="5">●</td><td rowspan="5">●</td><td rowspan="5">○</td></tr>
<tr><td>HSE管理风险</td></tr>
<tr><td>HSE投诉风险</td></tr>
<tr><td>HSE记录风险</td></tr>
<tr><td>HSE人员资质风险</td></tr>
<tr><td rowspan="2">质量控制风险</td><td>外部质量控制风险</td><td rowspan="2">○</td><td rowspan="2">◎</td><td rowspan="2">◎</td><td rowspan="2">◎</td><td rowspan="2">◎</td></tr>
<tr><td>内部质量控制风险</td></tr>
<tr><td rowspan="9">系统风险</td><td rowspan="2">体系风险</td><td>质量体系运行风险</td><td rowspan="2">●</td><td rowspan="2">●</td><td rowspan="2">●</td><td rowspan="2">●</td><td rowspan="2">●</td></tr>
<tr><td>质量改进失效风险</td></tr>
<tr><td rowspan="5">公正性风险</td><td>组织机构关系的公正性风险</td><td rowspan="5">●</td><td rowspan="5">●</td><td rowspan="5">●</td><td rowspan="5">●</td><td rowspan="5">●</td></tr>
<tr><td>客户关系的公正性风险</td></tr>
<tr><td>员工关系的公正性风险</td></tr>
<tr><td>检验检测项目的公正性风险</td></tr>
<tr><td>与外部机构关系的公正性风险</td></tr>
<tr><td rowspan="2">保密性风险</td><td>客户信息泄密风险</td><td rowspan="2">●</td><td rowspan="2">●</td><td rowspan="2">●</td><td rowspan="2">●</td><td rowspan="2">●</td></tr>
<tr><td>实验室信息泄密风险</td></tr>
<tr><td rowspan="4">策略风险</td><td rowspan="2">管理风险</td><td>技术管理风险</td><td rowspan="2">◎</td><td rowspan="2">◎</td><td rowspan="2">●</td><td rowspan="2">◎</td><td rowspan="2">●</td></tr>
<tr><td>合规管理风险</td></tr>
<tr><td rowspan="2">资源不足风险</td><td>软件资源不足风险</td><td rowspan="2">◎</td><td rowspan="2">●</td><td rowspan="2">●</td><td rowspan="2">◎</td><td rowspan="2">◎</td></tr>
<tr><td>硬件资源不足风险</td></tr>
<tr><td rowspan="11">文化风险</td><td rowspan="9">弄虚作假风险</td><td>样品弄虚作假风险</td><td rowspan="9">◎</td><td rowspan="9">●</td><td rowspan="9">●</td><td rowspan="9">●</td><td rowspan="9">●</td></tr>
<tr><td>检测弄虚作假风险</td></tr>
<tr><td>报告弄虚作假风险</td></tr>
<tr><td>设备弄虚作假风险</td></tr>
<tr><td>人员弄虚作假风险</td></tr>
<tr><td>环境弄虚作假风险</td></tr>
<tr><td>试剂弄虚作假风险</td></tr>
<tr><td>方法弄虚作假风险</td></tr>
<tr><td>记录弄虚作假风险</td></tr>
<tr><td rowspan="2">告知承诺风险</td><td>告知承诺上报材料不实风险</td><td rowspan="2">○</td><td rowspan="2">◎</td><td rowspan="2">●</td><td rowspan="2">●</td><td rowspan="2">●</td></tr>
<tr><td>告知承诺上报材料不合规风险</td></tr>
</table>

注：●代表较高概率　◎代表中等概率　○代表较低概率

## 一、结果风险

又称报告结果风险，指实验室出具的报告不符合法律法规、标准及客户特殊要求所产生的风险，包括样品风险、抽样风险、方法风险、环境风险、人员风险、设备风险、物料风险以及报告风险八类。

**1. 样品风险**

指实验室在抽取、运输、交接、标识、制备、储存、清理样品的过程中操作不规范导致的风险，一般可分为样品失效风险、样品丢失风险及样品混淆风险等。

（1）样品失效风险，指样品在运输、储存、制备、检测的过程中实验室未按照规范要求存放导致样品分解、挥发、受潮、风干、变质、污染或损坏从而性质发生变化的风险。例如：未采取加保存剂、冷藏、避光、防震等保护措施，保证样品在保存、运输和制备等过程中性状稳定，无损坏；样品未按照样品性质、状态等进行分区存放，盛装样品的密闭容器未关闭，摆放样品的实验室排风、防尘设备损坏。也可包括样品数量不足或其他不满足要求的风险。

（2）样品丢失风险，指样品在实验室流转、储存的过程中未按规范要求保管样品导致样品丢失的风险。如样品随意摆放在非指定的存贮位置、样品未按照规范要求留样或过早清理、样品流转记录未按实记录或缺失。

（3）样品混淆风险，指样品标识无法识别或不具有唯一性导致相关检测人员无法正确选择样品进行检测的风险。如未加贴样品标识、样品标识脱落、样品标识模糊不清晰、样品标识未记录到最小包装上。

**2. 抽样风险**

指在抽样的前期、中期、后期工作中出现偏差从而对后续的整个实验室工作产生影响，导致样品检测结果出现异常的风险。一般可分为抽样方案风险、抽样设备风险、抽样方法风险、抽样人员风险、样品保存风险及抽样环境风险等。

（1）抽样方案风险，指开展现场监测或采样前，未根据任务要求制订监测方案/采样计划的风险。如未制订监测方案/采样计划、监测方案/采样计划与客户要求不一致、监测方案/采样计划不符合标准规范要求。

（2）抽样设备风险，指现场测试和采样过程中样品采集、保存和运输等环节所需的仪器设备未配齐或者不符合规范要求导致的风险。例如：现场测试和采样仪器设备在数量配备方面未满足相关检测标准或技术规范对现场布点和同步测试采样要求；采样未使用正确的采样工具；配置的设备性能不符合标准或技术规范要求，包括量程不符合、关键参数不符合、设备原理不一致。

（3）抽样方法风险，指在现场抽样过程中未按照相关抽样标准或技术规范进行抽样导致的风险。例如：现场采样未开设烟道采样口或者采样开设烟道口不符合规范要求；现场采样未按照标准或技术规范要求采样或（与要求偏离时）未及时在采样记录中说明，且与客户确认。

（4）抽样人员风险，指在现场抽样过程中由于人员的数量不符合规定要求或者能力不足导致的风险。例如：采样人员数量未达到标准或技术规范要求；采样人员未经培训、能力确认、授权。

（5）样品保存风险，指抽样后未按照相关规范要求妥善保存样品导致样品性质发生变化的风险。例如：随意堆放抽样样品，无分层、隔断，可能发生交叉污染；对有特殊贮存和运输要求的样品，抽样人员未采取相应措施，未能保证样品贮存、运输过程符合国家相关规定和包装标识的要求、未在样品有效期内送达实验室检测。

（6）抽样环境风险，指采样的位置的环境不符合相关规范要求，没有合理布设采样点的位置导致采样数据不具有代表性，不能如实反映采样样品质量现状的风险。例如：采样时未考虑温度、湿度、风速、天气情况等；废水采样点未优先选择湍流层；废气采样点未选择烟气流通顺畅的地方，避开涡流区。

**3. 方法风险**

指实验室未使用适当的方法和程序开展检测/校准活动导致的风险，一般可分为未选择正确方法风险和方法使用错误风险。

（1）未选择正确方法风险，指在检测/校准前未选择正确的方法导致的风险。例如：未选择现行有效的标准方法；强制性产品未选择强制性标准方法；未根据样品适用范围、配套标准来确定检测方法；使用非标/不适合/已过期方法未征得客户同意。

（2）方法使用错误风险，指未按照标准、技术规范、客户要求进行检验检测导致的风险。例如：检测过程操作方法不符合标准要求；检测方法和合同/订单要求不一致。

**4. 环境风险**

指实验室进行采样或者进行检测工作时，未对采样或者检测环境进行识别，明确环境条件是否符合标准要求导致的风险。环境风险主要指环境控制风险，例如：未防止生物消毒；灰尘、电磁干扰、辐射、湿度、温度、声级和振级等环境的干扰因素对检测样品和检测结论造成影响；不具备或不满足环境条件下开展检测工作；检测标准或者技术规范对环境条件有要求时或环境条件影响检验检测结果时，未监测、控制环境条件；环境监控设备超过校准有效期。

**5. 人员风险**

指实验室人员的个人因素导致的各类风险，一般分为授权签字人风险和人员能力风险。

（1）授权签字人风险，指由于授权签字人资格、能力和行为不符合认证认可或资质认定要求导致的风险。例如：授权签字人未经认可机构/资质认定部门授权签发带认可/资质认定标识的报告；授权签字人在其技术能力范围外签发报告；授权签字人不具有相应的技术工作经验。

（2）人员能力风险，指实验室未按规定对人员培训导致人员能力和经验不足的风险。例如：未对新员工、转岗员工进行培训；未对在岗人员进行持续培训；未对员工培训效果进行评价。

**6. 设备风险**

指设备不符合标准要求从而影响数据的准确性，并对检测结果和判断产生影响的风险，一般分为设备校准风险、设备核查风险、设备标识风险和设备配置风险。

（1）设备校准风险，指由于设备校准问题导致对报告结果有效性造成影响的风险。例如：设备到期未按时校准；设备校准未按照合适的校准方案进行；设备校准证书或标准物质证书未给出参考值或修正因子或实验室未使用这些参考值或修正因子。

（2）设备核查风险，指由于设备核查问题导致的风险。如设备校准后未对校准结果进行核查确认、设备未按照计划进行期间核查。

（3）设备标识风险，指设备标识不规范导致的风险。如未对所有需要校准或具有规定有效期的设备进行标识、未对故障设备进行标识、设备标识不规范、设备标识信息不完整。

（4）设备配置风险，指实验室检测所使用的设备配置不符合标准要求或者配置数量不合理导致的风险。如实验室所需的必要仪器未配备或者配置数量和实际任务量不匹配，包括采样设备、运输储存设备、环境监测设备、分析和数据处理设备、检测/校准设备的配置不符合标准的要求、配置数量不足等。

**7. 物料风险**

指实验耗材（包括试剂类耗材和非试剂类耗材）在采购、验证、保存、使用和监督过程中由于操作不当导致检测结果受影响的风险，一般分为物料污染风险、物料误用风险、物料核查风险和物料采购风险。

（1）物料污染风险，指由于保存不当导致物料受外界影响而产生杂质、变质从而影响检验检测结果的风险。如取用试剂的容器未更换或者未清洗干净、标准物质与其他试剂混存导致交叉污染。

（2）物料误用风险，指物料瓶未标识或者标识不清楚不明确导致物料被误用的风险。如物料瓶标识信息错误或不足、未标识配置日期和有效期导致使用过期失效的试剂。

（3）物料核查风险，指未定期对标准物质进行核查，主动及时发现标准物质的变化情况导致检测质量结果受影响的风险。例如：标准物质无期间核查计划；期间核查记录、期间核查方法不符合要求。

（4）物料采购风险，指物料在采购时未审核供应商资质，或者采购后未持续对供应商情况进行评价导致物料的质量难以保证而对检测结果造成影响的风险。例如：选择未经过国家认可的，具备有关专业生产资格的物料供应商；购买的标物无证书；物料掺假。

**8. 报告风险**

指检测机构的报告由于未按照规范要求出具导致不能准确、清晰和客观地反映每一项检测结果的风险，一般分为报告信息风险和报告印章风险。

（1）报告信息风险，指报告内容编辑错误或者遗漏检测项目导致的风险。例如：报告中使用的术语、定义、法定计量单位与现行有效的国家标准、技术规范不一致；报告数据与原始记录不一致；报告审核人责任不到位、未明确告知客户有关样品偏离情况，并在报告中注明；报告中遗漏相关的检测数据结果。

（2）报告印章风险，指报告上加盖的认证认可和资质认定标识或者检验检测机构章、报告章、公章不符合法律法规要求导致的风险。例如：对外出具未取得资质认定项目的检测/校准报告并加盖印章；未在检测/校准报告加盖符合要求的检验检测专用章，并标注资质认定标志（适用CMA）。

## 二、过程风险

指样品在采集、流通、检测过程中产生的风险，包括溯源风险、分包风险、HSE风险、质量控制风险。

**1. 溯源风险**

指实验室检测过程的所有证明材料标识或保存不规范使原始记录部分缺失或完全缺失导致的风险，一般分为样品记录风险、检测记录风险、修改记录风险和记录留档风险。

（1）样品记录风险，指样品在采集、现场测试、运输和保存、制备、分析测试等全过程未做好记录导致检测结果无法溯源的风险。例如：接受样品时，未对样品的时效性、完整性和保存条件进行检查和记录；样品在前处理、制备过程、分析过程中未按规定进行记录。

（2）检测记录风险，指在检测过程中产生的记录未登记或者未按规定进行正确登记导致检测结果无法溯源的风险。例如：观察结果、数据和计算未在产生的当时予以记录；当输出数据打印在热敏纸或光敏纸等保存时间较短的介质上时，未同时保存记录的复印件或扫描件；检测记录未包含充分的信息。

（3）修改记录风险，指当检测记录出现错误的时候，未按照规定要求进行修改，导致修改后的记录无法追溯的风险。例如：修改后的检测/校准数据和文档没有修改的日期、内容、人员签名；用涂改代替杠改。

（4）记录留档风险，指记录未按照规定时间、整理要求进行存档导致的记录丢失或者受损的风险。例如：未对检测/校准原始记录和报告归档留存或者保存期限少于六年；记录档案借出未有登记。

**2. 分包风险**

指实验室未对分包方进行有效控制，未按规定进行分包导致分包工作无法稳定顺利地进行，无法保证客户满意和保证实验室检测数据的准确性的风险。一般分为分包合同风险、分包方风险、分包报告风险。

（1）分包合同风险，指由于分包合同未按规定签订或者擅自转包检测业务，导致与客户、分包方产生合同法律纠纷甚至承担相应的赔偿责任和法律责任的风险。如具体分包的检验检测项目事先没有取得委托人书面同意、未与分包方签订协议、对分包的检测/校准项目进行二次分包（环境监测）、转包建设质量工程检测业务（工程检测）。

（2）分包方风险，指分包方未取得相应资质或不具备承包能力，导致无法保证检测数据真实性和准确性的风险。如检测/校准活动分包方未取得相应的资质、未对分包方进行评价确认其是否满足能力要求。

（3）分包报告风险，指分包报告中未按照规定要求注明分包的检验检测项目以及承担分包项目的检验检测机构，导致被监管机构责令整改和处罚的风险。如未在检测/校准报告中标注分包情况。

**3. HSE风险**

指实验室的不规范操作导致的职业健康、工作安全和环境保护方面的风险，一般分为

HSE备案风险、HSE管理风险、HSE投诉风险、HSE记录风险和HSE人员资质风险。

（1）HSE备案风险，指国家法律法规规定应该在公安机关备案的危险化学品、特种设备等未申请备案导致被相关机构处罚的风险。例如：治安管制的危险化学品入库或出库信息不及时录入公安机关的备案信息系统；特种设备无备案凭证。

（2）HSE管理风险，指实验室未遵循相关HSE法律法规管理要求导致的风险。例如：化学品购买量或存放量超过监管机构许可量；公安管制的化学品未实施五双管理（双人双锁、双人收发、双人记账、双人领取与运输、双人使用）；治安管制的危险化学品仓未安装监控、报警装置、防盗门窗等；危险化学品仓电器未采用防爆型；动火作业、有限空间作业等未得到管理人员批准许可。

（3）HSE投诉风险，指实验室在检测过程中产生的各类污染物未经过适当处置便对外排放，造成环境问题而引起投诉的风险。如废水、废气直排或厂界噪声超标导致周边社区居民投诉。

（4）HSE记录风险，指实验室未及时对HSE相关活动进行记录，导致实验室的危险化学品、特种设备等使用情况无法追溯的风险。例如：危险废物未分类存放或产废记录不完整；没有剧毒化学品、易制毒、易制爆化学品清单。

（5）HSE人员资质风险，指法律法规规定需要持证上岗的作业人员未持证上岗导致安全事故的风险。如特种作业人员、特种设备作业人员未持证上岗。

**4. 质量控制风险**

指实验室在运行过程中未执行有效的质量控制措施，导致检测结果的有效性造成影响的风险，一般分为外部质量控制风险和内部质量控制风险。

（1）外部质量控制风险，指未按规定要求执行能力验证、测量审核及实验室间比对导致的风险。如未按照资质认定部门要求参加能力验证或实验室间比对。

（2）内部质量控制风险，指未按规定要求施行实验室内部比对、使用标准物质、进行空白试验和重复试验等导致的风险。如质量控制措施未满足相关标准和技术规范的要求。

## 三、系统风险

系统风险指因质量管理体系存在重大缺陷导致系统失效（或无法有效运行）而产生的风险，包括体系运行风险、公正性风险和保密性风险。

**1. 体系运行风险**

指实验室质量体系运行过程中各种不确定因素的存在可能引起质量活动及其结果发生偏离规定的现象的风险，一般分为质量体系运行风险和质量改进失效风险。

（1）质量体系运行风险。指管理体系在各部门内部无法保证运行的符合性和有效性导致的风险。如实验室质量体系运行与质量目标、质量方针偏离。

（2）质量改进失效风险，指实验室对质量体系运行中出现的偏离现象无较好应对措施导致的风险。如体系运行缺少监督和审核、质量体系缺少不断改进和自我完善的能力、实验室体系运行水平低、用户投诉及检查中出现的问题无法及时得到解决、缺少纠正质量缺陷的能力。

**2. 公正性风险**

指由于商业、财务或其他方面的压力导致实验室不能客观、公正地实施实验室活动的风险，一般分为组织机构关系的公正性风险、客户关系的公正性风险、员工关系的公正性风险、检验检测项目的公正性风险、与外部机构关系的公正性风险。

（1）组织机构关系的公正性风险，指上级压力/暗示、管理层考核机制（如销售压力）及投资者压力导致的风险。例如：实验室为某组织投资的子公司，投资方干预检验检测活动；投资方对检验检测机构的收入和利润指标有要求。

（2）客户关系的公正性风险，指客户压力/诱惑导致的公正性风险。如来自客户或委托人的商业压力、检验检测业务的收费与检验结果直接相关、同时为一个客户提供审核和检测业务等带来的风险。

（3）员工关系的公正性风险，指人员聘用方式、员工的职业道德、检验检测员的薪酬和支付方式等导致检测人员不能客观、公正地实施实验室检测活动带来的风险。例如：检验检测员的薪酬取决于检验检测任务的数量，其收入与业绩指标有关；检测合同签署后不是由销售或客服人员联络跟进，而是检验员直接联系客户或委托人。

（4）检验检测项目的公正性风险，指检测业务和其他相关业务的关系导致实验室不能公正地实施检测活动带来的风险。例如：检测人员、销售人员与检测对象的设计、制造、销售、安装和维护保养存在关系，与检测对象有所有权关系；机构未与人员签署公正保密协议。

（5）与外部机构关系的公正性风险，指实验室与分包方、供应商等发生直接行政、经济、商务及其他业务关系导致此类机构不能客观、科学和公正地实施检测活动或提供合格的供应品带来的风险。例如：未与分包方、供应商签订公正保密协议；未对分包方、供应商进行公正性风险识别。

**3. 保密性风险**

指实验室在检验检测工作中对所知悉的国家秘密、商业秘密未予以保密，导致客户的商业秘密或技术产权信息等被泄露的风险，一般分为客户信息泄密风险和实验室信息泄密风险。

（1）客户信息泄密风险，指信息保护机制不完善导致客户的商业或技术等信息泄露的风险。例如：到现场参加抽样、检测的人员，借故窃取、泄露客户的机密信息和专利技术，擅自卸载、修改涉密信息系统的安全技术程序、管理程序；无关人员进入检测区域，非法拍摄、记录客户秘密信息。

（2）实验室信息泄密风险，指实验室内部的技术信息资料泄露的风险。如非法获取、持有、买卖、转送、复制、记录、存储、修改、发布网络或者私自销毁实验室内部的技术资料、图纸、样品、检测报告、检测记录、分包方的档案等商业和技术秘密。

## 四、策略风险

指实验室在机构运营策略方面出现决策失误导致的风险，包括管理风险和资源不足风险。

**1. 管理风险**

指实验室管理运作过程中因信息不对称、管理不善、判断失误导致的风险，一般分为技术管理风险和合规管理风险。

（1）技术管理风险，指未按照认可机构或者资质认定部门要求对实验室的能力范围、场所、关键人员进行管理导致的风险。例如：超出资质认定证书规定的检测/校准能力、地址、有效期范围；擅自向社会出具具有证明作用的数据、结果；未按规定办理变更手续（包括但不限于实验室地址变更、技术负责人变更、授权签字人变更、标准变更）。

（2）合规管理风险，指实验室未按照监管部门要求对实验室活动及时进行书面报告或备案导致的风险。例如：未在规定时限内将不合格检测报告通知建设单位，并书面报告该工程的质量监督机构；校准实验室开展校准服务未向监管部门备案；校准实验室开展校准服务，监管部门备案内容变更未重新备案。

**2. 资源不足风险**

指实验室资源配置的数量和性能达不到相关要求的风险，一般分为软件资源不足风险和硬件资源不足风险。

（1）软件资源不足风险，指实验技术人员、实验室管理制度、资源分配的技巧和能力不足等导致的风险。如实验室资源估算不合理、资源配置不合理、资源未监控。

（2）硬件资源不足风险，指试验场地、仪器设备跟不上实验室的业务增长，制约实验室发展的风险。如实验室环境设施简陋、仪器设备陈旧、试验场地不足。

## 五、文化风险

指实验室违背质量道德的行为，或实验室检测行为严重违背企业的质量文化（或价值观）导致的风险，包括弄虚作假风险和告知承诺风险。

**1. 弄虚作假风险**

指实验室由于法律观念淡薄、社会责任意识和风险意识较差在实验室活动中弄虚作假，导致实验室被撤销资质甚至承担法律责任的风险。一般分为样品弄虚作假风险、检测弄虚作假风险、报告弄虚作假风险、设备弄虚作假风险、人员弄虚作假风险、环境弄虚作假风险、试剂弄虚作假风险、方法弄虚作假风险和记录弄虚作假风险。

（1）样品弄虚作假风险，指故意通过改变样品性质影响检测结果的真实性导致的风险。例如：故意通过稀释、吸附、吸收、过滤、改变样品保存条件等方式改变检测/校准样品性质；故意更换、隐匿、遗弃检测/校准样品。

（2）检测弄虚作假风险，指故意通过改变检测过程或者未经检测直接出具虚假报告导致的风险。例如：未开展采样、分析，直接出具检测/校准数据、结果；未经检验检测或者以篡改数据、结果等方式出具虚假检验检测数据、结果。

（3）报告弄虚作假风险，指故意编造、伪造报告内容导致检测/校准结论失真的风险。例如：报告和原始记录不一致；不根据真实原始记录编制报告；报告的副本和正本不一致或者伪造报告副本；报告缺少相应的原始数据或者报告信息不完整；报告数据逻辑性差；编制不规范；有选择性地评价数据和出具报告。

（4）设备弄虚作假风险，指故意改动、干扰仪器设备的环境条件或运行状态导致检测/校准结论失真的风险。例如：删除、修改、增加、干扰检测设备中存储、处理、传输的数据和应用程序；人为使用试剂、标样干扰仪器；通过仪器数据模拟功能或者植入模拟软件，凭空生成检测/校准数据。

（5）人员弄虚作假风险，指实验室人员通过伪造签名、公章、时间等出具虚假检测/校准报告的风险。例如：伪造检验检测机构公章或检验检测专用章；伪造授权签字人签名或者签发时间。

（6）环境弄虚作假风险，指故意通过改变环境状态从而改变检测结果导致的风险。如现场采样未开设烟道采样口、故意干扰环境条件。

（7）试剂弄虚作假风险，指故意改变试剂的性状或故意不按标准/规范要求添加试剂导致的风险。例如：使用无证且未经验证的标准物质、标样；故意使用已过期或无效的试剂、标样。

（8）方法弄虚作假风险，指故意不按照标准要求的检测方法进行检测导致检测结果失实的风险。例如：故意漏检关键检测/校准项目；故意改动关键项目的检测/校准方法；对原始数据进行不合理修约、取舍。

（9）记录弄虚作假风险，指通过篡改、销毁原始记录等方式伪造检测记录导致的风险。例如：纸质原始记录与电子存储记录不一致；故意不真实记录采样原始数据；故意不真实记录或选择性记录原始数据；谱图与分析结果不对应。

**2. 告知承诺风险**

指实验室采用告知承诺提出资质认定申请时，实验室未真实向国家或者省级市场监督管理部门告知其资质认定的条件和技术能力要求导致的风险，一般分为告知承诺上报材料不实风险和告知承诺上报材料不合规风险。

（1）告知承诺上报材料不实风险，指以告知承诺方式取得相应资质认定时提交不真实材料导致的风险。如伪造典型检测报告、提交虚假的授权签字人材料、提交虚假的技术负责人材料、提交虚假的固定场所文件。

（2）告知承诺上报材料不合规风险，指以告知承诺方式取得相应资质认定时虚假承诺或者承诺内容严重不实导致的风险。例如：设备、人员、设施环境、标准物质等资源不具备；设备有限制（测试样品尺寸不完全符合标准要求），未增加限制条件并出具报告；产品标准变更，未申请新增或变更其中引用的标准并出具报告；采用过期标准进行告知承诺并出具报告；方法验证报告的精密度等验证材料不满足方法标准要求并出具报告。

# 第二节　实验室质量风险识别

## 一、实验室质量风险识别应考虑的几个方面

### （一）范围

实验室质量风险贯穿机构管理的全过程，从合同/订单的签订、抽样/采样、制样、检测/校准，到最终出具报告/证书，质量风险如影随形，并在不同的环节中以不同的形式存在。此外，对开展不同检测/校准活动的实验室，还需要对所有相关类型的检测/校准活动（如环境检测、食品检测、消费品检测）的风险进行全面、系统识别。因此风险识别的范围覆盖了两个维度：一是检测/校准工艺流程的全部环节；二是实验室从事的所有检测/校准领域。

### （二）三种时态

实验室质量风险的识别不仅要考虑当前存在，还要考虑过去曾经发生，以及将来可能发生的各种质量风险事件。过去风险，指过去曾经发生的、对当前具有参考或借鉴价值的质量风险事件，如本机构或行业内发生的各类违规处理案例、客户诉讼案例、索赔及重大投诉案例等。现在风险，指当前阶段存在的质量风险，这类风险覆盖了实验室的全部活动和环节。将来风险，指潜在的法律法规及技术规范的变化，新技术、新领域、新项目的开发，客户消费习惯和市场需求的变化等可能带来的风险。

### （三）三种状态

正常风险，指在质量信息公开透明的环境下，实验室能够识别的、在实验室活动正常开展过程中存在的质量风险，如已知的流程制度的不完善、管理职责的不到位、客户的反馈、质量体系的薄弱环节等。潜在风险，质量风险能够随着实验室工艺流程的各个环节传递，从最开始的合同/订单签订到最终的出具检测/校准报告，且可能发生在传递的任一环节，由于质量信息不对称，上一环节的质量风险没能得到有效控制就会成为下一环节的质量风险。突发风险，由于质量风险具有潜伏性的特征，在某种环境条件具备时，一些质量风险可能集中爆发出来，产生非预期质量问题，如突发的安全或质量事故，对突发性风险应对不当，可能对实验室造成严重影响。

### （四）五种类型

即前述结果风险、过程风险、系统风险、策略风险和文化风险。

## 二、实验室质量风险识别的步骤

### （一）步骤一：选择典型检测方法或检测对象

实验室可依据本机构的实际情况，选择典型“检测方法”或“检测对象”，目的是实现“精准识别”并提高风险管理的效率。选择的典型“检测方法”或“检测对象”要基本

覆盖本实验室同类型的“检测方法”和“检测对象”的检测工艺流程。

常见的检测方法有化学检测、物理检测、微生物检测、电气检测等；常见的检测对象有食品、玩具、纺织品、电子电器、医疗器械等，检测对象也可根据实际情况做进一步细化。举例来说：环境实验室可以按典型检测方法进行风险识别，如微生物检测、化学检测；也可以按典型检测对象（或检测对象的进一步细分）进行风险识别，如水的检测、土壤的检测、空气和废气的检测。综合性的检测机构，可根据其实验室类别分别确定各实验室的典型检测工艺。表5-2是某检测机构各实验室典型检测工艺示例。

**表5-2　某检测机构各实验室典型检测工艺示例（节选）**

| 实验室名称 | 领域代码 | 检测/校准领域（CNAS—AL06） | 典型检测工艺 |
|---|---|---|---|
| 环境实验室 | 01 | 生物 | 环境实验室微生物检测 |
| | 02 | 化学 | 环境实验室化学检测 |
| | | | 环境实验室现场检测项目检测 |
| 安规实验室 | 04 | 电气 | 安规实验室安规检测 |
| 电磁兼容实验室 | 12 | 电磁兼容 | 电磁兼容检测 |
| 食品实验室 | 01 | 生物 | 食品实验室微生物检测 |
| | | | 食品实验室感官检测 |
| | 02 | 化学 | 食品实验室化学检测 |
| | 99 | 转基因 | 食品实验室转基因检测 |

### （二）步骤二：绘制典型检测工艺流程图

对于确定的典型检测工艺，按照其检测工序，绘制检测工艺流程图。首先，实验室需要对现有流程进行梳理，确定实验室的关键工序，汇总后形成实验室的关键工序清单，关键工序清单可以从一级工序延伸到二级或二级以上工序，具体视其工序的复杂程度确定。其次，根据确定的关键工序绘制典型检测工艺流程图。流程图在体现各关键检测工序的同时，应也能体现各工序间的关系，流程图的绘制还应遵循“横向到边，纵向到底”的原则。图5-2是某环境实验室微生物检测流程。

### （三）步骤三：识别检测工艺中的质量风险因素

确定关键工序和绘制典型检测工艺流程图的目的是将检测的整体流程细化为一系列彼此独立又相关的运作活动（工序），系统地审视每一项活动的细节，有利于识别每一项活动中的质量风险及其特点。风险识别不仅要识别实验室所面临的明显风险，更重要也更难的是对各种潜在风险进行识别。在此基础上，还要鉴定可能发生风险的性质，即可能发生的风险是动态风险还是静态风险，是可控的风险还是不可控风险，等等。只有这样，才能针对不同的风险因素采取有效的应对措施。表5-3为某食品实验室质量风险因素识别表的节选。

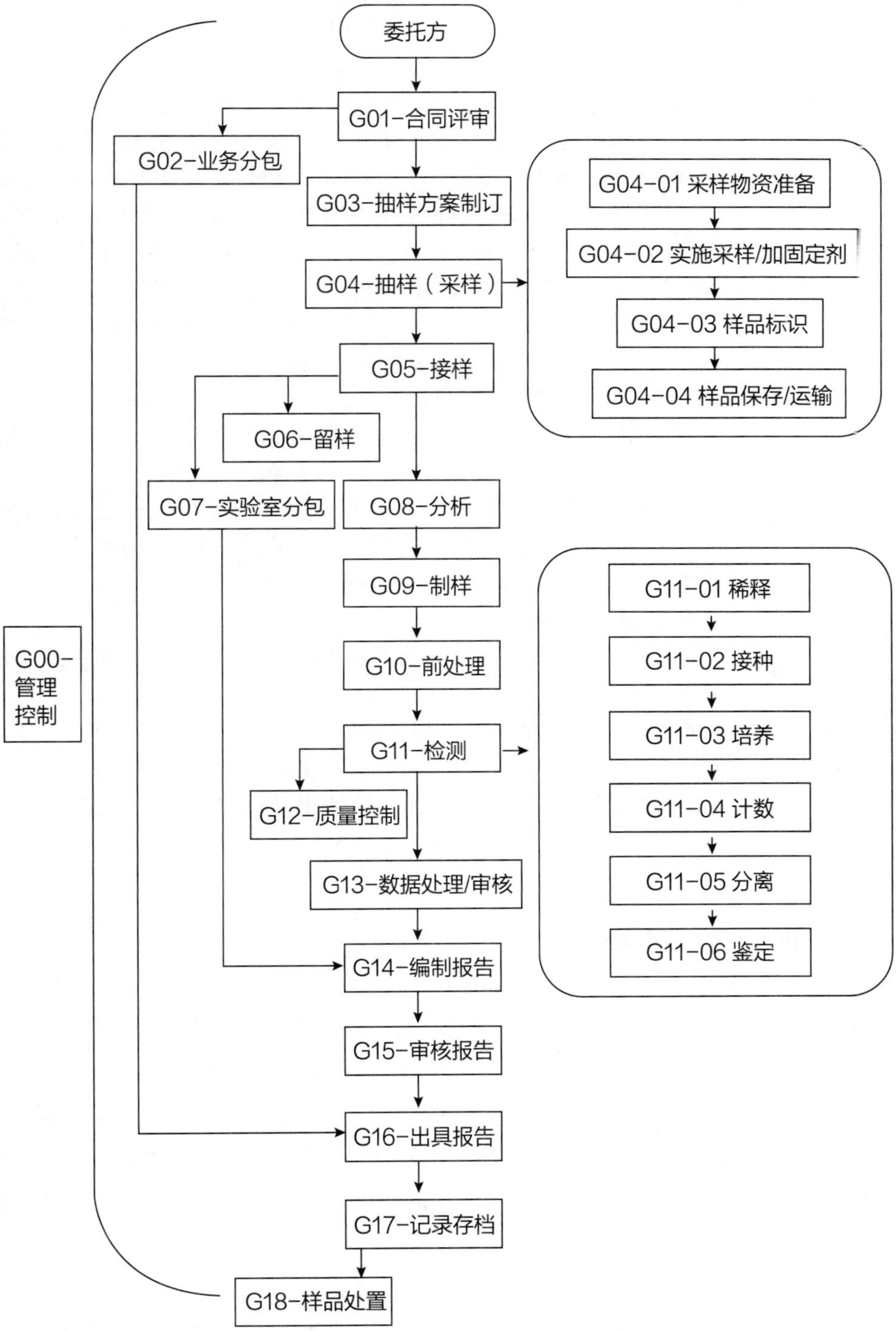


**图5-2　某环境实验室微生物检测流程**

**表5-3　某食品实验室质量风险因素识别表（节选）**

| 序号 | 工序 | 质量风险因素 |
|---|---|---|
| 1 | 合同评审 | 合同评审缺少检测项目、方法；代替客户签字等 |
| 2 | 抽样方案制订 | 未制订抽样方案、抽样方案不具代表性、缺少必要内容等 |
| 3 | 抽样（采样） | 采样人员未按照采样标准和规范进行采样工作；采样未做到无菌操作；对有特殊贮存和运输要求的样品，抽样人员未采取相应措施，保证样品贮存、运输过程符合国家相关规定和包装标识的要求；采集样品的数量不满足检验、复验等需要等 |
| 4 | 接样 | 采样信息录入错误、样品状态描述不正确导致检测结果异常且无法追溯；样品送到实验室时未根据送检要求逐次核对检验项目，来核对品名、产地（厂家）、批号、有效期、批准文号、规格、包件式样、储存运输条件、数量等 |
| 5 | 留样 | 未按规定要求进行留样、留样数量不符合要求等 |
| 6 | 实验室分包 | 未在检测/校准报告中标注分包情况、未对分包方进行评价确认等 |
| 7 | 检测/校准 | 未配备相应的消毒室、无菌室、检测室；样品检测不符合标准要求、未对实验室环境进行监控和记录；微生物检测未按无菌操作要求等 |
| 8 | 质量控制 | 未通过空白实验、仪器设备标定、平行样分析、加标样分析以及使用质量控制图等手段进行内部质量控制或者通过能力验证和实验室间比对进行外部质量控制 |
| 9 | 编制报告 | 报告必要信息遗漏、错误；未按要求进行备注等 |
| 10 | 审核报告 | 报告签发前未按要求进行审核等 |
| 11 | 出具报告 | 检测报告信息不完整；检测报告与原始记录不一致；签发人未授权、超范围盖章等 |
| 12 | 记录存档 | 记录丢失、损毁；记录存档少于6年等 |
| 13 | 样品处置 | 样品未按要求进行稀释、销毁、灭菌等处置 |
| 14 | 结果上报 | 市场监督管理总局组织的食品安全监督抽样检验结论不合格的实验室未及时通过食品安全抽样检验信息系统上报 |

## （四）步骤四：确定质量风险影响（或后果）

质量风险因素与质量风险影响（或后果）之间的关系是一种因果关系，对每一个识别出来并被确定的质量风险因素，应尽可能多地确定其产生的质量影响，包括实际的和潜在的影响、积极的和消极的影响。实验室质量风险因素造成的影响（或后果）通常包括两种类型：一种是对实验室运营的影响（或称直接影响），如撤销资质、业务中断、业务延误、流程功能失效等；二是对实验室经营的影响（或称间接影响），如报告召回、政府处罚、违约赔偿、声誉受损等。表5-4是实验室违反法规及认可规则可能导致的质量风险影响（或后果）。

**表5-4　实验室违反法规及认可规则可能导致的质量风险影响（或后果）**

| 序号 | 工序 | 行为或状态（举例） | 风险后果 |
|---|---|---|---|
| 1 | 检测/校准、出具报告、抽样（采样） | 虚假检验检测报告 | 撤销、吊销、取消资质 |
| 2 | 检测/校准、出具报告、抽样（采样）、记录存档 | 不实检验检测报告 | |

续表

| 序号 | 工序 | 行为或状态（举例） | 风险后果 |
|---|---|---|---|
| 3 | 管理控制 | 虚假承诺或者承诺内容严重不实 | 撤销许可决定，此前出具的报告不具有证明作用 |
| 4 | 管理控制 | 资质认定时提供虚假材料 | 不予认可,1年内不得申请 |
| 5 | 管理控制 | 超资质范围 | 责令整改、罚款 |
| 6 | 出具报告 | 授权签字人签发报告问题 | |
| 7 | 出具报告 | 盖章问题 | |
| 8 | 出具报告 | 资质认定标识问题 | |
| 9 | 检测/校准、出具报告、抽样（采样） | 违反强制性检测规定 | |
| 10 | 实验室分包 | 分包问题 | |
| 11 | 管理控制 | 变更问题 | |
| 12 | 管理控制 | HSE问题 | 查封、罚款 |
| 13 | 记录存档 | 记录和报告归档留存问题 | 说服教育、提醒纠正 |
| 14 | 质量控制 | 未参加能力验证和比对 | |
| 15 | 管理控制 | 年度上报问题 | |

## 三、实验室质量风险识别的推荐方法

随着风险管理理论与实践的发展，产生了一系列的风险识别方法，如头脑风暴法、检查表法（Check List）、专家调查法、预先危险性分析（PHA）、危险与可操作性研究（HAZOP）、故障假设分析（What If）、失效模式及后果分析（FMEA）以及危害分析与关键控制点（HACCP）等。每种识别方法的目标、特点、应用条件、原理、适用对象、工作量等都不尽相同，各具优缺点。本书结合实验室质量风险的特点，重点介绍检查表法和专家调查法。

### （一）检查表法

检查表法是一种较简单的风险识别方法，可以将此方法与报告的合规性检查相结合，因此也可称之为报告核查法。首先，实验室通过梳理机构相关的法律法规规定、标准要求、相关方要求以及历史风险事件，提炼出风险清单，并将其对应到检测/校准工艺流程图的各个工序，编制成检查表（Check List）；其次，检查人员定期抽取一定比例的检测/校准报告（覆盖所有典型检测/校准工艺），以最终的结果报告向前溯源，对检查表所列事项进行逐项核查，从而找出各工序的风险点并记录。表5-5是某实验室检查表法示例。

**表5-5　某实验室检查表法示例（节选）**

| 公司名称: | | | | 实验室名称: | |
|---|---|---|---|---|---|
| 序号 | 工序 | 风险类别 | 检查内容 | 结果判定 | 检查记录/不符合事实描述 |
| 1 | 管理控制 | 人员风险 | 检测/校准人员是否经过培训、监督、授权（任命），授权时间是否在开始从事实验室活动之前 | | |

续表

| 序号 | 工序 | 风险类别 | 检查内容 | 结果判定 | 检查记录/不符合事实描述 |
|---|---|---|---|---|---|
| 2 | 管理控制 | 人员风险 | 授权签字人是否在其授权技术能力范围签字 | | |
| 3 | 检测/校准 | 设备风险 | 关键测试设备是否在检定/校准有效期内 | | |
| | | | 关键测试设备是否按计划进行期间核查 | | |
| 4 | 检测/校准 | 弄虚作假 | 是否真实记录标准物质数据（标准物质配制、使用日期、使用人员） | | |
| 5 | 检测/校准 | 方法风险 | 是否使用有效、适用的检测/校准/抽样方法，并正确依照方法操作 | | |
| 6 | 检测/校准 | 弄虚作假 | 谱图与分析结果是否对应 | | |
| 7 | 出具报告 | 溯源风险 | 报告与原始记录是否一致，是否没有编造报告内容，是否根据真实原始记录编制报告 | | |

### （二）专家调查法

专家调查法也是风险识别常用的一种方法，指风险识别人员亲临现场，通过现场观察、查阅记录、沟通交流，并结合经验判断、理论计算、逻辑推理等方式，调查评价相关检测/校准过程存在的风险隐患，这种方法也可以称为综合评价法。在实施调查前应编制调查表，调查表应尽量覆盖关键的工序和事项，同时安排风险管理经验丰富的人员（相关领域的资深检测专家）参加。在使用专家调查法时，调查人员发现风险的能力在一定程度上决定了风险管理的成果。表5-6是专家调查法示例。

**表5-6　专家调查法示例（节选）**

| 公司名称: | | | | 实验室名称: | |
|---|---|---|---|---|---|
| 检查人/日期: | | | | 审核人/日期: | |
| 序号 | 工序 | 风险描述 | 专家调查方式 | 检查结果（Y、N、N/A） | 检查描述 |
| 1 | 检测/校准 | 未通过稀释、吸附、吸收、过滤、改变样品保存条件等方式改变检测/校准样品性质 | 记录溯源、专业评估:<br>（1）按照标准对原始记录中前处理、制样、测试等环节的操作记录进行核查<br>（2）观察实验员的作业、查看样品保存状态<br>（3）与实验员进行作业细节的沟通<br>（4）检查采样记录、样品流转记录以及报告中的样品信息<br>（5）采样/抽样、运输、接样、制备、分析、留样保存等全部流转过程中，是否有完整的溯源记录；是否存在记录与样品无法对应、多个样品与数据之间无法对应等情况；重点检查客户补样、重新送样、重新采样等情况是否存在替换样品出结果报告的情况 | | |

续表

| 序号 | 工序 | 风险描述 | 专家调查方式 | 检查结果（Y、N、N/A） | 检查描述 |
|---|---|---|---|---|---|
| 2 | 检测/校准 | 未删除、修改、增加、干扰检测/校准设备中存储、处理、传输的数据和应用程序 | 溯源记录、专业评估：<br>（1）查设备说明书和设备验证记录<br>（2）查设备数据的备份情况 | | |
| 3 | 管理控制 | 剧毒化学品是否申请在公安机关备案 | 现场检查：<br>现场在实验室化学品登记本上抽取1~3种剧毒化学品，查公安机关是否备案，且实验室入库登记信息是否和公安机关备案系统的出库信息一致，包括时间、用量 | | |
| 4 | 管理控制 | 样品未分区存放，无明显标识，导致混淆和交叉污染 | 现场查看、查看记录、沟通询问：<br>（1）查看实验室样品存放区间，查看样品是否按照样品性质、状态等进行分区存放<br>（2）样品是否有明显标识<br>（3）抽取3~5个样品查看样品标识和样品的保存状况 | | |

## 第三节　实验室质量风险分析与评价

### 一、实验室质量风险分析与评价应考虑的几个方面

#### （一）风险准则

风险准则指评价风险重要性的依据。实验室要分析风险的影响和评价风险的重要性，就必须建立风险准则作为分析和评价的依据。

#### （二）风险容忍

风险容忍指为实现目标在风险应对之后承担风险的意愿，也就是指机构在目标实现过程中对差异的可接受程度。风险容忍容易受到法律或监管要求的影响，对风险的容忍度较大，说明机构承受风险的能力较强，对在容忍度范围内的小风险，可以采取日常的应对措施。

#### （三）风险偏好

风险偏好指寻求或保留风险的意愿，指机构在承担风险时获得效用的情况，正效用越大对风险就越爱好，负效应越大对风险就越厌恶。需要注意区分的是，风险偏好和风险容忍虽然有密切的联系，但是两者对应的是完全不同的问题，风险容忍描述的是对风险承担的意愿和能力，并不直接说明对风险的爱好或厌恶的程度，主要因为决定风险容忍度的因素除了主观的风险偏好因素之外，还有一些决定风险承担能力的客观因素。

## 二、实验室质量风险分析与评价的推荐方法

风险分析与评价的常用方法很多，有德尔菲法、是非判断法、风险矩阵法、决策树分析、压力测试，以及作业条件风险评价法（LEC法）等，对实验室来说，本书推荐三种方法：是非判断法、风险矩阵法和LEC法。

### （一）是非判断法

是非判断法是一种定性的评价方法，根据检查表所列清单进行检查，以“是/否”进行回答，出现某种情况时就可以视为存在质量风险，在做判定的同时就已经基本确定风险的严重程度。以表5-5为依据，表5-7是某实验室采用是非判断法进行的风险分析。

**表5-7　某实验室用是非判断法进行风险分析（节选）**

| 公司名称： | | | | 实验室名称： | |
|---|---|---|---|---|---|
| 序号 | 工序 | 风险类别 | 检查内容 | 结果判定 | 检查记录/不符合事实描述 |
| 1 | 管理控制 | 人员风险 | 检测/校准人员是否经过培训、监督、授权（任命），授权时间是否在开始从事实验室活动之前 | 是 | |
| 2 | 管理控制 | 人员风险 | 授权签字人是否在其授权技术能力范围签字 | 否 | 查盖有CMA标识的报告×××授权签字人×××未获CMA授权 |
| 3 | 检测/校准 | 设备风险 | 关键测试设备是否在检定/校准有效期内 | 是 | |
| | | | 关键测试设备是否按计划进行期间核查 | 是 | |
| 4 | 检测/校准 | 弄虚作假 | 是否真实记录标准物质数据（标准物质配制、使用日期、使用人员） | 是 | |
| 5 | 检测/校准、抽样（采样） | 方法风险 | 是否使用有效、适用的检测/校准/抽样方法，并正确依照方法操作 | 是 | |
| 6 | 检测/校准、出具报告 | 弄虚作假 | 谱图与分析结果是否对应 | 是 | |
| 7 | 出具报告 | 溯源风险 | 报告与原始记录是否一致，是否没有编造报告内容，是否根据真实原始记录编制报告 | 是 | |

### （二）风险矩阵法

风险矩阵法是一种定量的评价方法，即识别出风险后，分析这种风险可能产生的后果及产生这种后果的可能性，依据评估结果绘制风险矩阵图，得出风险等级，根据不同等级的风险采取相应的风险控制措施。

风险矩阵法的实施，应对风险发生的可能性的高低、后果严重程度进行评估，对风险发生可能性可用概率表示，对后果严重程度可用运行影响、损失金额、人员伤亡等来表示。

表5-8和表5-9分别以某实验室风险发生可能性的分析标准和风险对目标影响程度的分

析标准举例，供实际操作参考。

**表5-8　某实验室风险发生可能性的分析标准**

| 评分 | 1 | 2 | 3 | 4 | 5 |
|---|---|---|---|---|---|
| 文字描述一 | 极低 | 低 | 中等 | 高 | 极高 |
| 文字描述二 | 一般情况下不会发生 | 极少情况下才发生 | 某些情况下发生 | 较多情况下发生 | 常常会发生 |
| 文字描述三 | 今后10年内发生的可能小于1次 | 今后5~10年内可能发生1次 | 今后2~5年内可能发生1次 | 今后1年内可能发生1次 | 今后1年内至少发生1次 |

**表5-9　某实验室风险对目标影响程度的分析标准**

| 评分 | | 1 | 2 | 3 | 4 | 5 |
|---|---|---|---|---|---|---|
| 文字描述一 | | 极轻微的 | 轻微的 | 中等的 | 重大的 | 严重的 |
| 文字描述二 | | 极低 | 低 | 中等 | 高 | 极高 |
| 文字描述三 | 日常运行 | 不受影响 | 轻度影响（造成轻微的人身伤害，情况立刻受到控制） | 中度影响（造成一定人身伤害，需要医疗救援、外部支持才能控制情况） | 严重影响（实验室失去一些业务能力，造成严重人身伤害，情况失控，但无致命影响） | 重大影响（重大业务失误，造成重大人身伤亡，情况失控，给企业造成致命影响） |
| | 财务损失 | 较低的财务损失 | 轻微的财务损失 | 中等的财务损失 | 重大的财务损失 | 极大的财务损失 |
| | 企业声誉 | 负面消息在企业内部流传，实验室声誉没有受损 | 负面消息在当地局部流传，实验室声誉受到轻微损害 | 负面消息在某区域流传，实验室声誉受到中等损害 | 负面消息在全国各地流传，对实验室声誉造成重大损害 | 监管机构进行调查，公众关注，对实验室声誉造成无法弥补的损害 |

对风险发生可能性的高低和后果严重程度进行评估后，依据评估结果绘制风险矩阵图。绘制风险矩阵图时，一个坐标轴表示结果等级，另一个坐标轴表示可能性等级，然后在矩阵图上找到对应的交点，得出风险等级。风险等级一般可按照严重度分三到五个等级，如一般、中等和严重。

表5-10是根据表5-8和表5-9以风险发生的可能性和影响程度两个维度为坐标轴绘制的风险矩阵图。风险矩阵图中不同底色区分不同风险，比如：对影响程度严重且发生可能性大的，用最深底色标识；对影响程度中等且发生可能性不大的，用中等底色标识；对影响程度轻微且发生可能性不大的，用最浅底色标示。最深区域可定义为“高风险”，中等区域可定义为“中风险”，最浅区域可定义为“低风险”或“轻微风险”。该风险矩阵图带有5点结果等级和5点可能性等级，行和列的交点为风险结论，即确定风险等级。

**表5-10 风险矩阵图**

| | | | | | | | |
|---|---|---|---|---|---|---|---|
| 可能性等级↓ | 常常会发生 | 5 | 低 | 中 | 高 | 高 | 高 |
| | 较多情况下发生 | 4 | 低 | 中 | 中 | 高 | 高 |
| | 某些情况下发生 | 3 | 轻微 | 低 | 中 | 中 | 高 |
| | 极少情况下才发生 | 2 | 轻微 | 低 | 低 | 中 | 中 |
| | 一般情况下不会发生 | 1 | 轻微 | 轻微 | 轻微 | 低 | 低 |
| | | 评分 | 1 | 2 | 3 | 4 | 6 |
| | | | 不受影响 | 轻度影响 | 中度影响 | 严重影响 | 重大影响 |
| | | | 较低的财务损失 | 轻微的财务损失 | 中等的财务损失 | 重大的财务损失 | 极大的财务损失 |
| | | | 负面消息在企业内部流传，企业声誉没有受损 | 负面消息在当地局部流传，企业声誉受到轻微损害 | 负面消息在某区域流传，企业声誉受到中等损害 | 负面消息在全国各地流传，对企业声誉造成重大损害 | 监管机构进行调查，公众关注，对企业声誉造成无法弥补的损害 |
| | | 结果等级→ | | | | | |

**（三）作业条件风险评价法（LEC法）**

作业条件风险评价法（LEC法）是一种定量的评价方法，由美国安全学专家格雷厄姆（Keneth J. Graham）和金尼（Gilbert F. Kinney）提出，是一种对具有潜在危险性作业环境中的危险源进行半定量的安全评价方法，用于评价操作人员在具有潜在危险性环境中作业时的危险性（或危害性）。

该方法是利用与系统风险相关的三个因素之积来评价系统风险的大小。这三个因素分别是：L（Likelihood，事故发生的可能性）；E（Exposure，人员暴露于危险环境中的频繁程度）；C（Consequence，一旦发生事故可能造成的后果）。给三种因素的不同等级分别确定不同的分值，再以三个分值的乘积D（Danger，危险性）来评价作业条件危险性的大小，即：

$$D=L\times E\times C$$

D值越大，说明该系统危险性越大，需要增加安全措施，或改变发生事故的可能性，或减少人体暴露于危险环境中的频繁程度，或减轻事故损失，直至调整到允许范围内。

表5-11、表5-12和表5-13对这三个因素分别赋值并进行科学计算。

**表5-11 事故发生的可能性（L）**

| 分数值 | 事故发生的可能性 |
|---|---|
| 10 | 完全可以预料 |
| 6 | 相当可能 |
| 3 | 可能，但不经常 |
| 1 | 可能性小，完全意外 |

续表

| 分数值 | 事故发生的可能性 |
|---|---|
| 0.5 | 很不可能，可以设想 |
| 0.2 | 极不可能 |
| 0.1 | 实际不可能 |

**表5-12　人员暴露于危险环境中的频繁程度（E）**

| 分数值 | 暴露于危险环境中的频繁程度 |
|---|---|
| 10 | 连续暴露 |
| 6 | 每天工作时间内暴露 |
| 3 | 每周一次或偶然暴露 |
| 2 | 每月一次暴露 |
| 1 | 每年几次暴露 |
| 0.5 | 非常罕见暴露 |

**表5-13　一旦发生事故可能造成的后果（C）**

| 分数值 | 发生事故的后果 |
|---|---|
| 100 | 10人以上死亡 |
| 40 | 3~9人死亡 |
| 15 | 1~2人死亡 |
| 7 | 严重 |
| 3 | 重大伤残 |
| 1 | 引人注意 |

然后根据公式D=L×E×C，就可以计算作业的危险程度，并判断评价危险性的大小，其中的关键还是如何确定各个分值，以及对乘积值的分析、评价和利用。不同实验室应根据自身具体情况来确定风险级别的界限值，以满足持续改进要求。D值对应的危险程变如表5-14所示。

**表5-14　危险程度 (D)**

| D值 | 危险程度 |
|---|---|
| >320 | 极其危险，不能继续作业 |
| 160~320 | 高度危险，要立即整改 |
| 70~160 | 显著危险，需要整改 |
| 20~70 | 一般危险，需要注意 |
| <20 | 稍有危险，可以接受 |

根据经验：总分低于20分被认为是低风险，这比日常生活中骑自行车上班更安全；风险评分为70~160，存在重大风险，需要及时整改；风险评分为160~320，为高度危险环

境，必须立即整改；高于320的高分表示环境极其危险，应立即停止检测，直至环境得到改善。

## 三、实验室质量风险评价准则制订

由于实验室面临的风险多种多样，且重要性也有所不同，所以在实施质量风险管理时，需制订风险准则对已识别的风险进行分析和重要性评价。实验室在制订风险评价准则时，需要重点关注如下几个方面：国家、地方或行业的法律法规及其他要求；检验检测技术规范的要求；各类质量、环境、健康与安全违规处理案例、客户诉讼、索赔及重大投诉案例；利益相关方的要求等。制订的风险准则既可以是定性的，也可以是定量的。

表5-15、表5-16和表5-17是某检测机构制订的风险评价准则，其中表5-15为可能性，表5-16为严重度。此实验室用的是LEC法，根据实验室的实际情况，修改为D=L×C，已经确定好五个可能性级别和五个后果严重性级别，并用可能性与后果严重性的乘积表示风险的等级，乘积的得数越大，对应的风险等级越高，根据乘积的得数把风险等级分成四个等级，如表5-17所示。

**表5-15　某实验室质量风险评价准则：可能性**

| 可能性分值 | 可能性 | 具体评价标准 |
|---|---|---|
| 5 | 频繁 | 可预测几乎每次都可能发生，如一个月内发生多次或每次项目运作都发生 |
| 4 | 很可能 | 发生的可能性较高，如一年内发生多次或在多种情况下都可能会发生 |
| 3 | 可能 | 有一定的发生可能性，如一年内发生1次或某种特定情况下可能发生 |
| 2 | 偶尔 | 发生的可能性较低，如近年未发生但较早前曾发生 |
| 1 | 罕见/不可能 | 可以预测发生的可能性几乎为零，如目前为止从未发生 |

**表5-16　某实验室质量风险评价准则：严重度**

| 后果严重性分值 | 后果 | 法律法规处罚 | 影响公司运营 | 经济损失（人民币） | 声誉影响 | 安全 | 环境 |
|---|---|---|---|---|---|---|---|
| 5 | 非常严重 | ①撤销资质<br>②查封/罚款 | 广泛损害<br>业务中断多于2天/导致流程功能完全失效 | ＞20万元 | 媒体持续关注，与业务伙伴间的信任受损，股东信任受损 | 死亡/1~4级伤残 | 反复超标排放或溢出，高额修复成本，严重的环境破坏 |
| 4 | 严重 | ①暂停资质<br>②责令整改/罚款 | 严重损害<br>业务中断少于2天/导致流程的主要功能失效 | 5万元~20万元 | 引起公众关注/评论，社会形象受损 | 5~9级伤残 | 反复超标排放或溢出 |

续表

| 后果严重性分值 | 后果 | 法律法规处罚 | 影响公司运营 | 经济损失（人民币） | 声誉影响 | 安全 | 环境 |
|---|---|---|---|---|---|---|---|
| 3 | 重要 | 客户索赔/诉讼 | 轻微损害<br>业务延误/导致流程的次要功能失效 | 5千元~5万元 | 媒体负面报告 | 10级伤残/损失5~10个工作日的工伤 | 没有产生永久的环境影响 |
| 2 | 一般 | ①被相关方质疑<br>②导致客户投诉 | 轻微损害<br>对运营没有显著影响/对流程的运转没有显著影响 | 2千元~5千元 | 影响很小 | 轻微伤害/损失5个工作日以下的工伤 | 系统内危害 |
| 1 | 轻微 | 一般/轻微不符合 | 基本没有影响 | ＜2千元 | 基本没有影响 | 未构成工伤的伤害/未遂事件 | 基本没有危害 |

注：如同时涉及事件界定的多个方面，则以评分高的为准。

**表5-17　某实验室质量风险评价准则：风险等级**

| 分值 | 风险等级 | 可接受度及处理方式 | 整改期限 |
|---|---|---|---|
| 15~25 | 高风险 | 绝对不可接受，应立即暂停相关活动或工作，并采取一切可能方法和手段降低风险 | 立即整改 |
| 8~12 | 中风险 | 不可接受，须采取措施降至尽可能低 | 限期整改<br>（正常三个月内，整改困难的最长不超过六个月） |
| 4~6 | 低风险 | 通常为可以接受的风险，考虑收益和支出的前提下采取措施降低 | 延期整改 |
| 1~3 | 轻微风险 | 通常为可以忽略的风险 | 维持现状 |

可能性、严重度及风险等级的分析与计算，可以是“可能性”与“严重度”的加和、乘积或者其他计算结果，具体根据实验室制订的风险判定准则而定。

实验室应根据实验室的从业范围、内部环境、外部环境来确定实验室风险的可容许程度，通常情况下，低风险一般可接受或可容忍风险，中风险及高风险为不可接受风险或不可容忍风险。

## 四、实验室质量风险评价

在风险识别及分析的基础上，根据实验室制订的风险评价准则，实验室对相关风险进行评价，并确定风险等级。表5-18是某实验室质量风险评价的结果。

表5-18 某实验室根据质量风险评价准则进行风险评价的结果

| 序号 | 工序 | 风险源 | 可能性分值 | 后果影响值 | 结果分值 | 风险等级 | 可接受程度 | 整改期限 |
|---|---|---|---|---|---|---|---|---|
| 1 | 接样 | 样品未分区存放，无明显标识，导致混淆和交叉污染 | 1 | 5 | 5 | 低 | 可接受 | 延期整改 |
| 2 | 制样 | 未设置独立的样品制备场所 | 1 | 5 | 5 | 低 | 可接受 | 延期整改 |
| 3 | 前处理 | 样品在前处理过程中未保持样品标识的可追溯性 | 1 | 5 | 5 | 低 | 可接受 | 延期整改 |
| 4 | 检测/校准 | 未经过校准检测就出具检测/校准数据、结果 | 1 | 5 | 5 | 低 | 可接受 | 延期整改 |
| 5 | 检测/校准 | 删除、修改、增加、干扰检测/校准设备中存储、处理、传输的数据和应用程序 | 2 | 5 | 10 | 中 | 不可接受 | 三到六个月内整改 |
| 6 | 检测/校准 | 人为使用试剂、标样干扰仪器 | 2 | 5 | 10 | 中 | 不可接受 | 三到六个月内整改 |
| 7 | 检测/校准 | 通过仪器数据模拟功能，或者植入模拟软件，凭空生成检测/校准数据 | 3 | 5 | 15 | 高 | 绝对不可接受 | 立即整改 |
| 8 | 检测/校准 | 用其他样品的分析结果或谱图替代原分析结果或图谱 | 4 | 5 | 20 | 高 | 绝对不可接受 | 立即整改 |
| 9 | 检测/校准 | 未按规范传输原始数据 | 1 | 5 | 5 | 低 | 可接受 | 延期整改 |
| 10 | 检测/校准 | 检测/校准活动区域的温湿度条件未满足检测/校准要求，对结果有效性产生不利影响 | 3 | 3 | 9 | 中 | 不可接受 | 三到六个月内整改 |
| 11 | 管理控制 | 未按规定办理变更手续（包括但不限于实验室地址变更、技术负责人变更、授权签字人变更及标准变更） | 1 | 3 | 3 | 轻微 | 可忽略 | 维持现状 |
| 12 | 管理控制 | 剧毒化学品未申请在公安机关备案 | 2 | 5 | 10 | 中 | 不可接受 | 三到六个月内整改 |
| 13 | 管理控制 | 易制毒化学品未申请在公安机关备案 | 1 | 5 | 5 | 低 | 可接受 | 延期整改 |

## 第四节　实验室质量风险管理控制措施的策划

### 一、应对实验室质量风险的七种方式

国际标准化组织（ISO）将风险应对定义为“改变风险的过程”。风险应对是风险管理中最关键的一步，可以说风险识别、分析和评价都是为风险应对服务的，把风险控制在可接受或者可容忍的范围内才是风险管理的最终目的。

风险应对是选择并执行一种或者多种改变风险的措施，包括改变风险事件发生的可能性或后果的措施。风险应对决策应考虑各种环境信息，包括内部和外部利益相关方的风险

承受能力，以及法律、法规和其他方面的要求等。

按照ISO 31000：2018提供的指南，风险应对一共包括七种方式，分别是风险规避、风险承担、消除风险源、改变可能性、改变后果（或严重度）、风险分担以及风险保留，具体到实验室，也无外乎这七种方式。

**1. 风险规避**

针对不可控的风险，实验室可以采取规避的方式处理，使该风险不再出现在日常活动中。例如：在缺少资源和技术能力的情况下，不进入新的检测领域；在使用实验室信息管理系统（LIMS系统）时，规定严禁将操作人员的用户名和密码泄露给他人。

**2. 风险承担**

对在风险承受度之内的风险，机构在权衡成本效益之后，不准备采取控制措施降低风险或者减轻损失，或者为了可持续性、长远的发展，对机遇进行了识别和分析评价，在回报不确定的情况下，做出承担风险的决定。例如：机构管理层认为机构的报告准确率维持在行业平均水平，从而决定维持现有报告准确率标准而不做改进，就是风险承担的一种表现；机构基于市场的需求，投资新的设施设备，开拓新领域，也就意味着机构承担开拓新领域可能带来的不确定性风险。

**3. 消除风险源**

对客观存在的风险，实验室在识别、分析和评价的基础上，通过采取技术措施，消除已知的风险源。该方式较适合于负面风险，是一种彻底治本的方式。例如，有些含剧毒试剂挥发会对人体造成很大伤害，在可选择的情况下，机构采用无毒无害试剂替代剧毒试剂。

**4. 改变可能性**

风险通常是后果及其发生的可能性二者的结合，将风险事件发生的频率（即可能性）降低，就可相应降低风险。例如，为防止出现故意篡改检测分析数据，采用LIMS系统自动抓取设备数据并自动生成报告，人为更改检测数据的可能性就大大降低了。

**5. 改变后果（或严重度）**

如前所述，风险是后果及其发生的可能性二者的结合，如果能够将风险事件导致的后果控制在一定范围内并防止其进一步扩散（或恶化），同样可以降低风险。例如在实验室内安装应急洗眼喷淋装置。需要特别说明的是，“改变后果”只是改变后果的影响程度，并不改变后果的性质。

**6. 风险分担**

又称风险转移，是机构通过合同或者非合同的方式将风险转嫁给另一个人（或单位）的一种方式。这种方式不改变风险自身的大小和性质，只是通过改变风险的承受主体来实现对风险的分担。例如，当客户要求出具的报告中对结果是否符合规范或标准要求进行判定时，机构在合同评审时与客户沟通并约定判定规则，共同承担误判的风险。

**7. 风险保留**

这种方式适合应对经风险评估后，机构认为可接受或者可容忍的风险，也适合于机构目前尚无资源和能力应对的风险。一般情况下，实验室应首先关注那些被评价为高风险、中风险的风险因素并重点投入资源，对于低风险的风险因素可以暂时采取保留风险的应对方式，当机构整体质量风险水平下降到一定程度后，再来关注。

## 二、实验室质量风险控制措施

本书第二章第三节借鉴了ISO 31000：2018及ISO 45001：2018两个标准中的风险识别、评价及控制策划的管理思路，提供了“实验室质量风险管理体系要素逻辑关系图”（如图2-6所示），确定了质量风险控制的措施，即质量风险管理目标、公正性和保密性的保证、资源提供、运行策划与控制，以及应急准备与响应。

### （一）质量风险管理目标

质量风险管理的目的是实现质量目标。不同的企业受各种内外部因素的影响（如宏观经济环境、微观竞争环境以及自身的使命、愿景及价值观）相应的质量目标也存在非常大的差异。有些企业仅期望提供的产品满足顾客的订单要求；有些企业期望通过质量管理提升企业的运营绩效（如质量、成本、周期、快速响应、准时交付）；有些企业将质量与品牌、质量与竞争力挂钩，通过实施战略质量管理来增加销售收入、创造营业利润。

杨克军在其《供应链质量管理：概念、方法及战略》一书中，将供应链的质量目标分为三个层次，即合规、高绩效和质量竞争力，如表5-19所示。

**表5-19　供应链质量管理目标的三个层次**

| 顾客的价值主张 | 供应链质量管理目标 | | |
|---|---|---|---|
| | 第一层次：合规 | 第二层次：高绩效 | 第三层次：质量竞争力 |
| 总成本最低 | 符合质量安全法规及技术规范 | 低成本<br>高效率<br>准时交付<br>较短的周期<br>高质量（一致性） | |
| 产品领先 | 符合质量安全法规及技术规范 | 上市周期<br>量产周期<br>高质量（一致性） | 高质量标准<br>高质量效益 |
| 全面客户解决方案 | 符合质量安全法规及技术规范 | 高质量（一致性）<br>快速响应<br>高的服务满意度 | |
| 系统锁定 | 符合质量安全法规及技术规范 | 高质量（一致性） | 高质量标准<br>高质量效益 |

本书沿用这一分类方式，将检验检测机构的质量风险管理目标分为合规、高绩效和质量竞争力三个层次，只不过在不同的环境下，检验检测机构与供应链核心企业的质量目标在不同层次上略有差别。

**1. 合规**

合规指检验检测机构在提供服务的过程中，各项经营管理活动均应满足相应的法律法规、技术规范以及认可准则的要求。合规是实验室质量管理的最基本目标，无法实现该目标将直接影响整个机构的运转，同时更高层次的目标（高绩效和质量竞争力）也将成为空中楼阁。

在ISO 14001：2015及ISO 45001：2018等管理体系的实践应用中，针对当前尚未满足法律法规要求的一些重大风险事项（如安全从业人员不满足法定要求、污水排放不满足排放标准要求），通常采用制订“目标、指标及管理方案”的方式来消除或降低风险（如在某一规定的期限内，通过采取若干行动计划来最终实现人员数量满足法定要求、污水达标排放）。

同理，检验检测机构对一些暂时无法立即整改的重大风险事项，也可以通过制订“目标、指标及管理方案”的方式来消除或降低风险，如中级及以上职称的检测人员比例于某年某月前提升至30%。

**2. 高绩效**

对检验检测机构而言，衡量其运营绩效的指标通常包括成本、效率、周期、质量、快速响应及柔性等，机构不可能面面俱到，或者说不可能将所有的关键指标都配置相同的权重。但是，作为提供公正性检测报告或数据的检验检测机构，检测结论的准确性、检测周期的缩短以及准时交付无疑是客户最为关注的指标。通常制订的质量目标包括报告准确率、报告准时交付率、客户投诉处理及时响应率等。

**3. 质量竞争力**

质量概念的发展，从“符合性”过渡到“适用性”及“满意性”，并在20世纪90年代进入“卓越质量”阶段，质量成为企业核心竞争力的一个重要组成部分。质量竞争力理论实质上是企业竞争力理论与质量理论的结合，企业质量竞争力指使企业在目前和未来的环境中，为顾客创造出比竞争者更具个性、更有诚信、更具价值、更难超越的卓越质量的核心能力。

在产业界，一些国际国内知名企业已经将质量作为一项核心的竞争力资源进行经营，例如将六西格玛、“零缺陷”作为一种质量经营理念，将推行“卓越绩效准则”、获取国家质量奖作为一项战略目标来培育自身的核心竞争力，从而创造出更优异的质量经济效益，实现远超同行业平均利润率的经营业绩。

对于检验检测机构而言，可以通过推行“零缺陷”“顾客满意工程”等来制订质量竞争的战略质量目标，例如重大报告差错率为“零”、一般报告差错率低于万分之一、重要顾客满意度高于90%。

### （二）公正性和保密性保证

ISO/IEC 17025：2017将公正性和保密性独立成章，列为检测/校准实验室的“通用要求”，显示出公正性和保密性是检验检测机构赖以生存的基石，实验室必须采取有效的控制措施以消除影响公正性和保密性的风险因素。

**1. 公正性的保证**

实验室的本质属性是传递信任，公正性是机构各项实验室活动行为的重要准则，是其社会价值的重要体现。准则要求：机构应从组织结构和管理上保证实验室活动的公正性，不允许受商业、财务或其他方面的压力影响；管理层应做出公正性承诺；应持续识别影响公正性的风险，并将风险降至最低。

（1）公正性风险行为。

公正性风险行为发生在检验检测的全过程中，实验室应进行系统的识别，这些行为主要包括篡改检测数据（如选择性采样、更换样品、改变测试条件、变更测试方法、不真实/选择性记录原始数据）和伪造检测数据（如凭空编造原始记录、仪器模拟原始数据）两种类型。

（2）公正性风险来源。

从各项准则要求可以看出影响公正性的风险来源有以下几个方面：实验室自身活动、实验室各种关系、实验室工作人员关系。实验室公正性风险产生主要是基于所有权、控制权、管理方式、管理层、人员，共享资源（分包）、财务、合同、营销（包括品牌），以及支付销售佣金或介绍新客户的奖酬等。

（3）公正性风险控制措施。

针对识别出来的公正性风险，实验室可以通过建立制度、LIMS系统应用、员工行为规范控制和教育培训等多种具体措施进行控制。

1）建立完善的制度。首先，实验室管理层要承诺实验室活动的公正性，要能排除压力和干扰并对公正性负责，从源头持续识别公正性的风险，并能够证明如何消除或最大限度减少这种风险。其次，在架构设计时要充分考虑公正性风险，保证其工作模式、流程设置能够帮助企业进行有效的风险管控。例如：在设置部门岗位时，可以将工作流程设置不同的环节，包括抽样、样品接收、合同评审、检验检测、结果复核和报告签发等环节，这样每一环节都能起到对上一环节的监督审核作用，也可避免某一环节/人员对整体流程公正性的影响。最后，融合各项流程建立程序化体系管理制度，包括但不限于绩效考核制度、财务管理制度、监督和举报制度和反贿赂管理制度。

2）应用LIMS系统。LIMS系统实现检测数据的自动采集、报告自动生成和测试结果及时反馈，降低人为误差带来的公正性风险，从而提高测试结果的准确性和客观性。特别是对于现场采样监测环节，如何有效监督其公正性一直是行业的难题，通过LIMS集成现场仪器在线监测、拍照和视频录像上传可有效解决，这种方式在业内大型实验室已经得到有效应用，并取得了很好的效果。

3）加强人员管理。制订员工商业行为规范，并将内容加入员工手册。加大教育培训力度，特别是新员工入职就要对其进行培训行为规范，宣贯公正性声明，并要求签署检验检测人员从业承诺，树立正确的职业操守和文化。

**2. 保密性的保证**

实验室处在一个不断变化的环境中，并且持续与客户、供应商、员工及其他相关方分享并交换信息，这些信息应被视为资产并应得到相应保护。按照认可准则，除客户公开的信息，或实验室与客户约定公开的信息外，其他所有信息都被视为专有信息，应予保密。客户的委托检测行为、客户提供的技术资料和产品信息、客户提供的样品、实验室活动过程中产生的信息等均属于保密信息。实验室从监管机构和投诉人等客户以外的渠道获得的客户信息，也应被视为保密信息；按照《检验检测机构监督管理办法》（“39号令”）的要求，检验检测工作中知悉的国家秘密、商业秘密也应予以保密。保密性风险可能导致监管部门、客户、员工和其他合作方丧失对公司的信任，严重时可导致国家、客户或公众利益蒙受损失，进而导致相关的诉讼、索赔和行政处罚。因此，保密性对实验室的合规、财务、商誉和品牌意义重大。

（1）保密性风险行为。

保密性风险行为不仅指可能直接导致泄密或存在信息安全问题的具体行为，也包括管理不当或不作为的状态，通常包括但不限于下列情况。

1）与客户签署的合同、报价单、相关的企业标准和产品技术规格的泄露或丢失的行为。

2）样品信息泄露或样品丢失的行为。

3）实验室活动产生信息的泄露或丢失的行为。

4）客户未经允许进入实验室区域观察其他客户的测试活动。

5）实验室人员对经手的保密信息未采取任何保密措施，如因场地不足将客户正在测试的样品放置于靠近走廊的玻璃窗旁并且未进行遮盖。

（2）保密性风险主要来源。

保密性风险通常来源于政策规章、设施环境、人为因素、流程管理四个方面。政策规章指的是保密管理的制度化，保密措施如果不形成文件，予以培训和实施，其效果无法得到保障；设施环境指的是保密信息的载体和物理环境，实验室用于储存保密信息的物理空间和计算机系统如果不能控制未经授权的访问，会造成保密工作的漏洞；无论设施环境的保密设计多么完善，保密信息最终是由人来管理的，所以人为因素是保密性风险的一个重要来源；流程管理指的是实验室在每个相关的工作流程中采取的防泄密管理措施，缺少良好的流程管理也会引发实际的保密风险。

（3）保密性风险控制措施。

保密性风险控制措施可依据其来源的不同制订，主要通过以下几种方式。

1）制订保密程序，完善相关的制度文件，对涉密人员、保密信息范围、涉密信息的管理以及泄密事件的处理等加以规定。

2）设施环境的管理权限控制，包括但不限于实验室合理设置门禁，以及设置实验室信息管理系统权限，包括计算机、移动硬盘、LIMS和其他信息管理系统。

3）加强对涉密人员的培训和教育，与实验室或相关方人员签署相关保密协议。

4）流程信息管理控制，对实验室活动各流程环节的信息传递都要考虑保密性要求，评估如何避免不必要的信息扩散，并将管理手段形成作业文件，定期评估效果。

**（三）资源提供**

实验室应确定和提供实现质量风险控制措施和风险管理目标所需的资源。根据《检测和校准实验室能力认可准则》（ISO/IEC 17025：2017）的内容，质量风险管理所需的资源一般包括人员、设施和环境条件、设备、计量溯源性、外部提供的产品和服务五种类型。实验室应在其活动的各个阶段评估这些资源，以确保其满足实验室活动的初始能力和持续能力的要求。实验室管理层应根据检验检测活动范围、检测专业类型、业务量等统筹合理配置所需的人员、设施、设备、系统以及支持性服务等资源，为实施实验室活动提供有效的资源保障，确保检测或校准结果的正确性、可靠性，并满足业务发展的需要。

无论是哪一类资源，对于实验室而言，在资源提供与管理方面，通常包括如下六个过程：资源需求的识别、资源差异分析、资源需求计划、资源供应/配置、资源能力评估、资源定期更新。机构应围绕这些过程进行风险识别、评价及控制。

（1）资源需求识别就是指为了达成目标需要配备哪些资源，并识别出这些资源的关键质量/技术特征。作为资源管理的第一步，只有在数量和质量上充分识别关键的资源需求，才能为接下来的资源配置提供方向。实验室应根据组织所处的内外部环境、法律法规及相关方要求、机构的质量风险政策/偏好，以及资源的固有属性等进行需求识别。例如有些检测作业要求在恒温恒湿条件下进行，那么就应设置独立的工作室，并配置相应的恒温恒湿系统。

（2）资源差异分析指分析现有资源的配备以及关键质量/技术特征是否满足要求，以及其和期望目标/标准/规范/准则之间的差距。例如在人员管理风险识别时，CNAS认可化学领域的技术负责人要求必须具有化学专业或与所从事检测专业范围密切相关的本科以上学历和5年以上化学检测工作经历，现有化学领域技术负责人的工作经历是否满足这个条件，即为差异分析。

（3）资源需求计划指针对差异分析的结果，实验室应制订资源需求计划。例如人员招聘、培训、设备采购、溯源、环境条件改造计划。

（4）资源供应/配置指各类资源需求计划实施的过程。例如，为满足测试要求购置测试专用设备电感耦合等离子体质谱仪（ICP—MS）。

（5）资源能力评估指当资源供应/配置计划实施完成时，实验室通过验收、验证、评价等方式评估结果是否达到预定的目标或要求。例如，通过对新购置设备的验收和校准确认评价设备是否满足需求。

（6）资源定期更新。资源管理的过程始终在不断变化，比如测试设备会老化，测试方法会变更等，这些都需要机构定期或不定期进行资源更新，并重复上述（1）~（5）过程。如同PDCA循环，持续提升资源能力。

通过对资源类别的细分，对不同资源进行风险识别，就会比较清晰直观，且更具条理性。

**（四）运行策划与控制**

《职业健康管理体系 要求及使用指南》（ISO 45001：2018）及《环境管理体系 要求

及使用指南》（ISO 14001：2015）在“运行策划和控制”条款中均明确指出，组织应建立、实施并控制满足职业健康安全与环境管理体系以及实施在风险评估阶段所确定的措施，通过：①建立过程的运行准则；②按照运行准则实施过程控制。控制可包括工程控制和程序。控制可按层级（如消除、替代、管理）实施，并可单独使用或结合使用。组织应保持必要程度的文件化信息，以确信过程已按策划得到实施。

实验室对实验室运行阶段存在的质量风险，可以借鉴ISO 45001：2018及ISO 14001：2015“运行策划与控制”条款要求进行管理。ISO/IEC 17025：2017的“过程要求”对11类运行过程给出了详细的控制要求，实验室应针对识别出的质量风险，制订更具针对性、操作性，并且能够有效消除或降低风险的控制措施（包括文件规定）。一般风险控制措施可分为技术手段和管理手段两类。

技术手段包括但不限于以下几种。

**1. 信息系统化**

指采用先进的数据库技术、软件技术、网络技术对实验室的样品、数据、人员、设备、方法、环境、事务等业务和检测流程进行全面管理。例如：为了规避线下操作人为因素带来的风险，同时也可快速、有效溯源，实验室可选择上线实验室信息化管理系统（LIMS），从下单到报告全过程管控，实现分析过程自动采集数据并生成报告，订单变更时系统可自动将变更信息流转至相关人员；为了消除使用无效方法或文件的风险，实验室可选择引入办公自动化系统（OA），所有现行有效的方法或文件等均在系统中发布、受控，避免使用非有效方法或文件。

**2. 设备自动化**

指设备在无人干预的情况下，根据已经设定的指令或程序，自动进行操作或控制。如为了降低检测过程中人为因素带入的检测风险，提高检测速度，可引入自动化设备代替人工操作。

**3. 流程标准化**

指将各项技术、管理等活动进行统一、规范，明确具体节点及流程，以便工作的规范及高效。如为了减少流程不稳定引发的风险，可对样品采集、检测、报告出具等流程进行标准化规定，明确采样/检测的步骤、报告出具及审核流程，减少差错风险。

**4. 监控多样化**

指为了达到某种目的，采用多种方式对活动进行监视与控制。例如：为了降低采样过程的合规风险，可在抽（采）样现场配备定位、拍照或视频监控系统；在检测过程中为有效控制设备利用率、设备故障率等，可增加设备监控系统。

管理手段一般包括但不限于以下几种。

**1. 制订文件**

指为统一、规范、高效地开展各项活动，以文字或图示等文件方式规定相关内容及要求，并经相关人员审批，下发至相关人员执行。例如：为了规范合同评审过程，避免合同评审风险，可制订合同及合同评审程序；为了规范管理样品，避免样品风险，可制订样品管理程序。

**2. 开展培训**

指通过组织相关要求或知识的宣贯学习，确保相关人员了解、熟悉并掌握各项技能或知识，提高人员素质，降低人员风险。如为了降低检测过程中的人员能力风险，可组织对各类人员进行技能培训，并考核确认其能力。

**3. 资格认可**

指对人员从事某一工作所必备的学识、技术和能力进行考核、确认，以确保人员满足某种资格要求。如为了避免不具备能力人员开展检测或方法验证等工作，可对相关人员的方法检测、方法验证能力进行评价，确认其具备能力。

**4. 人员授权**

指根据人员能力在一定时间段内赋予其特定的职责和权力。例如：为了防止人员不具备能力却从事方法开发，可对已获资格认可的人员进行方法开发授权；为了消除方法过期的风险，可授权标准查新人员定期进行标准查新。

**5. 定期监督**

指按照一定频次对某一特定环节、过程或人员进行监视、督促和管理，使其结果能达到预定的目标。如为了避免检测过程中质控措施实施不到位，可定期监督相关措施的落实情况。

**6. 定期复盘**

指按照一定频次对已开展的活动进行回顾、总结经验或教训，以便进一步改进。如为了避免纠正措施无效，可定期对以往的不符合项进行统计、分析和评估。

**7. 人员增配**

指为满足活动开展需要，在一定程度上增加人员配置。如为了降低采样风险，在采样或现场检测环节，增加多人开展活动。

### （五）应急准备与响应

当某种环境条件具备时，一些风险可能集中、突然爆发出来，如突发的质量、安全、健康及环境事故。对此类风险，在爆发前如果不能预测，在爆发后如果不能有效应对，都会给实验室的正常运作造成极为不利的影响，甚至可能造成重大的环境事故、人身安全及财产损失。

ISO 45001：2018和ISO 14001：2015在“应急准备和响应”条款中都明确指出，组织应建立、实施和保持在风险评价阶段所识别的紧急情况进行准备并做出响应的过程，包括：建立紧急情况的响应计划，包括急救；为策划的响应提供培训；定期测试和演练所策划的应急响应能力；评价结果，并在需要时修订策划的响应措施，包括在测试或特别是在紧急情况发生后。

实验室针对潜在的突发事件，如质量事故/事件、职业健康安全事故/事件、信息安全类事故/事件、其他自然灾害、事故灾难、公共卫生、其他社会安全事件等，可以借鉴ISO 45001：2018和ISO 14001：2015“应急准备和响应”条款的相关要求进行管理。

# 第六章

# 实验室质量风险管理实施

为了将“基于风险的思维”有效付诸检测/校准实验室的质量管理体系，本书参考ISO 31000：2018和ISO 45001：2018标准，并结合ISO/IEC 17025：2017第4章至第七章条款要求，创新性地提出了一种实验室质量风险管理模型。本章将依据质量风险应对策划的安排，详细介绍实验室质量风险管理体系模型实施（Do）部分。

本章共四节。第一节介绍公正性与保密性的风险管理。分别从风险行为、风险来源和风险控制措施制订三个方面进行阐述。第二节介绍资源提供过程的风险管理。合理的资源投入是保障有效应对风险的基础，实验室应配置与风险管理需求相适应的资源，主要包括人员（技能、经验和能力）、设施和环境、设备、计量溯源性以及外部提供的产品和服务等。第三节介绍运行策划和控制的风险管理。从实验室运营的11个过程详细展开，包括合同评审、选择方法及方法验证/确认、确保结果有效性、评定不确定度、报告结果等，贯穿品的接收/抽样、样品制备、样品检测、样品处置全过程。第四节介绍实验室的应急准备和响应。实验室常见的事故可以分为质量、健康、环境、安全、信息等类型。本节重点介绍职业健康/安全、环境类事故的成因、预防的基本措施、应急预案编制及响应等，帮助实验室结合自身特点制订合适预案，最大限度降低损失。

## 第一节　公正性和保密性的保证

检测行业的本质是传递信任，是通过所出具检测数据的公正性保证贸易中买卖双方的利益，为客户产品的质量、安全、性能等做出信用背书，因而检测行业又称第三方公正检测。当今，国际经济一体化进程的发展使全球资源的共用化程度越来越高，市场竞争也从传统的物质资源竞争转向信息竞争，在这种背景下，现代企业保护商业信息也愈发重要。实验室作为向企业（尤其是科技型企业）提供服务的技术机构，接触企业科技成果信息的机会很多，实验室保护客户信息权益的能力已被视为评价检测服务质量的重要方面。

### 一、公正性的保证

实验室必须公正地实施实验室活动，并从组织结构和管理上保证公正性。公正性的特点表现为客观、独立、中立、公平、思想开明、不偏不倚、不受他人影响、平衡、无利益冲突、无歧视等。以下从“公正性风险行为”“公正性风险来源”及“公正性风险控制措施”三个方面进行阐述。

#### （一）公正性风险行为

公正性风险行为发生在检验检测的全过程中，实验室应进行系统识别。

**1. 篡改检测数据**

指利用职务或工作上的便利，故意干预检验检测活动的正常开展，导致检测数据失真的行为。

（1）选择性采样：擅自变更采样数量、采样位置；采用人为因素改变采样的不利条件，如以人工遮挡、堵塞和喷淋等方式干扰采样或者改变采样时长。

（2）更换样品：故意更换样品，或者通过稀释、吸附、吸收、过滤、改变储存条件等方式改变样品的原有性质。

（3）改变测试条件：通过人为因素，如升高或降低温度、添加掩蔽剂等方式，改变方法要求的条件。

（4）变更测试方法：故意改动关键项目的检测方法；漏检关键项目；改动、干扰仪器设备的环境条件或运行状态；删除、修改、增加、干扰设备中储存、处理、传输的数据和应用程序；人为使用试剂、标样干扰仪器；更改自动监测设备的参数设置；等等。

（5）不真实/选择性记录原始数据：篡改、修改原始记录；不记录不合格数据；做多次数据挑选合格的数据；对数据进行不合理的修约、取舍；等等。

**2. 伪造检测数据**

（1）未开展采样；采样点位凭空绘制；编造采样原始记录；到达现场但未实际采样；采样数量不足，编造充足的样品量。

（2）编造检测报告，没有对应的原始记录。

（3）检测报告的检测时间和设备生成的原始记录时间不一致；将其他时间生成的谱图、图片等当作本次报告的原始记录。

（4）伪造检测人员签名；伪造授权签字人签名。

（5）通过仪器数据模拟功能凭空生成数据。

（6）未按照规定对样品留样或者保存，导致无法对检测结果进行复核。

**（二）公正性风险来源**

《检测和校准实验室能力的通用要求》（ISO/IEC 17025：2017）4.1对公正性有以下描述。4.1.1）实验室应公正地实施实验室活动，并从组织结构和管理上保证公正性。4.1.2）实验室管理层应作出公正性承诺。4.1.3）实验室应对实验室活动的公正性负责，不允许商业、财务或其他方面的压力损害公正性。4.1.4）实验室应持续识别公正性的风险。这些风险应包括其活动、实验室的各种关系，或者实验室人员的关系而引发的风险。然而这些关系并非一定会对实验室的公正性产生风险。注：危及实验室公正性风险的关系可能基于所有权、控制权、管理、人员、共享资源、财务、合同、市场营销（包括品牌）、支付销售佣金或其他引荐新客户的奖酬等。6.2.1提出的“所有可能影响实验室活动的人员，无论是内部人员还是外部人员，应行为公正、有能力、并按照实验室管理体系要求工作”是对人员的公正性要求。

《检验检测机构资质认定能力评价 检验检测机构通用要求》（RB/T 214—2017）4.1.4提出“检验检测机构及其人员应不受来自内外部的、不正当的商业、财务和其他方面的压力和影响，确保检验检测数据、结果的真实、客观、准确和可追溯。若检验检测机构所在组织还从事检验检测以外的活动，应识别并采取措施避免潜在的利益冲突”。4.2.1中提出，“检验检测机构中所有可能影响检验检测活动的人员，无论是内部人员还是外部人员，均应行为公正、受到监督、胜任工作，并按照管理体系要求履行职责”。

《合格评定 公正性 原则和要求》（GB/T 27001—2011）提出公正性的威胁包括可能源于下述情况而产生的各种偏离。a）自身利益（例如：过分依赖服务合同，或担心失去客户或担心失业，以至于在开展合格评定活动中对客观性造成负面影响）；b）自我审核（例如：机构在进行合格评定活动中对其已提供的服务如设计或咨询的结果进行评估）；c）偏向（例如：在解决争议或诉讼中，机构或其人员采取行动支持或反对某一公司，而该公司是其客户）；d）过于熟识，此类威胁来源于机构或其人员对评定对象过于熟悉或信赖，而不去寻找符合性证据；e）胁迫（例如：机构或其人员可能因害怕客户或其他利益方或受其威胁而不敢客观行事）；f）竞争（例如：被评审公司与签约技术评审员之间的竞争）。

本书主要按照ISO/IEC 17025（CNAS—CL01：2018）的分类方式，将危及实验室公正性风险的来源基于所有权与控制权，管理，人员，共享资源、财务、合同、营销（包括品牌），以及支付销售佣金或介绍新客户的奖酬等六种类型进行识别。需要说明的是，每个实验室没有相同的公正性风险因素，应根据自己的实际情况进行风险识别并采取控制措施来降低风险，满足标准及准则要求。

### （三）公正性风险控制措施

针对以上类型的风险来源，实验室可以通过建立制度（如设计组织架构保持相对独立、公正性声明、全员监督及举报制度、薪酬绩效制度、财务管理制度、反贿赂管理制度）、LIMS系统的应用、员工行为规范控制（如制订员工商业行为规范、检验检测人员从业承诺）、教育培训（如建立/加强内部风险文化和意识、通过新员工入职培训宣贯公正性声明等）等多种具体措施控制实验室公正性风险。如表6-1所示。

**表6-1　公正性风险识别控制表**

| 序号 | 风险来源 | 可能存在的公正性风险 | 应对措施 |
| --- | --- | --- | --- |
| 1 | 所有权与控制权 | 实验室为某母体组织的子公司，母体组织干预检验检测活动 | 1）母体公司对公正性和独立性做出公正性声明，不干预实验室活动<br>2）机构设置独立财务，在管理和经济上独立，明确与母体组织的隶属关系 |
| | | 投资方对机构的收入和利润指标期望过高并给管理层施加压力 | 加强沟通，建立适宜的收入和利润指标，实验室不能为了完成指标而违背公正性 |
| | | 集团内部各子公司之间存在商业利益关系 | 各子公司独立运行，财务独立核算 |
| | | 为投资方投资的其他公司提供检验检测服务 | 做出公正性声明 |
| 2 | 管理 | 法人治理结构（如董事会、监委会、管理层及其之间的关系）对检验检测活动的干预 | 1）法人授权委托<br>2）法人承诺不干预实验室的检验检测活动而影响其公正性<br>3）优化组织结构，对法人治理结构、内部管理层的相互关系形成文件、界定清晰 |
| | | 管理层干预检验检测活动 | 管理层做出公正性承诺 |
| | | 关键岗位和人员的职责范围、隶属、权利等相互关系混乱（如销售领导实验室） | 1）组织结构图文件化<br>2）明确关键岗位和人员的职责范围、隶属、权利等相互关系，从结构上保证公正性 |
| | | 为组织中的研发、开发和设计部门提供检验检测服务 | 1）采用实验室信息化管理系统（LIMS）实施检验检测活动，避免人为干预<br>2）制订抽样、合同评审、检验检测、结果审核、报告签发各阶段的管理程序文件 |
| | | 组织内的监管部门在监管过程中干预检验检测活动 | |
| | | 投诉的受理、调查和处理过程与被投诉人或部门不独立 | 建立《投诉处理程序》，明确投诉的受理、调查和处理的人员和部门独立，与投诉事项无关 |
| 3 | 人员 | 人员聘用方式（如聘用临时工从事重要的检验检测工作，包括采样、检测、报告审核或签发） | 建立《招聘管理制度》，明确检验检测员的长期合同制，对临时工的工作做出限制 |
| | | 员工的职业道德 | 1）加强员工职业道德培训<br>2）与员工签署公正、保密协议<br>3）收集相关方对员工的反馈信息 |

续表

| 序号 | 风险来源 | 可能存在的公正性风险 | 应对措施 |
|---|---|---|---|
| 3 | 人员 | 检验检测人员单独外出作业（如采样）或者连续多次对同一企业服务 | 制订《人员监督机制》，规定外出检验检测任务由2个及以上的人员完成，并尽可能安排轮换 |
| | | 外出检验检测的差旅费由客户承担 | 明确差旅、食宿等费用由实验室承担 |
| | | 员工的薪酬业绩和支付方式（如员工薪酬与检验检测结论挂钩，对检验检测人员采用计件制计酬） | 建立《薪酬绩效管理制度》，明确员工的薪酬由机构根据工作岗位、工作质量和工作能力实行动态管理，员工的薪酬与检验检测结论无关，关键岗位检验检测人员计酬不采用计件制 |
| | | 检验检测人员与委托方过于熟识（由于对产品或客户过度熟悉而不基于客观测试结果出具报告） | 1）建立《样品管理程序》，明确盲样流转<br>2）建立回避制度，切断检验检测人员与委托方之间的联系 |
| | | 实验室人员与检验检测对象的利益关系（如影响实验室活动的人员参与检验检测对象产品的设计、制造、销售、安装、售后、采购、使用和维护保养） | 1）建立《员工行为规范》，明确要求影响实验室活动的人员不得参与检验检测对象产品的设计、制造、销售、安装售后、采购、使用和维护保养，并规定不得接受被检单位任何形式的馈赠<br>2）签署公正性声明，保证不与检验检测对象发生可能影响检验检测输出的关联 |
| | | 来自客户或委托人的利益诱惑或其他方面的压力 | |
| 4 | 共享资源 | 实验室与委托方（或其关联机构）共享场地、人员、设施设备等 | 1）确保在合规的情况下进行资源共享<br>2）在合同/协议中明确场地、人员、设施设备的所有权，相应的职责和权利以及违规责任的承担<br>3）对资源共享存在的风险做出公正性声明 |
| | | 实验室与其有关联的其他机构（如校准机构、能力验证机构、认证机构）共享场地、人员、设施设备等 | |
| 5 | 财务、合同、市场营销（包括品牌） | 获得某种内外部财务支持或压力（如内部资金紧张、外部资金诱惑） | 1）建立《财务管理制度》，保持良好的利润和现金流，不接受客户或潜在客户的馈赠、捐款和财务转让等<br>2）每年均接受来自第三方的财务审计 |
| | | 过分依赖服务合同、担心失去客户而迎合客户需求 | 1）制订《客户管理制度》等，明确客户管理方式<br>2）建立并发布《检验检测业务收费标准》并公布，声明检验检测结果与收费及其他业务无关 |
| | | 对大客户、重要客户、某些能为机构带来潜在利益的公司低价收费，影响公正性 | |
| | | 检验检测业务与其他相关业务之间存在关系 | 建立《合同管理制度》，明确不同业务之间实施独立合同，检验检测业务与其他业务必须由独立部门和人员负责处理 |

续表

| 序号 | 风险来源 | 可能存在的公正性风险 | 应对措施 |
|---|---|---|---|
| 6 | 支付销售佣金或其他引荐新客户的奖酬 | 客户通过签署新业务、引荐新客户等方式给予压力 | 1）建立独立的销售部门<br>2）制订合理的《销售薪酬制度》，明确规定销售薪酬及提成方式，对介绍新客户的代理人/中间人建立科学的奖励机制 |
| | | 支付销售佣金 | |
| | | 给介绍新客户的代理人/中间人奖酬或其他好处 | |
| | | 利用检验检测数据和结果谋取检测工作之外的有偿活动 | |

**1. 所有权与控制权**

在建立组织关系的时候，在所有权与控制权上，实验室可能有如下风险：实验室为某母体组织的子公司，母体组织会干预实验室的检验检测活动；实验室有投资方，投资方对实验室设定有过高的、不合理的收入和利润指标并以此考核管理层并给管理层施加压力；实验室为投资方投资的其他公司提供检验检测服务；实验室处于集团公司下，且与集团公司的其他部门有商业利益关系；等等。对以上所有权与控制权问题带来的公正性风险，实验室可采用以下方式应对。

1）母体组织做出公正性声明（承诺不干预实验室公正独立判断，承担一切损害公正性的法律责任）。

2）实验室独立运营管理，设置独立财务部，在管理和经济上独立，明确外部的隶属关系。如集团型机构，明确集团母公司与子公司的关系；非独立法人机构还须明确与所属母体组织以及所属母体组织的其他组成部门之间的关系。

3）加强与投资者/股东之间的沟通，设定适宜的、合理的收入和利润指标，实验室不能为了完成指标而违背公正性。

**2. 管理**

机构需要关注法人的治理结构对实验室的影响力是否会影响公正性，比如一些研究院下属的检测中心不是独立法人，则研究院可能参与检测中心的管理，从而引发公正性风险。机构内部在设计组织结构和管理上，也需要充分考虑公正性风险，明确法人的治理结构（如董事会、监委会、管理层及其之间的关系），并形成文件、界定清晰。

实验室的管理层是实验室各级管理者的总称，管理层可能利用自己的职权直接干预检测检测活动，从而影响检测结果的公正性。面对管理层带来的风险，实验室应要求管理层做对应的公正性承诺并公开，公开的方式可采用官网发布、签署文件等，管理层的公正性承诺包括但不限于以下内容。

1）遵守法律、行政法规、部门规章的规定，遵循客观独立、公平公正、诚实信用原则，恪守职业道德，承担社会责任。

2）公正地实施实验室活动，并从组织结构和管理上保证公正性。

3）对实验室活动的公正性负责，检测工作不受来自内外部的、不正当的商业、财务或其他方面的压力影响，确保检测数据、结果的真实、客观、准确和可追溯。

4）独立于本公司出具的检测报告所涉及的利益相关方，不受任何可能干扰其技术判断因素的影响，不参加损坏判断独立性和检测诚信度的活动，保证出具的检测报告真实、客观、准确、完整。

5）对出具的检验检测报告负责，依法承担民事、行政和刑事法律责任。

6）不录用同时在两个及以上检验检测机构从业的检验检测人员。

为了规避关键岗位和人员的职责范围、隶属、权利等相互关系带来的公正性风险，规避实验室内部的监管部门在监管过程中干预检验检测活动带来的公正性风险，规避为组织中的研发、开发和设备部门提供检验检测服务而带来的公正性风险，实验室可采取以下风险防范措施。

1）对实验室活动的关键岗位和人员授权其职责范围，明确隶属、权利等相互关系，从而在组织结构设置上保证公正性。如实验室在设置部门和岗位时，对抽样、样品接收、合同评审、检测、结果审核、报告签发建立逐级审核制度。

2）文件规定抽样、样品接收、合同评审、检测、结果审核、报告签发等各个环节的管理制度，并确保各项规定得到有效落实。

3）采用实验室信息化管理系统（LIMS）实施检验检测活动，所有检测作业都利用LIMS系统完成，重要的检测数据都从设备/系统中直接计算并导出，避免人为干预。

对客户或相关方的投诉，如果投诉的受理、调查和处理过程与被投诉人或部门不独立，例如被投诉的部门或人员直接参与投诉的处理有违公正性。实验室可以建立《投诉处理程序》，明确投诉的受理、调查和处理的人员和部门相对独立，以保证公正性。

**3. 人员**

在实验室活动中，应识别影响实验室活动的人员带来的公正性风险，例如：招聘临时工从事关键的检验检测工作；员工个人的职业道德（出具虚假记录、虚假报告）；外出检验检测人员单独作业或者连续多次对同一企业服务（现场检测/采样人员只安排一人）；外出检验检测人员将其差旅费、餐饮费等找客户报销；员工的薪酬与检验检测结论挂钩，关键岗位（采样、测试、报告审核与签发）采用计件制；检验检测人员与委托方过于熟识（由于对产品或客户过度熟悉而不基于客观测试结果出具报告）；实验室人员与检验检测对象存在利益关系（影响实验室活动的人员参与检验检测对象产品的设计、制造、销售、安装、售后、采购、使用和维护保养等）。

为了规避人员给实施实验室活动带来的公正性风险，实验室可以制订《招聘管理制度》，明确检验检测员的长期合同制，对临时工的工作做出限制；建立《员工行为规范》，明确要求影响实验室活动的人员不得参与检验检测对象产品的设计、制造、销售、安装售后、采购、使用和维护保养；规定不得接受被检单位任何形式的馈赠；在接受客户委托时，告知本机构在公正性方面的规定，在受到不公正待遇或暗示时，可以采取电话、邮件、传真或书面方式，向公司管理层或相关部门举报；加强员工职业道德培训，与员工签署检验检测人员从业承诺（不歧视、不偏见、诚实、独立保持公正性，不从事任何可能违背检验检测公正性判断的活动，保证不与检验检测对象发生影响检验检测结果的任何关联等）；制订《薪酬绩效管理制度》，明确员工的薪酬由管理层根据员工的工作岗位、工作质量和工作能力实行动态管理，任何监督部门或者上级不能影响员工薪酬发放，并且员工的薪酬与检验检测的结论没有任何关系，对于员工的薪酬发放以不影响公正性为原则（对于关键的检验检测岗位不能采用计件制计算薪酬）；建立《样品管理程序》明确盲样流转；等等。

**4. 共享资源**

对检测资源利用效率低下的问题，供应链上下游之间、同行之间、产学研之间、甚至集团型检测机构下属各子公司之间，单一公司内部不同专业实验室之间进行资源共享是一个有效的解决途径，但这类解决方式伴随着较高的公正性风险。实验室与委托方（或其关联机构）共享场地、人员、设施设备等资源；实验室与其有关联的机构（如校准机构、能力验证机构、认证机构）共享场地、人员、设施设备等都有可能带来公正性风险。为了避免共享资源引入的公正性风险，实验室应确保在合规的情况下进行资源共享，在合同/协议中明确场地、人员、设施设备的所有权，相应的职责和权利，以及违规责任的承担等，同时对资源共享存在的风险做出公正性声明。

**5. 财务、合同、市场营销（包括品牌）**

实验室可能遇到如下情形从而影响公正性：受到内外部财务的支持或压力（如内部资金紧张、外部资金诱惑）；过分依赖服务合同、担心失去客户而迎合客户需求；对大客户、重要客户或是某些能为实验室带来潜在利益的公司采取低价收费；检验检测业务与其他业务之间存在利益关系等。面对以上财务、合同、市场营销可能带来的公正性风险，实验室可以建立《财务管理制度》保持良好的利润和现金流；不接受客户或潜在客户的馈赠、捐款和财务转让等；每年接受来自第三方的财务审计；制订《客户管理制度》《合同管理制度》等明确客户管理方式，不过分依赖合同，迎合客户，明确不同业务之间实施独立合同，检验检测业务与其他业务的处理人员和部门保持独立；建立并发布《检验检测业务收费标准》并公布，声明检验检测的结果与收费及其他相关业务无关；等等。

**6. 支付销售佣金或其他引荐新客户的奖酬**

在支付销售佣金或其他引荐新客户的奖酬方面，实验室可能因为客户签署新业务、引荐新客户而受到压力。客户的商业贿赂、支付销售佣金的不合理、给介绍新客户的代理人/中间人提供酬金或其他好处、利用检验检测数据和结果谋取检验检测工作以外的利益等都会产生公正性的风险。为了规避这些风险，机构可以建立独立的销售部门，制订合理的《销售薪酬制度》，明确规定销售的薪酬及提成方式，对介绍新客户的代理人/中间人建立科学的奖励机制，等等。

## 二、保密性的保证

在检验检测行业的发展过程中，保密性日益受到各方重视，对于客户、监管机构乃至公众而言，实验室的保密性都至关重要。ISO/IEC 17025：2017关于实验室保密性的要求独立成节，对实验室应尽的保密义务提出明确要求；《检验检测机构监督管理办法》（“39号令”）规定，检验检测机构及其人员应当对其在检验检测工作中所知悉的国家秘密、商业秘密予以保密。

实验室首先必须明确哪些信息需要保密。按照《检验检测机构监督管理办法》的要求，检验检测工作中知悉的国家秘密、商业秘密属于保密信息。按照认可准则，除客户公开的信息或实验室与客户约定公开的信息以外，其他所有信息都被视为专有信息，应予保密。客户的委托检测行为、客户提供的技术资料和产品信息、客户提供的样品、实验室活动过程中产生的信息等均属于保密信息。例如，客户一款未上市的合金手镯的外观设计属于商业秘密，实验室活动过程中将之泄露便可能给客户带来损失。此外，实验室从监管机构和投诉人等客户以外的渠道获得的客户信息，也应被视为保密信息。实验室还必须明确保密的途径和主体责任，实现保密性的主要途径是保护保密信息不被获取，即实验室为客户保密；当保密信息因工作需要被相关方获取时，相关方应为实验室保密。

对保密性的保证同样也从“保密性风险行为”“保密性风险来源”“保密性风险控制措施”三个方面进行阐述。

### （一）保密性风险行为

保密性风险行为不仅指可能直接导致泄密或存在信息安全问题的具体行为，也包括管理不当或不作为的状态，通常包括但不限于以下行为。

1）与客户签署的合同、报价单、相关的企业标准和产品技术规格的泄露或丢失的行为。

2）样品信息泄露或样品丢失的行为。

3）实验室活动产生信息的泄露或丢失的行为。

4）客户未经批准进入实验室区域观察其他客户的测试活动。

5）实验室人员对经手的保密信息未采取任何保密措施的状态，如因场地不足将客户正在测试的样品放置于靠近走廊的玻璃窗旁且未遮盖。

### （二）保密性风险来源

保密性风险通常来源于政策规章、设施环境、人为因素和流程管理四个方面。其中：政策规章指保密管理的制度化，任何保密措施不形成文件并予以培训和实施，其作用便无法得到保障；设施环境指的是保密信息的载体和物理环境，实验室用于储存保密信息的物理空间和计算机系统如果不能控制未经授权的访问，会引发保密工作的风险；无论设施环境的保密设计多么完善，保密信息最终是由人来管理，所以人为因素是保密性风险的一个重要来源；流程管理指的是实验室在每个相关的工作流程中采取的管理措施，如果缺少良好的流程管理，也会引发实际的保密风险。

### （三）保密性风险控制措施

针对以上风险来源，实验室可针对性地制订风险控制措施，如制订保密程序、开展保密培训、与相关方签订保密协议、强化流程管理等，如表6-2所示。

表6-2 保密性风险来源和风险控制措施

| 序号 | 风险来源 | 可能存在的保密性风险 | 控制措施 |
|---|---|---|---|
| 1 | 政策规章 | 缺少保密政策或不完善 | 制订和完善《保密程序》及相关的作业指导书 |
| 2 | 设施环境 | 人员进入和自己不相关的区域或被授权接触和自己不相关的信息 | 实验室合理设置门禁，设置实验室信息管理系统权限，包括计算机、移动硬盘、LIMS和其他信息管理系统 |
| 3 | 人为因素 | 保密意识不足或故意泄密 | 加强实验室人员的培训教育和外部人员管理，需要时与相关人员签订保密协议 |
| 4 | 流程管理 | 流程管理不善导致泄密，如样品丢失或报告结果泄露 | 强化合同评审、样品管理、检测实施、记录及数据传输、结果报告和分包过程的保密管理 |

**1. 政策规章**

认可准则要求实验室应对保密责任做出具有法律效力的承诺，实验室对客户做出承诺的形式应具有法律效力，如在合同中做出承诺。人员，包括委员会委员、签约人员、外部机构人员或代表实验室的个人，都应向实验室做出具有法律效力的承诺或签订保密协议，为实验室保密。

实验室还应制订《保密程序》，并规定以下内容。

1）实验室人员，包括技术和质量负责人、档案管理员、样品管理员、检测人员和其他相关人员在工作中的保密职责。

2）定义保密信息范围，包括国家秘密、商业秘密和客户信息等。

3）保密的管理，包括但不限于人员、设施环境、样品、实验室活动过程、记录和报告等要素的管理。

4）失密或泄密事件的处理。必要时，实验室可要求开展专门的保密风险识别，也可以与其他风险管理工作一并进行。

**2. 设施环境**

加强实验室安防设施和管控措施是保证保密性的重要举措。实验室园区或楼房应进行防护，部署防止侵入的设施，以防未经许可的人员擅自闯入。同时，实验室内部应设置门禁系统，例如从电梯到实验室应有一道门禁，实验室内部各分区或房间也应考虑设置门禁。此外，从园区入口到实验室还应部署完整的视频监控，对外部和内部人员的出入进行有效的监控和追溯，最终形成兼顾安全保密和便捷性的安防体系。在储存重要保密信息的位置，实验室还可设置“禁止拍照”和“谢绝参观”等标识，以起到警示作用。

**3. 人为因素**

（1）实验室人员。实验室人员包括员工以及临时或长期签约的抽样和检测人员，是保密信息的主要处理和保管人员。不同的实验室活动尽量设置在不同的实验室空间，尽量避免交叉以减少不必要的信息曝光。尤其当客户有要求时，应有受保护的专门场所和独立的团队来处理客户的订单，将曝光降至最低限度。实验室的档案室、存储电子数据的电脑硬盘和网络公共盘、LIMS系统和其他信息共享平台应本着非必要不接触的原则，按岗位设置访问权限。实验室应制订实验室人员的保密行为守则并培训、实施，包括：不泄露和丢失保密信息；电脑和手机设置较短的锁屏时间，离开时立即锁屏；不在办公桌上随意放置保密信息，抽屉上锁；及时取走打印机上的文件；邮件只发送给必要的收件人；与外部沟通时，提前确认所有参与信息交换者的身份等。保密意识是实验室保密措施的关键之一，所以实验室还应与实验室人员签订保密协议或在劳动合同中体现保密事项，并持续对全员进行保密培训，强调保密工作的重要性。实验室人员妥善保管经自己处理的保密信息，并且，在非必要时不接触保密信息是实验室保密性的重要保证。

（2）外部人员。包括客户、实验室设备和易耗品供应商、签约的设备维修/维护人员、校准服务供应商人员、认可机构审核人员、来访的同行业其他实验室人员、社会参观团体和参加实验室举办的各类活动的人员等。实验室与外部机构及其人员接触或合作时，应尽量避免其接触保密信息；与外部机构或其人员签订保密协议，要求其在需要接触或可能接触保密信息时为实验室保密。实验室空间应能防范未经授权的进入，例如设置门禁。实验室应建立访客管理制度，对正常访问的申请、批准、保密提示（如谢绝拍照或录像）、陪同和可以进入的范围等做出规定。实验室应与访客签订保密协议，同时进行足够的监督，并注意访客的路线，靠近公共区域的空间应避免暴露保密信息，如在参观走廊上不可堆放客户的样品（未做遮盖），室内的玻璃窗旁不可放置带有保密信息的工作单或样品等。检测服务供应商（分包方）、LIMS维护方、签约的电脑硬件/软件维护服务商、远程评审机构等供应商，因工作需要与实验室发生数据共享和交换，会不可避免地接触实验室的保密信息，此时应将暴露控制在最小范围内，并与相关机构签订保密协议。

**4. 流程管理**

（1）合同评审。在合同评审阶段，客户提供给实验室的信息主要有合同、报价单、相关的企业标准和产品技术规格等，无论是电子文件还是纸质文件，实验室应进行统一的受控管理，控制访问权限。实验室在与委托方订立合同或协议时，应事先说明“检测结果不合格情况上报 ”的有关规定，并在合同或协议上注明“检测结果不合格情况’　“保密”的范围。

（2）样品管理。样品是重要的保密信息载体，样品本身、样品的外观和技术规格都是客户的资产，一旦被外界获取，可能导致客户的严重损失。因此，实验室应谨慎处理客户的样品。首先，样品在接收、处理和保存过程中应有指定的存放位置，并强化管理，防止泄密，不经客户同意，样品不能向无关人员展示。其次，样品应有包装袋进行封装，运输转移至样品处理的现场后开封，尤其是客户有特殊保密要求时，样品应按客户要求进行封装，并由专人或专门的团队转移和处理样品。最后，实验室应为收到的每个样品编号并进行追踪管理，样品管理系统应能记录样品的每一次流转以及当前的位置，直至销毁。

（3）记录及数据传输。纸质版记录由记录生成人员负责，不得将记录给不相关人员，或拍照、复印等；对电子数据，应实现电子信息流转可控，主要是做好实验室计算机、移动存储介质等信息设备的管控。信息设备分类使用，确保涉密不上网、上网不涉密。在信息流转的过程中，不得交叉使用移动存储介质，积极防御计算机木马病毒等窃密手段。

（4）结果和报告。实验室活动过程会产生和客户委托相关的数据、结果和报告，这些信息的泄露会使客户处于不利情况，甚至给客户带来不可估计的损失。因此，实验室在进行数据、结果和报告的传输和保存时，尤其是当其中包含敏感信息时应特别谨慎。实验室处理订单时可使用客户代号，并使用实验室信息管理系统（LIMS）进行数据、结果和报告的处理，提高记录的电子化水平。LIMS或其他涉及数据保存、处理或传输的系统，可参考认证认可行业标准《实验室信息管理系统建设指南》（RB/T 029—2020）和《实验室信息管理系统管理规范》（RB/T 028—2020）进行建设和管理，考虑信息安全要求并在需要时与LIMS供应商及维护方签订保密协议。此外，实验室设备和电脑不得和外网连接，产生的纸质记录应建立考虑保密性的档案管理制度。为保证向客户传递信息（包括报告）的保密性：实验室应只将信息传递给委托方的法人代表（或其委托人）或委托合同的签字人；报告传输后，信息传递人应确认接收人已经收到；发送包含敏感信息的报告或信息前，必须再次确认接收人身份，如确认报告接收人是否仍在客户处就职。

## 第二节　资源提供过程的风险管理

资源管理是以过程为基础的质量管理模式中的四大过程之一。实验室管理层应承担起资源提供管理策划的任务，将相关的资源提供活动作为过程进行管理，评估其各过程阶段的风险并加以控制。本书把资源提供管理细分为6个过程：资源需求的识别、资源差异分析、资源需求计划、资源供应/配置、资源能力评估和资源定期更新。实验室需加其细分模式结合工作流程中，确保各工作阶段的风险得到充分识别并加以控制。

根据ISO/IEC 17025：2017第6部分的内容，实验室活动所需的资源包括人员、设施和环境条件、设备、计量溯源性、外部提供的产品和服务共5类。接下来，将分别就这5种资源提供的风险识别和控制详细阐述。

### 一、“人员”管理过程存在的风险及控制措施

CNAS—CL01：2018 和RB/T 214—2017准则中均有规定，实验室应获得管理和实施实验室活动所需的人员，对于所有可能影响实验室活动结果的人员，无论是内部人员还是外部人员，都应按照实验室管理体系进行管理。对于实验室人员的管理，主要从确定人员能力要求、人员的选择、培训、监督、能力确认、授权、监控、人员档案的保存等主要人员活动过程进行管理，在每个管理过程中，实验室应充分识别过程中的潜在风险，并建立相应的风险控制措施，以此规避或减少每个管理过程中的风险点，使风险可控。表6-3梳理了人员管理工作流程图，对每个阶段进行风险识别，列举控制措施，表后还有详细说明。

**表6-3　人员管理过程风险识别控制表**

| 阶段 | 步骤 | 过程/环节 | 潜在风险 | 控制措施 |
| --- | --- | --- | --- | --- |
| 1 确定能力要求 | 1.1 | 识别人员岗位能力需求 | 1）人员任职资格和条件识别不充分<br>2）权、责、利关系不明确 | 制订岗位说明书 |
| | 1.2 | 明确规定岗位能力要求 | | |
| | 1.3 | 规定各岗位工作描述 | | |
| 2 人员选择 | 2.1 | 人员招聘、录用和入职、调岗管理 | 1）胜任力风险：招聘的人员不能胜任工作<br>2）法律风险：招聘竞业人员、保密协议人员、法律禁止人员引起法律纠纷 | 1）建立招聘、入职、调动管理制度<br>2）员工签署检验检测人员从业承诺书 |
| 3 人员培训 | 3.1 | 制订新进人员培训计划 | 1）培训计划设计不合理（如目的不明确、对象覆盖不完全、内容缺失、方式不恰当、培训知识未更新）<br>2）未进行培训有效性评价或评价方式不合理<br>3）未制订培训计划（如新方法扩项时、人员能力不能维持时）<br>4）未按照计划实施培训 | 1）制订培训管理办法<br>2）设定新进员工培训计划表<br>3）制订年度培训计划表<br>4）培训及培训有效性评价记录 |
| | 3.2 | 制订人员培训年度计划 | | |
| | 3.3 | 实施培训、培训过程监督、培训效果评价 | | |
| 4 人员监督 | 4.1 | 制订人员监督计划 | 1）监督计划设计不合理（如监督对象不典型、监督方式不恰当、监督员不独立于被监督活动、监督员的数量和覆盖专业地点不足）<br>2）未制订监督计划<br>3）监督过程流于形式，未按计划实施监督<br>4）监督发现的问题整改不彻底 | 1）制订《人员监督管理办法》<br>2）监督员进行能力确认并授权<br>3）形成人员监督、评价跟踪记录 |
| | 4.2 | 实施人员监督并评价 | | |

续表

| 阶段 | 步骤 | 过程/环节 | 潜在风险 | 控制措施 |
|---|---|---|---|---|
| 5<br>人员能力确认 | 5.1<br>5.2 | 确认人员初始能力<br>确认人员持续性能力 | 1）能力确认对象、方式不合理<br>2）未对人员持续性能力进行确认 | 1）建立能力评估体系<br>2）设计人员能力确认表 |
| 6<br>人员任命授权 | 6.1<br>6.2 | 任命/授权 | 1）未进行人员任命/授权（该任命的人员未任命）<br>2）授权的范围不合理 | 1）制订人员任命书<br>2）制订人员授权表 |
| 7<br>人员能力监控 | 7.1<br>7.2 | 制订人员能力监控计划<br>实施人员能力监控 | 1）监控计划设计不合理（如对象错误、内容缺失、方式不恰当）<br>2）未按人员能力监控计划实施监控<br>3）监控计划无更新<br>4）监控结果评价不合理 | 1）制订人员监控程序<br>2）人员监控及评价记录 |
| 8<br>人员档案管理 | 8 | 人员档案管理 | 1）无人员档案或档案缺少关键内容<br>2）档案保存不当 | 制订人员档案管理制度 |

**1. 确定能力要求**

实验室在确认能力要求时，为了避免人员任职资格和条件识别不充分及人员权、责、利关系不明确的风险，可以制订岗位说明书，通过会议、电话、邮件、面谈、公告栏、内部网络、内部通信体等方式确保实验室人员知悉其岗位要求及职责和权限。在制订岗位说明书时，实验室应按照如下要求来充分识别并形成文件。

（1）识别人员岗位能力需求。

实验室应明确实验室需要的人员配置，识别出各类岗位人员的能力要求，特别是操作专门设备的人员、抽样人员、检验检测/校准人员、审核或评价结果的人员、提出意见和解释的人员、签发报告/证书的人员（包括授权签字人）、方法开发/确认/验证人员、符合性声明人员、内审员、质量监督员、结果复核人员、技术负责人、质量负责人等。

《检验检测机构资质认定能力评价 检验检测机构通用要求》（RB/T 214—2017）和《检测和校准实验室能力认可准则》（CNAS—CL01：2018）中有对各类人员的通用要求。技术负责人/技术主管应具有中级及以上专业技术职称或同等能力及全面负责技术运作的能力。质量负责人应具备确保管理体系得到实施和保持的能力。授权签字人应熟悉检验检测机构相关的法律法规，具有本专业中级以上（含中级）技术职称或同等能力，具备从事相关专业检验检测的工作经历，掌握所承担签字领域的检验检测技术，熟悉所承担签字领域的相应标准、规程或技术规范，掌握有关仪器设备的检定/校准状态，熟悉和掌握签字范围内所使用的检验检测方法及测量不确定度评定要求，能确定所使用的检验检测设备测量的准确度和（或）测量的不确定度符合检验检测相应的标准、规程和规范要求，掌握本实验室运作情况，特别是与检验检测过程密切相关的各程序接口和相互之间的关系，熟悉在管理体系中的职责和权限，熟悉检验检测报告或证书签发程序，具备对检验检测数据、结果评价的判断能力。CNAS认可授权签字人除满足检测人员要求外，还应熟悉CNAS所有相关的认可要求，并具有本专业中级以上（含中级）技术职称或同等能力。从事检测或校准活动的检测人员/技术人员应具备相关专业大专以上学历，如果学历或专业不满足要求，应有10年以上相关检测或校准经历。关键技术人员如进行检测或校准结果复核、检测或校准方法验证或确认，除满足上述要求外，还应有3年以上本专业领域的检测或校准经历。意见和解释的人员，除了具备相应的资格、培训、经验以及所进行的检测方面的充分知识外，还需具有：用于制造被检测物品、材料、产品等的相关技术知识、已使用或拟使用方法的知识，以及在使用过程中可能出现的缺陷或降级等方面的知识；法规和标准中阐明的通用要求的知识；对物品、材料和产品等正常使用中发现的偏离所产生影响程度的了解。

实验室还应该根据自身业务的领域范围及特点，识别领域类的应用要求，如从事微生物领域的各类人员还应满足《检测和校准实验室能力认可准则在微生物检测领域的应用说明》（CNAS—CL01—A001：2018）对人员的要求。

（2）明确规定岗位能力要求。

实验室识别出人员能力要求后，应将人员的能力要求编制成文件，当内外部环境发生变化时，随时更新人员能力要求。可以制订岗位说明书规定以下内容：人员具备的教育、培训、资格、工作经历及专业背景；岗位必须具备的管理能力和技术能力（详细化）；法律法规的相关规定等。

（3）规定各岗位工作描述。

对与实验室活动有关的管理人员、技术人员和关键技术人员，实验室应对其工作内容进行描述。工作描述可以用多种方式表达，包括但不限于以下内容：从事实验室活动的职责；抽样/检测/校准计划和结果评价方面的职责；提交意见和解释的职责；方法改进；新方法制订和确认方面的职责；所需专业知识和经验；管理职责；审核报告的职责。

**2. 人员的选择**

实验室可通过建立招聘、入职、调动等管理制度，签订声明或签署检验检测人员从业承诺书等来规避在人员的选择过程中可能遇到的胜任力风险（如招聘的人员不能胜任工作、人员的学历不满足要求、人员履历造假）、法律风险（如招聘竞业人员、保密协议人员、法律禁止人员引起法律纠纷）等。

《招聘管理制度》可明确规定招聘原则，坚持德才兼备、以德为先的原则；严格遵守利害相关及亲属关系聘用回避原则；规定招聘的排他条件。明确不录用的情形，如未与原单位正式解除劳动关系的不录用；身体状态不满足岗位工作要求的不录用；有违法违纪嫌疑正在依法接受审查尚未结案的不录用；提供虚假身份证件、学历或其他证明文件的不录用；伪造或隐瞒工作经历或其他重要信息的不录用。或者让招聘人员做诚信承诺，对签有竞业协议、保密协议或法律禁止人员进行声明等。将招聘的流程形成文件，如“制订预算→提交申请→制订面试方案→面试考核评估→背景调查→录用审批→通知录用”。

**3. 人员培训**

在人员培训活动过程中，实验室一般可制订新进人员培训计划、制订人员年度培训计划、对人员实施培训并对培训过程进度及培训效果进行评价，在这些活动中，实验室可能面临以下风险：培训计划设计不合理（如培训目的不明确、培训对象覆盖不完全、培训内容缺失、培训方式不恰当、培训知识点未更新）；未及时更新培训计划（如遇到新方法扩项时、人员能力不能维持时、出台新的标准或外部环境变化时）；未进行培训有效性评价或评价的方式不合理；未按照培训计划实施培训。

实验室可以制订《培训管理办法》，明确规定以下内容，避免实验室在人员培训活动过程中遇到的风险。

（1）制订新进人员培训计划。

为了确保新员工或转岗人员能够胜任岗位要求，实验室应该根据岗位要求制订《新进员工培训计划》，新员工或转岗人员入职后，就应该启用该培训计划。培训计划中需要明确培训内容，内容应是具体的工作，包括从样品接收到出具报告的工作流程、设备操作、测试方法、安全防护培训、检测环境要求、检测记录、仪器校准和维护核查等；明确负责培训的讲师以及拟准备的课件；明确培训的时长；明确培训需要达到的目标以及被培训人员是否合格的评价指标。

（2）制订人员培训年度计划。

实验室应充分识别分析人员现有能力与预期的需求能力相比较的差距。这些差距可以从以下几个方面进行分析：知识更新，包括技术、法规、标准、准则的要求变化；内外部审核中发现的不符合；人员监督/监控过程中频繁出现的问题；客户投诉或不合格报告；客户新的要求；实验室预测的新项目；员工个人的发展机会。

实验室确认人员能力差距后，如果要选择以培训的方式来减少差距，那么实验室应分析培训的限制因素，例如：培训方式是外部培训还是内部培训；培训的预算；培训时间和日程要求；被培训人员的可塑性、积极性和知识的转换能力；提供培训的讲师的能力是否满足。考虑到这些限制因素后，实验室就可以制订《年度培训计划》，制订年度培训计划的时候，应该考虑培训对象、培训老师、培训内容、培训方式（如现场授课、远程学习、视频课件、专题研讨）、培训时间、培训有效性评估方式等。年度培训计划制订之后，实验室负责人应该根据实验室的具体情况进行审核批准。

（3）实施培训、培训过程监督、培训效果评价。

实验室按照计划对人员实施培训，且培训之后培训组织部门应按照培训计划中的考核方式（如理论考试、现场问答、实操考核、总结报告）对人员的培训效果进行评价。为了确保培训能够有效实施，实验室可安排人员对培训过程进行监督，监督培训是否按照计划进行，培训计划是否合理，监督培训是否达到培训效果。

**4. 人员监督**

在人员监督活动中，实验室可能会遇到的风险有：监督计划设计不合理（如监督对象不典型、应该监督的人员未进行监督、监督方式不恰当、监督员不独立于被监督活动、监督员的数量和覆盖专业地点不足）；未制订监督计划（如对新进员工、实习员工、从事新项目员工未制订监督计划）；监督过程流于形式、未按照计划实施监督；监督发现问题整改不彻底。

实验室可以通过制订《人员监督程序》、对监督员进行能力确认并授权、形成人员监督、评价跟踪记录来规避在人员监督活动中遇到的风险。

（1）制订人员监督计划。

制订人员监督计划时，实验室应：明确监督的对象，主要是需要在指导下工作的人员（包括新进人员，实习人员，新上岗人员，转岗人员，在培人员，从事新项目、操作新设备或采用新方法的人员）；明确监督员，即可以独立承担实验室活动并具有相应检测或校准能力的人员（熟悉检测方法、程序、目的和结果评价、具备相应的技术能力，具备某些特殊领域的特殊能力）；明确监督内容，考虑被监督人员的资格、经验、培训和技术知识、所承担的项目要求及以往持续监督结果，针对具体人员的具体活动明确监督内容（一般主要针对人员正确使用方法和设备操作的能力、样品制备能力、环境监控能力、自校/检测校准过程能力，以及出具检测校准结果的正确性、可靠性进行监督）；明确监督形式，通常监督的形式有口试、笔试、提问、面试、模拟现场试验、操作演示、现场见证、标准物质测试、全程监控、样品考核、核查检测记录和报告等。人员监督计划制订完成后，实验室负责人要审核批准人员监督计划，且可根据人员的变动、开展检测活动变更等情况在实施过程中对人员监督计划进行修改，注意修改之后应重新获得实验室负责人的审批。

（2）实施人员监督并评价。

为了保证监督工作的有效实施，监督员在实施监督前应做好准备工作，例如：提前熟悉相关文件（体系文件、标准方法、作业指导书），然后监督员编制监督记录表，明确监督内容（样品的处理、方法的选择、检测操作步骤、数据采集、填写记录、数据的整理、报告的出具）；在监督过程中如实记录监督情况，在这里要求监督员不参与被监督的活动，不指导、干涉被监督人员的活动；监督工作结束后，监督员应根据监督结果进行客观评价，综合考虑各种考核结果，最终确定被监督人员是否具备独立上岗的检测或操作能力，并及时反馈对被监督人员的监督结果。对监督过程中的不符合应予以记录，需要时，可让被监督人执行整改。年终对监督活动进行总结、评价并作为来年制订监督/监控计划的依据。

**5. 人员能力确认**

（1）确认人员初始能力。

对每一位实验室新进人员都应根据其教育经历、经验、培训、技能进行初始能力确认评价。包括管理类人员（如质量负责人、内审员、监督员）编制《人员能力确认评价表》，记录能力确认评价结果，由各领域技术负责人确认评价，作为对新进人员（包括实习人员、新上岗人员、转岗人员、在培人员，及从事新项目、操作新设备或采用新方法的人员等）授权的依据。并且人员能力应随变化实时更新。人员能力确认应细化到其具体从事的工作和检测活动。对人员的初始能力进行确认可以考虑以下内容：教育背景，从事的工作是否与所学专业相关，学历是否满足岗位要求；经历/经验、从事本工作的年限、在本岗位上的成绩是否满足要求；可证明资格/证书（如特种设备从业资格证、嗅辨人员资格证，感官检验人员合格证）；外部机构要求（如CMA/CNAS授权签字人、技术负责人必须具备中级职称或同等能力）；培训记录及培训效果评价（如从事医疗器械检验人员获得医疗器械相关法律、法规的培训并考核合格）；人员监督结果，确保可以独立承担实验室活动；其他（如提出意见和解释的人员应具备被检测样品的相应生产技术知识、感官检测人员应身体状况正常）。

发生实验室的岗位能力要求变化、人员工作范围扩大（如原来只是承担检测工作，现在还需要承担分析和审核数据的工作）、人员转岗等都需要重新对人员进行能力补充确认。

（2）确认人员持续能力。

对已经在岗在职的授权人员，实验室需要对其教育经历、所获资格、培训经历、专业知识和实践经验等方面综合考虑并定期确认评价其持续能力，可以通过实验室运行过程中的人员监控、内外部审核、客户投诉、报告差错等发现人员具备或不具备完全独立从事该工作的能力，对授权人员重新进行能力确认，根据重新确认的能力调整授权范围。

实验室可以通过制订能力确认评价体系、设计能力确认评价表等方式规定以上内容以规避实验室可能遇到的能力确认的对象、方式不合理，未对人员持续性能力进行确认，能力确认评估考虑内容不全面等风险。

**6. 人员任命授权**

（1）任命要求。

实验室需要明确任命的岗位人员，其中任命的岗位人员主要包括授权签字人、实验室负责人、技术负责人、文件管理员、样品管理员、分包管理员、设备管理员、质量管理员、质量监督员、内审员等。每个岗位的任命要求可查看岗位说明书。当授权签字人签发带有认可标识或资质认定标识章的报告时，除了实验室授权任命外，还必须经过认可机构或资质认定部门考核合格。

（2）对人员授权。

只有对经过人员能力确认，满足要求的人员才能授权其独立从事检测活动。实验室根据确认的人员能力，对人员可从事的工作范围进行授权，授权范围可根据人员能力的变化实时更新。授权时应考虑：授权的具体项目；授权活动的类型，如进行抽样/检测/校准、数据审核和分析、分析结果（包括符合性声明或意见和解释）、审核报告、批准签发报告、方法的开发、修改、验证/确认等，对化学方法的开发、修改、验证/确认授权应至少授权到相应的检测技术；授权操作的具体设备（或将经能力确认和授权的具体项目涉及的全部设备视同授权）。

实验室通过定期更新人员任命书、人员授权表来持续保持人员能力满足要求，在进行任命和授权的时候考虑以上描述的内容以规避实验室可能面对的未进行人员任命/授权（如该任命的人员未任命、对人员从事的某些检测项目未进行授权）、授权范围不合理（如授权报告签发，但是未对授权哪些领域进行说明）等风险。

**7. 人员能力监控**

（1）制订人员能力监控计划。

人员能力监控计划和人员监督计划的制订类似，区别在于监控的对象是已授权上岗，从事实验室活动的人员，监控目的是评价人员的持续能力。要综合考虑技术复杂性、方法稳定性；人员经验、专业教育；实验室工作量等各项变动因素，基于风险评估，制订适宜方案。

（2）实施人员能力监控。

为了保证监控工作的有效实施，监督员在实施监控前应做好准备工作，如提前熟悉相关文件（体系文件、标准方法、作业指导书等）然后监督员编制监控记录表，明确监控内容（样品的处理、方法的选择、检测操作步骤、数据采集、填写记录、数据的整理、报告的出具）。人员能力监控可分为定期人员能力监控和不定期人员能力监控：定期人员能力监控可由用人部门定期根据人员绩效与其任职能力要求进行评估；不定期人员能力监控可根据内部质量控制/能力验证/实验室间比对结果、客户投诉，以及技术复杂性、方法稳定性和客户现场等实验室活动安排人员能力监控，确认人员的持续能力，保证实验室活动和结果的有效性。监督员在评价时，需综合考虑监督、监控及质量控制的结果，最终确定被监控人员是否持续具备独立上岗的检测或操作能力，并及时反馈被监督人员的监控结果。年终对人员的监控活动进行总结、评价并作为来年制订监督/监控计划及培训计划的依据。

实验室在人员监控活动中，可以制订《人员监控程序》明确以上内容，用以规避在人员能力监控活动中可能遇到的监控对象、内容、方式等设计不合理，未按人员能力监控实施监控，监控结果评价不合理等风险。

**8. 人员档案管理**

在人员档案管理过程中，实验室可以建立《档案管理制度》以明确人员档案中必要的技术内容，如：人员基本情况（如入职时间、所在岗位）；人员教育背景（如获得的学历证书）和工作经历描述；人员获得的资质证书（如质量工程师证书、中级职称）；人员入职后接受的内外部培训记录（包括考核记录）；人员监督及评价记录；人员能力确认评价记录，包括确认的能力、日期等；人员监控及评价记录；检验检测机构人员从业承诺书；其他证明资料等；明确规定档案资料的分类存放、赋予名称编号；明确规定档案的保管期限、保存方式；明确规定人员档案的借阅、归还规则等内容。实验室可以通过明确以上内容来规避在档案管理过程中遇到的无人员档案或人员档案缺少关键内容、档案保存不当（如档案查阅困难、人员电子档案与纸质档案不统一、人员档案中重要信息泄露、档案丢失）等风险。

## 二、“设施和环境条件”管理过程存在的风险及控制措施

实验室的设施主要指基础设施，包括实验室场所和布局，以及供电、照明、空调和通风等设施；环境条件主要包括温度、湿度、气压、供电、电磁干扰、辐射、振动、噪声、微生物、灰尘和有害气体等。

设施和环境条件是开展实验室活动的基础，对实验室活动结果的有效性或准确性产生

直接或间接的影响。《检验和校准实验室能力的通用要求》（ISO 17025：2017）和《检验检测机构资质认定能力评价 检验检测机构通用要求》（RB/T 214—2017）提出实验室设施与环境条件应满足实验室活动的要求，并进行相关的策划、实施、监控、评审和更新活动，以下从设施与环境条件的管理过程入手，对相关风险及控制措施进行阐述。如表6-4所示。

**表6-4 设施和环境条件风险识别控制表**

| 序号 | 过程/环节 | 潜在风险 | 控制措施 |
|---|---|---|---|
| 1 | 设施和环境条件要求识别 | 设施和环境条件要求识别存在遗漏或错误 | 对实验室设施和环境条件要求进行前瞻性、系统、全面和准确识别 |
| 2 | 配备设施/规划布局 | 1）实验室规划布局导致污染和干扰等不利影响<br>2）实验室规划布局导致环境、职业健康和安全问题<br>3）实验室规划布局和设施配备过程中缺少沟通和监控，导致不能获得所需的效果 | 根据设施和环境要求识别的结果进行设施的配备和规划布局，与各相关方密切沟通，对过程进行监控 |
| 3 | 验收 | 验收工作不全面、验收依据和方法不科学 | 对实验室的设施和环境条件组织全面和科学的验收确认 |
| 4 | 环境条件监控和记录 | 1）没有对环境条件的监测、控制和记录做出文件化的要求并实施<br>2）无效的监控 | 将要求形成文件；有效、持续地监测、控制和记录环境条件 |
| 5 | 变更评审 | 忽略对相关更变的评审 | 实施、监控并定期评审控制设施的措施 |

**1. 设施和环境条件要求识别**

实验室应对所需的设施和环境条件进行识别。从环境条件要求来源看，实验室的环境条件一般需要满足法律法规的要求、认证认可机构的要求、方法和标准的要求、仪器设备（标准物质）尤其是精密仪器设备运行的要求，以及员工的要求等。

例如，《中华人民共和国消防法》第二十八条规定，任何单位和个人不得损坏、挪用或者擅自拆除、停用消防设施、器材，不得埋压、圈占、遮挡消火栓或者占用防火间距，不得占用、堵塞、封闭疏散通道、安全出口、消防车通道。人员密集场所的门窗不得设置影响逃生和灭火救援的障碍物。《检测和校准实验室能力认可准则在化学检测领域的应用说明》（CNAS—CL01—A002：2020）规定，化学实验室应合理分区，避免交叉污染和相互干扰，并配置必要的防护设施。痕量金属元素分析需要关注环境中存在的灰尘、烟气或酸雾，应尽可能采取措施避免交叉污染对检测结果造成影响。《检测和校准实验室能力认可准则在纺织检测领域的应用说明》（CNAS—CL01—A010：2018）规定，纺织品检测工作需要在规定的温度和相对湿度条件下进行样品平衡和检测时，应具备符合标准要求的恒温恒湿室。美国人造板测试标准ASTM D 6007—2014要求将人造板样品在相对湿度45%～55%，温度21℃～27℃的环境下进行平衡处理，测试舱所在实验室空气中的甲醛背景浓度不得超过0.02ppm。某品牌电感耦合等离子体质谱仪要求的安装环境为室内气温

15～30℃，气温变化每小时不超过2.8℃，相对湿度应在20%～80%，不冷凝；在仪器排风口提供5～7m³/min的排风风速；接地电阻须小于4欧姆。最后，实验室因职业健康和安全的考虑需要为人员配备通风橱、洗眼器和紧急喷淋装置等设施。可见，实验室设施和环境条件要求的来源多且复杂，实验室应对所有来源的设施和环境条件要求进行前瞻性、系统、全面和准确识别，为后续资源的配备提供依据。

此外，实验室对设施和环境条件要求的识别容易存在一些盲点。时间上，建设新实验室或新检测基地，环境条件要求的识别和设施的配备一定要考虑将来业务的发展和相关方要求的变化，预留发展空间，不能仅着眼于当下；空间上，实验室管理体系还应覆盖不同的场所，尤其在永久控制之外的地点或设施中实施实验室活动时，设施和环境条件应符合相关要求。

**2. 规划布局和配备设施**

实验室应根据上述设施和环境条件要求识别的结果进行规划布局并配备设施，以实现所需的结果。在平面规划布局方面，首先应考虑实验室活动的路线以及人员的操作习惯，为实验室活动的安全性、便捷性和高质量打下基础。当相邻区域的工作可能互相影响时（如空气污染、水污染、电磁干扰、振动、噪声、化学和微生物污染），实验室应进行有效隔离，并采取有效的防止干扰或污染的措施。例如：产生酸雾的实验室活动应与紫外可见光分光光度计等仪器进行隔离；切割金属或木材样品等产生振动的活动应远离精密天平室；微生物实验室应遵循“单方向工作流程”原则，防止潜在的交叉污染；造成较大噪声、有害气体挥发、辐射、振动的实验室应采取相应的隔离措施；样品和危险化学品等物料的存放应考虑化学性质不相容导致的安全问题或污染。

在实施阶段，实验室应在内部保持良好沟通并与供应商保持良好沟通，包括提前与供应商沟通最终需实现的环境条件，密切监控其工作，确保实现所需的结果。

**3. 验收**

新建的实验室应对给排水、供电、供气、通风（包括排气罩、通风橱和全室通风）、办公家具（如试验台、水槽和药品柜）和消防等设施，以及实验室活动要求的环境条件进行全面、专业和可追溯的验收。需要时应由校准机构等第三方辅助完成。例如：设备用电中，24小时运行的电器（如冰箱）须单独供电，其余电器设备均由总开关控制，烘箱、高温炉等电热设备应有专用插座、开关及熔断器；水压、水量和水质应满足要求；实验室每小时的排气次数和通风橱操作口的风速应符合要求，不同房间的温湿度也应符合相关标准的要求。以上实验室设施和环境条件如不能满足要求，应要求供应商进行处理。

**4. 环境条件的监控和记录**

《检测和校准实验室能力认可准则》（CNAS—CL01：2018）6.3.3要求，当相关规范、方法或程序对环境条件有要求时，或环境条件影响结果的有效性时，实验室应监测、控制和记录环境条件。可见，对不同的实验室活动，当相关规范、方法或程序对环境条件有明确要求时，实验室应监控和记录环境条件。如果没有明确规定，实验室应评估该活动对环境条件稳健性的影响，识别重要的、影响结果有效性的环境条件，进行监控和记录。不属于这两种情况的环境条件则无须记录。

实验室应将各个场所，包括永久控制之外的场所对环境条件的要求制订成文件并实施。监控设备应经过校准并满足需求，如某检测活动要求实验室的温度为（20±2）℃，实验室使用普通数显温度计进行监测，此时应将20℃列入温度计的校准方案，并评估校准结果中的温度极值、温度回差和重复性等是否满足监测要求。同时，实验室还要选择环境温度监测位置，应选择靠近实验室活动的区域或样品实际存放区域；对于较大的空间，可能需要设置两个或多个监测点。

不同的实验室、不同的检测方法对环境条件的监控和记录有不同的要求，监控的设备不同、内容不同、方式不同、时间不同，监控的记录也不同。在纺织检测中，方法规定检测工作需要在特定的温湿度条件下进行或样品需要在特定的温湿度条件下调湿平衡时，要使用温湿度记录仪连续监控实验室或设备中的温度和湿度以确保与规定的温湿度条件一致。在微生物检测领域，需要在洁净条件下工作的区域，实验室应有效地监控和记录温度、湿度、沉降菌等环境条件。当条件不满足检测方法要求或者可能影响检测的结果时，应停止检测。

环境条件的记录可以使用专门的记录表格，也可以在实验室活动的原始记录中单独记录。不管采用什么方式记录，记录的内容应可用于识别环境条件对测量结果的影响，并确保在尽可能接近原条件的情况下重复该实验室活动。例如，记录的内容应包括环境条件、监测设备的识别、记录人识别和时间等。

实验室还应规定环境条件超出限值或监测设备失效时须采取的措施，如停止工作、报告主管、评估已完成的工作是否发生不符合等。

**5. 变更评审**

实验室应实施、监控并定期评审控制设施的措施。除了定期检查水、电、空调、照明、消防、安全防护等基础设施的完好有效，还应评审进入和使用影响实验室活动区域的控制，预防对实验室活动的污染、干扰或不利影响，有效隔离不相容的实验室活动区域等措施。空间狭小的恒温恒湿室，过多人员进入可导致温度升高，此时需要对该设施最多可进入人数做出规定和标识。感官检验室的样品制备区和检验区是隔离的，感官检验员不能进入样品制备区，否则将给检验结果带来偏差。

实验室方法的更新、新方法的开展或功能区域的调整，均可能产生新的污染、干扰、不相容或其他不利情况（包括质量、环境和安全），实验室应定期进行全面的评审控制设施的措施，确保持续满足要求。

## 三、“设备”管理过程存在的风险及控制措施

《检验检测机构资质认定能力评价 检验检测机构通用要求》（RB/T 214—2017）和《检测和校准实验室能力认可准则》（CNAS—CL01：2018）规定，设备指检验检测活动所必需并影响结果的仪器、软件、测量标准、标准物质、参考数据、试剂、消耗品、辅助设备或相应组合装置。实验室可运用资源的管理过程思维对设备的需求、差异、计划、供应和配置，并运用技术评估、更新等模式对设备的采购和验收、使用和授权、检定/校准/核查、标识、维护、期间核查、档案等内容进行过程周期管理。表6-5梳理了实验室对设备的管理过程及每个流程识别的相关潜在风险、控制措施，并在后面对流程中的潜在风险和控制措施进行详细说明。

**表6-5　设备管理风险识别控制表**

| 阶段 | 步骤 | 过程/环节 | 潜在风险 | 控制措施 |
|---|---|---|---|---|
| 1<br>采购和验收 | 1.1<br>1.2<br>1.3<br>1.4 | 设备配置识别<br>采购设备<br>验收设备<br>贴唯一标识 | 1）实验室未配置足够、适用的设备<br>2）采购的设备不满足实验室需求<br>3）采购的设备未进行验收或验收的内容不充分<br>4）编号不具有唯一性 | 1）制订《设备管理办法》<br>2）制订《设备采购管理办法》<br>3）制订《设备安装与验收管理办法》<br>4）设备验收记录表单<br>5）利用设备管理系统进行设备管理 |
| 2<br>编写作业指导书、设备授权 | 2.1<br>2.2 | 编写作业指导书<br>设备授权 | 1）对复杂、重要设备未编写作业指导书<br>2）未经过培训授权操作设备<br>3）仪器参数或计算公式等被意外调整 | 1）作业指导书<br>2）授权表 |
| 3<br>设备检定/校准/核查 | 3.1<br>3.2<br>3.3<br>3.4 | 是否需检定/校准（是；否）<br>核查（合格；不合格）<br>制订校准方案<br>实施校准 | 1）设备未进行校准<br>2）设备未进行核查<br>3）设备核查方式有误<br>4）未制订校准方案<br>5）校准方案制订不合理<br>6）未按照校准方案实施校准 | 1）建立《计量溯源程序》包括设备核查记录表、检定/校准报告、校准方案<br>2）建立设备管理系统对设备周期校准进行提醒的机制 |

续表

| 阶段 | 步骤 | 过程/环节 | 潜在风险 | 控制措施 |
|---|---|---|---|---|
| 4<br>结果确认 | 4 | 校准结果确认<br>合格 | 1）未进行校准结果确认<br>2）校准结果确认后未在检测工作中运用确认结果 | 1）设备检定/校准结果确认表 |
| 5<br>状态标识 | 5 | 贴设备状态标识 | 1）未对设备状态贴标识<br>2）误操作正在使用中的设备<br>3）停用设备无标识 | 1）设备状态标识 |
| 6<br>设备使用 | 6 | 设备使用 | 1）对检测结果有影响且有特殊要求/精密的设备无法溯源<br>2）化学检测器皿交叉污染风险 | 1）设备使用记录<br>2）出入库记录<br>3）制订《器皿清洗、隔离、储存作业指导书》 |
| 7<br>设备维护和保养 | 7 | 维护和保养 | 1）未对精密设备进行维护和保养 | 1）维护保养作业指导书<br>2）维护保养记录<br>3）和厂家签订维护保养协议，定期对设备进行维护保养 |
| 8<br>设备期间核查 | 8.1<br>8.2<br>8.3 | 期间核查计划<br>期间核查作业指导书<br>合格<br>期间核查<br>不合格 | 1）未进行期间核查<br>2）期间核查计划制订不合理<br>3）期间核查内容不全面<br>4）期间核查有问题设备未进行处理 | 1）制订《期间核查程序》<br>2）编制《设备期间核查作业指导书》，规定期间核查方式<br>3）期间核查记录 |
| 9<br>设备故障和维修及报废 | 9 | 故障和维修<br>已修复<br>无法修复<br>报废 | 1）故障设备未进行有效隔离，使用故障设备<br>3）因设备缺陷或偏离对先前测试工作有不好影响 | 1）设备故障标识（停用标识、待维修标识等）<br>2）设备维修记录<br>3）《不符合工作程序》 |
| 10<br>设备档案管理 | 10 | 设备档案管理 | 1）无设备档案<br>2）设备档案缺失 | 1）建立设备管理系统，对设备信息进行管理<br>2）建立程序文件规定设备档案内容<br>3）设备一览表 |

**1. 采购和验收**

（1）设备配置识别。

实验室应获得正确开展实验室活动所需的并影响结果的设备，包括但不限于测量设备、软件、测量标准、标准物质、参考数据、试剂、消耗品或辅助装置。不同的检测标准对设备可能提出不同的要求，如不同的准确度要求。实验室应逐一分析每个标准对设备的要求，确保配备满足各标准要求所必需的仪器和设备。如果不同标准不能共用一个仪器，应按标准分别配备。《检测和校准实验室能力认可准则在微生物检测领域的应用说明》（CNAS—CL01—A001）规定实验室应配备满足检测工作要求的仪器设备，如培养箱、水浴锅、冰箱（菌种用冰箱、冷冻样品缓化用冰箱、试剂用冰箱）、均质器、显微镜等。其中培养箱的配置应考虑用途、控温范围、控制精度和数量的要求。《检测和校准实验室能力认可准则在金属材料检测领域的应用说明》（CNAS—CL01—A011）要求实验室自行制备样品时，应配置能满足检测要求的取样设备和制样设备，如火焰切割和机械切割设备、机加工设备、镶样设备、磨抛设备等。实验室应按检测方法的要求配备标准物质，所配的标准物质应覆盖认可的能力范围。对于硬度检测，硬度标准块应能覆盖硬度标尺或载荷的范围以及认可的典型硬度值。对于仪器法化学成分分析，标样基体应与被测样品一致，所用的标样含量范围应覆盖检测样品的含量。《检验检测机构资质认定生态环境监测机构评审补充要求》第十二条要求生态环境监测机构应配齐包括现场测试和采样、样品保存运输和制备、实验室分析及数据处理等监测工作各环节所需的仪器设备。现场测试和采样仪器设备在数量配备方面需满足相关监测标准或技术规范对现场布点和同步测试采样要求。

（2）采购设备。

实验室识别出设备配置后，就可以按照所需实施采购，为了提高采购效率，规避设备采购中所遇到的“采购的设备不满足实验室需求”等风险，实验室可以专门建立《设备采购管理办法》对实验室设备采购流程进行规定，也可利用设备管理系统，对设备的采购进行系统管理。值得注意的是，实验室应和供应商进行充分的技术交流，并对采购的需求信息进行详细的说明，信息内容包括但不限于拟采购的设备名称、型号规格、数量、预算、生产厂家/品牌建议、设备硬/软件配置、配套的消耗品、设备的技术性能要求、安装条件和验收标准等。另外，实施采购的人员应组织实验室和供应商对实验室提交的采购文件进行技术评审，以确保各项技术要求清晰、明确、适当且满足采购要求。

如需使用永久控制以外的设备（如租赁设备）则应确保该设备的管理和采购设备一致。

（3）验收设备。

采购设备到货后，实验室可以建立《设备安装与验收管理办法》明确验收流程和验收内容：首先进行到货确认、外包装检查、设备搬运等，完成对设备的外观与数量（包括配件等）的验收；其次进行安装调试对质量技术进行验收（验收时，注意收集调试报告、厂家验收报告等资料）；再次对操作、维护培训及培训效果进行验收，（需要时）可委托外部校准进行技术质量验收，或者通过一段时间的试用达到对质量技术的验收；最后对整个设备的验收过程全部资料、记录进行归档、审查，以规避“安装、验收带来的风险”，确保安装验收后的设备能够达到购买时的预期要求。如《检测和校准实验能力认可准则在纺织检测领域的应用说明》（CNAS—CL01—A010）要求取、制样设备在安装调试后应进行验收，确保设备正常使用，性能指标满足标准要求。对重要的机加工检查设备，如冲击试样缺口投影仪、万能工具显微镜等应进行验证。对冲击试样缺口加工设备，应提供加工成型后的试样符合性检查合格证据。

（4）贴唯一标识。

设备验收确认合格之后，实验室即可在设备上贴唯一性标识。为了确保标识的唯一性，实验室可利用设备管理系统自动生成唯一性编号。

**2. 编写作业指导书并进行设备授权**

（1）编写作业指导书。

实验室应组织编写设备的相关作业指导书，以避免操作人员对设备操作失误带来的设备损坏等风险，作业指导书应按照设备的管理要求和相应的技术要求编写，包括但不限于使用/操作作业指导书（包括过程的安全注意事项）、维护保养作业指导书、期间查核作业指导书（需要时）。作业指导书应尽可能放置于设备旁边，以确保设备使用人员需要时取用查阅。若设备的说明书中清晰描述了操作步骤和维护保养内容，且方便使用，实验室可直接使用说明书。

（2）设备授权。

设备应由经过授权的人员操作，操作人员必须经过设备操作、设备原理、设备维护保养、数据处理与传输等方面的培训，监督考核等确认授权。其中对标准方法的授权也可以视为对同等设备授权。在使用设备过程中，实验室需要采取有效措施防止设备中的软件或硬件（如仪器参数、计算公式、调节按钮）被意外调整，可采用加密、固定、贴标识等方式避免发生结果失效。

**3. 设备检定/校准/核查**

（1）设备检定/校准/核查方式判断。

设备在投入使用或重新投入使用前（包括因校准或维修等原因又返回实验室的设备），应采用检定/校准/核查等方式进行验证，以确认其满足检验检测的要求。并非实验室的每台设备都需要校准，实验室应评估设备对结果有效性和计量溯源性的影响，合理地确定是否需要校准，对于不需要校准的设备，实验室应核查其状态是否满足使用要求。对结果有重要影响的仪器的关键量或值：若培养箱温度及其均匀性和稳定性等指标要求，应纳入设备的校准/检定计划；若玩具标准中对锐利边缘测试仪的表面粗糙度、转速、力度、尺寸、表面硬度等有要求，则这些参数必须经校准且确认满足方法要求才可投入使用；若辅助设备的参数指标会对检测结果造成显著影响，如拉伸试验机的引伸计、金相显微镜的测微标尺、低温和高温装置等，则也应进行校准。对于监测环境用的温湿度记录仪，实验室应定期校准，或用已校准过的温度计和湿度计来核查温湿度记录仪。对于消耗性的用品，可不要求进行校准，但是实验室应提供有关的有效证明来证实其符合标准要求，如锐利边缘测试胶纸、蜡烛等。

（2）设备核查。

不直接参与检测/校准结果的获得过程，且不影响结果的准确性或有效性，例如一些辅助处理设备，以及经证实校准带来的贡献对检测结果总的不确定度几乎没有影响的设备，可采用核查的方式验证其功能正常，而对于仪器的主要性能指标是否符合技术规范或预期要求，实验室需要根据标准规范进行核查。《检测和校准实验室能力认可准则在微生物检测领域的应用说明》（CNAS—CL01—A001）要求定期使用生物指示物检查灭菌设备的效果并记录。对化学检测仪器的核查可以参考《化学检测仪器核查指南》（CNAS—GL046：2020）执行。

（3）制订校准方案。

对需要校准的设备，实验室应建立校准方案。方案中应包括该设备的校准参数、校准范围、校准不确定度和校准周期等要求，以便在校准时提出明确的、针对性的要求。对校准方案需要进行复核和必要的调整，以保持对校准状态的可信度。在考虑校准参数范围的时候，可参考最大允许误差或扩展不确定度、测量范围、量程、分辨力、稳定性、环境条件等；在考虑设备校准周期时，可参考计量检定规程（或校准规范）的规定、（所采用的）检测/校准方法的要求等信息，或参考《测量设备校准周期的确定和调整方法指南》（CNAS—TRL—004：2017）和《测量设备校准周期的确定和调整方法指南》（RB/T 034—2020），以及历次校准结果和期间核查结果。使用反应调整法和期间核查法，综合考虑延长周期的风险和实验室需要或声明的测量不确定度、设备超出最大允许误差限值使用的风险，以及使用的程度和频次等相关因素，确定和调整设备的校准周期，并以文件化的形式规定。一般情况下设备的校准周期通常不宜超过3年（检测或校准方法有规定的设备除外），实验室应有充分有效的技术手段作为支撑。

（4）实施校准。

实验室应按照校准方案，与合格的检定/校准机构联系，确定检定/校准的溯源要求、时间、方式等及时送检。在实施过程中需确认测量设备的使用情况是否良好、是否有故障仪器需要先进行维修等情况。对于没能及时送校的设备，实验室应加贴隔离标识（如“停用”标签）直至设备完成校准；通过试验、比对等手段证明设备虽未按时校准，但仍可保证数据准确有效。

**4. 校准结果确认**

用于测量的设备应能达到测量所需的准确度和（或）测量不确定度，以提供有效结果。设备校准完成后，实验室应对校准结果进行确认，确认的内容包括以下几个方面。

（1）校准证书的完整性和规范性。

（2）校准结果与预期使用要求的符合性判断，必要时采取技术手段确认是否满足检测方法要求。

（3）适用时，根据校准结果对设备进行调整或者导入校准因子，或在设备使用中进行修订。

（4）确认是否需对所开展的项目重新进行测量不确定评定。当设备不确定度参与测量不确定度的计算时，校准结果确认时应检查设备不确定度是否发生变化，如发生变化应告知不确定度评估人员，评估其对测量结果不确定度产生影响的程度，必要时重新进行计算，测量不确定度。当校准报告中未提供不确定度时，应向校准机构索取，如该机构无法提供，则需实验室组织对该设备/参考标准的测量不确定度进行自行评估。确认结果记录于“设备校准结果确认表”中。

**5. 设备状态标识**

（1）校准标识。对于需要检定/校准设备，在检定/校准确认后，应加贴“检定/校准标签”，标签内容包括检定/校准机构、检定/校准日期、下次检定/校准日期或有效期、检定/校准人等。“检定/校准标签”一般由检定/校准机构提供。

（2）使用状态标识。所有用于检测的仪器无论是送检还是内校，均应实行标识化管理。对影响检测工作质量，又不需要检定/校准的设备，核查验证后也应用标识表明其经核查验证后的状态。实验室应依据以下情况对所有设备的使用状态进行标识：检定/校准设备的检定/校准结果核查情况；不需检定/校准设备的核查验证情况；期间核查设备情况；设备日常维护点检情况；设备日常使用情况；等等。使用状态标识可由“合格标识”“停用标识”“准用标识”来区分。合格标识用于经计量检定/校准或核查验证合格，确认其符合检测/校准技术规范规定的使用要求的，且使用状态正常，可以投入使用的设备。停用标识用于目前状态不能使用，但经检定/校准或修复后可以使用的设备，包括但不限于以下情形：仪器设备损坏、仪器设备经检定/校准不合格、仪器设备性能无法确定、仪器设备超过周期未检定校准、不符合检测/校准技术规范规定的使用要求。准用标识用于存在部分缺陷，但在限定范围内可以使用的（即受限使用的）设备，包括但不限于以下情形：多功能检测设备，某些功能丧失，但检测所用功能正常，且检定/校准合格；测试设备某一量程准确度不合格，但检测所用量程合格；降等降级后使用的仪器设备。

（3）运行状态标识。为防止使用中的设备被误操作导致影响测试结果，必要时，设备使用人应对“测试中”的设备进行标识。

**6. 设备使用**

为了规避设备在使用中遇到对检测结果有影响且有特殊要求/精密的设备无法溯源的风险，实验室可以将设备的使用情况进行记录，填写“设备使用记录表”“设备出入库登记表”。记录内容包括设备唯一性标识、使用时间、使用人和活动追溯性等信息。设备作业指导书等文件有规定时，可包括设备状态检查等信息。非固定场所检测设备应进行出入库管理，离开和返回固定场所时应对仪器的状态、领用情况等信息予以记录。对于化学检测，实验室在使用实验器皿时应防止实验器皿对检测样品或标准溶液的污染风险。必要时，实验室应对用于不同检测的器皿制订清洗、储存和隔离作业指导书。如果检测方法中规定了器皿的清洗方法或注意事项，各实验室应遵守或予以关注。对于互不相容的检测，实验室应使用不同的器皿。从事痕量分析的实验室应配备专用的器皿，以避免可能的交叉污染。器皿清洗应关注清洗剂中可能存在的分析物及分析干扰物。

**7. 设备维护和保养**

为了保持设备的检测/校准结果的稳定性，实验室应对关键设备建立“维护和保养作业指导书”，设计“维护保养点检表”按照要求做好设备的点检和维护保养工作，对于复杂的设备可以委托生产商实施维护保养。

**8. 设备期间核查**

（1）期间核查计划。

实验室应根据设备的稳定性和使用情况来确定是否需要进行期间核查，并制订期间核查计划，计划需明确以下内容。

1）明确核查设备。判断设备是否需要期间核查至少需考虑以下因素：设备校准周期，如校准周期间隔较长；历次校准结果，如校准结果出现过不符合或临界限值、历次校准结果相差较大；质量控制结果，如出现过质量问题；设备使用情况，如不够稳定、易漂移、易老化且使用频繁；设备维护情况，如过载、损坏维修；设备操作人员，如操作人员发生变化；设备使用环境，如经常携带到现场检测、使用环境恶劣、使用环境发生变化；设备使用范围发生变化；有特殊规定的或仪器使用说明中有要求；等等。当遇到以下情况时实验室应考虑对仪器进行核查：测量仪器即将用于非常重要的测量或非常高准确度的测量，测量对仪器的准确度要求接近仪器的限值时；测量仪器即将用于外出的测量时或从外出测量回来时；测量条件（如温湿度）发生重大变化，刚恢复时；测量仪器发生碰撞、跌落、电压冲击等意外事故后；对测量仪器的性能有怀疑时；仪器外借或发生维修时。

2）明确核查周期。对于性能稳定的仪器，核查频度为在两次送校之间只进行一次定期的期间核查，通常为一年一次。若测量仪器不够稳定且使用频繁，核查频率低会承担较大的质量风险，实验室可规定两次核查之间最长的时间间隔，在两次校准期间适当增加核查的次数。

3）明确期间核查的判定依据。判定依据可参考测试标准、设备的使用说明书、检定规程/校准规范、其他科技期刊和论文资料等。

4）明确核查标准。对于核查项目通常选择合适的标准物质或实物量具，如砝码、量块等可提供稳定的量值，且具有良好的重复性的核查标准。如果测试项目无法提供标准物质或实物量具，可以选择其他稳定性好的对象，如能力验证样品、日常测试的经验证明稳定的留样、新购的参考标准（色牢度评级灰卡）。

5）明确核查内容。期间核查不是重新校准，不需对所有设备测量参数和范围进行核查，实验室可根据测试的实际日常测试情况进行选择，原则上对设备的关键测量参数进行期间核查。选择各设备测试的基本参数，如ICP选择特征元素的特征波长、GC选择特征峰面积和保留时间。选择设备的基本测量范围及常用的测量点（示值）进行期间核查，如烘箱的常用温度点、天平的常用测试量程。

（2）期间核查作业指导书。

为了避免期间核查内容不全面或方式正确但运用标准错误等风险，实验室应对需要核查的测量设备或标准物质制订专门的期间核查作业指导书。作业指导书应包括但不限于：

使用的核查标准（标准物质、实物量具）；测量的参数（吸光度、波长、温度）和测量方法；核查的量值点或位置（如温度60℃）；定期核查的频次（如每年1次）；需要增加不定期核查的特殊情况；核查的记录表单；核查结果的判定原则和核查结论；发现问题时可采取的措施；等等。对标准物质的期间核查可以通过内部质量控制结果，核查标准物质的稳定性。

（3）期间核查。

实验室按照期间核查计划和期间核查作业指导书对设备进行期间核查，并留下相应的“期间核查记录”。当核查出设备不满足规范要求时，必要时，实验室可按照《不符合工作程序》对设备进行分析并制订措施。

**9. 设备故障和维修及报废**

如果设备有过载或处置不当、给出可疑结果、显示有缺陷或超出规定要求（质控图超出上下控制限），应立即停止使用，并加以隔离（粘贴“停用标识”或者放置在停用区）以防误用风险。在设备修复并通过校准或检查，表明能正常工作后，重新启用设备。为了减小或规避因设备缺陷或偏离对先前测试工作有不好影响，实验室可启动《不符合工作管理程序》分析评价这些缺陷或偏离对先前的检测/校准的影响以采取措施减小影响。

**10. 设备档案管理**

为了避免实验室设备档案中缺失记录等风险，实验室可运用设备管理系统对所有设备进行管理和信息储存，及时维护和更新设备管理系统中的各类信息，确保信息的完整性和准确性。建立《设备档案管理程序》，明确设备档案的内容。设备档案应包括以下内容。

1）设备的识别。包括软件和固件版本（如设备编号、制造商名称、型号、系列号、软件版本号或其他唯一性标识、设备存放部门/位置、启用日期），可利用设备管理系统进行系统管理。

2）设备符合规定要求的验证证据（如设备的验收报告、设备期间核查计划和期间核查记录等）。

3）设备的说明书（如果有）、合格证、保修凭证等。

4）设备校准信息（包括校准日期、校准结果、设备调整、验收准则、下次校准的预定日期或校准周期）。

5）设备期间核查计划及记录。

6）与设备性能相关的维护计划和已进行的维护记录。

7）设备的损坏、故障、改装或维修的详细信息。

8）标准物质的文件、结果、验收准则、相关日期和有效期。

## 四、“计量溯源性”管理过程存在的风险及控制措施

术语“计量溯源性”在VIM 2.41中定义为：“通过文件规定的不间断的校准链，将测量结果与参照对象联系起来的测量结果的特性，校准链中的每项校准均会引入测量不确定度。”术语“溯源性”有时指“计量溯源性”，有时也指其他概念，如“样品管理可追溯性”和“原始记录的可追溯性”等，其含义为某物的“轨迹”，与“计量溯源性”差别很

大，因此使用全称“计量溯源性”可避免概念的混淆。

计量溯源性是国际相互承认测量结果的前提条件，CNAS将计量溯源性视为测量结果有效性的基础，并要求确保获认可的测量活动计量溯源性满足国际规范要求。CNAS—CL01：2018的6.5“计量溯源性”要求实验室应建立和保持测量结果的计量溯源性，附录A给出了具体的实施指引；《测量结果的计量溯源性要求》（CNAS—CL01—G002：2018）则给出了详细的认可要求。实验室可根据这些要求，制订相关程序并实施。表6-6对实验室计量溯源性的相关风险及控制措施进行了列举。

**表6-6　计量溯源性风险识别控制表**

| 序号 | 过程/环节 | 潜在风险 | 控制措施 |
|---|---|---|---|
| 1 | 识别应建立计量溯源性的被测量 | 没有系统的识别方法或程序 | 清晰定义哪些被测量是应建立计量溯源性的，进而确定需要校准的设备、需要使用的标准物质及参加的实验室间比对活动 |
| 2 | 建立溯源计划 | 将计量溯源性理解为单一的“设备校准”，未建立多样和清晰的计划 | 根据各项目的特性，为实验室所有项目建立溯源计划 |
| 3 | 选择产品和服务 | 校准实验室不具备能力 | 优先选择满足ISO 17025要求并获得CNAS认可的校准实验室 |
| | | 标准物质提供者不具备能力 | 优先选择满足ISO/IEC 17034要求的RMP（标准物质生产者） |
| | | 能力验证或实验室间比对提供者不具备能力 | 优先选择满足 ISO/IEC 17043 要求的PTP（能力验证提供者）或行业主管部门/行业协会组织的实验室间比对 |
| 4 | 验收产品和服务 | 未对校准结果进行验收和利用 | 验收和利用校准证书 |
| | | 未对标准物质及其证书进行验收和利用 | 验收和利用标准物质及其证书 |
| | | 未对实验室间比对的过程和结果进行验收 | 验收实验室间比对的过程和结果 |
| 5 | 更新溯源计划 | 实验室的测量量、相关校准方案和对标准物质的要求一直沿用，未复核与调整 | 定期和不定期对相关要求进行复核与调整 |

**1. 识别应建立计量溯源性的被测量**

实验室应识别有哪些被测量（被测量的量）需要建立计量溯源性，然后通过形成文件的不间断的校准链将测量结果与适当的参考对象相关联，以建立并保持测量结果的计量溯源性。

实验室应为报告的测量结果建立计量溯源性，对于测量模型中有一个以上输入量的被测量，每个输入量值本身应当是经过计量溯源的，并且校准等级序列可形成一个分支结构或网络。为每个输入量值建立计量溯源性所做的努力应与对测量结果的贡献相适应。某些检测方法（尤其是化学测量）的测量模型非常复杂，实验室应分析所有显著影响测量结果的影响量，确定每个影响量对测量结果的贡献，选择和使用适当的测量标准对影响量进行定量评估。可见，并非与测量结果相关联的每一台设备都必须校准。尤其检测实验室由于活动的多样性，应综合考虑风险、成本和可能性。

CNAS—CL01的6.4.6规定，当测量准确度或测量不确定度影响报告结果的有效性时，或为建立所报告结果的计量溯源性，设备应进行校准。

根据CNAS—TRL—004给出的指南，实验室应根据设备的用途，判断设备应用不同的测量方法时对结果的影响程度，当校准带来的贡献对测量结果总的不确定度有显著影响时应进行校准。此时，实验室还应确定显著影响的定量判定规则，如对结果不确定度贡献值≥10%的设备进行校准。影响报告结果有效性、需要校准的设备类型可包括以下内容。

1）用于直接测量被测量的设备，如测量质量所用的天平。

2）用于修正测量值的设备，如温度测量设备。

3）用于从多个量计算获得测量结果的设备，如校准扭矩扳子检定仪杠杆力臂长度和砝码力值的设备。

对一些对结果不确定度贡献可以忽略不计的设备，可以只进行功能的核查，确保满足其用途即可。例如：用于粉碎样品的冷冻研磨仪，因为样品后续还有过筛的步骤，所以无须校准，只需要按照规定操作，核查样品粉碎后状态是否正常即可；黄铜中的铅含量检测，用于消解样品的电热板对回收率几乎没有影响，实验室同样只需要内部核查其加热功能是否正常。一般而言，标准方法中明确规定的设备温度、湿度、转速、频率、时间和功率等参数是需要校准的。

**2. 建立溯源计划**

CNAS—CL01：2018的6.5规定，实验室应通过以下三种方式确保测量结果溯源到国际单位制（SI）。

1）具备能力的实验室提供的校准。

2）具备能力的标准物质生产者提供并声明计量溯源至SI的有证标准物质的标准值。

3）SI单位的直接复现，并通过直接或间接与国家或国际标准比对来保证。

技术上不可能计量溯源到SI单位时，实验室应证明可计量溯源至适当的参考对象，如以下情况。

1）具备能力的标准物质生产者提供的有证标准物质的标准值。

2）描述清晰的参考测量程序、规定方法或协议标准的结果，其测量结果满足预期用途并通过适当比对予以保证。

此处标准物质（Reference Material）有参考标准和标准样品等多种名称，本节统一使用准则中的“标准物质”术语。《实验室认可规则》（CNAS RL01：2019）的7.6条规定，当测量结果无法溯源至国际单位制（SI）单位或与SI单位不相关时，测量结果应溯源至标准物质、公认的或约定的测量方法/标准，或通过实验室间比对等途径，证明其测量结果与同类实验室的一致性。当采用实验室间比对的方式来提供测量的可信度时，应保证定期与3家以上（含3家）实验室比对。可行时，应是获得CNAS认可或APAC、ILAC多边承认协议成员认可的实验室。

可见，实验室建立计量溯源性并非局限于设备校准一种方式，而是存在多种方式。不同的领域、不同的检测对象、不同的检测方法和参数，建立计量溯源性的方法可能不同。实验室应有清晰的计划，哪些项目是溯源到国际单位制（SI）基准的，哪些是溯源到有证标准物质（如硬度）的，哪些是溯源到规定方法和协议标准的，如土壤中的元素有效态含量分析就是溯源至规定方法的。对于最后一种情况，必须参加实验室间比对以证明其结果满足预期用途。

在校准领域，大部分项目（如长度和温度）可以溯源至SI单位，但力学中的硬度和一些无线电校准等项目还不能严格溯源至SI单位，实验室应努力溯源到标准物质（参考标准）或规定的方法。在食品检验领域，标准物质在食品安全检验量值溯源体系中占据了主导地位，包括理化检验量值溯源的标准物质/有证标准物质、微生物检验的标准菌株以及分子生物学检验的含目标基因DNA的质量标准分子等。除标准物质外，检验过程中使用的标准方法和关键仪器设备等也是重要的溯源性因素，尤其当标准物质不可获得时。例如，食品产品中常添加各种大分子物质，如食用胶、蛋白、多糖等，在许多食品类别中，这些大分子添加物的选择性检测较难实现，同时其物质本身也很难存在参考物质，此时测量结果应溯源至规定的方法，并参与合适的能力验证或实验室间比对计划。在环境监测领域，涉及水、气、土壤与沉积物、固废、生物、噪声与振动、核与辐射等环境要素，环境监测的特点是测量结果直接与环境监测分析方法相关联，只有严格遵循标准规定的操作程序，才能保证测量结果的可比性。尤其是采样环节，涉及采样方法、采样数量、样品代表性、采样频次、采样工具和监测参数等，往往是方法主要的不确定度来源和计量溯源性建立的难点。与分析方法相关联的标准物质是建立环境监测方法计量溯源性的重要手段。环境标准样品还存在种类不能满足需求，基体与实际检测样品差异大以及性质不稳定等问题，通常也需要溯源至规定方法或标准，并参与合适的能力验证或实验室间比对计划。

**3. 选择产品和服务**

在我国，实验室一般应选择满足ISO/IEC 17025要求并获得CNAS认可的校准实验室作为校准服务供应商，适用时，应选择法定计量机构提供的检定，但此时实验室应注意检定证书需提供必要的溯源性信息以及测量结果的不确定度。

与校准服务相比，标准物质的提供不受距离限制，可选择的供应商较多。当测量结果溯源至有证标准物质时，实验室应选择满足ISO 17034要求的标准物质生产者（RMP）生产的标准物质，CNAS—CL01：2018附录A.3对RMP的选择给出了非常详细的指引。此外，实验室还应审查RMP符合ISO/IEC 17034要求的能力范围是否覆盖实验室的需求。

当测量结果溯源至规定的方法或协议标准时，应通过适当的比对以保证测量结果满足预期用途。此时实验室应优先选择满足ISO/IEC 17043要求的能力验证计划或行业主管部门/行业协会组织的实验室间比对。

**4. 验收产品和服务**

实验室应对校准、标准物质和实验室间比对等建立计量溯源性的结果进行验收。其中，校准机构出具的校准证书中，“测量仪器名称”“被测量”“校准规范名称及编号”“测量范围”和“扩展不确定度”五个栏目的信息应在认可范围内；另外，实验室还应重点关注校准参数、校准水平和校准结果，此三项内容均应满足校准方案中预设的要求。

与校准证书相比，标准物质证书的验收和利用在实际工作中较容易被忽略。实验室应系统检查标准物质证书的完整性和适宜性，除了RMP为实验室提供标准物质应在其能力范围内（类型、浓度水平等），实验室还应对标准物质的批次、有效期、保存条件、基体、特性值的计量溯源性（包括不确定度）予以关注，确保满足相关要求。

当实验室测量结果溯源至规定的方法或者协议标准，并参加能力验证或实验室间比对以证明满足预期用途时，应对参与的比对活动及其结果进行验收和确认，例如化学测量方法的实验室间比对，实验室应关注以下内容。

1）检测方法。

2）用于比对的物品的均匀性、稳定性、浓度和基体。

3）参加者的结果，包括离群值的识别和处理。

4）统计数据及总计统计量，包括：指定值、可接受结果的范围；确定指定值（含不确定度）和标准差（或其他判定准则）的程序。

详情可参考ISO/IEC 17043（GB/T 27043）。

**5. 更新溯源计划**

实验室应根据内外部情况的变化，如扩项和方法更新，实验室设备的性能变化和更换等情况，定期和不定期更新溯源计划。对被测量、相关校准方案和标准物质进行复核与调整。如GB/T 17657—1999中人造板的甲醛释放量，干燥器法测定中，要求测定装置在20±2℃环境下放置24小时，蒸馏水吸收试件中释放出的甲醛，GB/T 17657—2013则加严了温度控制，要求测定装置在20±0.5℃下放置，此时实验室应立即调整温度监测设备的校准方案，将20℃下温度监测设备的最大容许偏差调整至0.5℃以下，甚至需要更换温度监控设备，使用更精密的温度计。再如因为业务量的增大，某设备的使用频率大大增加，此时设备管理员应评估校准方案中的校准周期是否仍然合适。关于设备校准周期的调整，CNAS—TRL—004：2017给出了更多详细的指引。同样，实验室也应根据相关情况的变化（如标准物质和实验室间比对的可获得性）对测量结果的溯源计划进行更新。

## 五、“外部提供的产品和服务”管理过程存在的风险及控制措施

实验室向外采购产品和服务是提升社会资源利用率的有效方式，尤其是将一些业务量少、设备成本高昂的项目分包给有能力的供应商是市场的必然选择。外部提供的产品和服务往往是影响实验室活动结果有效性的重要因素，因为大部分产品制造和服务过程发生在实验室外部，所以将相关要求纳入实验室的管理体系，严格控制其质量风险非常必要。

ISO 17025：2017（CNAS—CL01：2018）参考ISO 9001：2015的模式，将“分包”与“服务和供应品的采购”合并为“外部提供的产品和服务”，取消了术语“分包”和“分包方”。CNAS—CL01—G001将分包行为描述为：从外部机构获得实验室活动服务，并直接提供给客户。RB/T 214—2017《检验检测机构资质认定能力评价 检验检测机构通用要

求》和《检验检测机构监督管理办法》（“39号令”）仍保留了“分包”，但未提及“分包方”，而代之以“拟承担分包项目的检验检测机构”。外部提供的产品和服务中，测量标准和设备、辅助设备、消耗材料和标准物质等产品属于设备范畴，其质量风险及应对措施与设备相似。认可准则的6.6要求实验室应确保影响实验室活动的外部提供的产品和服务的适宜性，并进行相关的识别、选择、采购、验收和评价。表6-7从外部提供的产品和服务及其供应商的管理流程出发，对相关的风险及其控制措施进行阐述。

**表6-7　外部提供的产品和服务风险识别控制表**

| 序号 | 过程/环节 | 潜在风险 | 控制措施 |
|---|---|---|---|
| 1 | 识别产品的服务和要求 | 对产品和服务及相关要求识别不全面 | 全面识别实验室所需各种产品和服务，以及对产品和服务的要求，并形成文件 |
| 2 | 供应商选择 | 供应商的能力不足，提供的产品和/或服务质量不符合要求 | 可能时试用和验收其提供的产品或服务，确保满足要求 |
| | | 供应商的质量（包括公正性和保密性）、环境或职业健康和安全管理体系未有效运作 | 对供应商进行评审或要求提供证明材料 |
| | | 供应商未获得必要的行政许可或认可 | 要求提供证明材料；查询公开信息 |
| | | 选择合格供应商清单外的供应商，并且未经以上评价 | 选择合格供应商清单中的供应商　对于不在清单中的供应商应预先进行必要的评价后再开始采购 |
| | | 供应商持续服务能力存疑 | 综合评估 |
| 3 | 采购 | 忽略与供应商提前沟通对产品和服务的要求 | 实验室应有文件要求，并确保采购每一项产品和服务前与供应商沟通和确认相关的要求 |
| 4 | 验收 | 验收项目不充分，验收依据不正确 | 策划并实施产品和服务的验收时间、验收参数、验收方法和验收结果的接受标准 |
| 5 | 供应商持续评价 | 未对供应商进行持续评价 | 持续评价外部供应商并采取相应措施 |
| | | 产品和服务的评价的主体错误 | 策划供应商评价主体，谁使用、谁评价 |

**1. 识别产品的服务和要求**

认可准则按用途将外部提供的产品和服务分为用于实验室自身的活动、部分或全部直接提供给客户以及支持实验室的运作三类，实验室应理解其含义和范围，以全面识别所需的各种产品和服务，以及对产品和服务的要求。

（1）用于实验室自身的活动。

将外部提供的产品和服务用于实验室自身的活动，通常包括实验室活动所必需的设备和各种易耗品。设备性能应满足检测、校准或抽样方法以及认可准则的相关要求；易耗品可包括标准物质、培养基、化学品、试剂盒和玻璃器皿，也应满足方法以及认可准则的相关要求；需要时，对其品名、品牌/制造商、外观（颜色等）、包装、数量、编号（批次/序列号/CAS号）、成分、规格、纯度/浓度/密度、等级、生产日期和有效期等要求制订成文件，以便与供应商进行沟通及后续查验。

（2）部分或全部直接提供给客户（分包）。

将外部提供的部分或全部产品和服务直接提供给客户，通常包括抽样、检测或校准等实验室活动的分包。实验室认可和资质认定机构对于分包有类似的要求，但表述和细节有所不同。

就CNAS要求而言，当实验室须从外部机构获得实验室活动服务时，应尽可能选择相关项目已获认可的实验室。《认可标识使用和认可状态声明规则》（CNAS—R01：2020）的5.3.3规定，如果实验室签发的报告全部结果来自外部供应商，则不得在其报告或证书上使用CNAS认可标识或声明认可状态；5.3.5规定，实验室签发的带CNAS认可标识或认可状态声明的报告或证书中部分结果来自外部供应商时，应予以清晰标明。实验室从外部供应商的报告或证书中摘录信息应得到外部供应商的同意；如果外部供应商的项目未获CNAS认可，应标明此项目不在认可范围内。实验室在CNAS评审中常见的分包不符合是因为某些市场因素，分包并未事先取得客户同意，以及报告中含有来自分包方的结果时未进行清晰标明。例如，某实验室在旺季无法完成客户的订单，直接将部分项目分包，且出具报告时，未标明哪些项目的结果来自实验室，哪些来自分包方，这样的行为违反了CANS—R01的5.3.5要求。正确的做法是，就分包项目取得客户和分包方的同意，并在最终的报告中清晰标明来自实验室和分包方的结果，同时标明必要的信息，如分包方名称和分包方完成相关实验室活动的地址。

《检验检测机构监督管理办法》（“39号令”）第十条规定，需要分包检验检测项目的，检验检测机构应当分包给具备相应条件和能力的检验检测机构，并事先取得委托人对分包的检验检测项目以及拟承担分包项目的检验检测机构的同意。检验检测机构应当在检验检测报告中注明分包的检验检测项目以及承担分包项目的检验检测机构。一直以来，分包不规范是各类监督检查中的最常见问题之一。例如，某地生态环境局和市场监督管理局联合开展监督检查时发现某检验检测机构未建立合格分包方名录和分包方档案，未对分包方进行评审，个别情况未签订分包协议（没有与分包方的委托记录），分包项目缺少委托人同意的记录，有的项目实施了转包等诸多问题，最终该检验检测机构被责令限期整改，立即停止转包，现场验证后方可通过。RB/T 214—2017的4.5.5第三款还规定，检验检测机构不得将法律法规、技术标准等文件禁止分包的项目实施分包，如国家监督抽查工作、司法鉴定抽样和机动车检测等。

CNAS认可和资质认定对分包方的要求稍有差别：使用CNAS标识的报告中可包含部分未获认可的分包项目，但应清晰注明该项目不在认可范围内；使用资质认定标志的报告则不得包含相关检验检测机构未获得资质认定的分包项目。

各行业领域对分包也有特殊要求，例如《建设工程质量检测管理办法》（建设部141号令）第十七条规定，建设工程质量检测机构不得转包检测业务。此处所谓转包，指检测机构将其资质许可范围内的检测项目部分或者全部转包给其他检测机构的行为。对于检测项目中的个别参数，属于检测设备昂贵或使用率低，需要由其他检测机构进行该项目参数检测业务的，不属于转包。在生态环境监测领域，国家市场监督管理总局和生态环境部联合发布的《检验检测机构资质认定生态环境监测机构评审补充要求》第十五条要求，有分包事项时，生态环境监测机构应事先征得客户同意，对分包方资质和能力进行确认，并规定不得进行二次分包。生态环境监测机构应就分包结果向客户负责（客户或法律法规指定的分包除外），应对分包方监测质量进行监督或验证。在食品安全检验领域，《食品安全抽样检验管理办法》（“15号令”）第二十四条规定，未经组织实施抽样检验任务的市场监督管理部门同意，承检机构不得分包或者转包检验任务。

此外，分包还分为“有能力的分包”和“没有能力的分包”。“有能力的分包”指实验室因短期产能不足或设备故障等原因，将已获得CNAS认可和/或资质认定的项目分包，此时分包方应取得该项目的CNAS认可和/或资质认定且有能力完成分包任务，且分包应取得委托方同意。出具报告时可包含分包方的数据和结果，但需要注明分包项目和分包方名称和证书编号等信息。“没有能力的分包”指一个实验室将不在自身CNAS认可和/或资质认定范围内的项目分包给获得该项目CNAS认可和/或资质认定且有能力完成分包任务的机构，显然，实验室没有能力确保分包结果的质量，此时其数据和结果应由分包方单独出具给委托方，如委托方同意可纳入自己的报告中，但应清晰注明分包项目和该项目不在自身认可范围和/或资质认定许可范围内，并注明分包方名称和证书编号等信息。

综上所述，实验室应认识到“分包”带来的质量风险，建立与分包相关的程序文件或作业指导书，并注意以下要点。

1）知晓若因分包引起法律纠纷，应由实验室应诉，承担相应法律责任。

2）法律法规或技术标准明确禁止分包的项目，不得分包。

3）分包应当取得委托方和承担分包任务机构的同意。

4）分包方应当通过CNAS认可和/或资质认定且有能力完成分包项目。

5）将分包数据和结果纳入实验室报告中时应当清晰注明分包项目、有无认可或资质、分包方名称和证书编号等。

6）建立合格分包方名录，对分包方进行能力评价，与分包方签订分包协议明确责任。

7）保存所有分包工作记录。

（3）支持实验室的运作。

将外部提供的产品和服务用于支持实验室的运作，可包括校准服务、能力验证服务以及评审和审核等服务。选择校准服务、标准物质和参考标准时，应满足《测量结果的计量溯源性要求》（CNAS—CL01—G002：2018）以及检测、校准或抽样方法对计量溯源性的要求。

**2. 供应商选择**

合格的供应商是实验室良好运作的重要保证之一，实验室应确定评价、选择、监控表现和再次评价外部供应商的准则。在首次评价和选择供应商时，除了价格和交付能力等因素，实验室应对供应商的能力进行综合、全面评价。可从以下几个方面开展。

1）针对产品和服务的质量，包括技术支持能力，可能时试用和验收其提供的产品或服务，确保满足要求。

2）针对供应商的管理体系的运作，可对供应商进行评审，或要求提供证明材料，如对提供检测服务的供应商（分包方）进行现场评审以验证其管理体系是否有效运行。

3）针对供应商的资质，要求提供证明材料或查询公开信息，如要求检测服务供应商、标准物质提供者提供资质认定证书或认可证书以及相关能力范围等证明材料。

4）针对供应商的持续服务能力，也应综合考虑其品牌、规模和服务历史。

实验室应利用供应商评价的结果建立合格供应商清单并动态管理。对于新的供应商应经过评价，列入合格供应商清单后才能展开合作；对于不再符合要求的供应商应从清单中剔除。

**3. 采购**

实验室应与外部供应商沟通：所需的产品和服务；验收准则；能力，包括人员需具备的资格。

实验室应有文件要求，并确保采购每一项产品和服务前，与供应商书面沟通和确认相关的要求。一方面是为了确保实验室收到满足要求的产品和服务，如果在后续验收中发现不满足要求的情况，实验室也可更好地维护自身的权益。例如，用于GB/T 10125：2012中盐雾试验的氯化钠的采购，标准要求氯化钠中的铜含量低于0.001%，用原子吸收分光光度法或其他具有相同精度的分析方法测定，实验室采购时应与供应商明确此要求。另一方面，当实验室因设备损坏，临时将检测任务分包给外部机构时，实验室应提前就相关项目的资质、服务周期等问题与外部机构进行沟通和确认。

**4. 验收**

实验室应策划并执行产品和服务的验收。通常包括验收时间、验收参数、验收方法和验收结果的接受标准。原则上，产品和服务的验收标准应根据检验检测方法和其他相关方的要求来制订。

实验室收到外部提供的产品后，至少应根据要求执行一般性的检查，例如前述产品名称、品牌/制造商、描述、外观、包装、数量、编号（序列号或CAS号等）、成分、规格、纯度/浓度/密度、等级、生产日期和有效期等。对于化学品，供应商应提供必要的安全和危害信息；对于标准物质，供应商应提供证书以查验其适宜性；对于某些关键产品，如前述用于盐雾试验的氯化钠，可能需要使用专门的方法进行抽样检验，实验室应确定需要进行抽样检验的关键产品。仍以用于盐雾试验的氯化钠为例，实验室应根据相关程序文件和作业指导书开展以下验收工作：收到氯化钠后一定时限内完成所有验收项目；验收时基于一定的抽样原则，如按生产批次，每批次进行抽样；有合适的验收方法，如抽样后用2%盐酸稀释100倍，使用电感耦合等离子体发射光谱仪对铜含量进行测定，若铜含量≥0.001%，应采取何种措施（将该批次氯化钠退回供应商）。

实验室对外部提供的服务也应进行验收，对校准和能力验证服务的验收可参考本章“计量溯源性”的相关内容，针对实验室活动服务（分包）的验收，实验室可参考分包合同以及“结果和报告”相关程序文件对分包方提供的结果或报告进行验收。

**5. 供应商持续评价**

实验室建立持续评价外部供应商的程序，并根据对外部供应商的评价、监控表现和再次评价的结果采取措施。

评价的内容可与首次评价一致，并包括价格、交付能力、服务质量和产品质量等几个核心指标。值得注意的是，实验室应确定合适的供应商评价主体，谁使用、谁评价。采购部门应对供应商的价格和财务等指标进行评价，实验室应对供应商的产品或服务质量、交付能力和技术支持能力等指标进行评价，应避免代替他人评价。此外，评价结果不能与供应商的选择和实际采购行为脱节，实验室应以评价和监控所得的信息作为采购以及保留和剔除供应商的依据。

# 第三节　运行策划和控制的风险管理

## 一、过程方法简介

过程是将输入转化为输出的一组相互关联或相互作用的活动。这里的输入指资源要素的输入，如生产过程中人员、设备、原材料、能源或信息等资源，输出是相应的产品或服务。把输入转换为输出的过程是一个增值的过程，任何一个组织的经营所得都是由一个个增值的过程实现的。国际标准化组织（ISO）将过程方法确定为质量管理的八大原则之一。

为了产生期望的结果，由过程组成的系统在组织内的应用，连同这些过程的识别和相互作用，以及对这些过程的管理，可称为“过程方法”，如图6-1所示。过程方法的优点是可对系统中单个过程之间的联系以及过程的组合和相互作用进行连续的控制。针对每一个过程，必须进行持续改进。持续改进的过程可以用“P—D—C—A”循环的方法来实现。

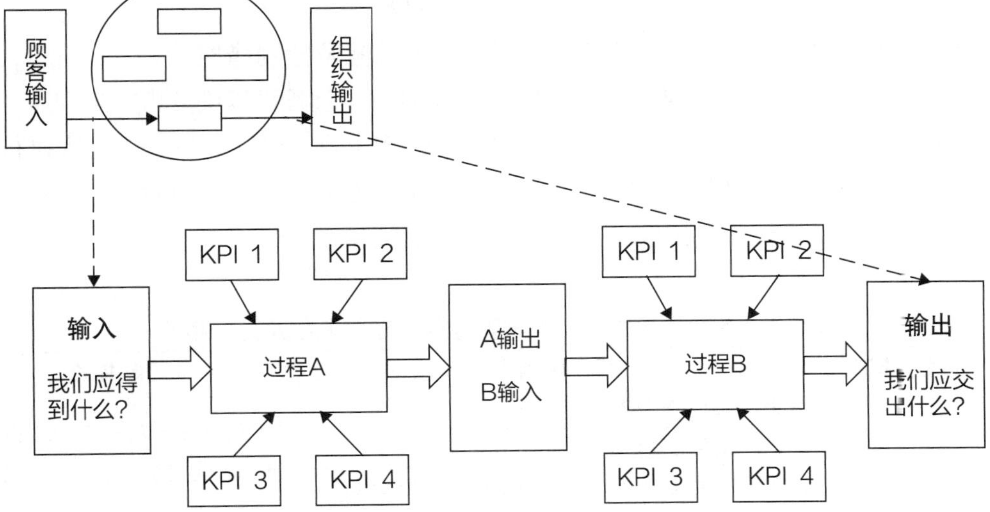


**图6-1　过程方法**

## 二、实验室运作过程

风险管理需要融入实验室运作过程。如图6-2所示，实验室运作包括11个过程要素，主要分为两个层面。一是样品流转的流程，从样品的抽样开始，到物品的制备，再到检测，最后到物品的处置，这是实流程；二是报告的形成流程，从识别客户需求开始，到合同评审，方法选择、验证和确认，最终出具报告，这是虚流程。两个流程通过记录及数据信息控制相互关联，上一过程要素的输出是下一过程要素的输入，最终输出检验检测数据、结论和报告。接下来详细介绍实验室运作的11个关键过程的潜在风险及控制措施。

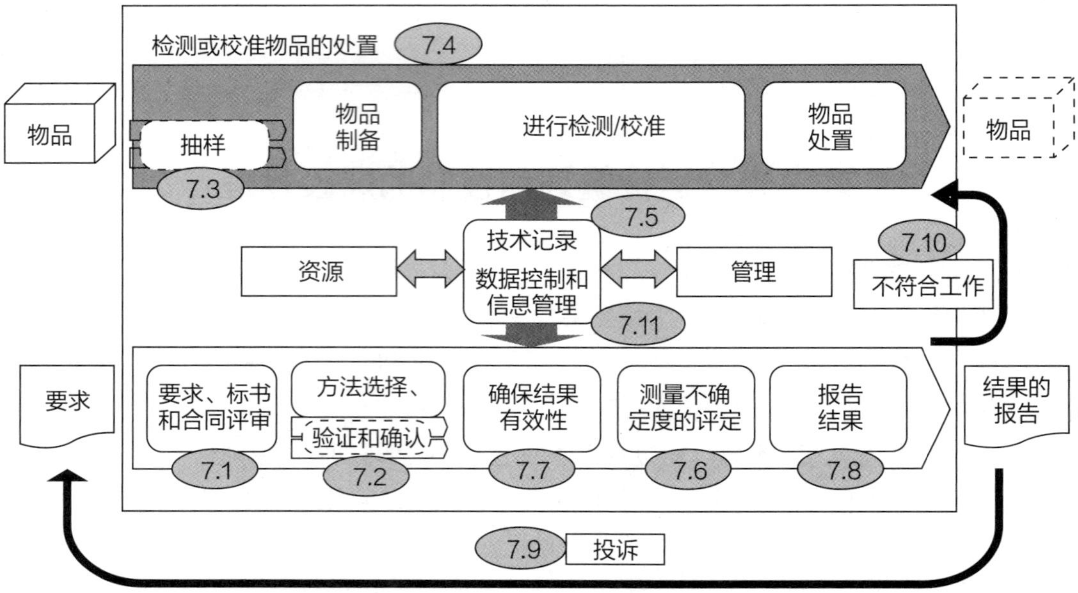


图6-2 实验室运作过程

## 三、关键过程的风险识别、评估及控制措施

### （一）“要求、标书和合同评审”过程存在的风险及控制措施

合同是实验室与客户双方履行责任和义务的依据，本过程可以细分为客户沟通、合同起草、合同评审、合同签订、合同执行、合同变更6个关键子过程，每个子过程执行不当均会带来不同程度的潜在风险。实验室应充分识别各子过程中的潜在风险，制订更具操作性、针对性的控制措施，以便有效控制风险。如表6-8所示。

表6-8 要求、标书和合同评审过程存在的风险及控制措施

| 序号 | 过程/环节 | 潜在风险 | 控制措施 |
|---|---|---|---|
| 1 | 客户沟通 | 未准确识别客户的检测需求 | 1）制订合同及合同评审程序、分包管理程序 |
| | | 未清楚告知实验室的履约能力 | |
| | | 未告知客户相关分包信息，并取得同意（适用时） | |

续表

| 序号 | 过程/环节 | 潜在风险 | 控制措施 |
|---|---|---|---|
| 1 | 客户沟通 | 未告知外部供应商相关分包信息及特殊要求（如不得二次分包），并取得同意（适用时） | 2）组织业务人员学习沟通注意事项及沟通技巧<br>3）安排人员定期抽查沟通环节，确保沟通要求切实落实 |
| | | 未与客户确定符合性判定规则（适用时） | |
| | | 客户要求的方法不合适或过期时，未与客户沟通 | |
| 2 | 合同起草 | 合同起草的信息不全，未包含关键要求 | 1）建立合同模板<br>2）安排人员定期抽查合同是否使用统一模板 |
| 3 | 合同评审 | 实验室未对合同进行评审（如盖章或签字） | 1）制订合同评审人员岗位说明书，建立合同评审表<br>2）组织合同评审人员培训、考核<br>3）经过能力确认后授权合同评审人员<br>4）定期检查合同评审人员授权情况<br>5）上线LIMS信息化管理系统，增加合同评审环节，导入项目与检测方法匹配数据 |
| | | 实验室合同评审人员不具备能力 | |
| | | 实验室合同评审人员未获得授权 | |
| | | 法律责任与技术能力评审不到位，合同存在违反法律法规或超技术能力范围出具数据的问题 | |
| | | 保密要求评审不到位，合同缺少保密责任 | |
| | | 方法选择评审不到位，合同存在方法选择错误 | |
| | | 资质能力评审不到位，实验室全部或部分项目未获资质，但承诺出具资质认定标识报告 | |
| | | 分包方能力评审不到位，合同中分包方不具备能力 | |
| 4 | 合同签订 | 客户未对合同签字或盖章 | 1）制订合同及合同评审程序<br>2）定期抽查归档合同，确定签字情况 |
| | | 实验室未对合同签字或盖章 | |
| 5 | 合同执行 | 未告知客户相关偏离信息，并取得同意（适用时） | 1）制订合同及合同评审程序、偏离程序<br>2）上线LIMS信息化管理系统，系统限制方法或项目执行漏项将无法进入下一步 |
| | | 执行的客户要求偏离影响实验室的诚信或结果有效性 | |
| | | 实验室执行合同时遗漏关键项目 | |
| | | 违规执行二次分包（适用特定领域） | |
| | | 客户进入实验室活动现场，未采取措施保护他人机密和所有权 | 1）制订客户服务程序，建立客户参观审批表、客户现场活动承诺书<br>2）明确路线：规定客户参观路线或划定客户活动区域<br>3）增加监控：客户活动区域监控其操作 |

续表

<table>
<tr><th>序号</th><th>过程/环节</th><th>潜在风险</th><th>控制措施</th></tr>
<tr><td rowspan="3">6</td><td rowspan="3">合同变更</td><td>未对客户提出的变更要求重新评审</td><td rowspan="3">1）制订合同及合同评审程序，建立合同变更审批表<br>2）上线LIMS信息化管理系统，合同发生变更后，系统自动将变更信息流转至相关人员<br>3）安排人员定期抽查合同变更，确认是否将变更内容通知至相关人员</td></tr>
<tr><td>客户要求不合理时，未拒绝</td></tr>
<tr><td>客户的变更要求未准确传达至相关岗位人员</td></tr>
</table>

**1. 客户沟通**

客户沟通是实验室合同签订过程中的一个重要组成部分。实验室在与客户沟通的过程中，可能存在未获取客户更深层需求、实验室或分包方履约能力不清晰、分包未取得客户及供应商同意、方法选择不合适等潜在风险。

为了避免合同沟通环节产生各类风险，实验室应制订合同及合同评审程序，在文件中规定与客户沟通的事项及注意要点。强调以客户为关注焦点的原则，在整个实施实验室活动的过程中，实验室应保持与客户的沟通与合作，制订客户服务程序，以便准确地了解客户的要求，更好地为客户服务。实验室还应组织业务人员学习沟通技巧及要点，确保业务人员能与客户保持良好的沟通；安排人员定期抽查沟通环节，确保客户要求得到清晰的理解。例如业务人员与客户沟通的过程中，需要充分确认客户的需求，包括样品量是否满足测试需求（考虑是否样品偏离）、样品是否存在时效性（考虑是否加急），测试对象需要检测哪些项目、选择哪种方法，是否需要判定（考虑符合性判定规则），对测试周期有无要求，出具报告形式及盖章要求；等等。当客户测试项目需要使用外部供应商时，需要告知客户，并得到客户的同意，保留沟通记录。当客户要求针对检测或校准做出与规范或标准符合性的声明时（如通过/未通过，在允许限内/超出允许限），实验室应与客户书面约定规范或标准以及判定规则，若规范或标准本身已包含判定规则，则不需要进一步考虑风险水平。

**2. 合同起草**

合同是双方履行责任和义务的依据，具有法律效力。实验室与客户起草合同时，可能存在未正确表述双方权利及义务、未规定关键要求等潜在风险。

为了避免合同起草环节产生各类风险，实验室应规定统一合同模板，避免遗漏信息；安排人员定期抽查合同是否使用统一模板，合同与要求之间有无差异。

**3. 合同评审**

合同评审直接关系到提供给客户数据或报告的质量，也关系到实验室活动是否合规。该过程可能存在未执行合同评审、合同评审不到位、人员无能力、人员未授权等潜在风险。

为了避免合同评审环节产生各类风险，实验室应在文件中明确合同评审的要求及要点。合同评审一般包括商务评审和技术评审：商务评审部分主要评审付款方式、大客户优惠政策、增值服务计划、违约责任等；技术评审部分主要评审技术要求是否充分且合理、自身能力及资源是否满足客户要求、分包事项是否取得客户同意、判定规则是否明确、是否存在偏离等。当客户要求合格、不合格项目分别出具报告时，或当客户测试对象或方法存在严重偏离、无资质能力要求加盖资质章，影响实验室的诚信和结果的有效性时，应拒绝并告知客户。遇到客户指定方法，实验室应确认客户指定方法的有效性，如指定的方法不合适或过期，实验室应告知客户并明确要求。当客户测试对象需要分包时，实验室应评估分包方能力是否满足要求，并取得客户及分包方同意。当客户测试对象的样品量或状态不满足测试项目及方法的要求，或测试方法不适用需要重新选择方法或偏离方法执行时，应告知客户并明确要求。

**4. 合同签订**

合同签订，即代表合同正式生效，具备法律效力。该环节如缺少双方签字确认，合同将视为无效，双方的利益缺乏法律保障。

为了避免合同签订环节产生各类风险，实验室应在文件中明确规定合同的签署，合同签订时一般由业务或客服部门合同评审人员在合同上签署姓名或等效标识（包括电子签名、盖章等），并提交给客户签署/确认。实验室还应组织定期抽查，确保合同的法律效力及完整性。

**5. 合同执行**

合同履行是实验室与客户双方的义务，在履行过程中可能存在偏离合同执行未沟通、遗漏关键项目、违反合同约定事项等潜在风险。

为了避免合同执行环节产生各类风险，实验室应在履行过程中严格按照合同约定执行，避免遗漏合同约定事项。对于客户要求的偏离（如样品偏离、方法偏离等），实验室应评估这些偏离，以确定这些偏离不会影响实验室的诚信和结果的有效性。对于实验室出现的偏离（如方法偏离、周期变更等），实验室应告知客户，与客户协商方案，并征得客户的同意。

**6. 合同变更**

合作执行过程中发生变更，可能存在变更不合理、变更未重新评审、未传达变更要求等潜在风险。

为了避免合同变更环节产生各类风险，实验室应形成文件，规定对于实施实验室活动后发生的合同修改，也应重新进行合同评审。合同的修改可能是客户或者实验室导致的，应特别注意，修改的相关信息应及时通知到所有受影响的部门和人员。

### （二）“方法的选择、验证和确认”过程存在的风险及控制措施

客户选择第三方检测，主要是看重第三方报告的权威性、公正性和法律效力，那么作为实验室过程检测和结果判定的重要依据——方法，则显得尤为重要。本过程可以细分为方法开发、方法验证/确认、方法选择、方法偏离4个关键子过程，每个子过程执行不当

均会带来不同程度的潜在风险。实验室应充分识别各子过程中的潜在风险，制订更具操作性、针对性的控制措施，以便有效控制风险。如表6-9所示。

**表6-9　方法的选择、验证和确认过程存在的风险及控制措施**

| 序号 | 过程/环节 | 潜在风险 | 控制措施 |
|---|---|---|---|
| 1 | 方法开发 | 未制订新方法开发方案 | 制订方法开发作业指导书；建立方法开发申请表、方法开发方案表、方法开发审批表 |
| | | 开发方案缺少目的、人员需求、样品需求等关键内容 | |
| | | 方法开发人员不具备能力，未授权 | 1）制订方法开发人员岗位说明书；建立人员授权表<br>2）组织方法开发人员培训、考核<br>3）经能力确认后授权方法开发人员，并组建开发小组 |
| 2 | 方法验证/确认 | 未开展方法验证/确认 | 制订方法确认/验证作业指导书；建立方法确认/验证报告模板 |
| | | 方法修订后未补充验证/确认 | |
| | | 方法验证/确认缺失关键内容 | |
| | | 方法验证/确认人员不具备能力，未授权 | 1）制订方法验证/确认人员岗位说明书、建立人员授权表<br>2）组织方法验证/确认人员培训、考核<br>3）经能力确认后授权方法验证/确认人员<br>4）定期检查授权人员名单，及时更新方法验证/确认人员授权表 |
| 3 | 方法选择 | 方法选择错误 | 1）建立检测能力清单，可对应领域类别选择合适方法<br>2）上线LIMS信息化管理系统，导入项目与检测方法匹配数据<br>3）任命标准查新人员，定期进行标准查新<br>4）上线OA信息化管理系统<br>5）组织人员定期检查现场方法的有效性 |
| | | 使用的方法不是最新有效版本 | |
| | | 方法可选择步骤操作不统一 | 编写方法作业指导书，统一可选择步骤及正确翻译 |
| 4 | 方法偏离 | 方法偏离未经过技术判断形成文件 | 1）制订方法偏离程序；建立方法偏离申请及授权表、方法偏离报告模板<br>2）组织人员定期抽查报告，确认偏离执行情况 |
| | | 方法偏离未授权 | |
| | | 方法偏离未获得客户同意 | |
| | | 方法长期偏离 | |

**1. 方法开发**

方法开发前应理解并明确方法的使用目的，有针对性地开展项目开发。在方法开发过程中可能存在未根据需求制订开发方案、方案缺少关键内容、人员不具备能力等潜在风险，最终导致方法开发失败或方法开发不满足预期目的或开发基质错误等。

为了避免方法开发环节产生各类风险，实验室应正确理解客户需求、提出开发申请，并制订开发方案或计划，明确项目过程的各个阶段。实验室应授权有资格和能力的人员组成项目开发小组，并配备足够的开发资源。在开发过程中，应定期对开发的方法进行评审，以确定能应对客户需求的变化；应识别开发计划的任何变更，并在决定实施变更前，确保得到批准和授权。实验室可制订方法开发作业指导书、方法开发人员岗位说明书，组建方法开发小组，并对其进行针对性培训，并配备足够资源。如开展《食品安全国家标准　食品中铜的测定》（GB 5009.13—2017）方法开发时，标准中规定：石墨炉原子吸收光谱法、火焰原子吸收光谱法、电感耦合等离子体质谱法和电感耦合等离子体发射光谱法等4种检测方法；前处理有湿法消解、微波消解、压力罐消解、干法灰化等4种方式；典型样品有粮食、豆类样品，蔬菜、水果、鱼类、肉类等样品，饮料、酒、油等液体样品。实验室在制订开发方案时，应选择4种检测方法分别验证，且样品选择时也应选择有代表性的几种样品进行检测，仅选择一种检测方法、一种样品开发验证通过不能证明具备GB 5009.13—2017全部检测能力。

**2. 方法验证/确认**

方法验证/确认是开展检测工作的前提条件和基本要求。任何检测的目的都是获得稳定、可靠和准确的数据，如果检测结果缺乏可信性，那么这个检测就不应该实施。通过对检测方法的确认与验证，可以确保该方法能够满足某一特定预期用途的特殊要求，并证明检测员个人或其所在实验室能够正确运用该方法，确保具备检测能力。在验证/确认过程中对人员、设备、材料等进行梳理，可预先保障方法实施所需资源，也可提前发现可能存在的风险或者操作难点，为开展正式检测提供保证。

为了保障检测工作的顺利实施，有效规避检测风险，实验室应对国际、区域、国家（包括行业和地方）发布的标准方法在初次使用前进行方法验证，以证明和确保实验室有能力正确运用这些标准方法完成实验室活动，并获得可信结果。如果标准方法发生了变更，也应及时进行标准比对分析，如发生了技术性的变更，则应重新进行验证，并补充相关验证记录。验证不仅需要识别相应的人员、设施和环境、设备等，还应通过试验证明结果的准确性和可靠性，如精密度、线性范围、检出限和定量限等方法特性指标，必要时应进行实验室间比对。如开展《食品安全国家标准　水产品中阿苯达唑及其代谢物多残留的测定　高效液相色谱法》（GB 29687—2013）验证，可选择虾和鱼两种不同基质实际样品，并按要求配备盐酸2-氨基阿苯达唑砜、阿苯达唑亚砜、阿苯达唑砜和阿苯达唑对照品，以及阿苯达唑、阿苯达唑亚砜、阿苯达唑砜和2-氨基阿苯达唑砜混合标准工作液等试剂，仪器条件可选择高效液相色谱—荧光检测器（HPLC—FLD），设置激发波长290nm、发射波长320nm、柱温30℃、流速1.0mL/min、进样量30μL等工作参数，样品按照标准检测方法进行前处理，将获得的样液按照程序测试，计算检测浓度的标准偏差（s），确定3倍信噪比对应的浓度（检出限）、10倍信噪比对应的浓度（定量限）是否符合标准要求，观察标准工作液试验结果确定线性范围是否呈线性，计算样品加标回收测试得出的加标回收率和精密度是否满足要求，当标准曲线范围呈线性、检出限满足标准要求、方法精密度及加标回收率在正常范围内，则可判定本实验室具备执行《食品安全国家标准　水产品中阿苯达唑及其代谢物多残留的测定　高效液相色谱法》（GB 29687—2013）的能力。

当实验室选择非标准方法时，需要进行方法确认。方法的确认除评估其是否满足预期用途，还应考虑客户的需求，方法性能确认的过程是方法确认的核心过程，包括但不限于：测量范围、准确度、结果的测量不确定度、检出限、定量限、方法的选择性、线性、修改重复性或复现性、抵御外部影响的稳健度或抵御来自样品或测试物基体干扰的交互灵敏度以及偏倚。对于已确认的方法出现变更时，实验室应开展变更分析，分析变更的部分对实验室活动的影响，如需要，则对方法重新进行确认。

实验室可结合自身业务和实际情况，制订方法验证/确认作业指导书，按不同领域分别规定开发、验证/确认的关键点，并规定方法开发、验证/确认审批环节；授权有资格和能力的人员在引入方法之前开展方法验证/确认，同时为其配备足够的资源。

**3. 方法选择**

方法选择应以客户需求为中心，确保其适用于实验室活动的开展；还应与客户沟通，并取得实验室和客户双方的接受。该过程可能存在方法选择不当或采用过期失效方法的问题，则检测数据及判定结果就不能真实反映样品，有可能引起检测风险及后续一系列风险（如纠纷、投诉、质疑、失信）。

为了避免方法选择环节产生各类风险，实验室应对使用的检测或校准方法实施有效的控制与管理，明确每种新方法投入使用的时间，并及时跟进检测或校准技术的发展，定期评审方法能否满足实验室活动需求，以确保结果和数据的准确性和科学性。实验室应确保传达版本现行有效，有措施防止实验室使用过期或者作废的方法文本，特别关注在检测/校准/抽样现场使用的方法文本，确保这些文件易于员工取阅。例如：实验室可建立检测能力清单、引入LIMS信息化管理系统，对应领域类别选择合适方法，确认选择的方法适用于实验室活动的开展；可任命标准查新人员，定期跟踪标准的制/修订情况，确保所有的方法、程序和支持文件最新有效；可引入OA信息化管理系统对标准文本进行受控管理，所有现行有效电子版本均在系统中受控、发布，现行有效纸质版本均加盖标识并发放，保证易于相关人员取阅；还可组织人员定期检查现场方法的有效性，确保非现行有效版本文件在实施实验室活动过程中不被误用，从而不会对最终的数据和结果产生不良影响；等等。

对于实验室现行有效版本的方法，若方法有可选择的步骤或实施方法的过程很难保持一致性，且可操作性比较低，实验室需要对方法进行补充、细化和对可选择的步骤进行确认，并编制相关的作业指导书，以防止影响最终数据和结果。若方法足够详细，不会由于操作人员差异产生误差，能确保方法使用过程中的一致性，则不需对方法进行再次细化并编写作业指导书。若实验室采用外文标准方法，由于其使用的语言（英语、日语等）会造成不同的检测/校准/抽样人员产生理解的差异，则必须制订相关的作业指导书。若实验室的设备、试剂等使用说明书不够翔实，也应编制相关作业指导书，例如《生鲜牛乳中体细胞的测定方法》（NY/T 800—2004）中样品制备、结果观察等步骤不够明确，对检测结果有影响，实验室应编制相关作业指导书。

**4. 方法偏离**

原则上任何实验室活动都必须遵照相关要求开展，但在实施实验室活动的过程中，可能因为各种原因出现差异，这种情况是不得已而为之的一种负向偏离，是可能对结果产生不利影响的、一次性的、暂时的偶发事件，一般发生后应立即回归正常程序，并不是方法的改进、提升、扩充。方法偏离如执行不当，可能影响检测结果有效性，也可能造成法律纠纷、诚信质疑等风险。尤其是当偏离来自客户的要求时，实验室应尤为关注方法偏离不应影响实验室的诚信或结果的有效性。

为了规避方法偏离风险，实验室应事先将实验室活动方法的偏离形成文件，并通过技术判断，确保不影响检测结果，同时还应获得授权并被客户接受。例如：应建立方法偏离申请、审批、实施的操作规范；明确方法偏离的要求；明确方法偏离为非常态情况下临时偏离，一定的允许范围/数量/时间段/特定客户要求等情况下的书面许可、形成文件、经过技术判断、获得授权和被客户接受，4个要求缺一不可，偏离后应回归正常状态。当需要长期执行偏离方法时，可以修订方法，作为方法的补充，形成细则或者作业指导书进行管理和执行。

### （三）“抽样”过程存在的风险及控制措施

抽样风险指在抽样的前期、中期、后期工作出现偏差从而对后续的整个实验室工作产生影响，本过程细分为抽样要求的识别和确认、抽样方案的制订、抽样准备、抽样实施（包括现场监测和样品管理）、抽样结果报告和抽样记录保存等6个关键子过程，每个子过程执行不当均会带来不同程度的潜在风险。实验室应针对识别出的各子过程的风险，制订更具针对性、操作性，并且能够有效消除或降低风险的控制措施。如表6-10所示。

**表6-10　抽样过程存在的风险及控制措施**

| 序号 | 过程/环节 | 潜在风险 | 控制措施 |
|---|---|---|---|
| 1 | 抽样要求的识别和确认 | 抽样人员未充分了解合同中客户/委托方对抽样的要求 | 1）对抽样要求进行培训及评价<br>2）定期抽查培训掌握情况 |
| 2 | 抽样方案的制订 | 未制订抽样方案、计划和方法 | 1）制订抽样方案，明确流程标准化，对方案进行审批<br>2）对抽样方案开展培训及评价<br>3）定期抽查抽样方案的掌握情况 |
| | | 抽样方案、计划未根据适当的统计方法制订 | |
| | | 抽样方法未包含抽样地点、抽样样本的选择和抽取样品后的制备和处理 | |
| | | 抽样方法未考虑检测领域对抽样的要求 | |
| | | 抽样方法未明确需要控制的因素（如天气、抽样器具、现场环境） | |
| | | 抽样方案未审核批准 | |
| 3 | 抽样准备 | 未对抽样所需的材料，包括现场所需的方案、计划、方法、技术标准、设备和材料进行准备或准备不充分，抽样地点不易获得抽样计划和方法 | 1）制订抽样材料清单<br>2）对抽样设备核查 |
| | | 未对抽样设备进行标识、验证或核查 | |

续表

| 序号 | 过程/环节 | 潜在风险 | 控制措施 |
|---|---|---|---|
| 4 | 抽样实施 | 抽样人员不满足数量要求 | 1）配备满足要求的人员<br>2）对抽样人员进行培训及评价，并授权<br>3）制订抽样管理程序文件<br>4）制订现场监测应急处理预案<br>5）使用现场定位系统<br>6）抽样记录模板标准化，按要求记录抽样和监测<br>7）定期抽查人员对抽样要求的培训情况，抽调现场监控设备 |
| | | 抽样人员未有培训、考核和授权 | |
| | | 未按抽样方案、相关标准、技术规范或委托方的要求实施抽样，与抽样方法和抽样计划的偏离或增减，抽样的偏离未获得客户同意 | |
| | | 抽样过程未采取保证所抽样品的真实性、代表性、完整性、安全性和稳定性的措施 | |
| | | 抽样过程未有效控制特殊要求样品（如贵重物品、易碎品、变质物品、易燃易爆物品） | |
| | | 抽样过程未采取保证样品安全抵达实验室的措施 | |
| | | 抽取样品数量不能满足检验工作的需要 | |
| | | 抽样样品标识系统失效发生混淆 | |
| | | 未按照国家相关规定做好样品查验工作 | |
| | | 抽样现场监测变更、增减环境监测点位 | |
| | | 故意更换、隐匿、遗弃样品或者通过稀释、吸附、吸收、过滤、改变样品保存条件等方式改变监测样品性质 | |
| | | 故意漏检关键项目或者无正当理由故意改动关键项目的监测方法 | |
| | | 故意改动、干扰仪器设备的环境条件或运行状态或者删除、修改、增加、干扰监测设备中存储、处理、传输的数据和应用程序，或者人为使用试剂、标样干扰仪器 | |
| | | 现场采样装置的流量设备的校准证书不能覆盖设备使用量程 | |
| | | 故意不真实记录或者选择性记录原始数据，篡改、销毁原始记录，或者不按规范传输原始数据 | |
| | | 现场监测时伪造监测时间或者签名 | |
| | | 记录未标识抽样位置的图示或其他等效方式 | |
| | | 记录中未包括环境或运输条件 | |
| | | 未记录所用的抽样方法 | |
| | | 未记录抽样日期和时间、抽取样品的时效性和稳定性控制情况 | |
| | | 未记录识别和描述样品的数据（如编号、数量和名称） | |
| | | 未记录抽样人的识别、抽样记录人员的签名等信息 | |
| | | 抽样记录内容不齐全、信息不准确，未记录所用设备的识别、抽样所用的设备信息 | |
| | | 未记录与抽样方法和抽样计划的偏离或增减 | |

续表

| 序号 | 过程/环节 | 潜在风险 | 控制措施 |
| --- | --- | --- | --- |
| 5 | 抽样结果报告 | 当抽样是检测工作的一部分时，未在检测报告或证书中给出有关抽样信息的声明，未翔实报告抽样过程及相关的抽样技术标准规范 | 1）制订结果报告程序文件<br>2）对报告人员进行培训及评价<br>3）定期抽查报告的编制审批情况 |
| | | 客户要求抽样的偏离影响检验检测结果，未详细记录，未告知相关人员，未在报告、证书中声明 | |
| 6 | 抽样记录保存 | 未按照国家相关规定做好电子版样品信息、有关抽样记录和凭证的保存 | 1）制订抽样记录控制程序文件<br>2）对记录使用和保管人员进行培训及评价<br>3）定期抽查记录保存情况 |

**1. 抽样要求的识别和确认**

实验室应制订详细的抽样方案，抽样组应对抽样要求进行识别和确认，为了避免抽样人员对抽样要求不了解，识别不充分、不准确，应组织人员对抽样要求进行培训，安排人员定期抽查，确保抽样人员了解掌握相关要求。

**2. 抽样方案的制订**

实验室为确保后续检测结果的有效性，对物质、材料或产品实施抽样（包括采样）时，抽样组负责人应组织专业人员根据所承担的检测工作的性质，制订详细的抽样方案，避免抽样方案不合理或不规范带来的风险。首先，应对抽样方案制订的要求标准化，规范抽样流程，审核批准。抽样方案应包括制订抽样计划和方法，若法律法规、行业相关标准没有规定该类产品的抽样方法及要求，且客户也未提出抽样要求或方法，应基于适当的统计方法，明确需要控制的因素（包括天气、抽样器具、现场环境、抽样地点和抽样样本等），合理的情况下，抽样计划也应基于适当的统计方法。其次，在抽样地点应能得到抽样计划和方法。最后，对抽样方案组织人员培训，安排人员定期对抽样人员进行监督，以便为后续工作的开展做好准备。

**3. 抽样准备**

实施抽样前应做好充足的准备，确保抽样过程符合技术规范的要求，不会对样品造成污染并影响检测结果，避免准备过程产生的风险。首先，对抽样人员进行培训，包含采样、抽样要求，抽样计划应关注的内容，抽样方法应包含的内容，抽样记录应包含的信息等要求和注意事项，并授权。其次，制订抽样准备材料清单，准备抽样方案及技术标准、作业指导书或相关的抽样记录表格、抽样设备等，抽样设备经过验证或核查。

**4. 抽样实施**

抽样实施过程包括抽样和现场测试（适用时），影响因素较多，为了避免在抽样实施过程中样品丢失、损坏、污染等风险，首先，抽样实施过程应形成文件，对抽样要求、抽样数量、抽样记录、过程控制、抽样偏离和特殊抽样方式，以及抽样设备的定期校准、核查和维护等要求进行规定。其次，现场测试和抽样应至少有2名工作人员在场，应严格执行抽样标准、计划、方案和文件要求，抽样人员应具有独立判断和处理异常情况的能力，不受委托方或其他人员的影响和干预，以保证判断的独立性和抽样的公正性。再次，抽样现场配备定位、拍照或视频监控等定位系统，对抽样记录文件进行授权，对影响溯源和数据结果的信息形成标准模板，对抽样方法、抽样日期和时间、样品信息的描述、抽样人的识别、所用设备的识别、环境或运输条件对抽样方法和抽样计划的偏离或增减应详细记录。适当时，标识抽样位置的图示或其他等效方式等抽样数据也要形成记录，保证抽样现场测试数据准确、完整、真实。现场抽样工作完成后，抽样人员应将被抽样品妥善封存和编号，必要时，抽样人员应和供样方代表共同签名，实验室抽样数据作为检测或校准工作记录的一部分，应予以保存。最后，组织人员培训，定期通过核查定位系统或记录等方式对抽样人员进行监督。

**5. 抽样结果报告**

实验室对抽样结果报告时应避免抽样结果报告过程产生风险。首先，样品信息影响顾客的利益时，抽样人员要对样品信息进行保密，对抽样的偏离要求进行规定，并保证客观地出具报告。其次，若抽样是检测工作的一部分，应当在检测报告或证书中给出有关抽样信息的声明，翔实报告抽样过程及相关的抽样技术标准规范。若实验室负责抽样活动：结果的有效性或应用相关时，报告应有所用的抽样计划和抽样方法；解释结果需要时，报告还应包括抽样日期、抽取的物品或物质的唯一性标识（适当时，包括制造商名称、型号、类型、序列号)、抽样位置（包括图示、草图、照片），抽样过程中影响结果解释的环境条件的详细信息，评定后续检测或校准测量不确定度所需的信息。最后，组织抽样人员对抽样要求及现场测试的要求进行培训，对报告相关人员对抽样的偏离进行培训，定期通过核查记录、核查拍照或视频监控系统、抽查报告等方式进行监督。

**6. 抽样记录保存**

抽样形成的记录要进行妥善保存，以便溯源，避免保存过程中产生的风险。首先，制订抽样记录控制程序文件，对抽样记录保存要求进行规定。其次，对抽样记录人员进行培训，并定期监督抽查，保证抽样记录信息的完整性。

### （四）“检测或校准物品的处置”过程存在的风险及控制措施

样品风险指样品抽取后在各个环节操作不规范导致的样品丢失、变质、损坏或偏离等风险，本过程细分为样品运输、样品接收、样品标识、样品流转、样品保存和样品处理6个关键子过程，每个子过程执行不当均会带来不同程度的潜在风险。实验室应针对识别出的各子过程的风险，制订更具针对性、操作性，并且能够有效消除或降低风险的控制措施。如表6–11所示。

**表6-11　检测或校准物品的处置过程存在的风险及控制措施**

<table>
<tr><th>序号</th><th>过程/环节</th><th>潜在风险</th><th>控制措施</th></tr>
<tr><td>1</td><td>样品运输</td><td>未采取有效的保护措施，保证样品的完整性，避免发生退化、变质、丢失或损坏</td><td>1）建立样品管理信息化系统，对运输环节控制<br>2）制订样品管理程序文件，明确运输要求<br>3）对样品运输人员组织培训及评价<br>4）定期抽查运输环节控制措施</td></tr>
<tr><td rowspan="3">2</td><td rowspan="3">样品接收</td><td>未核对并记录样品的数量、状态、外观等信息</td><td rowspan="3">1）建立样品管理信息化系统，对样品接收流程要求信息化<br>2）制订样品管理程序文件，明确样品接收要求<br>3）对样品管理人员组织培训及评价<br>4）对样品接收信息进行记录<br>5）定期抽查人员培训情况和样品接收记录</td></tr>
<tr><td>未对样品的时效性、完整性和保存条件进行检查和记录</td></tr>
<tr><td>未记录与规定条件的偏离，未明确告知客户有关样品异常或偏离的情况</td></tr>
<tr><td rowspan="5">3</td><td rowspan="5">样品标识</td><td>未对样品进行唯一性标识和状态标识</td><td rowspan="5">1）建立样品管理信息化系统，样品标识信息化<br>2）制订样品管理程序文件，明确样品标识要求<br>3）对样品管理人员组织培训及评价<br>4）样品标签对样品进行唯一性标识<br>5）定期抽查人员培训情况和样品的标识管理</td></tr>
<tr><td>无明显清晰的标识，存在样品混淆和交叉污染的风险</td></tr>
<tr><td>样品的标识不符合标准等规定，粘贴在容易与盛装样品容器分离的部件上，存在样品混淆风险</td></tr>
<tr><td>实验室负责期间未保留样品标识</td></tr>
<tr><td>未对样品标识采取控制措施，存在样品污染、混淆、损毁、性状异常改变等风险</td></tr>
<tr><td rowspan="6">4</td><td rowspan="6">样品流转</td><td>未对样品的数量及影响检测等信息进一步核对，对存在问题未及时进行沟通反馈</td><td rowspan="6">1）建立样品管理信息化系统<br>2）制订样品管理程序文件，明确样品流转要求<br>3）对样品接收流转进行登记<br>4）对检测人员及相关人员开展培训及评价<br>5）定期抽查人员培训情况和接收流转记录是否规范</td></tr>
<tr><td>未对样品进行跟踪、登记和交接记录</td></tr>
<tr><td>未对样品的状态标识进行标注</td></tr>
<tr><td>未对样品分区存放</td></tr>
<tr><td>存在故意更换、隐匿、遗弃测试样品或者改变其原有状态，导致检验检测数据失真</td></tr>
<tr><td>存在故意通过稀释、吸附、吸收、过滤、改变样品保存条件等方式改变样品性质，导致检验检测数据失真</td></tr>
</table>

续表

| 序号 | 过程/环节 | 潜在风险 | 控制措施 |
| --- | --- | --- | --- |
| 5 | 样品保存 | 样品保存设施、环境条件和设备不满足工作量需求 | 1）建立足够的样品保存设施<br>2）建立样品管理信息化系统，保存管理信息化<br>3）制订样品管理程序文件，明确样品保存要求<br>4）对样品保存登记记录<br>5）对样品管理人员开展培训及评价<br>6）定期抽查样品保存情况及样品登记记录，抽查人员培训情况 |
| | | 样品的保存环境条件、设备和设施不符合标准等规定，存在样品污染、混淆、损毁、性状异常改变等风险 | |
| | | 未保持、监控和记录样品保存的环境条件 | |
| | | 未对样品采取安全、保护和保密的措施 | |
| | | 未按规定对样品留样或保存导致无法对测试结果进行复核 | |
| | | 对不能保存的样品，无与委托方进行不能复检确认的记录 | |
| | | 样品的保存期限未满足相关法律法规、标准要求，未对保存期限进行明确规定 | |
| 6 | 样品处理 | 未采取保障客户的信息安全及确保客户的所有权和专利权的措施 | 1）制订样品管理程序文件，规定样品销毁处理的要求<br>2）样品销毁处理进行申请审批<br>3）对样品销毁人员开展培训及评价<br>4）定期抽查人员培训情况和销毁申请记录是否规范，监督销毁过程 |
| | | 未建立超过保存期限的食品无害化处置措施 | |
| | | 未保存样品处理的审批、处置记录 | |

**1. 样品运输**

样品采集后应采取控制措施及时运输到实验室，避免样品在运输过程中产生风险。首先，应制订样品运输保护措施，在样品运输中保护样品的完整性，防止物品变质、污染、丢失或损坏，并根据实验室与客户利益需要的所有要求进行规定；其次，实验室可引入LIMS信息化管理系统，减少线下操作；最后，组织样品运输人员学习样品运输要求和注意事项，安排人员定期抽查样品运输环节的措施，确保运输要求切实落实。

**2. 样品接收**

实验室接收样品时，应核查样品和记录相关的信息，避免样品在接收过程中产生风险。首先，实验室应制订样品管理程序，对样品接收过程中的要求进行规定，包括与规定条件的偏离。若样品不适用检测或样品不符合所提供的描述，实验室应在开始工作之前询问客户，得到客户说明，并记录询问的结果；若客户知道偏离了规定条件但仍要求进行检测，实验室应指出偏离可能影响的结果，对报告中做出免责声明等要求进行规定，实验室还应对规定要求进行培训并安排人员定期抽查样品接收环节。确保样品接收要求切实落实。其次，实验室可引入LIMS信息化管理系统，减少线下操作。

**3. 样品标识**

样品接收后应对样品进行标识，避免样品在标识过程中产生风险。首先，实验室应有清晰标识检测或校准物品的系统，制订编号规则，确保样品在传递、实物、记录或其他文件中不被混淆，在实验室负责的期间内保留样品标识，避免混淆和交叉污染，适当时，标识系统应包含一个物品或一组物品的细分和物品的传递。其次，实验室应制订样品管理程序，对样品的标识要求制订文件，对规定要求进行培训并安排人员定期抽查样品标识，确保样品标识符合要求。

**4. 样品流转**

在制备后的样品分发到实验室检测环节应避免样品流转过程中的污染、混淆、损毁、性状异常改变等风险。首先，实验室应制订文件对样品的流转标准要求进行规定，详细登记样品的流转状况，实现对样品全过程的跟踪。其次，实验室可引入LIMS信息化管理系统，减少线下操作。最后，组织样品管理人员学习样品流转过程的要求和注意事项，安排人员定期抽查样品流转情况，确保样品流转过程符合样品管理要求。

**5. 样品保存**

样品的保存应关注设备、设施和环境条件，避免样品保存过程中产生的风险。首先，实验室应制订文件，规定并保持和监控不同类型样品，特别是易变质、易燃易爆、有毒有害样品的储存条件并记录要求，注意不相容样品的存储和处理，根据样品的性质、样品检测状态划分不同的存放区域并标识等要求，根据样品特性、复测可能性、客户及相关法律法规要求对样品的保存期限做出明确规定。其次，实验室可引入LIMS信息化管理系统，减少线下操作。再次，样品储存所需的设施、环境条件和设备应与实验室所承担的工作量相匹配。最后，组织样品管理人员学习样品保存的管理要求和注意事项，安排人员定期抽查保存的样品，抽查样品保存环境条件、设备等相关的记录和措施。

**6. 样品处理**

对超过保存期的样品或符合处理要求的样品处理时，应避免样品处理过程产生的风险。首先，实验室应制订文件规定样品处理要求和审批流程等，样品处理过程应保障客户的信息安全及确保客户的所有权和专利权，必要时对样品进行无害化处理。其次，组织样品管理人员学习样品处理的要求和注意事项，处理的样品应经审批后执行销毁作业，并安排人员对样品处理过程进行监督，确保样品分类处置，保障客户利益，处置过程要合法合规、快捷有序、透明公正，并做好相关记录。

**（五）“技术记录”过程存在的风险及控制措施**

技术记录指进行检验检测活动的信息记录，是取得结果或已完成活动的客观证据，是实际运行状态的反映和证明，本过程可以细分为记录产生、记录保存、记录借阅和记录销毁4个关键子过程，每个子过程执行不到位均会带来不同程度的潜在风险。实验室应充分识别各子过程中的潜在风险，制订相应控制措施，有效控制风险。如表6-12所示。

表6-12 技术记录过程存在的风险及控制措施

| 序号 | 过程/环节 | 潜在风险 | 控制措施 |
|---|---|---|---|
| 1 | 记录产生 | 原始记录信息不完整或缺失，无法溯源 | 1）制订记录管理文件<br>2）开展记录填写要求相关培训<br>3）定期或不定期评审记录表单 |
| | | 电子数据信息不完整或不准确 | 1）对电子数据系统进行文件规定<br>2）建立记录审核制度 |
| | | 记录表单使用混乱，非现行有效版本 | 1）引入信息化管理系统，文件受控<br>2）定期监督记录表单的有效性 |
| | | 书写潦草，无法辨认，留有多余空格 | 1）制订记录管理文件，建立审核制度<br>2）开展记录填写要求培训<br>3）定期监督记录填写的符合性 |
| | | 原始的观察结果、数据和计算非当时记录，而是誊抄或补记的 | |
| | | 未按照特定任务予以识别，无法确保样品与结果在记录中的对应性和溯源性 | |
| | | 记录未包括每项实验室活动的实施人员和审核人员的签名或等效标识，无签署日期 | |
| | | 纸质记录涂改，无法看清楚原文字或数据，电子记录修改未保留修改记录 | |
| | | 未经检测，篡改、编造、伪造原始数据、记录 | 1）LIMS流程信息化<br>2）建立防范和惩治弄虚作假管理制度，签署承诺书<br>3）开展法律法规培训 |
| 2 | 记录保存 | 未保留最原始的见证记录、谱图、自动设备产生的电子记录 | 1）制订档案管理文件<br>2）建立定期监督制度 |
| | | 记录未及时保存，造成记录损坏、变质或丢失 | |
| | | 贮存地点不满足整洁、干净、防火、防潮、防虫鼠等要求，造成记录损坏、变质或丢失 | |
| | | 输出数据打印在热敏纸或光敏纸等保存时间较短的介质上时，未同时保存记录的复印件或扫描件；电子记录未备份保存 | |
| | | 记录的保存期限不满足相关要求 | |
| 3 | 记录借阅 | 未经许可，借阅人将记录带离指定地点；损毁、脏污、涂改或丢失记录 | 1）制订档案管理文件和保密制度<br>2）LIMS流程信息化 |
| 4 | 记录销毁 | 未到最低保存期限要求就销毁记录 | 制订档案管理文件 |

**1. 记录产生**

实验室应对所开展的每一项检测、校准或者抽样活动做出技术记录，技术记录是实验室检测过程的证明材料，检测委托方或相关第三方与实验室发生纠纷，检测原始记录若无法起到证据的作用，可能令实验室陷入危机。实验室检测样品的准备、处置和制备记录不全，计算过程引用数据缺少溯源性，从笔记本/草稿纸上转抄检测记录原始记录等不规范行为都可能导致数据、结果出现错误或者无法复核，给实验室带来风险。实验室应建立记录控制程序、审核和监督制度，确保每一项实验室活动的技术记录包含结果、报告和足够的信息，以便在可能时识别影响测量结果及测量不确定度的因素，并确保在尽可能接近原条件的情况下符合实验室活动。

换言之，实验室应保证记录的完整性和信息的充分性。完整性要求记录包括但不限于合同评审记录、委托单、任务单、抽样记录、样品接收和流转记录、样品制备记录、环境监测记录、设备使用记录、标准样品使用记录、检测或校准原始记录、结果计算单、测量不确定度评审记录（需要时）、检测或校准报告等。信息的充分性指记录可以识别出的影响测量结果及测量不确定度的因素，包括但不限于：样品名称、规格型号、数量/重量、状态、检测/校准项目、环境条件、检测方法、使用设备/工具、标准样品、试剂、检测/校准/抽样活动的日期、抽样人员，以及每项检测/校准的操作人员和结果校核人员的标识。

原始的观察结果、数据和计算应在检测/校准观察或获得时予以记录，不允许补记、追记和重抄，并应按特定任务予以识别，如果需要将原始记录誊抄到记录表格中，也应保留原始的资料。

同时，为防止篡改、编造、伪造原始数据和记录事件的发生，可建立防范和惩治弄虚作假管理制度，对检验检测人员加强法律法规培训宣贯，利用线下监督和线上系统等多种方式减少人为操作，降低或有效杜绝篡改、编造、伪造原始记录的现象。

实验室应确保技术记录的修改可以追溯到前一个版本或原始观察结果，应保存原始的以及修改后的数据和文档，包括修改的日期、修改的内容和负责修改的人员。要特别说明的是，修改日期指针对特定情况，如文字错误、计算错误的更改需要注明更改日期，原始数据不允许日后更改，只能当时修改，所以不需要修改日期。

**2. 记录保存**

记录保存应符合相关法律法规、认证认可准则和规则以及标准的规定。实验室应建立档案管理制度，对记录保存年限、保存方式、保存要求，以及哪些记录需要进行保存进行明确规定，并定期或不定期监督记录保存是否符合要求，防止因保存不当造成记录丢失、无法溯源等情况发生。

《检验检测机构监督管理办法》（“39号令”）第十二条规定：“检验检测机构应当对检验检测原始记录和报告进行归档保存，保存期限不少于6年。”《检测和校准实验室能力认可准则应用要求》（CNAS—CL01—G001：2018）规定：“除特殊情况外，所有技术记录，包括检测或校准的原始记录，应至少保存6年。如果法律法规、CNAS专业领域认可要求文件或客户规定了更长的保存期要求，则实验室应满足这些要求。人员或设备记录应随同人员工作期间或设备使用时限全程保留，在人员调离或设备停止使用后，人员或设备技术记录应再保存6年。技术记录，无论是电子记录还是纸面记录，应包括从样品的接收到出具检测报告或校准证书过程中观察到的信息和原始数据，并全程确保样品与报告/证书的对应性。”此外，“除非相关法规另有规定外，当实验室承担的检测或校准结果用于产品认证、行政许可等用途时，相关技术记录和报告副本的保存期应当考虑相关产品认证、行政许可证书规定的有效期”。

《生态环境档案管理规范 生态环境监测》（HJ 8.2—2020）附录A对不同环境监测技术归档范围、保存期限明确规定：地表水、地下水、饮用水水源地、海洋等水环境监测例行报告、综合分析报告、专项监测报告等报告及相关数据，环境空气质量报告与数据，土壤生态环境监测报告与数据等均应归档为生态环境质量监测文件材料，并永久保存；能力确认和新方法验证、证实材料（新方法确认申请表、新方法确认任务书、新标准方法应用确认表、标准变更监测方法确认表、非标准方法审批记录、方法确认报告），应归档为生态环境监测质量保证的要求、计划和考核情况，至少保存30年。

建设工程检测领域涉及结构安全性的检验检测记录和报告应保存20年，其他检验检测报告与记录保存期限不应少于6年，电子文件应与相应的纸质文件材料一并归档保存，具体要求见《检验检测机构管理和技术能力评价 建设工程检验检测要求》（RB/T 043—2020）。

记录应由各部门指定人员兼职或专职文件管理员进行管理。为避免记录的损坏、变质和丢失，记录的贮存地点应满足整洁、干净、防火、防潮、防虫鼠等要求。《检验检测机构资质认定 生态环境监测机构评审补充要求》规定，当输出数据打印在热敏纸或光敏纸等保存时间较短的介质上时，应同时保存记录的复印件或扫描件。

**3. 记录借阅**

因工作需要，需要借阅和复制已存档记录时，实验室需制订档案管理文件和保密制度，对记录借阅进行审批，对借阅方式、借阅时间、归还检查等进行规定，防止出现未经许可或借阅不当造成记录丢失、损坏。同时，也可上线LIMS信息化管理系统，通过借阅审批，线上查阅权限指派，减少线下操作，进而避免借阅不当造成记录丢失、损坏。

**4. 记录销毁**

超过保存期的记录，可根据需要进行销毁，为防止出现未到保存期就销毁的风险，可制订档案管理文件，经相关人员审批后才能进行销毁作业，并填写销毁记录。

### （六）“测量不确定度的评定”过程存在的风险及控制措施

测量不确定度是与测量结果关联的一个参数，用于表征合理赋予被测量的值的分散性。测量不确定度是在真值不可知的情况下，对测量结果的认识和表达最科学的方式，可在实际测量过程中客观地评价测量结果的质量，因此，测量不确定度是衡量测量结果和数据可靠性的重要参数。测量不确定度的评定过程可以细分为识别来源、评估测量不确定度、结果报告与应用3个关键子过程，每个子过程执行不当均会带来不同程度的潜在风险。实验室应充分识别各子过程中的潜在风险，制订更具操作性、针对性的控制措施，以便有效控制风险。如表6-13所示。

表6-13 测量不确定度的评定过程存在的风险及控制措施

| 序号 | 过程/环节 | 潜在风险 | 控制措施 |
|---|---|---|---|
| 1 | 识别来源 | 未考虑所有显著的贡献 | 制订测量不确定度评估程序及各领域测量不确定度作业指导书，建立测量不确定度基础模型 |
| 2 | 评估测量不确定度 | 人员不具备评定不确定度的能力 | 1）制订测量不确定度评估程序及各领域测量不确定度作业指导书，建立测量不确定度报告模板<br>2）组织测量不确定度实施人员培训和考核<br>3）经过能力确认后授权人员从事不确定度实施工作 |
| | | 方法规定要评定不确定度，但未评定 | |
| | | 难以严格评定测量不确定度时，未基于对理论原理的理解或使用该方法的实践检验进行评估 | |
| 3 | 结果报告与应用 | 未使用测量不确定度 | 制订实验室结果符合性判定作业指导书，指导不同领域或客户项目结果判定 |
| | | 未正确使用测量不确定度 | |

**1. 识别来源**

在评定前，实验室应先识别测量不确定度的来源，主要包括抽样过程、所用的方法和设备、参考标准和标准物质、环境条件、被测物品的性能和状态，以及操作人员等，该过程可能存在测量不确定度来源识别不充分等潜在风险。

为了规避测量不确定度风险，实验室应分析测量不确定度对检测结果的贡献，采用适当的分析方法考虑所有显著贡献，包括来自抽样的贡献。测量不确定度一般来源于随机性和模糊性，前者归因于条件不充分，后者归因于事物本身概念不明确。因而测量不确定度一般由许多分量组成，其中一些分量具有统计性，另一些分量具有非统计性。所有这些不确定度来源，若影响到测量结果，都会对测量结果的分散性做出贡献。

实验室可采用分析工具（如鱼骨图等）对所有可能贡献不确定度的分量（包括人、机、料、法、环以及抽样等信息）进行系统识别，并针对不同检测领域或项目编写测量不确定度操作作业指导书，明确测量不确定度的各项来源，避免考虑不全面。对某些无法合理评估但可能有显著贡献的测量不确定度分量（如来自抽样的贡献），实验室可在证书/报告中注明报告的测量不确定度没有包括这些分量。不确定度来源有质量、体积、从标准物质证书获得的分析物浓度、吸光度、抽样、萃取回收率等。在考虑质量贡献时，不确定度分量包括天平校准不确定度、线性、日偏移、可读性、批次变化、密度影响等；在考虑从标准物质证书获得的分析物浓度贡献时，不确定度分量包括纯度、浓度。如在开展食品中有机磷农药含量的测量不确定度评估时，可建立数学模型$P_{op}=\frac{I_{op}\cdot c_{ref}\cdot V_{op}}{I_{ref}\cdot Rec\cdot m_{sample}}$ mg/kg。

测量不确定度来源包括萃取液的峰响应值（精密度、校准）；参考标准的质量浓度（精密度、线性、温度、稀释、纯度等）；萃取液的最终体积（温度、校准、精密度等）；参考标准的峰响应值（校准、精密度等）；回收率；待测样品质量。测量不确定度分量如识别遗漏，会直接影响评估结果。

**2. 评估测量不确定度**

测量不确定度评定是实验室检测活动中的一项重要工作，实验室应有能力判定是否需要评定测量不确定度，所以对人员的能力要求也比较严格。如评定测量不确定度的人员不具备能力，有可能导致测量不确定度结果评定不准确，或进行不需要测量不确定度评定。

为了规避评定测量不确定度过程风险，实验室应制订测量不确定度评定程序，明确并规范测量不确定度要求。一般检测实验室应分析测量不确定度对检测结果的贡献，评定每一项用数值表示的测量结果的测量不确定度。在某些情况下，公认的检测方法对测量不确定度主要来源规定了限值，并规定了计算结果的表示方式，实验室只要遵守检测方法和报告要求即可；对一些特定方法，如果已确定并验证了结果的测量不确定度，实验室只要证明已识别的关键影响因素受控，则不需要对每个结果评定测量不确定度。如果检测结果不是用数值表示或者不是建立在数值基础上（如合格/不合格、阴性/阳性、基于视觉和触觉等的定性检测），则实验室宜采用其他方法评定测量不确定度，如假阳性或假阴性的概率。如果某些检测方法的性质决定了无法从计量学和统计学角度对测量不确定度进行有效而严格的评定，实验室应基于对相关理论原理的理解或使用该检测方法的实践经验进行分析，列出各主要的不确定度分量，并做出合理的评定。对于不同的检测项目和检测对象，实验室可以采用不同的评定方法。实验室在采用新的检测方法时，应按照新方法重新评定测量不确定度。对所采用的非标准方法、实验室自己设计和研制的方法、超出预定使用范围的标准方法，以及其他修改的标准方法进行确认时，应包括对测量不确定度的评定。实验室可制订测量不确定度评定的程序，明确测量不确定度评定实施的要点，并授权有能力的技术人员开展测量不确定度评定。如开展摩托车加速行驶噪声的不确定度评定，依据《摩托车和轻便摩托车加速行驶噪声限值及测量方法》（GB 16169—2005），可建立数学模型$L=(L_{L1}+L_{L2}+L_{R1}+L_{R2})/4$。如图6-3所示。

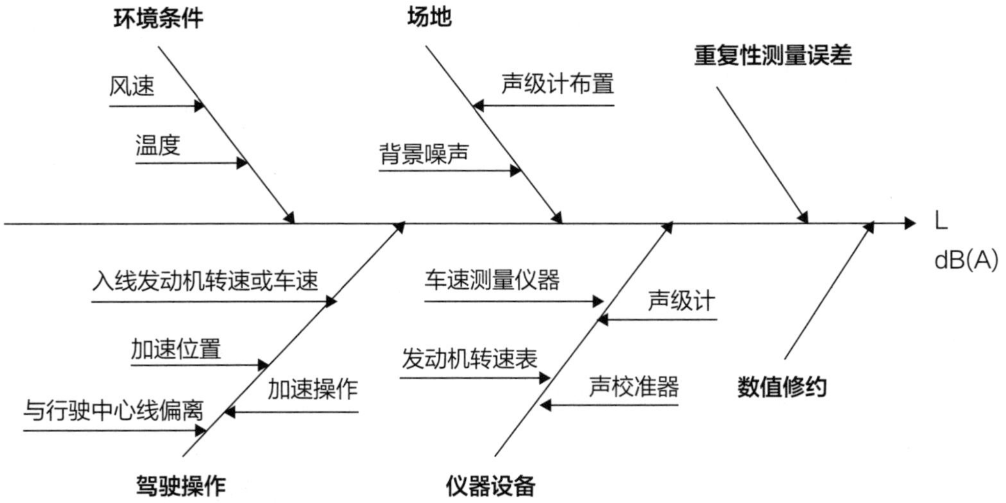


**图6-3　不确定度来源主要因素**

对每项不确定度来源进行分析，确定不确定度分量为重复性、声级计允差、声校准器允差、数值修约。重复性采用A类评估，包括驾驶操作、环境条件、声级计位置、车辆等多种随机因素的影响，计算多次重复独立测试的测量结果A类标准不确定度$u_1$，声级计允差、声校准器允差、数值修约采用B类评估，分别得出A类标准不确定度$u_2$、$u_3$、$u_4$，根据不确定度传递与合成理论，摩托车加速行驶噪声测量结果的合成标准不确定度为$u_c(L)=\sqrt{u_1^2+u_2^2+u_3^2+u_4^2}$。

**3. 结果报告与应用**

测量不确定度是衡量测量结果和数据准确性及可靠性的重要参数，ISO/IEC 17025关于判定规则、方法验证、方法确认、设备、计量溯源性、合同、技术记录、报告等条款均提到不确定度的相关要求，实验室应能正确理解并运用测量不确定度。涉及检测结果符合性判定、设备检定校准结果判定时，实验室存在未使用或未正确使用测量不确定度等潜在风险将直接影响结果判定。

为了规避测量不确定度的错误使用，实验室应明确测量不确定度报告的原则，以便合理地使用检测结果，特别是对环境监测或产品检测等需要实施符合性判定的领域。当测量不确定度与检测结果的有效性或应用有关、检测方法/标准有要求、客户有要求、测量不确定度影响与规范限的符合性（如用检测结果判断产品合格与否）时，实验室应在检测报告中报告检测结果的不确定度。当需要做出与规范或标准的符合性声明时，实验室应考虑测量不确定度的影响，明确判定规则，所用判定规则应考虑相关的风险水平（如错误接受、错误拒绝、统计假设），并将判定规则形成文件并加以应用，以确保测量结果的报告形式不会造成客户对所给测量不确定度的误解。实验室可建立实验室结果符合性判定的作业指导书，指导不同领域或客户项目结果判定。如在报告工业厂界环境昼间噪声检测结果时，因考虑测量不确定度无法判定是否超标，故最终运用测量不确定度报告为59±1 dB(A)，k=2。

证书/报告中报告测量不确定度时，应包含测量结果y和对应的扩展不确定度U，通常宜使用“y±U（y和U的单位）”或类似的表述方式。也可以使用列表表示，即将测量结果与其扩展不确定度在列表中对应给出。适当时，扩展不确定度也可以用相对扩展不确定度$U/|y|$（$|y|\neq0$）的方式给出。扩展不确定度的数值不应超过两位有效数字，最终报告的测量结果的末位应与扩展不确定度的末位对齐，除非使用相对扩展不确定度。实验室应在证书/报告中注明扩展不确定度的包含因子和包含概率，也可以使用文字描述“本报告给出的扩展不确定度是由合成标准不确定度乘以包含概率约为95%时对应的包含因子k得到的”。对于不对称分布的不确定度、使用蒙特卡洛法（分布传递）确定的不确定度或使用对数单位表示的不确定度，可能需要使用 y±U 之外的方法表述。测量不确定度的报告和表示应符合GB/T 27418的规定。

### （七）“确保结果有效性”过程存在的风险及控制措施

质量控制是保证检测结果准确性、有效性的重要手段。本过程可以细分为制订计划、实施计划、结果评价、质量改进4个关键子过程，每个子过程执行不当均会带来不同程度的潜在风险。实验室应充分识别各子过程中的潜在风险，制订更具操作性、针对性的控制措施，以便有效控制风险。如表6-14所示。

**表6-14　确保结果有效性过程存在的风险及控制措施**

| 序号 | 过程/环节 | 潜在风险 | 控制措施 |
|---|---|---|---|
| 1 | 制订计划 | 人员未掌握相关领域的质控知识和要求 | 1）制订监控结果有效性程序，规定各领域质控要求；建立质量控制计划<br>2）建立质控人员培训计划，宣贯质控知识<br>3）组织人员定期抽查质控计划，确保质控计划的完整有效 |
| | | 能力验证不能满足领域和频次的要求 | |
| | | 未根据新增项目及其他变化更新质控计划 | |
| | | 未预定质控措施结果的接受准则 | |
| 2 | 实施计划 | 质控实施过程中从未发现异常情况 | 1）制订监控结果有效性程序，规定质控实施要求；建立质量控制实施记录<br>2）调整质控方式、参数等 |
| | | 质控方式、参数选择不当 | |
| | | 设备及标准物质等资源未配备 | |
| | | 未参加监管机构组织的强制能力验证 | 1）制订能力验证程序，规定强制能力验证参加的要求；建立能力验证计划表及跟进表<br>2）任命人员定期跟进强制能力验证通知，并跟进参加 |
| 3 | 结果评价 | 质量控制结果没有利用判定规则进行评价 | 1）制订监控结果有效性程序，规定质控判定评价规则；建立质量控制评价表<br>2）组织人员定期抽查质控记录，确认质控情况<br>3）上线LIMS信息化管理系统，通过自动化的控制图系统警示质控结果异常 |
| | | 未发现监控活动数据趋势的异常变化 | |
| 4 | 质量改进 | 未利用质控结果开展改进活动 | 1）制订监控结果有效性程序，规定质控结果可疑或不满意的处理要求；建立质量控制改进表<br>2）组织人员定期抽查质控结果，确保质控失效后的正确、有效处理 |
| | | 质控结果可疑或不满意，未暂停实验室活动 | |

**1. 制订计划**

质量控制指实验室利用现代科学管理的方法和技术来控制与分析有关的各个环节，目的是把分析测试的误差控制在允许的范围内，保证分析的准确度和精密度，它贯穿于实验室全部质量活动的始终。在制订质量控制计划时可能存在考虑不全面、质控方式错误、质控参数选择不当、未考虑领域覆盖率等潜在风险。

为了规避质控计划风险：实验室应制订监控结果有效性的程序，明确实验室质量控制的方式和要求，如将各领域质控要求制订成文件；还应建立质控人员培训计划，宣贯质控知识，并组织人员定期抽查质控计划，确保质控计划的完整有效。实验室对结果的监控应覆盖认可范围内的所有检测或校准（包括内部校准）项目，确保检测或校准结果的准确性和稳定性。当检测或校准方法中规定了质量监控要求时，实验室应按规定执行，适用时，实验室应在检测方法中或其他文件中规定对应检测或校准方法的质量监控方案。制订内部质量监控方案时应考虑检测业务量、检测结果的用途、检测方法本身的稳定性与复杂性、对技术人员经验的依赖程度、参加外部比对（包括能力验证）的频次与结果、人员的能力和经验、人员数量及变动情况、新采用的方法或变更的方法等因素。制订内外部质量监控方案时应考虑认可范围所覆盖的领域、人员的培训和知识以及经验、内部质量控制情况、检测的数量和种类以及结果的用途、检测技术的稳定性、能力验证是否可获得等因素。实验室根据活动本身的特点和工作量情况，综合使用适合的质量监控方式，并预定质控结果的可接受准则，可参考《化学实验室内部质量控制 比对试验》（RB/T 208），在适当的策划周期内覆盖实验室全部的检验检测活动、场所以及人员。

**2. 实施计划**

实验室应结合自身的实际情况，有针对性地开展质量控制活动。在实施过程中可能存在设备及标准物质等资源未配备、未参加强制性能力验证等潜在风险。

为规避实施不当带来的风险，实验室应制订监控结果有效性的程序，明确实验室质量控制的实施要求。实验室在质控实施过程中，可采取多种适用的质量监控手段，必要时可适当调整质控方式、参数等，更有利于发现问题，如：定期使用标准物质、核查标准或工作标准来监控结果的准确性；通过使用质量控制物质制作质控图持续监控精密度；通过获得足够的标准物质，评估不同浓度下检测结果的准确性；定期留样再测、重复测量、实验室内比对，监控同一操作人员的精密度或不同操作人员的精密度；采用不同的检测方法或设备测试同一样品，监控方法之间的一致性；通过分析一个物品不同特性结果的相关性识别错误；进行盲样测试，监控实验室日常检测的准确度或精密度水平。对于一些特殊的检测活动，检测结果无法复现，难以按照以上手段进行质量控制，实验室应关注人员的能力、培训、监督以及与同行的技术交流。实验室应规定强制能力验证必须参加，可指定人员定期跟进能力验证通知，并制订能力验证作业指导书、能力验证活动方案等。

**3. 结果评价**

实施质量控制后不评价其结果、评价准则选择不当、未发现监控活动数据趋势的异常变化，将无法确保检测结果的准确、有效。

为了规避结果评价环节带来的风险，实验室应选择合适的判定准则，对实施质量监控的结果进行记录、分析与评价。如可行，鼓励应用统计技术（如使用质量控制图）监控检测或校准结果的准确性和精密度，基于统计原理制订质量控制图和警戒限，以便有效发现结果的发展趋势，并进行必要的分析。可引入自动记录、分析质控数据的系统，通过自动化的控制图系统，警示质控结果异常。

**4. 质量改进**

质量控制的目的是确保检测结果的准确性和有效性，通过质量监控活动可发现问题并予以改进。实验室可能存在未利用质控结果改进实验室活动、质控不满意未采取措施等潜在风险。

为了规避质量改进环节的风险，实验室应利用质控数据，及时观察、识别和分析异常趋势，根据分析结果，必要时采取相关的处理措施加以改进，使实验室的管理能力和技术水平得到不断提高。当发现监控活动数据分析结果超出规定的准则时（如内部质量控制超出评价的技术指标、能力验证出现可疑和不满意结果），实验室应采取纠正措施，如暂停该项目正在进行的检测/校准作业、对已经检测/校准完毕的结果准确性进行核查、停止对外检测/校准业务、召回报告、对外发表声明等，防止报告出具不准确的结果。同时还应对原有的质量监控计划进行修订，从而有效控制和改进实验室活动。

### （八）“报告结果”过程存在的风险及控制措施

报告结果风险指检测机构的报告由于未按照规范要求出具导致的不能准确、清晰和客观地反映每一项检测结果的风险，本过程细分为报告编制、报告审核、报告批准/签发，报告盖章、报告发放、报告保存、报告修改和报告销毁8个关键子过程，每个子过程执行不当均会带来不同程度的风险。实验室应针对识别出的各子过程的风险，制订更具针对性、操作性，并且能够有效消除或降低风险的控制措施。如表6-15所示。

**表6-15　报告结果过程存在的风险及控制措施**

| 序号 | 过程/环节 | 潜在风险 | 控制措施 |
|---|---|---|---|
| 1 | 报告编制 | 报告格式和内容不符合有关法律法规 | 1）制订结果报告管理程序文件，规定报告编制要求<br>2）利用实验室LIMS系统实现报告模板标准化<br>3）对报告编制人员开展培训及进行评价<br>4）安排人员定期抽查报告，确保报告编制符合要求 |
| | | 报告信息不完整、数据逻辑性差，不能溯源至原始记录；编制报告不规范或不依据真实原始记录 | |
| | | 报告信息不能溯源至合同评审中的信息 | |
| | | 报告未进行唯一性标识 | |
| | | 未在报告中清晰标识报告符合性声明 | |
| | | 未在报告中做出结果仅与被检测物品有关的声明；未在报告中做出未经实验室书面批准不得复制报告的声明（全文复制除外） | |
| | | 未在报告中按规定对外部提供者或非本实验室完成的信息或数据予以备注，没有免责声明；未在报告中明确标注分包信息，或者标注的内容不符合要求 | |
| | | 未在报告中说明偏离规定条件可能影响结果，没有免责声明 | |
| | | 未在报告中标识特殊要求 | |
| 2 | 报告审核 | 报告审核人员未授权 | 1）签署诚信承诺书，确认能力并授权<br>2）制订结果报告管理程序文件，规定审核要求<br>3）利用实验室LIMS系统实现审核流程标准化<br>4）开展审核要求培训及评价<br>5）定期抽查承诺书签署和授权，定期抽查报告以确保报告审核符合要求 |
| | | 未审核出以未检测样品或以篡改数据、结果等方式出具报告，不能保证报告的真实性和有效性 | |
| | | 未审核出报告编制不规范、不准确，不能保证报告的一致性 | |
| | | 未审核出报告中的人员、设备、设施环境、质控信息和样品存在不真实、不客观 | |
| | | 未审核出实验室随意拆分检测报告，如将“满足规定限值”的结果与“不满足规定限值”的结果分别出具报告，或只报告“满足规定限值”的检测结果 | |

续表

| 序号 | 过程/环节 | 潜在风险 | 控制措施 |
| --- | --- | --- | --- |
| 3 | 报告批准/签发 | 报告签发/批准人员未授权 | 1）签署诚信承诺书，确认能力并授权<br>2）制订结果报告管理程序文件，规定批准要求，明确签名要对照规范签名<br>3）利用实验室LIMS系统实现批准报告标准化<br>4）对报告批准/签发人员开展判定要求培训并进行评价<br>5）定期抽查承诺书签署和授权，定期抽查报告批准/签发情况 |
| | | 报告签发/批准人员的签名标识不规范 | |
| | | 伪造授权签字人签字 | |
| | | 报告中做出符合性声明时，符合性判断不正确，判定不客观、不准确，缺少判定规则 | |
| 4 | 报告盖章 | 未按要求加盖检验检测专用章和标注资质认定标志 | 1）制订实验室印章管理办法<br>2）对用章人员开展培训、进行评价，并授权<br>3）利用实验室LIMS系统实现用章流程标准化<br>4）工作人员签署诚信承诺书<br>5）定期抽查用章人员诚信承诺书的签署，抽查用章记录 |
| | | 超范围使用认可标识 | |
| | | 伪造检验检测机构公章或检验检测专用章 | |
| 5 | 报告发放 | 未按规定发放报告并登记 | 1）制订报告发放规定文件<br>2）对报告发放人员开展培训、进行评价，并授权<br>3）要求报告发放登记并定期抽查登记情况 |
| | | 通过电子文件等方式传送报告时，未确定记录委托方的身份，无保证数据完整性和保密性的措施 | |
| 6 | 报告保存 | 未按照有关法律法规和标准保存报告，保存期限、保存环境等不满足要求 | 1）制订报告保存规定文件<br>2）对报告管理员开展培训并进行评价<br>3）定期抽查报告保存情况 |
| | | 未规定报告保存方式，导致查找报告困难 | |
| | | 报告的副本和正本不一致，或者伪造报告副本 | |
| 7 | 报告修改 | 报告存在文字错误，确须更正的，未按规定进行更正；未对错误标注或说明 | 1）制订报告更改管理办法<br>2）对相关人员开展报告修改要求培训并进行评价<br>3）定期抽查报告修改情况 |
| | | 未在更改的报告上标注被替代的原报告编号，未对原报告做作废声明 | |
| | | 修改报告未进行唯一性标识 | |
| 8 | 报告销毁 | 未到保存期限销毁报告 | 1）制订报告销毁要求文件<br>2）对报告管理人员开展培训并进行评价<br>3）对报告销毁申请进行审批<br>4）定期抽查报告销毁记录，适当时监督报告销毁过程 |
| | | 未得到审批销毁报告 | |
| | | 报告销毁措施不能保障客户的利益 | |

**1. 报告编制**

实验室应依据检测数据，准确、清晰、明确和客观地出具结果、编制报告。首先，对报告的要求制订成文件，对报告格式、内容等依据相关法律法规进行规定。明确报告中标注客户提供信息、分包信息和免责声明的要求，包括：明确标示客户同意的、解释结果所必需的以及所用方法要求的全部信息；明确标示客户提供的数据；当客户提供的信息可能影响结果的有效性时，报告中应有免责声明；采用适当方式确定记录委托方的身份，加强完善纸质和电子数据的管理；若简化报告结果，确保客户同意。其次，若是抽样的报告，要求包括抽样日期、报告的符合性声明和标识要求等；若实验室不负责抽样（如样品由客户提供），应规定在报告中声明结果仅适用于收到的样品。最后，实验室可以引入LIMS系统，减少线下操作，实现报告模板标准化；组织报告编制人员培训；安排人员定期抽查报告。

**2. 报告审核**

首先，由授权人员在其授权范围内审核报告，全面复核检测数据/结果的一致性、真实性和有效性，签署诚信承诺书。其次，实验室可引入LIMS系统，减少线下操作。再次，对报告审核的要求制订文件，包括明确禁止拆分的情况。最后，组织报告审核人员培训，提升审核能力；安排人员定期抽查报告。

**3. 报告批准/签发**

首先，对报告批准/签发要求制订文件，文件中应包括：认可标识和检验检测机构公章或者检验检测专用章的使用要求；授权签字人的职责和任职要求。当做出与规范或标准符合性声明时，文件要考虑与所用判定规则相关的风险水平（如错误接受、错误拒绝、统计假设）并应用判定规则，除非法规或规范性文件等规定了判定规则。报告符合性声明应清晰标示符合性声明适用的结果、满足或不满足的规范、标准或其中的条款及应用的判定规则（除非规范或标准中已包含）。其次，对报告批准/签发人员进行授权，建立授权签字人签名对照表，确保由授权签字人签发报告。再次，实验室引入LIMS系统，减少线下操作；定期更新资质能力，保证实验室在资质范围内签发报告。最后，组织报告批准人员培训；安排人员定期抽查报告。

**4. 报告盖章**

首先，要求用章管理人员签署诚信承诺书。其次，制订文件，明确对认可标识和检验检测机构公章或检验检测专用章的使用要求。再次，利用实验室LIMS系统减少线下操作。最后，组织报告用章管理人员培训；安排人员定期抽查。

**5. 报告发放**

首先，规定报告的发放要求；保存报告发送登记；制订对以电子方式传送报告的控制措施。其次，组织报告发放人员培训；安排人员定期抽查报告发放登记表。

**6. 报告保存**

实验室报告是检测活动的结果，包括正本和副本，正本报告发放，副本报告留存，并保证正本和副本的一致性。留存的副本报告包括检测原始记录等相关原始数据，原始记录与副本检测报告统一进行页码标识，共同归档存放。报告保存不满足期限要求或保存环境损坏报告的完整性和溯源性，可能导致违规或溯源中断等。可采取以下措施避免报告保存过程中产生各类风险。首先，依据法律法规建立完善的档案管理程序，对报告的保存期限和要求进行规定，实验室报告一般保存期限为6年；对用于诉讼或仲裁的记录，应保留至诉讼或仲裁工作结束后3年；特殊领域按其要求保存。其次，组织报告管理人员培训；安排人员定期抽查报告的保存情况。

**7. 报告修改**

实验室报告发出后可能发生更改，更改、修订或重新发布已发布的报告，应采取以下措施避免风险。首先，制订文件对报告编号和报告修改规则进行规定：要求在报告中清晰标示修改的信息；适当时标注修改的原因；有必要发布全新的报告时，予以唯一性标示，并注明被替代的原报告。其次，组织相关人员培训；安排人员定期抽查修改的报告，确保报告唯一性标识和标注说明。

**8. 报告销毁**

实验室报告未到保存期限销毁，或者在销毁过程中残留重要信息，均可能损害实验室和客户的利益。首先，依据法律法规对报告销毁要求制订文件，报告保存期限要符合法律法规要求和合同义务，保存期满后，应经审批再执行销毁作业。其次，组织报告管理人员培训；安排人员监督销毁过程，抽查销毁记录。

### （九）“投诉”过程存在的风险及控制措施

为收集客户反馈信息，了解客户需求和期望，及时、有效地处理客户投诉，通过客户反馈信息寻找改进机会，消除客户不满，提高客户满意度，实验室应对投诉进行有效控制，本过程可以细分为发起/接收投诉、投诉调查及方案制订、投诉处理措施实施及确认和投诉信息分析4个关键子过程，每个子过程执行不到位，均会带来不同程度的潜在风险。实验室应充分识别各子过程中的潜在风险，制订相应控制措施，有效控制风险。如表6–16所示。

**表6–16　投诉过程存在的风险及控制措施**

<table>
<tr><th>序号</th><th>过程/环节</th><th>潜在风险</th><th>控制措施</th></tr>
<tr><td rowspan="8">1</td><td rowspan="8">发起/接收投诉</td><td>无处理投诉相关程序</td><td rowspan="2">1）在投诉处理文件中规定投诉的定义<br>2）开展投诉处理文件培训</td></tr>
<tr><td>仅接收合同委托方的投诉</td></tr>
<tr><td>接收投诉时态度恶劣，激化矛盾</td><td>1）制订投诉处理文件<br>2）对接收投诉人员进行能力确认</td></tr>
<tr><td>未详细了解和记录客户的投诉缘由</td><td rowspan="2">定期或不定期进行处理投诉能力培训</td></tr>
<tr><td>投诉相关信息记录不全面、不准确</td></tr>
<tr><td>未能对客户期望解决投诉事件的迫切度、投诉可能给客户或公司造成损失或不良影响的大小、客户的情绪和态度等准确评判</td><td>1）制订投诉处理文件<br>2）建立回访制度</td></tr>
<tr><td>全年零投诉，没有任何投诉的接收和处理记录</td><td>开展正确认识投诉的培训</td></tr>
</table>

续表

| 序号 | 过程/环节 | 潜在风险 | 控制措施 |
| --- | --- | --- | --- |
| 2 | 投诉调查及方案制订 | 对投诉事件调查不全面，对投诉产生原因分析不到位，对投诉确认有效性判断错误 | 1）制订投诉处理文件和客户投诉处理报告<br>2）开展投诉处理培训<br>3）对投诉处理人员进行能力确认 |
| | | 方案制订不合理，或处理措施未获得客户同意 | |
| | | 有效投诉未进行举一反三，查找是否存在类似问题或潜在的类似问题 | |
| 3 | 投诉处理措施实施及确认 | 措施实施超时 | 制订投诉处理文件 |
| | | 收到认可机构或监管机构转交的投诉，未在认可机构或监管机构规定的时间内反馈投诉处理结果 | |
| | | 利益相关方有要求时，实验室未提供投诉处理过程的说明文件 | |
| 4 | 投诉信息分析 | 未进行投诉信息分析，未作为管审输入 | 1）制订投诉处理文件<br>2）定期监督 |

**1. 发起/接收投诉**

收集客户反馈信息，了解客户需求和期望，及时、有效地处理客户投诉，通过客户反馈信息寻找改进机会，消除客户不满，提高客户满意度，是实验室追求的目标。实验室应有形成文件的过程来接收投诉，指定专门部门和人员接收、处理、评价和决定客户的投诉，明确对投诉的接收、处理、评价和决定的职责。在文件中明确，投诉指任何人或组织向实验室就其活动或结果表达不满意，并期望得到回复的行为。换言之，投诉人可以是实验室的直接客户，也可以是客户的客户、利益相关方和实验室内部人员，实验室不能仅接收直接客户的投诉，而对其他组织或个人的投诉不做处理。客户的投诉不管是书面的还是口头的，不管是直接的还是间接的，实验室均应接收，接收后再根据投诉是否与本实验室负责的实验室活动有关，决定是否受理。

在受理投诉的过程中，为保证能准确判断投诉是否成立，实验室可通过有效处理投诉技巧培训、接收投诉人员能力确认和处理完成后的客户投诉处理满意度回访等方式，确保在接收投诉时，实验室能详细了解投诉缘由，准确全面记录客户的投诉内容，并能根据客户期望解决投诉事件的迫切度、可能对客户或公司造成损失或不良影响的大小、客户的情绪和态度等对投诉紧迫程度进行评判。同时，通过培训，使实验室正确认识投诉是通过客户寻找改进机会的途径，避免出现全年零投诉，没有任何投诉的接收和处理记录。

**2. 投诉调查及方案制订**

在接到投诉后，实验室应确认投诉是否与其负责的实验室活动相关，应有文件对投诉事件调查、原因分析、投诉有效性进行规定。实验室应对投诉事件展开全面调查，对识别出的与实验室活动相关的投诉，即有效投诉产生原因进行分析，制订投诉处理措施，并就原因、得出的结果、制订的处理方案及预计完成的时间等与客户沟通，确保客户理解和同意后再实施，避免客户误解实验室未及时跟进投诉处理或处理措施未能达到客户需求。同时，针对有效投诉，应举一反三，查找是否有类似问题或潜在不符合，必要时，制订纠正措施或风险控制措施。如为无效投诉（包括数据质疑），应友善地向客户解释原因，获得客户的理解。有些投诉处理人员认为没有必要理会无效投诉，不用再与客户进行沟通，这是不正确的，客户既然提出了投诉，就希望得到回复。对数据质疑等特殊情况还应考虑制订必要的解决方案。

针对投诉处理文件，实验室应对相关人员开展培训。同时，为保证公正性，通知投诉人的处理结果应由与所涉及的实验室活动无关的人员做出或审查和批准。对于规模较小的实验室，投诉可能涉及实验室所有人，或者由于投诉涉及面太广无法做到回避，此时有关的调查、处理或审查和批准可委托外部人员进行。

**3. 投诉处理措施实施及确认**

实验室应规定，指定投诉处理人员负责组织相关人员在预计时间内完成各项措施，如有延误应说明并记录延误原因。对认可机构或监管机构转交的投诉，应在认可机构或监管机构规定的时间内反馈投诉处理结果，CNAS收到对实验室的投诉时，通常情况下会转交实验室进行处理，如果投诉内容针对实验室能力和诚信，CNAS将通过安排不预先通知实验室的不定期监督评审直接处理。

投诉处理完成后，实验室应正式通知投诉人投诉处理完毕，一般采取书面通知的方式。必要时，对客户进行满意度调查，确认客户是否对投诉处理结果满意，如不满意，应认真了解客户对处理结果不满意的原因，对于合理原因应采取必要的措施尽量消除客户的不满。要特别说明的是，利益相关方有权了解投诉的处理情况，当其有要求时，实验室应为该利益相关方提供投诉处理过程的说明文件。

**4. 投诉信息分析**

投诉作为管理评审输入材料之一，实验室应做出明确规定，并对管审输入材料定期监督，避免遗漏。

## （十）“不符合”过程存在的风险及控制措施

“不符合”指实验室活动的任何环节或结果，与认可准则、监管机构要求、公司规定或与客户达成一致的要求等不相符合的情况，不符合工作的控制是实验室质量管理的基础工作，反映实验室管理体系运行有效性和管理水平。本过程可以细分为识别/评审不符合、不符合原因分析、制订纠正/纠正措施、审核及实施纠正/纠正措施、评估纠正措施有效性5个关键子过程，每个子过程执行不到位，均会带来不同程度的潜在风险。实验室应充分识别各子过程中的潜在风险，制订相应控制措施，有效控制风险。如表6-17所示。

表6-17 不符合过程存在的风险及控制措施

| 序号 | 过程/环节 | 潜在风险 | 控制措施 |
| --- | --- | --- | --- |
| 1 | 识别/评审不符合 | 不熟悉不符合工作控制程序，无能力识别和控制不符合<br>不清楚不符合来源，对不符合来源掌握不全面，识别不符合不全面<br>不符合描述不准确<br>未对不符合的严重程度和风险大小进行评审，导致应对措施不到位 | 1）制订不符合工程控制程序<br>2）开展质量管理体系文件、内审员、不符合工作程序培训<br>3）建立不符合审核和评审制度<br>4）对不符合控制评价的人员能力做出要求 |
| 2 | 不符合原因分析 | 未找到导致不符合发生的根本原因 | 1）开展资质认定/实验室认可内审员培训<br>2）进行不符合原因分析工具和方法培训<br>3）建立不符合原因分析审核制度 |
| 3 | 制订纠正/纠正措施 | 纠正不彻底<br>未制订有针对性、可操作性，与不符合风险和严重程度相适应最有可能消除问题发生的原因的纠正措施 | 1）开展内审员和法律法规培训<br>2）开展风险管理培训 |
| 4 | 审核及实施纠正/纠正措施 | 审核流于形式或无审核流程<br>实施纠正/纠正措施不到位 | 1）建立审核人员任职要求<br>2）建立纠正措施报告三级审核制度<br>3）开展内审员和管理体系培训 |
| 5 | 评估纠正措施有效性 | 未对纠正措施有效性进行验证和效果评价<br>未完全关闭不符合即进行不符合工作的恢复<br>验证流于形式 | 1）制订验证纠正措施有效性程序<br>2）建立定期回顾制度 |

**1. 识别/评审不符合**

当实验室活动和结果不符合自身的程序或与客户协商一致的要求时（如监控结果不能满足规定的准则，设备或环境条件超出规定限值），实验室应有不符合控制程序。实验室所有人员均应熟悉不符合工作控制程序，不仅包括内审员、质量监督员、质量管理人员，也包括直接从事检测、校准和抽样活动的人员。

实验室除了在内审、外部评审、外部监督检查、能力验证等活动中被动发现不符合项外，还应在日常实验室活动（包括但不限于质量控制、设施环境条件控制、设备核查、数据和报告审核、监督）中主动发现不符合项。不符合的描述不应严重失真、过浅过滥、避重就轻，应能客观真实地反映实验室活动中存在的问题，不应影响纠正措施的有效性，不应制约质量管理体系持续改进的效果和效率。为保证不符合识别工作的全面性，确保不符合描述的准确性，实验室可以通过对相关法律法规、质量管理体系文件、实验室认可和资质认定等进行培训，让实验室所有人员均清楚何为符合、何为不符合以及如何进行不符合项描述，提高不符合报告发出人员的专业技能，确保不符合识别的全面性和不符合描述的准确性。

没有对不符合工作进行评审，或评审不到位，将直接导致应对措施欠当，轻者无法有效纠正不符合，重则可能引起法律纠纷或客户赔偿。为防止此类问题发生，实验室可建立不符合工作控制程序，对不符合的严重性、风险大小、是否可能再次发生、对先前活动结果的影响等评审工作做出规定。

**2. 不符合原因分析**

实验室相关责任部门应组织调查不符合产生的原因，对原因进行深度剖析。应找到导致不符合的根本原因，避免将“对文件理解不透或学习不足、误操作”等表面原因作为根本原因。实验室可通过内审员培训，不符合原因分析工具和方法培训（如5WHY分析法、柏拉图分析法、鱼骨图分析法），建立不符合原因分析的审核制度，确保找到导致不符合发生的根本原因。

**3. 制订纠正及纠正措施**

不符合工作是偶发的、个案的问题，实验室纠正即可；通过评审发现不符合工作可能再次发生，或可能在其他场合发生，或可能对检验检测机构的运作与其政策和程序的符合性造成影响时，应制订纠正措施。未防止出现纠正不彻底，未根据根本原因制订有针对性、可操作性，与不符合风险和严重程度相适应，最有可能消除问题发生的原因的纠正措施，实验室可通过内审员培训和对相关法律法规培训，让不符合发生的责任部门充分认识到彻底纠正不符合的必要性。同时，实验室也可开展风险管理相关培训，基于风险管理思维，充分考虑针对发生的不符合应采取何种纠正措施才能消除问题发生的根本原因，充分考虑何种措施才是符合该实验室实际运行情况且具有可操作性和针对性的措施。无论是制订纠正还是制订纠正措施，实验室均需确保消除不符合工作的影响或将影响降至最低。

如不符合工作可能影响检验检测数据和结果，实验室应通知客户。如果已经发出错误报告则需要召回；如不能召回，实验室应通过公开渠道对外发布作废错误报告的声明。

**4. 审核及实施纠正/纠正措施**

为防止责任部门制订相关措施不全面或错误，或审核流于形式，实验室可建立纠正/纠正措施三级审核制度，规定由责任部门负责人，或实验室负责人，或质量负责人等岗位人员对制订的纠正/纠正措施进行三级审核，确保实验室选择最有可能从根本上消除问题并防止问题再次发生的措施，保证纠正/纠正措施与不符合的严重程度与风险大小相匹配，且保证纠正/纠正措施的全面性和充分性。当然，为保证审核效果，实验室需确保审核人员具备法律法规、技术和质量知识，以及风险管理等能力。

在确保针对不符合工作制订的纠正/纠正措施能消除影响或将影响降至最低后，实验室可通过内审员培训、管理体系培训，确保实施纠正/纠正措施的人员能按照确定的纠正/纠正措施有效全面地实施。如不符合为体系性不符合，管理体系文件中无相关规定或要求，需要修订体系文件并对相关岗位人员进行培训；仅修订体系文件，未对相关岗位人员进行宣贯，且未确认相关岗位人员是否掌握修订后的文件要求，那么该项不符合的纠正/纠正措施将无法保证其效果。

**5. 评估纠正措施有效性**

实验室应有文件规定，在纠正措施实施后，相关人员应对其有效性进行跟踪验证和评价，可通过现场验证、文件审查、询问相关人员、必要时补充评审等方式进行验证。验证措施是否在规定期限内完成，措施是否得到充分实施，措施的实施是否消除不符合发生的根本原因，能够有效杜绝不符合再次发生。验证满足要求时，方可关闭不符合，恢复相关工作。同时，实验室可在内审、外部评审或监督检查前的自查工作中，对以往发生的不符合进行回顾，必要时对不符合工作进行统计、分析，对重复发生的不符合进行分析和管理，持续改进质量管理体系。

### （十一）“数据控制和信息管理”过程存在的风险及控制措施

数据控制和信息管理通常借助于实验室信息管理系统，为确保数据和信息的保密性、完整性，实验室应对该系统进行有效控制。本过程可以细分为数据和信息获得、信息管理系统确认、信息管理系统修改控制、信息管理系统使用管理4个关键子过程，每个子过程执行不到位，均会带来不同程度的潜在风险。实验室应充分识别各子过程中的潜在风险，制订相应控制措施，有效控制风险。如表6-18所示。

**表6-18　数据控制和信息管理过程存在的风险及控制措施**

| 序号 | 过程/环节 | 潜在风险 | 控制措施 |
|---|---|---|---|
| 1 | 数据和信息获得 | 实验室未能获得开展实验室活动所需的数据和信息 | 对获得数据和信息进行文件规定 |
| 2 | 信息管理系统确认 | 投入使用前未进行功能确认 | 对信息管理系统功能确认进行文件规定 |
|  |  | 无功能确认记录 | 对保留功能性确认记录进行文件规定 |
| 3 | 信息管理系统修改控制 | 对管理系统的变更未进行有效控制，包括变更未审批、变更后未再次确认 | 对信息管理系统更改要求进行文件规定 |
| 4 | 信息管理系统使用管理 | 未经授权的访问，或与实际授权不一致 | 1）建立三个“加”管理制度：加密、加权、加备<br>2）建立数据保护程序 |
|  |  | 系统无安全保护，可被篡改或发生丢失 |  |
|  |  | 信息管理系统运行环境不符合要求 | 1）对系统运行和环境条件进行文件规定<br>2）定期监督 |
|  |  | 非计算机化的系统，无转录数据准确性和人工保护的措施 | 制订转录数据准确性和人工保护的措施 |
|  |  | 未进行系统维护，或维护方式无法确保数据和信息完整性 | 1）建立系统定期维护制度<br>2）对维护方式进行审批和持续改进优化 |
|  |  | 无记录系统失效和适当的紧急措施及纠正措施 | 1）建立系统失效的应急预案<br>2）对系统失效采取纠正措施进行文件规定 |
|  |  | 异地运营商或供应商不符合认可要求 | 对异地运营商或供应商要求进行文件规定 |
|  |  | 信息管理系统有关说明书、手册或参考数据未被有效管理，或不易获取及使用，导致实验室人员错误使用 | 1）建立有效管理系统说明书、手册或参考数据的制度<br>2）定期监督 |
|  |  | 未对计算和数据传输进行适当和系统的检查，造成检测或校准结果无效 | 1）建立定期对计算和数据传送进行适当和系统检查的制度<br>2）建立数据审核制度 |

**1. 数据和信息获得**

实验室采用何种方式采集数据和信息应根据实验室自身情况确定，无论采取何种方式，实验室均可对之进行文件规定。

**2. 信息管理系统确认**

目前实验室越来越多采用实验室信息管理系统，包括抽样系统、业务流程平台、检测数据自动采集装置、科学数据管理系统和检测数据共享平台等，并利用“互联网＋”模式为客户提供服务。用于收集、处理、记录、报告、存储或检索检测或校准数据，无论是计算机化还是非计算机化的数据和信息管理系统，实验室应结合实际运行模式和自身资源情况，在投入使用前均应进行功能确认，保证系统可以实现从客户需求到出具数据、报告等技术过程和结果的电子化管理，实现数据和结果的查询、分析、统计和报告功能，确保系统满足所有相关要求。

为保证信息管理系统有效，实验室可对信息管理系统功能确认进行文件规定，对其功能（包括安全保护以防止篡改和丢失、系统修改自动留痕）和适用性进行确认和评价，如：手动计算结果与系统计算结果相比较，看结果是否一致；核查在不同浓度范围内测试参数是否都能统计出结果（有些软件对低于一定浓度范围的数据不自动积分，但实际数据仍高于检出限或限值）；检查是否所有的测试参数都能统计出结果；核查仪器积分是否正确（如将杂质峰误判为目标物峰）。在完成确认前，实验室可考虑进行线上线下并行的测试运行和调试，直至确认系统能正常运行和满足使用需求。

常用的商业软件在其设计的应用范围内使用，可视为已经过了充分的确认，实验室在使用前验证即可。实验室使用LIMS时，应确保系统审核路径、数据安全和完整性等均满足所有相关要求，实验室应对其与相关资质认定或实验室认可要求的符合性和适宜性进行完整的确认，并保留确认记录。

**3. 信息管理系统修改控制**

实验室可进行文件规定，当信息管理系统发生更改时，包括实验室软件配置或对商业现场软件的修改、升级，系统操作人员在使用前应被批准、形成文件并再次确认其适用性。

**4. 信息管理系统使用管理**

实验室应在数据采集、处理、记录、报告、储存或检索时，对其进行有效的控制，以确保数据的完整性和保密性。为防止未经授权的访问，防止篡改和丢失，实验室可建立和运用三个“加”的制度：加密，每个员工设置一个密码，有密码才能进入数据和信息管理系统；加权，根据“岗位制衡原则、岗位监督原则、最小授权原则、集中操作原则”设置权限，规定谁能读、谁能改；加备，定期备份，防止丢失。

实验室应建立数据保护程序，对数据采集、储存、传输、处理中的完整性、正确性和保密性等做出规定，如：计算机操作人员应有专职授权；建立定期备份和电子签名制度，计算机硬盘应有备份；为防止结果修改或篡改，光盘、软盘、闪存等由专人保管，禁止未授权人员接触。

为保证数据和信息管理系统有效运行，实验室可进行文件规定，确保能提供保护实验室活动数据完整性所必需的环境和运行条件，如专用电路、环境温湿度等要求，防止计算机病毒侵入的措施。对于没有使用计算机的信息系统，也应制订人工保护和转录数据准确性的措施。实验室应建立数据和信息管理系统定期维护管理制度，并对维护方式进行规定，以确保数据和信息的完整性，通过定期监督的方式审查是否进行维护，以及确认维护方式是否恰当，是否需要持续改进优化维护方式。

实验室应对系统运行情况进行审核，记录系统失效的情况，对系统软件中出现的问题进行分析，查找原因，并采取适当的紧急措施及纠正措施，必要时，制订应急预案并进行演练，确保实验室活动数据的完整性、正确性和保密性。

当实验室信息管理系统在异地或由外部供应商进行管理和维护时，实验室应进行文件规定，采取相应措施，确保系统的供应商符合认可准则或资质认定的所有适用要求。实验室应与供应商签订符合要求的公正性、保密性等协议。

实验室信息管理系统有关的说明书、手册和参考数据是指导实验室人员正确使用和操作信息管理系统的指导性资料，实验室应对有效管理该类资料进行文件化规定，包括相关资料是否为现行有效版本、是否方便员工获取及使用，并定期监督相关制度是否有效实施。

为避免因计算和数据传送出现的错误造成检测或校准结果无效，实验室应建立对计算和数据传送进行适当和系统检查的制度和数据审核制度。对计算和数据传送、手抄数据和输入计算机的数据，都进行适当或系统的检查，保证检测或校准数据的完整性和安全性。如：在Excel中输入公式及输入原始数据即可计算结果，应对公式的正确性进行检查；在数据转移时，应审核数据的完整性。

## 第四节　应急准备和响应

### 一、实验室常见事故的统计分析

实验室常见的事故可以分为质量、健康、环境、安全、信息等类型。质量类事故可以分为两种，一种是客户投诉导致的索赔和诉讼，另一种是因质量问题受到监管机构的警告、约谈或者行政处罚等。信息类事故包括网络故障、数据丢失、病毒侵害等。针对以上事故，实验室可以启动不符合控制程序，确定问题影响范围后果，必要时停止工作，防止影响扩大，排除紧急问题，找出根本原因，制订解决方案，实施并监测评估效果。

《上海市检验检测条例》第十四条规定：“鼓励检验检测机构投保机构责任保险和人员职业责任保险，提高检验检测机构的赔付能力和风险抵御水平。”责任风险事故与保险费率挂钩等风险控制的经济手段，加上保险公司有针对性的防灾防损风险管理服务，可以提高检验检测机构自身的风险防范意识，从而有效地督促检验检测机构采取安全防范措施，减少责任事故的发生或降低责任事故发生的频率，真正做到防患于未然，实现检验检测活动的有序进行。

本节重点放在可能对人身和环境造成较大影响的健康、环境、安全类事故应急准备和响应。根据相关统计，1997年至2016年全国高等院校实验室发生112起实验室典型事故，共造成12人死亡，84人中毒或受伤；1997年至2010年，高校实验室事故总数呈增长趋势。事故类型主要为火灾性事故、爆炸性事故、毒害性事故、机械伤人事故和漏电伤人事故。具体分布如图6-4所示。

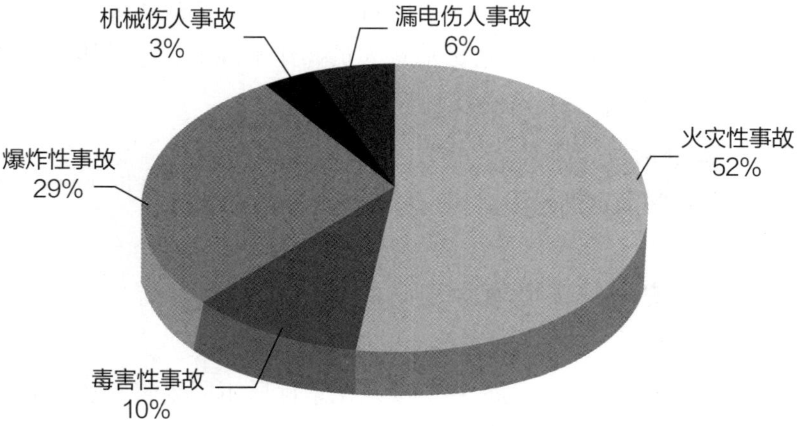


**图6-4　1997年至2016年高校实验室典型事故基本情况**

图6-3中：火灾性事故是所有事故类型中发生最多的，占52%，其次是爆炸性事故，占29%，两者占总事故的81%，主要原因是实验室使用化学药品试剂、明火或通电加热等都存在安全隐患。统计发现，火灾性事故与爆炸性事故经常相伴发生，发生爆炸后如不及时处理就会发展为火灾。毒害性事故占比为10%，对有毒、有腐蚀性的药品、试剂管理不到位会对人体造成伤害。漏电伤人事故占比为6%，虽然所占比例比较小，但也是不可忽视的部分。机械伤人事故占比为3%，一般发生在机械实验室，对机床、刨床、铣床等有高旋转、高重力冲压的器械操作稍有不慎就会使人受伤，引发安全事故。

## 二、实验室职业健康、安全、环境事故及原因分析

### （一）火灾爆炸事故

事故主要原因：违反试验操作；违反安全规定，在易燃易爆品附近使用明火；未穿戴防静电个人防护用品，静电引燃易燃品；设备老化、电源线路老化、超负荷运行加速老化引发事故；实验室人员脱岗，介质过热，突沸喷溅到易燃易爆物；场地狭小，设备的安全操作距离不足；遭受自然灾害，仪器设备失控。

### （二）中毒事故

中毒事故多发生在使用危险化学品的实验室，尤其是使用剧毒物质的实验室。事故主要原因：食物带入实验室，误食中毒；检测仪器等存在故障或缺陷，造成有毒试剂泄漏或有毒气体聚积；危险废弃物管理不善引起环境污染；实验室排风等设施存在故障或缺陷；实验室人员未按要求操作，不了解危险化学品的性质，实验室缺少必要的安全监督。

### （三）机械伤、烧伤、蚀伤及烫伤事故

包括玻璃器皿破碎造成割伤，高浓度试剂飞溅造成化学灼伤，转动部件造成挤伤，超重部件造成砸伤等。事故主要原因：人员违规操作，实验人员注意力不集中；设备转动部件缺少防护；合成反应剧烈，失控发生突沸、爆炸；安全监管不到位。

### （四）触电事故

触电通常是电流通过人体造成的，严重时可致人死亡。事故主要原因：设备设施没有按照要求做接地处理；电源线路绝缘层破损；人员操作不规范，湿手接触电源；未经允许私自拆卸带电设备；使用手持设备，设备外壳接地不良。

### （五）环境污染事故

事故主要原因：化学品试剂仓库泄漏；危险废弃物随意处置。

## 三、职业健康、安全、环境事故预防的基本措施

### （一）危化品管理

1）危险化学品应设立专用储藏库/室，按照化学性质不同妥善存放，并由专人管理。实验室应尽可能减少存放量，做到随取随用。

2）化学品储存应避开日光直射或温度不能控制的环境。

3）对有剧毒、强腐蚀性的危险化学品应设置双人双锁，药品应及时核对库存，用后及时入库。

4）条件允许的情况下：气瓶尽可能存放在气瓶室；氧气瓶和氢气瓶不得存放在一起；所用化学品和标样都应有标签。

5）实验中产生的危险废弃物存放应考虑物料的相容性，不得未经处理随意排放。

6）实验室在条件允许的情况，尽量不用或少用有毒危险的化学品，或用无毒的化学品代替。

### （二）防火防爆措施

1）实验室应建立健全的安全防护管理制度，如实验室动火制度、安全操作规程等，规范实验室人员的行为。

2）使用挥发性较强，易燃易爆的危险化学品时，应遵守操作规程，穿戴防护用品，在通风橱中操作。

3）加热易燃液体应避免使用明火。

4）严禁用冰箱存放易燃易爆试剂和样品。

5）实验室的易燃易爆场所产生高热的设备应有隔离或采用封闭设计。

6）在必要场所设置可燃气体的报警装置，并定期检查。

### （三）用电安全管理

1）实验室设备的安装和使用，必须符合安全用电管理规定，必须使用专线，严禁与照明、空调共线。

2）不准乱接电线。

3）实验室室内各种开关、插座、插头均应保持完好，漏电保护及保险装置必须与线路允许的容量相匹配。

4）在有易燃易爆品的场所，必须使用防爆电气线路和装置。

5）凡设备要求接地的必须接地，定期检查线路，测量接地电阻。

6）手上有水或潮湿时勿接触电器设备，严禁使用水槽旁的电器插座。

### （四）设备管理

实验室的设备管理除了满足实验室质量管理体系的要求，还应满足以下要求。

1）仪器拆卸，维修应建立请示报告制度。

2）实验室人员必须掌握仪器设备性能和操作方法，严格按照操作规程操作。

3）设备应安装必要的防护设施或其他防护罩。

### （五）用气安全管理

（1）注意高压气体容器与色标。

各类高压容器必须附有证明书，存放气体的钢瓶肩部有标记，标示包括制造厂、制造日期、型号、工作压力等；应经常检验，钢瓶上刻有试验日期，有问题及时更换。

（2）特殊气体的安全管理。

1）乙炔气瓶在使用、运输、贮存时：环境温度不得超过40℃；必须装设专用减压器、回火防止器，工作前必须检查完好，否则禁用；注意使用压力和输气流速；注意固定，防止倾倒；存放地方通风良好；使用时应装上回闪阻止器。

2）氢气密度小，极易扩散，使用时：室内通风良好，与明火和普通电器设备间距不应小于10米；工具要用无火花工具，着装不易产生静电；与盛有易燃易爆物质和氧化性气体的容器和气瓶间隔，最好专用房间；使用专用减压阀，不得敲击、碰撞等。

3）氧气是强烈助燃气体，一定要防止其与油类接触，气瓶禁止放于阳关暴晒地方。

### （六）消防安全管理

1）遵守消防安全管理制度，定期安全点检，包括消防通道通畅，消防器材完好，安全标识齐全，醒目直观。

2）安全技术设施和报警装置齐全可靠。

3）实验室所有人员应掌握各种消防设施的使用方法，发生火灾时的应急措施，实验室的紧急出口和安全通道。

### （七）其他管理措施

1）员工岗前、岗中技能培训及考核，包括实验室安全操作和防范。

2）设立定期检查制度，对各项设施和人员操作进行监督，对查出的安全隐患做好治理工作，并督促相关人员及时消除存在的不安全因素。

## 四、应急预案编制

### （一）应急预案编制目的

《中华人民共和国突发事件应对法》第二十二条规定：“所有单位应当建立健全安全管理制度，定期检查本单位各项安全防范措施的落实情况，及时消除事故隐患；掌握并及时处理本单位存在的可能引发社会安全事件的问题，防止矛盾激化和事态扩大；对本单位可能发生的突发事件和采取安全防范措施的情况，应当按照规定及时向所在地人民政府或者人民政府有关部门报告。”

《中华人民共和国消防法》《危险化学品安全管理条例》等都对编制应急方案做了相关的规定。实验室建立应急预案应符合国家法律、法规的要求。

### （二）应急预案编制依据

主要有以下依据。

《中华人民共和国安全生产法》

《中华人民共和国突发事件应对法》

《国家突发公共事件总体应急预案》

《危险化学品重大危险源辨识》（GB 18218—2009）

《国家危险废物名录》（2021年版）

### （三）应急预案编制步骤

**1. 成立应急预案编制工作小组**

实验室应建立总体应急预案，并由实验室最高管理者组织编写、发布和实施。由各专业领域负责人编制专项应急预案。检验检测一线应该有现场处置预案。参与编制的人员应包括相关领域的专业人员，由其负责编制应急预案中涉及专业知识的内容。参与编制的人员在编制过程中和编制完成后应相互咨询、相互交流并相应建立有效、可行、科学的应急预案。

**2. 风险识别与评价**

首先，研究法律、法规与规章，如《国家突发公共事件总体应急预案》《突发公共卫生事件应急预案》《危险化学品安全管理条例》等；研究现有应急预案内容，如危险化学品泄漏事故应急预案、危险品预案、消防预案等。

其次，分析和评估实验室的潜在风险。针对突发事件特点，识别事件的危害因素，分析事件可能产生的直接后果以及次生、衍生后果，评估各种后果的危害程度，提出控制风险、治理隐患的措施。

最后，做应急资源调查。全面调查本组织第一时间可调用的应急人员、装备、物资、场所等应急资源状况和合作区域内可请求援助的应急资源状况。分析和评估应急能力，包括在各种突发事故发生时，各种应急设备设施能否满足救援与抢险所需，外部援助在需要时能否及时到位，还有没有其他资源可以优先利用。

**3. 应急预案编制**

在对实验室内各种风险和应急能力分析后，编写应急预案要全面考虑事故发生前、发生时和发生后，每个人的任务、相应的策略和资源准备。编写要认真、细致，确保编写的应急预案的科学性、合理性和可操作性。

应急预案编制过程中应当广泛听取有关部门意见，与相关预案做好衔接。必要时，在公司内征求意见。

**4. 应急预案审核与发布**

应急预案编制完成后应进行评审，依据有关规定和要求，对应急预案的层次结构、内容格式、语言文字和制订过程等内容，对应急预案的符合性、适用性、针对性、完整性、科学性和可行性等方面进行评审。应急预案编制完成后公开发布，广泛征求意见，并做相应修改。

**5. 建立应急演练制度**

实验室应当建立应急演练制度，对各级别的应急预案都需要组织定期的应急演练，提升员工的应急能力。每年应编制演练计划，涉及易燃易爆物品、危险化学品、病原体微生物等实验室，应当有针对性地经常组织开展应急演练，实验室还应当进行演练评估。评估的主要内容包括：演练的执行情况；预案的合理性与可操作性；指挥协调和应急联动情况；应急人员的处置情况；演练所用设备的适用性；对完善预案、应急准备、应急机制、应急措施等方面的意见和建议等。

**6. 评估和修订**

实验室应当建立定期评估制度，分析评价预案内容的针对性、实用性和可操作性，实现应急预案的动态优化和科学规范管理。

发生以下情况（不限于此）时也需要考虑实施不定期评估。

1）有关法律、行政法规、规章、标准等发生变化。

2）应急指挥机构及其职责发生重大调整。

3）面临的风险发生重大变化。

4）重要应急资源发生重大变化。

5）预案中的其他重要信息发生变化。

6）在突发事件实际应对和应急演练中发现问题需要做出重大调整。

7）机构认为的其他情况。

**7. 培训和宣传教育**

实验室应当通过编发材料、举办培训、开展工作研讨等方式，对与应急预案实施密切相关的管理人员和实施人员等组织开展应急预案培训。相关部门应将应急预案培训作为应急管理培训的重要内容，纳入日常培训活动。应当充分利用各种渠道广泛宣传，如OA系统、工作场所展示等，也可向员工发放通俗易懂、好记管用的宣传普及材料。

## 五、应急准备和响应措施

### （一）应急响应组织架构

成立应急处理组织和日常管理机构，明确各组织机构的职责、权利和义务，明确事故发生前、发生时、结束后所涉及的各环节中各参与部门的工作与任务。

实验室主要涉及危险化学品事故、火灾事故、特种设备事故、生物安全类事故等的，根据专业分设不同领域的专业应急小组。每个专业小组成立风险事故应急指挥部，任命总指挥、副总指挥、疏散组指挥、处置组指挥和抢救组指挥。

总指挥：指挥及组织全面的应急救援工作。可由总经理任命相应领域的安全负责人担任。

副总指挥：协助总指挥，为总指挥提供决策参谋，总指挥无法履行职责时，几位副总指挥集体代行总指挥职责。

抢救组指挥：调集抢救组成员，第一时间抢救伤员，根据事故情况及上级指示随时准备进行物资抢救。

处置组指挥：调集处置组成员，如判断火灾形势、化学品类型，组织灭火；判断泄漏化学品类型，正确指挥泄漏化学品的清理工作。

疏散组指挥：调集疏散组成员，判断泄漏扩散情形或火灾形势，指挥人员和物资疏散。

### （二）应急响应的实施

#### 1. 可燃气体泄漏事故

实验室内发生可燃气体泄漏事故时，及时报告给化学安全事故应急小组。领导小组总指挥确认后，疏散组应及时组织现场人员迅速撤离到安全区域，同时设立警戒区，并设置断路标志，禁止无关人员进入。

控制火源，在警戒区内严禁火种，严禁开关电闸，现场禁止使用非防爆型的对讲机及移动电话等通信工具，并且要及时救出受困人员，减少人员伤亡。

抢险组通过必要的、安全的手段进行现场检测，以准确判定现场空气质量安全状况，确保异常情况下抢险救灾人员的撤离行动得以及时实施。

进入现场的抢险人员必须做好防护工作，佩戴防护面具和穿防护服、工作靴等防护用品。泄漏量小时，可根据实际情况组织现场抢修，堵住泄漏点，尽可能切断泄漏源，避免事态进一步扩大，同时等待外部救援。泄漏量很大，经判断无法堵漏时，总指挥应下令全体人员迅速撤离到安全地带，同时封锁控制现场，等待救援。

#### 2. 化学品泄漏事故

实验室内发生化学品泄漏事故时，及时报告给化学安全事故应急小组。领导小组总指挥确认后，疏散组应及时组织现场人员迅速撤离到安全区域，对泄漏区域进行隔离，建立警戒区，设置断路标志，禁止无关人员进入。

控制火源，在警戒区内严禁火种，严禁开关电闸，现场禁止使用非防爆型的对讲机及移动电话等通信工具，并且要及时组织力量救出受困人员，减少人员伤亡。

抢险组通过必要的、安全的手段进行现场检测，以准确判定现场空气质量安全状况，确保异常情况下抢险救灾人员的撤离行动得以及时实施。

进入现场的抢险人员必须佩戴防护面具和穿防护服、工作靴等防护用品。根据化学品性质、泄漏量大小及现场情况，采取相应的处理手段。发生少量液体化学品泄漏时：对有机溶剂可迅速采用活性炭、高岭土粉、沙土或其他惰性材料吸收；对酸、碱等腐蚀性试剂，采用中和法（强酸可用碳酸钠、石灰、大理石粉等中和，强碱可用醋酸、草酸中和）；对固体化学品的破碎泄漏，清扫后用塑料袋妥善包装密封，交相关单位处置，并采取适当的方法对泄漏点进行洗消。若发生火灾，应根据化学品性质，使用对应的灭火器材，迅速扑灭明火，同时继续加强周围场所的冷却，直至温度降至常温。泄漏量很大，无法堵漏时，总指挥下令全体人员迅速撤离至安全地带，同时封锁控制现场，等待救援。

**3. 病原微生物泄漏事故**

发生病原微生物泄漏，应及时报告给生物安全事故应急小组。领导小组总指挥应立即组织人员对泄漏事故进行确认，并对泄漏的病原体的性质及扩散范围进行充分评估。处置组告知在实验室的工作人员被污染的区域，并用警示标识标注被污染的区域，警告工作人员"请勿靠近"。并紧急通知实验室的安全管理员和负责人。

处置组人员佩戴好防护器具，先用垃圾清理用具清理打破或打散的试管、培养基等，并将其置于高压灭菌锅中当作感染性危废物进行无害化处理（由持有特种设备作业人员上岗证的人员操作）。在污染区域覆盖上有效氯含量为10000 mg/L的次氯酸钠消毒液消毒30分钟，用拖把清除污染物。本次使用过的垃圾清洁用具全部当作感染性垃圾处理，不可再次使用，防止二次污染。打开排风系统，排除或沉降气溶胶。张贴"禁止进入"的标识，危险排除后才可重新进入实验室。

疏散组对潜在危害性气溶胶释放时应让所有人员立即撤离相关区域。

**（三）应急处置**

**1. 化学品腐蚀**

化学品溅入眼内，眼睛受污染时，应坚持自行就地处理的原则，立即拉开眼睑，使溅入物流出，同时用大量流动清水或生理盐水彻底冲洗。冲洗时应将眼睑提起，注意将结膜囊内的化学物质全部冲洗掉，同时要边冲洗边转动眼球，冲洗时间不少于15分钟，严重时立即送医院就医。

皮肤被化学品溅到而灼伤时，应就地将溅落物吸除，立即脱去被污染的衣服，用大量流动清水冲洗，冲洗要及时、彻底、反复多次，头面部灼伤时，要注意眼、耳、鼻的清洗，冲洗时间不少于15分钟，严重时立即送医院就医。

**2. 中毒**

抢救组应迅速将中毒者带离事故现场，转移至空气清新处，注意保暖，解开领口，保持呼吸畅通，根据中毒者呼吸情况，及时输氧（鼻管给氧、密闭口罩给氧或帮助强给氧），如呼吸停止，立即进行心肺复苏，并立即送医院就医。

不慎食入化学品时，应用足量饮用水进行催吐或用植物油洗胃，严重时立即送医院就医。

**3. 触电**

应使触电者迅速脱离电源，迅速切断电源，用干燥的绝缘木棒、布条等将电源线从触电者身上拨离，或将触电者拨离电源；严禁救护者用手直接推、拉和触摸触电者；严禁救护者使用金属物品或其他绝缘性能差的物体进行救援；触电者脱离电源后，必须立刻对其采取急救措施，如人工呼吸、心脏按压等。触电事故发生时，立即拨打120并联系医疗部门寻求救助。

**4. 烧伤**

应根据烧伤伤势的严重性做好相应救护，对轻伤者可用止血膏止血，再用纱布包扎，送医院救治，对严重者应立即送医院就医。

**5. 机械伤害**

发生机械事故，发现有人受伤，必须立即停止运转的机械并拨打120。报警时，应注意说明受伤者的受伤部位和受伤情况，发生事件的区域或场所，以便让救护人员事先做好急救准备。

注意有较重外伤人员呼吸、心跳的变化，必要时进行心脏复苏；对有骨折出血的伤员进行包扎、固定处理，将伤员送往附近医院救治；发生断手、断指等严重情况时，对断手、断指应用清洁敷料包好并放在塑料袋内，扎紧袋口，在袋周围放冰块，随伤者送医院。

### （四）后期处置

**1. 善后处置**

事故应急救援终止后，首先要保护事故现场，重点保护相关数据资料，并做好事故过程、人员伤亡、财产损失及其他相关情况的整理记录工作，等待有关部门对事故进行调查处理。事故现场调查完毕后，对现场进行善后处理，清理地面残留杂物，用无渗漏容器装固体消解剂、吸收了泄漏物的沙土等，并通知专门处理单位接收处理，洗刷、清洗现场地面。对损坏的设备、设施进行维修、尽快恢复正常工作。总指挥组织人员参加事故调查处理工作，认真总结经验教训。

**2. 事故处理**

事故的调查和处理必须坚持原则、分清责任，按事故等级上报各有关部门，及时查找原因。事故处理结束后，各有关部门、人员应按照整改意见和要求，积极修复破坏，尽快恢复正常的秩序。

### （五）应急救援物资的准备及供应

1）各类消防、清洗设备。这些设备是事故刚发生阶段控制其进一步发展的主要工具，应确保随时可用，一直处于良好的待命工作状态。

2）消防设备、灭火器材要有专人负责管理，落实责任制，对故意破坏消防设施的一切行为，要进行严肃的批评教育、处罚，后果严重的要追究法律责任。

3）平时实验室内要常备急救器材与药品，如应急照明灯、空气呼吸面罩、棉花、纱布、止血药物、生理盐水、解毒剂。

4）防护用品，如自给正压式呼吸面罩、消防及防毒防护服。

5）应急通信工具、断路标志牌、尼龙绳等。

6）常备相关技术资料。

实验室所在建筑平面图、各实验室功能图、消防设施配置图和周边社区应急保障力量（如医院、消防队）位置图；可燃气体和危险化学品安全技术说明书、互救信息资料等。应指定专门人员管理，并在抢险救灾现场负责提供。

# 第七章

# 实验室质量风险管理监测

监测是继策划、实施后尤为重要的一项管理活动，在实验室质量风险管理PDCA循环中充当了检查（Check）的环节。通过各项监测手段，对实验室质量风险实施的结果进行检查、复盘，可以发现策划或实施环节存在的问题，为实验室质量风险管理的持续有效运行找到改进方向。

本章共四节，从合规性评价、目标指标的监测、内部审核和管理评审四个方面，结合实验室质量风险管理的实际情况，对如何开展质量风险监测工作进行详细介绍。

第一节介绍为履行遵守法律法规及标准要求的承诺，如何基于风险思维开展合规性评价；第二节介绍质量风险监测有哪些目标与指标，通过列举案例重点阐述如何制订并监测合规/运营/战略等方面的目标与指标；第三节从内部审核普遍存在的典型问题出发，介绍如何运用内部审核评价实验室质量风险管理体系的符合性、有效性；第四节重点讲述如何开展管理评审评价实验室质量风险管理体系的适宜性、充分性和有效性。

# 第一节　合规性评价

## 一、合规性评价方案制订

根据《合规管理体系 指南》（GB/T 35770—2017），合规指履行组织的全部合规义务，同时通过将合规融入组织文化及其工作人员的行为和态度中，使合规具有可持续性。这里的合规义务指合规要求（即组织有义务遵守的要求）或合规承诺（即组织选择遵守的要求）。合规意味着实验室既遵守了其适用的法律法规及监管规定，也遵守了相关标准、合同、有效治理原则及道德准则。不合规的实验室则有可能面临法律制裁、监管处罚、重大财产损失或声誉损失，由此造成的风险，即为合规风险。

合规性评价指组织为了履行遵守法律法规及标准要求的承诺，根据有关合规标准定期评价对适用法律法规及标准遵循情况的一种评价活动，通过合规评价，找出差距，进行自我改进，可有效规避合规风险。实验室应基于风险的思维实施合规性评价。合规性评价活动并不能杜绝违规情况的发生，但是能够降低违规风险。

制订合规性评价方案是实验室有效实施合规性评价的有力保证，合规性评价方案主要包括评价目的、评价范围、评价内容、评价方式、评价时机和评价人员等。实验室应系统策划合规性评价方案以确保有序开展评价活动，适时选择适宜的评价方法及时进行评价。制订合规性评价方案时应重点考虑以下4个方面。

### （一）合规性评价的内容

按照合规义务的定义，实验室合规性评价的内容主要包括合规要求和合规承诺两个方面的内容。

**1. 合规要求**

即与实验室相关的法律法规及相关方要求，合规要求包括但不限于以下内容。

1）国家及地方监管机构针对实验室资质认定管理的法律法规。

2）中国合格评定国家认可委员会（CNAS）关于实验室的认可准则、规则及其他要求。

3）重点行业针对实验室管理的特殊要求。

4）重要客户（尤其是政府客户）的特殊要求（含合同要求）。

5）其他监管机构（如公安、消防、环保）的 HSE 管理要求。

6）各类 QHSE 违规处理案例、客户诉讼、索赔及重大投诉案例等（无论发生在本公司还是在本行业）。

**2. 合规承诺**

包括对内和对外的合规承诺，适宜时，包括但不限于以下内容。

1）向资质认定管理部门做出的资质认定告知承诺、整改承诺等。

2）向其他管理部门做出的承诺。

3）向社会做出的公正性声明、诚信声明。

4）向客户做出的合同承诺。

5）集团公司、上级管理部门、公司内部规章执行要求。

### （二）合规性评价的方式方法

实验室可以根据自身的运作模式、评价内容的数量和种类等实际情况确定进行合规性评价的方式。

**1. 分部门评价**

公司各部门对各自涉及的法律法规及相关要求进行逐项评价，然后将结果汇总成公司合规性评价记录。这种方式的评价结果较为分散，但方便开展工作。

**2. 分层次评价**

先在公司内部部门内进行评价，然后将内部评价结果汇总，集中交给公司专业部门进行综合性评价。这种方式评价的结果更为准确和客观，且能从宏观上了解公司对各项要求的执行情况，客观地体现公司合规性的普遍趋势。

**3. 分项目评价**

公司将需要进行合规性评价的内容、种类，细分成若干子项目进行专项评价，可以每次评价只涉及某一方面的法律法规。采用这种方式评价需要单项评价的人员更加专业化，能够直接判定公司的合规情况。

在以上的评价方式中，评价人员可以选择一种或多种评价方法进行合规性评价：文件或记录评审、面谈、抽样分析或现场试验、直接观察。合规性评价一般采用定性评价法，但在评价过程中也需与机构风险控制活动和风险控制指标紧密结合，尽量以事实和数据等证据作为符合性判定的依据，为了验证更充分和获取更多的符合性证据，也可以尽量将多种评价方法结合使用，定性与定量相结合，在定量的基础上做出定性的结论。

### （三）合规性评价的时机

对于合规性评价的时机，可以从以下几个方面考虑。

1）在体系建立初期，应对实验室所有合规义务逐条全面评价，了解组织的基础情况，为建立合规质量管理体系及为之后的评价活动提供依据。

2）常规情况下，实验室应定期（建议至少每年）组织全面的合规性评价，保证合规性评价工作的可持续性。也可以把定期合规性评价安排在管理评审之前进行，有利于持续改进。

3）实验室还应考虑非常规情况下的评价时机。非常规情况包括：相关法律法规修订、颁布和实施；开展非常规活动；检测项目、技术、工艺创新；监管机构提出新政策；重要客户提出新要求；发生客户诉讼、索赔及重大投诉案例。实验室应识别这些变化的影响，及时进行合规性评价。

### （四）合规性评价的人员

实验室应有负责开展合规性评价的合规团队，合规团队可以是一人或多人，具体视机构的业务范围、规模和涉及的合规内容而定。合规团队的人员应经过专业培训并具备以下能力。

1）了解机构的业务活动，有相关岗位的工作经历，了解机构的活动、产品和服务过程以及如何管理和控制这些过程。

2）清楚有多少合规义务与机构的业务相关，能够充分解读法律法规及相关要求，并能准确判断机构的各项业务活动是否合规。

3）能够有效地与机构各层次管理人员沟通，有效推动持续改进。

实验室的最高管理者也是合规管理工作中的重要人员，最高管理者全权负责本机构的合规管理工作，发挥对合规管理体系的领导作用并履行承诺。

## 二、合规性评价方案实施

法律法规及相关要求的识别和合规性评价的要求最早来源于环境管理体系，随着其不断推广和实施，职业健康安全、能源、信息安全等管理体系也都增加了“合规性评价”的条款要求。虽然在《检验检测机构资质认定管理办法》（“163号令”）、《检测和校准实验室能力认可准则》（ISO/IEC 17025：2017）和《检验检测机构资质认定能力评价 检验检测机构通用要求》（RB/T 214—2017）中尚没有明确提出“合规性评价”的相关要求，但合规是实验室可持续发展的基石，实验室通过对自身的合规性进行评价，持续不断识别、应对和管控所面临的合规风险，既能够与国际标准化组织（ISO）系列管理标准接轨，有利于提高各方面的满意度，进一步提升机构形象，也有利于增强防范风险的能力，更好地维护机构权益，争取企业权益和业绩最大化。

合规性评价的实施一般可分两个步骤开展，一是法律法规及相关要求的识别，二是合规性评价。

### （一）法律法规及相关要求的识别

**1. 法律法规及相关要求的收集**

实验室可通过相关官方机构网站、资讯和标准平台、与政府机构或专业管理部门联系、内部发布渠道等途径收集与本机构合规义务相关的信息。应建立法律法规及相关要求收集机制，确保收集工作的全面性和及时性。大型综合性实验室或有条件的实验室，也可以在内部建立合规信息管理数据库，由专人负责跟踪收集法律法规信息动态，传递法律法规信息。

**2. 针对性分析和条款提取**

对收集到的法律法规及相关要求进行针对性分析，包括对其适宜性、充分性和有效性的分析，然后提取机构业务活动适用的条款。适宜性指应用范围与机构有关，是机构必须遵守的法律法规及相关要求；充分性指覆盖全面，既包括国家、地方、行业要求，也包括机构上级（如集团总部）、机构内部和相关方的要求等；有效性指确保所收集的法律法规及相关要求都是现行有效的。

**3. 对收集的条款进行分类**

为便于识别和更新，实验室可以根据自身运作的情况，将收集的法律法规及相关要求条款进行分类管理，可根据法律法规的种类分类，也可根据机构内部管理的层级分类，还可按照对各工序的不同要求分类等。

**4. 形成《法律法规及相关要求清单》**

最终形成的《法律法规及相关要求清单》可参考表7-1。在机构运行的过程中，还需按照实际情况及时更新清单和督促相关人员正确使用。

**表7-1　法律法规及相关要求清单（示例）**

| 序号 | 类别 | 名称 | 实施日期 | 适用条款及主要要求 | | 相关部门 | | |
|---|---|---|---|---|---|---|---|---|
| | | | | 条款 | 主要内容 | 纺织品实验室 | 环境实验室 | 业务部 |
| 1 | 法律法规 | 《检验检测机构资质认定管理办法》 | 2021年4月22日 | 第二十一条 | 检验检测机构向社会出具具有证明作用的检验检测数据、结果的，应当在其检验检测报告上标注资质认定标志 | √ | √ | / |
| 2 | 资质认定 | 《检验检测机构资质认定生态环境监测机构评审补充要求》 | 2019年5月1日 | 第六条 | 生态环境监测机构应保证人员数量、及其专业技术背景、工作经历、监测能力等与所开展的监测活动相匹配，中级及以上专业技术职称或同等能力的人员数量应不少于生态环境监测人员总数的15% | / | √ | / |
| 3 | 实验室认可 | 《检测和校准实验室能力认可准则》 | 2018年9月1日 | 7.1.4 | 要求或标书与合同之间的任何差异，应在实施实验室活动前解决。每项合同应被实验室和客户双方接受。客户要求的偏离不应影响实验室的诚信或结果的有效性 | √ | √ | √ |

## （二）合规性评价

合规性评价一般可以包括两个层次的评价，一是体系文件符合性评价，二是实际运行符合性评价，一般采用检查表的形式进行评价。实验室在适当的评价时机，可运用本节第一部分提到的评价方法开展合规性评价工作。

**1. 体系文件符合性评价**

体系文件的符合性评价就是将法律法规及相关要求清单与实验室目前运行的质量管理体系进行比对，做出符合性判断。

**2. 实际运行符合性评价**

实际运行的符合性评价可以结合体系文件符合性评价对比出的条款，观察现场执行情况，做出符合性判断。

实验室可以直接在体系文件符合性评价后对执行情况进行评价并核查相关证据，形成综合评价表。表7-2可作为合规性评价记录表的参考。

对于一些非常规情况，实验室可针对特定的业务活动、产品和服务，按活动内容进行合规性评价，将机构的重要质量风险因素或严重/重大风险源的控制活动与合规性评价过程紧密结合。

表7-2　合规性评价记录表（示例）

| 法律法规及相关要求 | | | | 合规性评价 | | | | | | | |
|---|---|---|---|---|---|---|---|---|---|---|---|
| 文件名称 | 实施日期 | 条款 | 主要内容 | 公司文件名称/条款 | 文件规定 | 执行情况 | 证据 | 评价 | 措施 | 评价人员 | 责任部门 |
| 《检验检测机构资质认定管理办法》 | 2021年4月22日 | 第二十一条 | 检验检测机构向社会出具具有证明作用的检验检测数据、结果的，应当在其检验检测报告上标注资质认定标志 | 《结果报告程序》6.2.1 18 | 对社会出具具有证明作用的数据、结果时，应标注资质认定标志 | 按文件执行 | 抽查当月出具的20份报告，均有资质认定标志 | 符合 | / | 张三 | / |
| 《检验检测机构资质认定生态环境监测机构评审补充要求》 | 2019年5月1日 | 第六条 | 生态环境监测机构应保证人员数量、及其专业技术背景、工作经历、监测能力等与所开展的监测活动相匹配，中级及以上专业技术职称或同等能力的人员数量应不少于生态环境监测人员总数的15% | 《人员管理程序》附录一人员任职资格要求 | 环境监测领域检测人员应掌握与所处岗位相适应的知识，具备承担环境监测工作的能力；中级及以上专业技术职称或同等能力的人员数量应不少于生态环境监测人员总数的15% | 按文件执行 | 抽查环境实验室人员档案及职称证明，人员资格符合要求，中级及以上专业技术职称或同等能力的人员比例为21% | 符合 | / | 李四 | / |

续表

| 法律法规及相关要求 | | | | 合规性评价 | | | | | | | |
|---|---|---|---|---|---|---|---|---|---|---|---|
| 文件名称 | 实施日期 | 条款 | 主要内容 | 公司文件名称/条款 | 文件规定 | 执行情况 | 证据 | 评价 | 措施 | 评价人员 | 责任部门 |
| 《检测和校准实验室能力认可准则》 | 2018年9月1日 | 7.1.4 | 要求或标书与合同之间的任何差异，应在实施实验室活动前解决。每项合同应被实验室和客户双方接受。客户要求的偏离不应影响实验室的诚信或结果的有效性 | 《合同评审程序》7.10.2 | 客户的要求与订单之间的任何差异，应在实验室启动测试之前得到解决，并被双方接受。当客户的要求中存在偏离时，实验室应评估这些偏离，以确定这些偏离不会影响实验室的诚信和结果的有效性 | 按文件执行 | 抽查当月的合同/订单，均有双方签字确认，实验室暂未出现偏离的情况现场询问业务员2人、测试员2人，其中3人均知晓偏离的要求，1人（新业务员）对偏离的要求不熟悉 | 不符合 | 对新业务员进行《合同评审程序》培训，并对培训的有效性进行评价 | 王五 | 业务部 |

**3. 合规性评价报告**

实验室根据各项评价的结果，对合规性评价过程进行总结，形成合规性评价报告，并将其作为管理评审的输入内容之一。

实验室通过合规性评价工作的开展，识别可能发生的不合规，通过分析不合规的原因、来源、可能产生的后果，以及后果的严重性，策划和实施合规风险的应对措施，可有效监测合规风险，为机构建立健全合规质量管理体系及持续改进奠定基础。

## 第二节　目标指标监测

监测包括监视和测量。监视可包括不断检查、监督、严格观察或确定状态，以确定与所要求的或期望的绩效水平相比的变化。测量通常涉及对象或赋值，它以定量数据为基础，并通常与质量计划和绩效参数相关。实验室的目标包括合规性质量目标、运营质量目标和战略质量目标三个层次，因此相应的绩效监测也要围绕这三个层次开展。

### 一、合规性质量目标指标监测

合规性目标是风险管理工作中的重要指标之一，也是内部控制的主要目标。我国《企业内部控制基本规范》第三条指出，内部控制的目标是合理保证企业经营管理合法合规，其他大多数国家也在内部控制规范中将合规性目标作为内部控制的基本目标之一。

#### （一）合规性质量目标指标的内容

企业、单位或机构的合规性质量目标指标具有较大的多样性，特定的行业、主体、业务对合规性质量目标指标的要求往往具有很大的差异性。在金融、保险、证券等行业，我国已经出台了强制性的合规管理制度，例如《商业银行合规风险管理指引》《保险公司合规管理指引》《证券公司合规管理试行规定》等。检验检测行业尽管还没有明确的合规性管理指引或规定，但行业性的法律法规实际上具有强制性，检验检测行业机构必须通过收集法律法规文件，整理、制订内部合规性质量目标。实验室制订的合规性质量目标通常包括但不限于：检验检测活动公正性指标；检验检测活动保密性指标；与法律/法规相关的合规性指标；与方法/标准相关的合规性指标；其他合规性指标。

#### （二）合规性质量目标指标制订的步骤

**1. 步骤一：描述不合规问题**

合规指实验室及其人员的经营管理行为符合法律法规、监管规定、行业准则、企业章程、规章制度，以及国际条约、规则等要求。在进行不合规问题的描述时，通常不合规的问题包括：实验室的基本条件，如人员、工作场所、环境设施、设备、管理体系等；检验检测活动的重点环节，如检测样品的制备、出具检验检测结果的技术能力、检验检测报告的出具流程等。描述不合规问题时应尽量将问题具体化，不使用模棱两可的语言，对应的不符合规章制度应描述至文件的最小章节号，以便于制订合规的目标和指标。

**2. 步骤二：制订合规的目标和指标**

实验室在合规方面的目标应与业务发展的总体目标保持一致，在此基础上定义出合规的关键目标和具体可执行的指标。合规性目标指标的制订，首先要切合实际情况，其次要具体并且容易衡量。

**3. 步骤三：制订相应的行动计划及完成时间表**

通常采用制订计划表的方式来实现合规目标指标的达成。行动计划表一般包括目标、工作内容、工作步骤、完成日期、实施部门、预算费用、责任人等。

案例：某机构的合规性目标指标制订过程。

《检验检测机构资质认定管理办法》第九条 申请资质认定的检验检测机构应当符合以下条件：（一）依法成立并能够承担相应法律责任的法人或者其他组织；（二）具有与其从事检验检测活动相适应的检验检测技术人员和管理人员；（三）具有固定的工作场所，工作环境满足检验检测要求；（四）具备从事检验检测活动所必需的检验检测设备设施；（五）具有并有效运行保证其检验检测活动独立、公正、科学、诚信的管理体系；（六）符合有关法律法规或者标准、技术规范规定的特殊要求。

某检测机构从政府官方网站收集到最新版的《检验检测机构资质认定管理办法》并对其进行针对性分析，分析其适宜性、充分性和有效性，提取出与实验室活动合规性相关的条款，再对这些条款进行合规性评价，评价结果表明实验室暂不满足该办法第九条（二）、（三）、（四）合规性要求。

首先，针对合规性评价结果，实验室形成了不合规的问题描述：

1）技术人员的能力不满足要求；

2）技术人员的数量不满足工作量的要求；

3）实验室环境控制达不到预期的标准要求；

4）实验室购买的设备技术参数不符合检测方法的要求；

5）实验室购买的设备数量不符合检测工作量的要求。

其次，针对上述不符合，实验室制订了量化的目标和指标：

1）技术人员的能力达标率100%；

2）技术人员的数量充足率100%；

3）实验室环境达标率100%；

4）实验室设备技术参数达标率100%；

5）实验室设备数量充足率100%。

最后，根据目标指标的性质、实施条件、影响因素来评估目标指标达成（100%）的执行难度，决定其达成目标指标的期限以及相应的行动计划，如人员招聘计划、人员培训及考核计划、实验室环境改造计划、设备采购计划、溯源计划、验收计划。

表7-3是针对“实验室环境控制达不到预期的标准要求”问题编制的目标指标及行动计划表。

**表7-3　实验室环境目标指标及行动计划表**

目标：实验室环境达标率100%

指标：对实验室进行环境改造，并在2022年12月31日前使其符合×××规范要求

行动计划：

| 步骤 | 工作内容 | 完成日期 | 实施部门 | 费用预算 | 负责人 | 备注 |
|---|---|---|---|---|---|---|
| | | | | | | |
| | | | | | | |
| | | | | | | |

### （三）合规性质量目标指标的监测

对合规性目标指标的监测，通常采用“检查表”的方式进行。针对责任部门编制的目标指标及行动计划，由独立于责任部门的检查部门（如质量部）通过定期或不定期的方式进行检查，并记录检查结果。当相关工作未按照预计时间表实施或完成时，可以及时反馈、提醒，必要时可以发出正式的整改通知书。

表7-4是针对表7-3“实验室环境目标指标及行动计划表”编制的检查表。

**表7-4　实验室环境目标指标及行动计划实施检查表**

目标：实验室环境达标率100%

指标：对实验室进行环境改造，并在2022年12月31日前使其符合×××规范要求

检查情况：

| 步骤 | 工作内容 | 预定完成时间 | 实施部门 | 检查情况 | 检查人 | 检查时间 |
|---|---|---|---|---|---|---|
| | | | | | | |
| | | | | | | |
| | | | | | | |

相关部门应对合规性质量目标指标的监测结果进行评估，以确定其是否按照计划进行，并最终实现100%合规。如果评估结果表明无法按照策划的进度实现预定的目标，应及时分析可能存在的问题，并调整达成合规性质量目标指标的措施。

## 二、运营质量目标测量

### （一）运营质量目标的内容

对于检验检测实验室而言，衡量其运营绩效的指标通常包括成本、效率、周期、质量、快速响应、生产柔性等，实验室不可能面面俱到，或者说不可能将所有关键指标都配置相同的权重，而应有所侧重地选择关键运营目标进行测量。但是，对任何一家提供公正性检测报告或数据的实验室来说，检测结果的准确性、检测周期的缩短，以及准时交付无疑都是客户最为关注的指标，通常实验室制订的运营质量目标指标包括但不限于以下内容。

1）结果准确性指标，如报告准确率、内部质控满意率、外部质控满意率。

2）结果及时性指标，如报告及时率、报告审核及时率、报告发放及时率。

3）资源利用率指标，如实验室设备利用率、实验室场地利用率、人均产值。

### （二）运营质量目标指标测量方法

以下以报告准确率、报告及时率和实验室设备利用率为例，分别介绍这几种指标的测量方法。

**1. 报告准确率的测量方法**

实验室可根据检验检测领域的不同特性对检验检测结果的准确性进行定义，设定检验检测结果准确率统计的规则。

报告准确率计算参考公式：

$$准确率=\frac{准确报告数量}{当月签发报告总数量}\times 100\%$$

应注意以下事项。

1）报告总量按月进行统计，指当月发放有效报告的总量，统计时需注意：报告发生变更时报告数量的统计；同一份报告客户要求提供多份报告时报告数量的统计；非当月发放的报告发生更改，更改后的报告是否计入当月报告总量；合并拆分报告数量的统计；只出数据单，不出正式报告，是否计入报告总量；既出数据单，又出正式报告时，报告数量的统计。

2）需要规定清楚报告总数量的统计方法，如跨月度报告的统计，变更报告的统计。

3）错误报告数量的统计，如同一份检测报告出现多个错误、经过校核改正了原先的错误等。

4）其他事项，如数据来源、统计频率、统计周期等规定。

日常质量监控是保证报告准确性的有效手段，可以在第一时间发现实验室检测活动过程中存在的数据失真、失准的情况，进而采取有效措施消除或降低发生结果不准确的风险。实验室检测人员可根据制订的日常质量监控方案开展质量监控活动，评价监控活动结果的满意程度，并统计报告的准确率，对发现的不符合开展改进工作，从而有效达成运营目标。

**2. 报告及时率的测量方法**

报告及时率计算参考公式：

$$及时率=\frac{及时交付报告数量}{当月签发的报告总数量}\times 100\%$$

应注意以下事项。

1）客户原因导致的迟单，是否列入迟单统计，包括：客户要求暂时不发出正式报告；客户原因补样或者重新采样；其他经确定为客户原因造成迟单的情况。

2）其他迟单情况说明，包括：外部分包迟单；LIMS系统故障和公司停电、停水等突发意外情况导致的迟单；实验室在测试过程中发现可能会因内部原因导致的迟单；发生不可抗力导致的迟单。

报告及时率的测量指标，还可以细分为检测及时率、报告审核及时率、报告发布及时率等。实验室可根据业务流程的需要，制订报告及时率的统计规则，用于日常运营质量目标的测量。

**3. 实验室设备利用率的测量方法**

设备利用率计算参考公式：

$$设备利用率（\%）=\frac{设备负荷时间}{设备工作时间}\times 100\%$$

设备工作时间指设备在一个统计周期中能够用于检验检测作业的时间。设备负荷时间指设备在一个统计周期中实际用于检测作业的时间。

应注意以下事项。

1）设备工作时间由公司规定，如24小时/天，5个工作日/周，扣除国家规定的节假日。

2）设备负荷时间的统计，如用于检验检测样品的时间、设备维护保养的时间、不同测试项目切换的时间。

### （三）运营质量目标的测量与分析

根据策划的安排，由相关部门/人员定期对运营质量目标进行数据统计分析，并向管理层报告目标达成情况。实验室应充分利用相关统计信息寻找改进机会，实施改进措施，以持续提升运营绩效。

在质量管理过程中，实验室的目标和指标并不是一成不变的，社会在进步，市场在变化，客户的要求在提高，机构应定期检查目标和指标是否适宜，是否满足顾客要求，必要时可修订和调整，实现目标和指标的动态管理。在对目标和指标的监测过程中，针对影响目标指标达成的困难或障碍，应及时分析原因，制订措施，使出现的问题及时得到纠正和控制，以保证目标指标的实现。

## 三、战略质量目标测量

### （一）战略质量目标的内容

质量竞争力理论是企业竞争力理论与质量理论的结合，根据最新的研究成果，质量竞争力可分为国家质量竞争力、行业质量竞争力和企业质量竞争力。其中企业质量竞争力（Enterprise Quality Competence，EQC）可以定义为：使企业在目前和未来的环境中，为顾客创造出比竞争者更具个性、更有诚信、更具价值、更难超越的卓越质量的核心能力。企业质量竞争力的内涵包括如下三个方面。

1）通过开发企业的独特能力，使企业给顾客带来特殊的利益和独有的技能与技术。

2）通过整合企业优势资源，更好地满足顾客需求，并使竞争者不可移植。

3）通过综合运用企业的独特能力和优势资源，创造出竞争者难以模仿的个性化产品与服务，以卓越质量赢得顾客。

在产业界，一些国际国内知名的企业已经将质量作为一项核心的竞争力资源进行经营，如将精益管理、六西格玛、“零缺陷”作为质量战略予以部署，并制订相应的战略质量目标，以创造出更优异的质量经济效益，实现远超同行业平均利润率的经营业绩。

对实验室而言，可以通过推行“零缺陷”“顾客满意工程”等来制订质量竞争的战略质量目标，如重大报告差错率为“零”、一般报告差错率低于100PPM、重要顾客满意度高于90%。本节仅就“零缺陷”“顾客满意工程”战略目标的制订、实施与测量做简要介绍。

### （二）“零缺陷”绩效目标的测量、分析和改进

#### 1.“零缺陷”的概念

“零缺陷”的概念由被誉为“全球质量管理大师”“零缺陷之父”的菲利普·克劳斯

比（Philip B. Crosby）于20世纪60年代提出。克劳斯比原来是名医生，第二次世界大战结束后，美国制造业的黄金时代来临，他放弃了医生职业，在一家制造业工厂中从事质量检验工作。他发现，大家做事情的时候都不能第一次就做对，总是要修修补补。例如，公司在制作招标书的时候，总是会设定一个返工期，因为按照可接受的质量标准，总是有一些工作需要返工。出现这种荒谬现象的原因是，大家都接受“人非圣贤，孰能无错”这样的观念。由于具有医学背景，因此他能够从医学的角度看待质量检验这项工作。他发现，质检员所扮演的角色相当于“死后验尸”，并不能提高质量。在医生看来，生病就医不如加强预防。

随着工作经历的不断增加，克劳斯比对质量管理的认识也在不断深化，并逐步提出了零缺陷管理的基本思想。零缺陷理论的核心是“第一次就把事情做对”，也就是说，工作标准必须是零缺陷，而不是“差不多就好”。零缺陷的工作标准意味着任何时候都要满足工作过程的全部要求。它是一种庄重的个人承诺，即按大家都同意的要求去做。想保证工作质量，那么就绝不能向不符合要求的情形妥协，而是要极力预防错误的发生，这样顾客也就不会得到不符合要求的产品或服务。

1964年年初，美国国防部正式要求军工系统的企业普遍采用零缺陷计划，许多民用工业企业也相继实施零缺陷计划。1965年5月，日本电气股份公司首先在日本开展了零缺陷管理。日本一协会还专门向美国派遣了零缺陷计划考察团，并组织了推进零缺陷计划研究会。零缺陷观念在日本制造业中得到全面推广，使日本制造业的质量水平得到迅速提高，继而，零缺陷观念扩大到工商业所有领域。

**2.“零缺陷”管理的基本原则**

克劳斯比在其著作《质量免费》一书中，指出大部分从事管理工作的人经常持有的五个错误观念，即：质量意味着好、奢侈、光亮或者分量；质量是无形的，因此也是无法衡量的；有一种经济质量的存在（如质量成本曲线）；质量的一切问题都是由工人，特别是那些制造工厂的工人引起的；质量问题的根源在于质量部门。在《零缺点的质量管理》一书中，针对这些错误观念，克劳斯比阐述了“零缺陷”管理的四大定理。

定理一：质量的定义就是符合要求。

质量的定义必须是“符合要求”而不是“好”或是“卓越、美丽、独特”等，这些都是主观和含糊的。这样的定义可以使组织的运作不再只是依据意见或经验，公司中所有的脑力、精力、知识都将集中于制订这些要求标准，而不再浪费于解决争议之上。改善质量的基础在于每一个人都第一次就把事情做对，而达到这个目标的关键则在于清楚地把规则定好并且消除一切阻碍。在这方面，管理层有三项责无旁贷的工作：制订对员工的工作要求；提供给员工其所需的工具、金钱、方法等，以期达到要求；尽全力鼓励并帮助员工达到要求。

定理二：以防患于未然为质量管理制度。

传统的质量活动主要表现为对产品的检验，是事后才去做的，错误已经发生，检验工作只是分辨优劣，而不能减少失误。相反，预防指事先了解工作程序而知道如何去做，从而避免错误的发生。做好预防工作的秘诀在于检查工作程序，找出每个可能发生错误的风险点。

定理三：工作标准必须是“零缺陷”。

造成错误的因素有两种：缺乏知识和漫不经心。知识是可以衡量的，也能经由经验和学习进行充实改进。但是，漫不经心是态度问题，唯有经个人彻底地反省觉悟，才能改进。

员工在执行工作任务时，通常有双重标准，在某些事情上，人们视缺陷为理所当然，而在另一些事情上，人们却要求绝对完美无缺。如果标准显得暧昧不明，如“优秀”“允收质量水准”“足以为傲”等，员工的表现就会摇摆不定。如果标准斩钉截铁，就是“零缺陷”“零故障”“第一次就完全做对”，人们便能学会防患于未然。

定理四：以“产品不合标准的代价”衡量质量。

质量成本可以分为两个部分：不符合要求的代价和符合要求的代价。不符合要求的代价指由于缺乏质量而造成人财物的浪费，如重新加工、赶工、临时服务、电脑重复制作、存货过多、处理顾客投诉、停机时间、返工、退货、担保费用。符合要求的代价是“第一次就把事情做对”所必须支付的成本，如核对订单内容、预防性的维修保养、验证、产品测试、程序校准、审核账目。

只有用金钱作为工具来衡量质量，才能真正引起管理层的关注。克劳斯比说：“质量是免费的。”只有按要求去做，第一次就把事情做对，才是降低质量成本的真谛。常规的成本中包含并认可了返工、报废、保修、库存和变更等不增值的活动，反而掩盖了真正的成本。第一次没做对，势必要修修补补，做第二次、第三次，这些都是额外的浪费，是“不符合要求的代价”。

**3.“零缺陷”在实验室的应用**

为了便于实验室更好地推行“零缺陷”质量管理模式，本书推荐一个“先易后难”的“六步法”实施方案。

第一步，调查各检测工序的“不合格率”以及数据和报告审核的“漏检率”。通过系统的“不符合”数据收集，全面掌握实验室的质量状况。适当时，可将“不符合”转化为“金钱”，并核算出各工序“不符合要求”付出的代价（金钱损失）。

第二步，为每个工序制订“过程不符合”的质量目标。第一阶段的目标建议至少应达到“3σ”的水准（即不合格率小于0.27%）。各工序第一阶段目标达成后，可进一步制订更高的质量目标（如“6σ”）。

第三步，建立“过程不符合”的监视与测量系统。定期（如每天、每周、每月）向各工序/岗位（或“零缺陷”工作站）反馈过程不合格统计信息及“不符合要求”的代价（不仅是报告不合格）。

第四步，建立“零缺陷”质量改进工作机制。定期（如每天、每周、每月）召开“零缺陷”质量工作会议，并辅之以提案改善、QCC小组等质量改进活动，按照“80/20”的原则，对各类“不符合”进行原因分析、制订对策及改进。

第五步，建立“一次做对”的工作质量标准。同制造业推行“零缺陷”一样，在制订改进对策时，实验室管理层应围绕三个方面展开：制订对员工的工作要求；提供给员工其所需的工具、金钱、方法等，以期达到要求；尽全力鼓励并帮助员工达到要求。

第六步，建立“一次做对”的质量文化。管理层应以身作则，彻底摒弃以往的“差不多就好”“人都会犯错”等错误观念，在整个组织内宣传、弘扬“零缺陷”“零故障”“第一次就把事情做对”的质量文化。

在上述六个步骤中，实验室也可以根据实际情况将第五步调整至最开始，以此作为调查“不符合工作”的依据。第六步显然是最难的，需要实验室管理层及全体工作人员“笃定守正、久久为功”，经过长期修炼才能得以实现。

### （三）“顾客满意度”绩效测量

**1. 建立顾客满意指标体系的意义**

顾客满意指数（Customer Satisfaction Index，CSI）是由设在美国密歇根大学商学院的美国国家质量研究中心和美国质量协会共同发起并研究、提出的一个经济类指数。研究显示，美国ACSI（美国顾客满意度指数）与道·琼斯指数有着明显的一致性，但它比道·琼斯指数更具前瞻性。已有包括美国、韩国、欧盟在内的22个国家和地区设立了自己的研究机构，并开始逐步推出全部或部分行业的顾客满意指标。

顾客的需求是否得到满足或在多大程度上得到满足，是评定组织绩效、进行绩效改进的重要依据。因此，建立科学合理的顾客满意信息收集系统、及时准确地掌握顾客满意和不满意的信息、客观公正评价顾客满意度是组织管理的重要内容。

据统计，客户更换供应商的原因：1%是由于买方人员亡故；3%是由于营业地点变更；5%是顾及其他朋友的关系；9%是竞争者抢走客户；14%是客户对服务不满意；68%是一线服务人员态度冷漠。顾客满意指标体系有以下几方面的用途。

1）了解顾客的想法，发现顾客的潜在要求，明确顾客的需要、需求和期望。

2）测定企业过去与目前经营管理水平的变化，分析本企业与竞争对手之间的差距。

3）检查企业的期望，以达到顾客满意和提高顾客满意度，有利于制订新的质量或服务改进措施，以及新的经营发展战略与目标。

4）明确为达到顾客满意企业在今后应该做什么；是否应该转变经营战略或经营方向，从而紧随市场的变化而变化，增强企业的市场竞争能力和企业营利能力。

**2. 建立顾客满意指标体系的原则**

1）建立的顾客满意度测评指标体系，必须是顾客认为重要的。“由顾客来确定测评指标体系”是设定测评指标体系最基本的要求。要准确把握顾客的需求，选择顾客认为最关键的测评指标。

2）测评指标必须能够控制。顾客满意度测评会使顾客产生新的期望，促使企业采取改进措施，但如果企业在某一领域无条件或无能力采取行动加以改进，则应暂不采用这方面的测评指标。

3）测评指标必须是可测量的。顾客满意度测评的结果是一个量化的值，因此设定的测评指标必须是可以进行统计、计算和分析的。

4）建立顾客满意度测评指标体系还需要考虑到与竞争者的比较，设定测评指标时要考虑到竞争者的特性。

顾客满意指标体系会随着市场及顾客的变化而变化，今天顾客不在意的因素，有可能成为顾客明天关注的“焦点问题”，因此对顾客的期望和要求应做连续跟踪研究，从而了解顾客期望和要求的变化趋势，并对顾客满意指标体系做出及时的调整和采取相应的应对措施。

**3. 建立顾客满意指标体系的流程**

在建立顾客满意指标体系时，首先要对行业有大致了解，之后项目执行人员才能明确需要进一步深入的问题。由于构建顾客满意指标体系基本上是一个基于顾客调查的过程，故对调查方法的选择将直接影响最终结果的客观性与科学性。除了二手资料收集外，抽样问卷调查、深度访谈和焦点访谈是三种常用的数据收集方法。在获得所需要的数据后，需要对收集的数据进行归类整理、统计分析，从而找出研究对象和被研究对象的相关性。如图7-1所示。

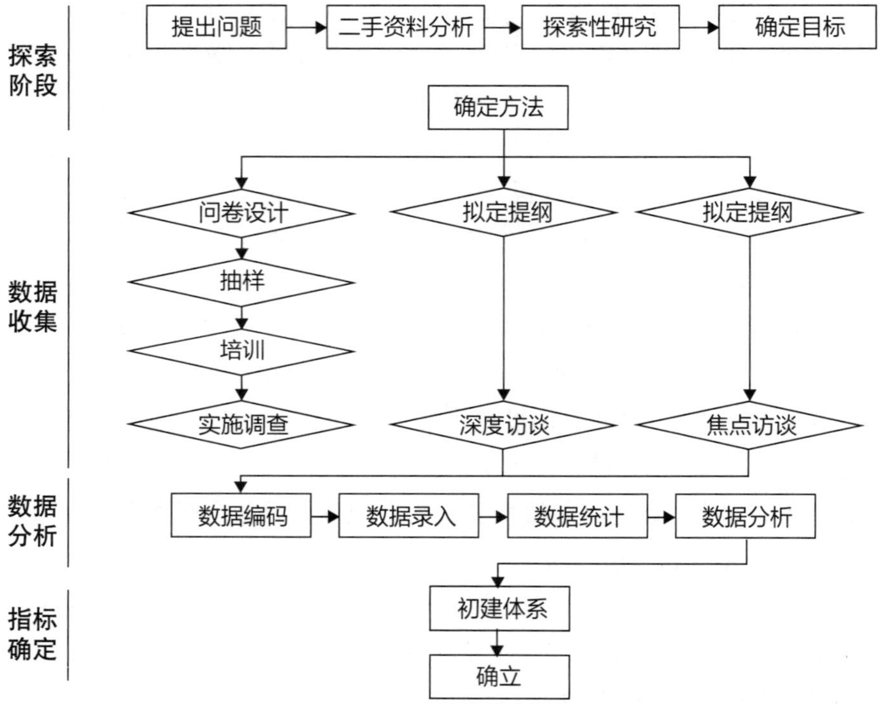


**图7-1 顾客满意指标体系建立流程**

**4. 建立顾客满意指标体系的步骤**

在开展顾客满意指标体系建设时，一般可以按照图7-2所示四个步骤进行，其中，第二步和第三步、第四步有所交叉。

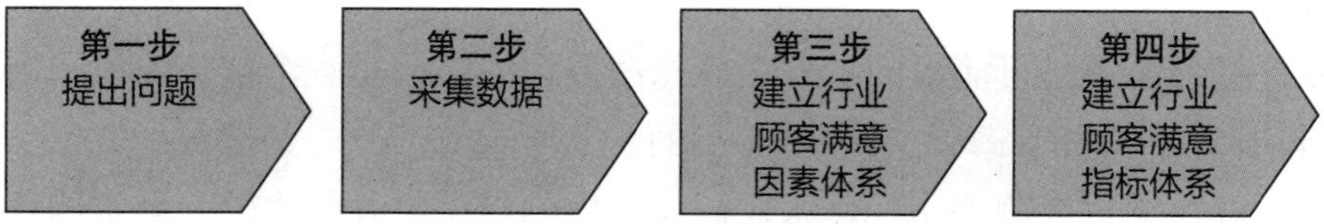


**图7-2 建立顾客满意指标体系的步骤**

第一步：提出问题。

进行顾客满意指标体系建设的第一步就是要明确影响顾客满意的因素有哪些，同时还必须考虑如何获得这些因素并量化，即对如下几个问题进行回答。

1）影响购买和使用的顾客满意因素有哪些？

2）在这些满意因素中，哪些因素能成为满意指标？

3）每一个满意指标对购买和使用的影响程度如何？

4）上述数据可以从哪些渠道获得？

5）应该采用何种方式采集数据？

6）采集数据时应注意哪些问题？

第二步：采集数据。

采集数据的方法有很多种，不同的顾客满意指标体系，采集数据的方法也不同，常用的方法主要包括二手资料收集、内部访谈、问卷调查、深度访谈、焦点访谈。

问卷调查是最常用的一种数据收集方式，几乎所有的客户满意度数据都来自问卷调查。明确调查目的十分关键。问卷调查的一项基本原则就是简短，一般来说，平均每个客户花费90秒的时间来回答问卷就足够了。在这90秒的时间里，还可以调查客户的NPS（Net Promoter Score，净推荐值）指数，甚至倾听客户讲述一段体验。

随着移动互联时代的到来，进行客户调查的方法越来越多了，如网页调查、电话调查、IVR（Interactive Voice Response，互动式语音应答），方法不同，得到的回应率也不同。

第三步：建立行业顾客满意因素体系。

通过分析、整理收集到的二手资料和内部/外部访谈所获得的信息，可以初步建立顾客满意因素体系表。只要调查工作充分，这个体系表可以涵盖几乎所有可能影响顾客满意指数的指标，这些指标多数都以三级或四级指标的形式表现出来，表7-5为销售行业的顾客满意因素体系示例。

**表7-5　销售行业顾客满意因素体系示例**

| 一级指标 | 二级指标 | 三级指标 | 四级指标 |
|---|---|---|---|
| 顾客满意度指数 | 产品价值方面 | 货品质量评价 | 货品款式评价、价格水平、货品的安全情况、货品种类是否齐全…… |
| | | 环境价值评价 | 购物环境舒适情况、场地清洁状况、陈列货品整齐状况、浏览货品是否方便、休息场所的要求…… |
| | | …… | |

行业顾客满意因素体系包括的因素很广，往往包含一些不重要的“噪声因素”，同时还存在一些因素具有相同内涵的现象，需要从中遴选出适合特定企业的因素组成顾客满意指标体系。

第四步：建立企业顾客满意指标体系。

在建立企业顾客满意指标体系时，首先应在行业顾客满意因素体系中剔除与其他因素高度相关的因素，使剩余的因素保持相对独立。比如，有两个顾客满意因素，分别是“货品种类是否齐全”和“是否能够购买到您需要的货品”，这两个指标的相关程度较高，只能选择一个作为满意指标。其次，还要在行业顾客满意因素体系中剔除对顾客满意度指数影响较小的因素，这些因素对顾客满意度指数有一定的影响，但是影响程度微乎其微，为了避免它们对其他重要因素的干扰，同时也从成本角度考虑，将它们剔除，仅保留与顾客满意度指数有较强相关关系的因素作为满意指标。

一般采取专家讨论或者顾客意见汇总的方法来决定是否剔除某一个因素。如果顾客对某一个因素普遍不在意，或者相关分析处理的结果显示这个因素与总体结果几乎没有相关关系，则这个指标可以舍弃；如果两个或多个同级因素呈高度相关关系（多重共线性），则这些因素中一般只保留一个。

剩余的每一个因素对顾客满意度指数都有影响，确定不同的因素对顾客满意度指数的影响程度也是建立企业顾客满意指标体系的重要环节。比如，对耐用消费品而言，售后服务是一个非常重要的因素，但是关于快速消费品，售后服务的重要程度非常低。影响程度称为权重，相同的因素，在不同的指标体系中的权重是完全不同的。只有赋予不同的因素以适当的权重，才能客观、真实地反映顾客满意度。权重的确定一般也是根据专家讨论或顾客意见汇总的结果，常用的方法包括层次分析法、主观赋权法、客观赋权法等。

剔除不需要的因素后，将剩余的因素按照行业顾客满意因素体系的框架归纳起来，同一级按照权重的不同排定次序，就初步形成了顾客满意指标体系。一个完整的顾客满意度指标体系中，一般还包括一些辅助指标和相对指标。辅助指标包括顾客的行为意向等，如顾客重复购买倾向、顾客忠诚度；相对指标一般指横向对比指标，如主要竞争对手的满意度、行业领导者的满意度。加上特定辅助指标和相对指标，就能形成一个完善的顾客满意指标体系。

**5. 开展顾客满意度调查、分析和改进**

顾客满意度目标指标的测量方法有很多种。实验室可以选择问卷调查，也可以选择重点客户访谈；可以选择利用公司内部组织进行评价，也可以选择合适的咨询机构进行评价。以下重点阐述利用问卷调查的方法测量顾客满意度目标指标的方法。

（1）确定调查对象。

选择合适的调查对象非常重要，必要时要进行客户细分并进行不同的问卷设计，因为不同类型客户的关注焦点各不相同。如可将调查对象分为A类客户（战略客户）和B类客户（一般客户）。A类客户通常指国内外知名品牌企业，在行业中或对其上游供应商具有较高影响力的公司，年度营收贡献额占比较高的客户等。B类客户指除A类客户以外与实验室保持合作关系的客户。前者关注品牌和质量，后者则更关注价格。

（2）设计调查问卷。

首先要将与调查有关的问题尽可能齐全地列出来，然后再逐个推敲筛选，决定问题的选用。所选的问题：一是必须符合客观实际；二是必须是围绕调查目的的必要问题。问卷的设计过于简略或过于烦琐都不行。

问题的排列组合：一是要按问题的性质或类别来排列；二是要按问题的难易程度来排列，要从易到难，由浅入深。

问题的表述：一是要注意语言的简洁性、通俗性；二是要持中立立场，不能带有任何倾向性或暗示；三是要做到每个问题只描述一种状况，不能在同一个问题中涉及两个或多个状况。表7-6是某实验室设计的顾客满意度调查表。

**表7-6　某实验室顾客满意度调查表**

| 序号 | 测评指标 | 非常满意 | 满意 | 一般 | 不满意 | 非常不满意 |
|---|---|---|---|---|---|---|
| 1 | 品牌知名度和认可度 | 5 | 4 | 3 | 2 | 1 |
| 2 | 公信力、诚信度 | 5 | 4 | 3 | 2 | 1 |
| 3 | 专业技能、响应速度以及服务态度 | 5 | 4 | 3 | 2 | 1 |
| 4 | 流程的便捷性 | 5 | 4 | 3 | 2 | 1 |
| 5 | 最新法规和行业资讯传递的及时性 | 5 | 4 | 3 | 2 | 1 |
| 6 | 方案提供、疑难问题解答等方面的专业能力 | 5 | 4 | 3 | 2 | 1 |
| 7 | 作业现场工作人员的专业能力 | 5 | 4 | 3 | 2 | 1 |
| 8 | 作业现场的健康、安全、环保（HSE）管理能力 | 5 | 4 | 3 | 2 | 1 |
| 9 | 资质及能力 | 5 | 4 | 3 | 2 | 1 |
| 10 | 报告/证书的准确性、公正性以及认可度 | 5 | 4 | 3 | 2 | 1 |
| 11 | 报告/证书的及时性 | 5 | 4 | 3 | 2 | 1 |
| 12 | 报告/证书格式的美观性和合理性 | 5 | 4 | 3 | 2 | 1 |
| 13 | 客户投诉处理的及时性 | 5 | 4 | 3 | 2 | 1 |
| 14 | 客户处理投诉结果的满意程度 | 5 | 4 | 3 | 2 | 1 |
| 15 | 所提供服务的性价比 | 5 | 4 | 3 | 2 | 1 |
| 16 | 再次选择本公司为您服务的可能性 | 5 | 4 | 3 | 2 | 1 |
| 17 | 向其他朋友或同行推荐本公司的可能性 | 5 | 4 | 3 | 2 | 1 |
| 18 | 其他意见或建议 | | | | | |

（3）开展满意度调查工作。

满意度调查包括发放问卷、问卷回收等工作。调查部门应制订满意度调查工作计划及工作目标（如发放问卷数量、收回问卷数量目标、调查时限），并采取必要措施确保工作计划及目标的实现。

（4）对调查结果的数据分析。

满意度调查结束后，满意度调查组织部门负责对回收的调查问卷进行整理，对调查问卷得分和反馈内容进行统计，并按照预先设定的公式计算顾客满意度。

（5）满意度调查报告编制及发放。

满意度调查组织部门根据对调查数据的统计分析结果，编制《满意度调查报告》，报上级领导批准后发放至相关部门。

（6）满意度调查结果的改进。

满意度调查部门负责组织召开顾客满意度改进工作会议，并辅之以提案改善、QCC小组等质量改进活动，按照“80/20”的原则，对各类弱项进行原因分析、制订对策及改进。针对调查报告中满意度调查的结果及客户反馈的意见或建议形成“改进计划”并组织实施。

满意度调查组织部门还应对各部门“改进计划”的执行情况进行检查跟进，并对改进效果进行验证。对满意度较低的客户，相关部门还应安排回访。

## 第三节　内部审核

实验室质量风险管理是建立在PDCA循环上的规范化管理体系，内部审核正是质量风险管理大PDCA循环中一个极为重要的过程，也是监测质量风险管理体系运行的有效方式之一。内部审核包括内审策划、内审实施、内审检查和内审改进四个阶段，构成了一个小的PDCA循环管理。如图7-3所示。

**图7-3　内部审核PDCA循环示意图**

内部审核在实验室质量管理中的作用不用赘述，但在现实工作中不少实验室的内审工作不受重视、流于形式、走过场，没有达到预期效果，如何开展有效内审已经成为众多实验室共同关注的课题。本书结合内审实践总结出以下要点，为实验室提升内审工作的绩效提供参考。

1）切合实际的内审方案是有效内审的前提。

2）高素质的内审团队是有效内审的基础。

3）高质量的现场审核是有效内审的核心。

4）精准聚焦的审核发现是有效内审的关键。

5）多维度的总结分析是有效内审的精髓。

6）长效务实的纠正措施是有效内审的目的。

## 一、切合实际的内审方案是有效内审的前提

### （一）严把内审策划关

“凡事预则立，不预则废”，内部审核策划在内部审核过程中扮演着非常重要的角色，一个好的内部审核方案可以推动内部审核工作在预定的期限内有效且高效实施。有些实验室普遍存在从不制订内审方案、内审方案常年复制、内审缺乏审核目标等情况，导致内审工作不能达到预期效果。

策划周密，是成功内审的开始。内部审核策划时应考虑内审目标与实验室的目标保持一致，并应解决最有可能影响实验室实现这些目标的风险。对内审的风险来自哪里要事先有个重点确认。风险意识先行，确认好重点的内审才是有效的内审，才更有利于实验室的不断提升与持续改进。

实验室应提前收集实验室质量风险管理的记录，了解各环节所识别的风险、风险控制措施及风险监测结果，以确定审核的重点及方向。综合考虑风险因素，以确定在预定的期限内安排几次审核、何种类型审核（集中式审核或滚动式审核），以及审核目标、审核准则和范围、审核方法、内审组等，形成一套全面的内部审核方案。

**1. 检验检测过程或活动引入的风险及控制结果**

1）考虑人员监督和人员能力监控风险控制的结果，尤其关注新人员、新授权项目人员的能力，以及人员的持续能力是否保持。

2）考虑有无场所或环境条件的变化或是否存在环境条件控制不当带来风险。

3）考虑设备配备和计量溯源的风险。

4）考虑方法验证/确认、方法偏离的控制结果，尤其关注是否存在非标准方法确认不规范、方法偏离是否得到有效控制的风险。

5）考虑符合性声明和判定规则的应用是否存在风险。

6）考虑抽样环节和样品管理环节风险控制结果。

7）考虑原始记录真实、有效、规范性的风险控制结果。

8）考虑内外部质量控制的结果，尤其关注质量控制结果不合格的处置情况。

9）考虑结果报告审批与发放执行情况，尤其关注是否存在超范围风险。

10）考虑检验检测过程尤其是新的检验检测过程控制不当带来风险等。

**2. 影响实验室的内外部环境变化引入的风险及控制结果**

1）考虑在预定的期限内有无相关政策和要求的变化及变化后的执行情况，关注政策风险的控制。

2）考虑客户和供应商类型或数量等有无变化及变化所带来的风险和机遇。

3）考虑是否引进新技术和新方法及其所带来的风险和机遇等。

4）考虑实验室内部组织结构有无调整。

5）考虑管理体系及其过程的变化及其执行情况，关注其风险控制的结果。

6）考虑在预定的期限内有无工作类型和工作量的变化。

7）考虑是否引进新资源和技术能力的变化及变化所带来的风险和机遇等。

**3. 过往已识别的风险及控制结果**

1）考虑往期各类审核过程中发现风险比较多的部门或检验检测过程、活动，关注高风险点。

2）考虑以往经常重复出现风险的活动、过程、要素。

3）考虑以往执行风险管理体系要求较差的部门、岗位、环节。

4）考虑以往持续表现良好的部门、过程等。

### （二）内审方案示例

模拟某实验室上半年度风险及控制结果，表7-7为典型的内审方案示例。

**表7-7 实验室质量风险管理体系内部审核方案**

| 序号 | 审核目的 | 审核范围 | 审核准则 | 内审组 | 审核时间 | 审核方法 |
|---|---|---|---|---|---|---|
| 1 | 确定试剂风险管控情况 | 试剂管理活动 | CNAS—CL01—A002：2020<br>RB/T 041—2020 | 组长：王XX<br>组员：李XX | 3月 | 面谈、观察、查阅文件和记录 |
| 2 | 确定合规风险管控情况 | 检测室1<br>检测室2 | 《检验检测机构监督管理办法》（“39号令”） | 组长：李XX<br>组员：蔡XX | 4月 | 面谈、观察、查阅文件和记录 |
| 3 | 确定合同评审风险管控情况 | 合同评审活动 | CNAS—CL01：2018<br>CNAS—CL01—G001：2018 7.1<br>RB/T 214—2017 4.5.4 | 组长：孙XX<br>组员：刘XX | 6月 | 面谈、查阅文件和记录 |

注1：审核目的——审核实验室质量风险管理体系运行情况，评价实验室质量风险管理体系的符合性和有效性，识别改进机会。

注2：审核组成员应为被授权的内审员和实习内审员，实习内审员不能独立实施审核。

## 二、高素质的内审团队是有效内审的基础

### （一）严把内审员素质关

内部审核是对质量风险管理有效性和剩余风险的检查和评价，以提出更高的要求及有效的意见或建议，从而不断完善和优化风险管理，所以内审组的知识结构、业务能力及素质都需要与被审核部门的风险水平相适应，组建内审组及内审分工时需要基于一定的风险思维。有些实验室存在内审员没有能力或内审员分工不当的问题，导致内审不能及时发现并解决问题，或出现顾此失彼的情况。

素质优良、熟悉标准、具有一定审核经验的内审员队伍是实验室的宝贵财富。内审员水平的高低、专业能力的强弱，将直接制约内审工作的质量，并影响质量风险管理工作成效的好坏，所以实验室应该充分重视内审员的培养。

实验室可定期组织内部交流会，邀请有经验的内审员介绍经验和技巧，促进内审员互相探讨、互相学习。实验室还可定期派遣内审员参加外部培训，或者邀请相关审核专家开展内部培训，讲授先进的内审理念和方式。通过持续的培训教育，可帮助每一位内审员不断提升综合素质，并通过模拟内审演练或参加内审实习等，可锻炼内审员审核能力。

实验室在组建内审组时应注意以下几点。

1）内审员应具备基本素养、基本知识和技能，并掌握内审技巧，具有风险意识；应选择经过培训、考核并任命，且满足要求、合适的内审员。

2）内审组长应具备管理审核工作、把握审核方向的能力，并被其他内审组员认同。

3）应考虑内审员数量与被审范围的匹配度，确保内审员有时间、精力保质保量完成内审工作。

4）应考虑到管理要素和技术要素的不同要求，管理要素的审核就需要内审员有一定的管理知识，技术要素的审核要考虑内审员的技术能力。例如，对化学实验室进行内部审核，内部审核组就应该包括管理工作岗位的内审员和具有化学相关专业能力的内审员。

在内审组分工时，应考虑内审组成员的专业背景、工作经历或经验、所在部门或岗位等，并注意以下几点。

1）交叉审核：在资源允许的情况下，应安排内审员交叉审核，避免内审员审核自己的岗位/部门，控制审核过程的公正性风险。

2）合理分工：可以考虑内审员多种结合，如：新老内审员结合以方便沟通；不同水平的内审员结合以提高整体水平；不同专业的内审员结合以利于对各专业的深入审核；不同来源的内审员结合以便了解各部门体系运行情况并进行横向比较；等等。同时还要平衡内审员的审核工作量，确保每名内审员均能胜任工作。

3）审核完整：应确保内审员分工能完整覆盖审核内容，不遗漏审核项目。

### （二）内审组分工示例

模拟某实验室组建内审组并安排内审分工，表7-8为典型的内审组分工示例。

**表7-8　内审组分工表**

| 序号 | 姓名 | 部门 | 职务 | 审核部门 | 备注 |
|---|---|---|---|---|---|
| 1 | 郑XX | 质量组 | 内审组长 | 检测室 | 5年内审经验，熟悉化学领域知识 |
| 2 | 黄XX | 质量组 | 内审员 | | 2年内审经验，熟悉微生物知识 |
| 3 | 孙XX | 样品组 | 内审员 | 业务组 | 交叉审核 |
| 4 | 王XX | 检测室 | 内审员 | 质量组 | 交叉审核 |
| 5 | 胡XX | 检测室 | 内审员 | 样品组 | 3年内审经验，熟悉样品管理知识 |
| 6 | 刘XX | 业务组 | 实习审核员 | | 无内审经验 |

注：考虑内审员部门间交叉内审、新老内审员结合、内审水平高低结合、不同专业结合等。

## 三、高质量的现场审核是有效内审的核心

### （一）严把现场审核关

现场审核是通过抽样的方式，采用面谈、对活动的观察、文件和记录的查阅、现场试验考核等方法，寻找并收集被审核部门体系运行符合性、有效性的客观、有效的证据，形成审核发现。

现场审核的时间有限，如何在有限的时间内收集到尽可能多的、覆盖全面的证据，需要

审核员注意审核的思路和审核的方法与技巧。充分利用审核技术和方法，不仅能在较大程度上控制实验室运营中存在的风险，而且能促进实验室的可持续发展。一些实验室往往存在现场审核走过场、审核方式单一、审核无重点、抽样无代表性等问题，导致内审无效果。

实验室应考虑从以下方面把握好现场审核。

**1. 编制有针对性的内审检查表**

内部审核检查表是现场审核的重要工具，也是非常重要的审核记录。一份清晰、明确的检查表可以确保审核过程中始终保持清晰、明确的审核目标，使审核的进度得以保证，确保系统、完整地完成审核工作，也可使内部审核更加正规化，协助内审员在受审核方中树立良好的形象。

内审组应在审核前根据分工预先编制内部审核检查表，确定审核准则、厘清审核思路、明确审核要点、拟定审核方法、选择审核对象、设计抽样方案，并确保审核方法具有可操作性、抽样有代表性、可选择典型风险点等。编制内部审核检查表时，可将各环节所识别的中高风险点及其风险控制措施作为重点检查项。

**2. 多种现场审核思路结合**

（1）自上而下和自下而上方法相结合。对“设备管理风险”的审核，内审员可以从设备管理部门抽取设备编号、查阅设备档案，再到实验室现场查看该设备的标识、使用记录等情况。内审员也可以先到实验室现场查看设备的标识及使用情况等，再到设备管理部门查阅对应设备的档案。

（2）正向和逆向方法相结合。正向审核，内审员可以从订单中抽取1~3份有潜在风险的合同，从合同签订到发放报告，对检验检测流程的环节进行正向审核。逆向审核，内审员可以从报告台账中抽取1~3份有潜在风险的报告，从发放的报告追溯至合同签订。

（3）要素和部门方法相结合。内审组分工时：可按要素分工，审核员负责审核一个要素时，覆盖这个要素涉及的所有部门，避免遗漏被审部门；也可按部门分工，审核员负责审核某一部门涉及的所有要求，一次审核清楚，避免遗漏审核要素。

（4）风险意识与抽样相结合。审核时，需事先了解各环节存在哪些风险，从风险点入手。比如实验室在新进人员监督和人员监控方面存在较大风险，那么审核时就要重点抽样确认人员监督和监控风险的控制情况。再如某实验室在一年内发生过多次某检测项目结果数据不准确的投诉，那么在审核时就要重点抽样关注该检测项目相应风险措施的实施情况。

以上几种方法相结合，可有效收集被审核部门体系运行的客观证据。

**3. 多种现场审核方式结合**

（1）掌握面谈技巧。审核员应选择合适的面谈对象，正确提出问题，并采取封闭式问题和开放式问题相结合的方式。比如审查设备管理风险，应选择设备管理活动的具体实施人员进行面谈。提出的问题一定要目的明确，表达清楚，不能暗示某种答案。封闭式问题一般获取的信息量较少，不利于得到足够的客观证据。可选择开放式问题作为补充，由面谈对象详细说明或解释某个活动的实施，审核员从中寻找客观证据。

（2）细心观察。审核员并没有参与被审核方管理体系的运作，不如被审核方了解深入，故要多问、多听、少讲、多看，在真正了解组织的体系运行情况后，才能更好地进行审核，可选择面谈和查看相结合的方式。

（3）查阅文件和记录。现场审核时可查阅的记录比较多，审核员不可能全部检查到位，需要进行抽样检查。抽样一般要有代表性，能体现审核的客观公正性。一般抽样会抽取3~5份记录，选取存在典型风险的记录。比如审核报告时，一般会选取分包类、修改类、偏离类等有代表性且又易存在风险的报告。

（4）充分运用现场试验考核。现场试验考核是一种检查实验室人员技术能力的有效方法，能发现一些从记录或面谈中无法发现的操作性问题或风险。现场试验考核一般关注从合同签订到报告出具的所有环节，例如：合同的签订是否规范、有无偏离；检测人员是否具备操作能力、是否授权上岗；检测使用的设备是否符合方法要求、有无经过检定/校准或核查；检测使用的试剂、耗材有无验收；样品的制备是否符合要求、流转是否保持唯一性标识；选取的检测方法是否合适、有无偏离方法或使用过期方法；检测环境是否满足方法要求、是否存在交叉污染可能；能否按照方法熟练操作；原始记录是否准确、充分，有无采取质量控制措施；报告出具是否准确、清晰、客观；等等。

### （二）现场审核表示例

模拟某实验室现场审核选择合适的方法，表7-9为典型的现场审核表示例。

**表7-9　现场审核表**

| 条款 | 核查内容 | 核查方式 | 评审结果 | 审核记录 | 备注 |
|---|---|---|---|---|---|
| XXX | 是否制订《人员监督管理办法》，对监督员进行能力确认并授权，形成人员监督、评价跟踪记录 | 查阅文件、监督员任命书、监督记录、整改记录 | | | |
| XXX | 是否进行人员任命/授权 | 查阅人员任命书或授权表 | | | |
| XXX | 是否存在故障设备未进行有效隔离或使用故障设备情况 | 现场观察、与检测人员交谈 | | | |
| XXX | 客户要求的方法不合适或过期时，是否与客户沟通 | 与业务员交谈 | | | |
| XXX | 方法是否偏离，原始记录是否准确、充分，有无采取质量控制措施 | 查阅记录和报告<br>模拟现场试验 | | | |
| 说明：“评审结果”应逐个条款进行评价，Y表示“符合”，Y’表示存在观察项或需说明的问题，N表示“不符合”，N/A表示“不适用”，当用Y′、N、N/A表示时必须同时在“审核记录”中详细描述。 | | | | | |
| 内审组长 | | | | | |
| 内审员 | | | | | |
| 审核日期 | | | | | |

## 四、精准聚焦的审核发现是有效内审的关键

### （一）严把问题判定关

不符合报告是描述审核发现的不符合、审核依据、不符合产生的原因、不符合的类别

等情况的文件，是内审的重要输出文件之一，也是完善和优化质量风险管理的依据。一些实验室往往存在不符合描述过于笼统、条款判定不准确、主观臆断等问题，导致内审问题无法得到有效整改。

实验室在描述不符合时，应简明扼要、准确，具体描述现场审核发现的事实，确保事实的可重查性和可追溯性。不符合项的判定应把握就近不就远、就小不就大、便于纠正、抓根本、增值等原则。

### （二）问题判定示例

模拟某实验室现场审核发现的不符合，表7-10为典型的不符合判定示例。

**表7-10　不符合判定表**

| 不符合判定 | | 解析要点 |
|---|---|---|
| 不符合事实描述 | 现场见证试验时发现，检测员王××进行多组耗氧量试验，未在每次开始试验时记录滴定初始体积，滴定后也未及时记录剩余体积，而是试验结束后采取追记形式，形成原始记录 | |
| 不符合类型判定 | □体系性不符合　■实施性不符合　□效果性不符合 | 文件规定原始的观察结果、数据应在观察时予以记录，但实际未按文件执行，文实不符 |
| 不符合影响程度判定 | ■严重不符合　□一般不符合 | 原始记录未在产生当时记录而是事后追记，存在溯源质疑问题 |
| 不符合项条款判定 | □法律法规：　/<br>■认证认可准则：RB/T 214—2017 4.5.11、CNAS—CL01：2018 7.5.1<br>■自身管理体系文件：《记录管理程序》6.1<br>□标准/方法/规范/技术文件：　/<br>□标书及合同：　/ | 采用就近原则，判定至原始记录条款 |

## 五、多维度的总结分析是有效内审的精髓

### （一）严把总结分析关

实验室按照内部审核方案（和/或内部审核计划）完成审核后，质量负责人应组织内部审核工作组织部门（一般为质量管理部门）和内审组长，对内部审核的实施情况及实验室质量风险管理体系的运行情况进行总结，分析内部审核工作中存在的问题，识别内部审核工作或实验室质量风险管理存在的改进机会，形成内部审核报告，为下一年度内部审核方案的策划及风险管理的不断完善和优化提供依据，同时也作为管理评审输入的支撑材料。在实际工作中，存在一些实验室缺少内审问题总结与分析环节，未使用统计技术，分析各类不符合在各部门的分布及共性问题，未确定实验室质量风险管理的薄弱环节和改进重点，未提出改进要求或建议等问题，导致内审未能起到持续改善实验室质量风险管理体系的作用。

实验室在内审总结分析时：可对审核发现的不符合项和观察项从责任部门、要素、不符合类型等维度进行简要分析，分析出不符合项或观察项主要集中分布于哪几类，方便相

关部门有重点地改进；结合内审实施过程存在的问题和改进机会，对下一次内部审核的策划与实施提出改进的建议，以期持续改进内部审核工作；对被审部门管理体系运行提出改进的建议，如修改管理体系文件、增加人员培训等，以持续改善和优化质量风险管理。

### （二）总结分析示例

模拟某实验室内审发现问题，进行总结和分析，表7-11为典型的内审总结分析示例。

**表7-11　内审总结分析表**

**1. 问题分析与总结**

本次内部审核共发现XX项不符合项、XX项观察项，分析如下：

按责任部门维度分布，不符合项和观察项主要集中于检测室2，其次为业务部。

按要素维度分布，不符合项主要集中于要素6.2，其次为要素7.2，观察项主要集中于要素6.4。上一年度主要集中于要素6.2、6.4，可判定管理体系要素6.2上一年度改进效果不佳，要素6.4改进相对有效。要素7.2暴露新的问题。

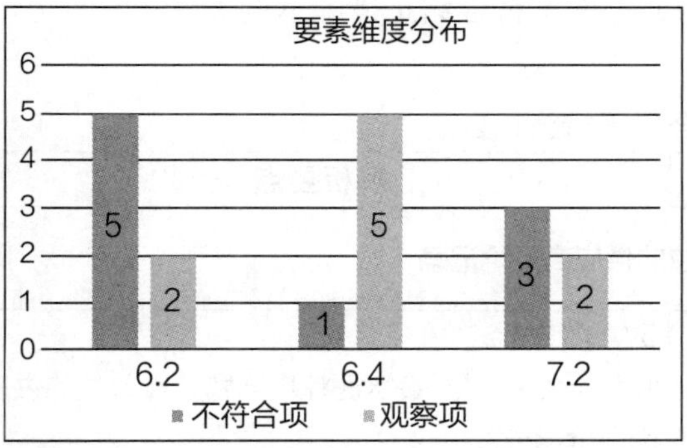


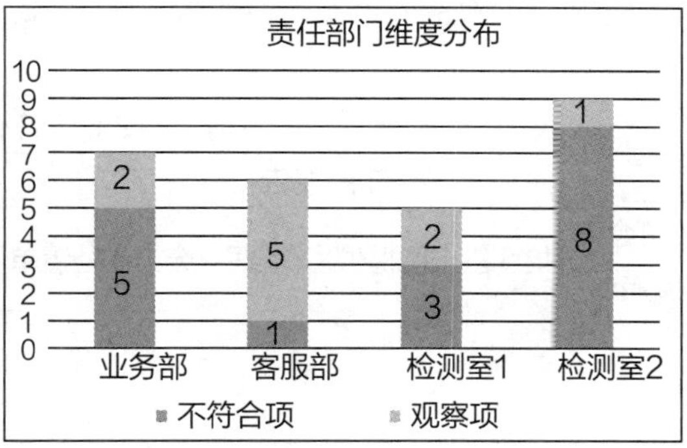


按不符合项类型维度分布，不符合项主要集中于一般不符合类或效果性不符合类。

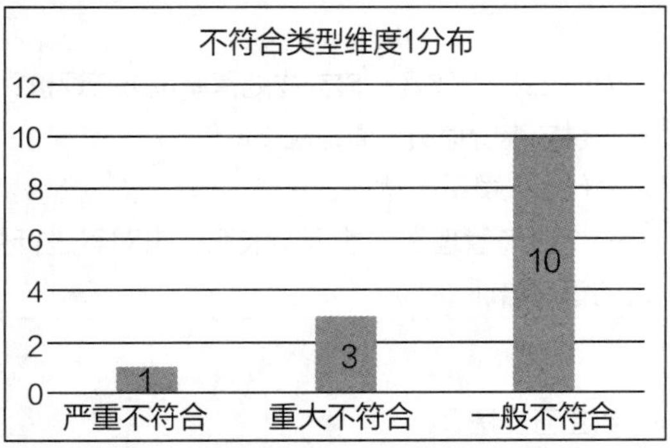


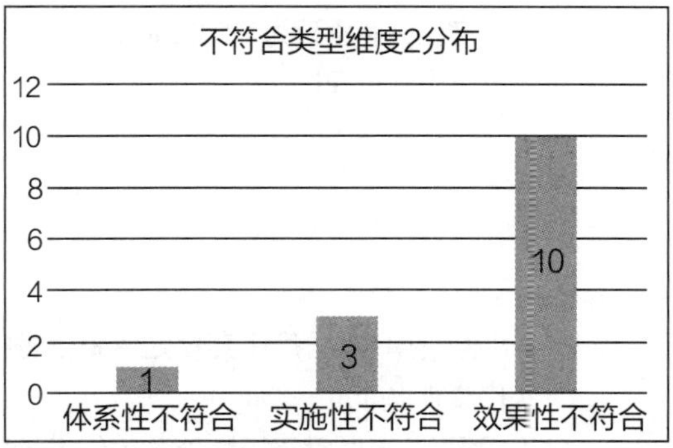


**2. 改进建议**

本次内审发现，在人员、设备、技术记录方面仍存在较多问题，下次内审需持续关注。后续需重新梳理人员、设备管理，并组织相关人员进行针对性培训。

## 六、长效务实的纠正措施是有效内审的目的

### （一）严把纠正验证关

内部审核是质量风险管理体系质量改进活动的一个重要的信息来源。内部审核现场审

核环节结束后，被审核部门应对内审中发现的问题开展原因分析并制订落实纠正措施，内审员应对其实施情况进行跟踪审核和验证。这两项工作的落实直接关系到内审工作的成效，是完善质量风险管理体系的重要组成部分，也是提高质量风险管理工作水平的有效途径。实验室必须把内审过程和内审后的整改放在同等重要的位置，充分发挥内审工作的全部功效，持续完善质量风险管理体系。在实际工作中，一些实验室往往存在内审发现问题后，问题搁置不整改、未分析到根本原因、整改停留于表面、纠正措施后续无效等问题，导致内审未能起到持续改善实验室质量风险管理体系的作用。

实验室在内审实施后，应对发现的不符合，组织原因分析，分析到根本原因，并采取纠正/纠正措施，以期改善不符合，同时应举一反三，以克服审核中抽样带来的风险。实验室还应注重不符合项纠正措施的长期效应，对不符合项整改进行验证，并在验证合格后继续给予足够的关注，防止问题项重复发生。

### （二）不符合纠正措施示例

模拟某实验室内审不符合整改，表7-12为典型的不符合纠正措施示例。

**表7-12　不符合纠正措施报告**

| 不符合报告 | | 解析要点 |
|---|---|---|
| 不符合事实描述 | 检测室未能提供XX家医疗废弃物处置单位的供应商评价记录 | |
| 原因分析 | 检测室供应商管理为检测员兼职，未对其进行供应商管理培训 | 5WHY分析法：<br>1.为什么未能提供XX医疗废弃物处置单位的供应商评价记录?<br>——供应商管理员未对XX医疗废弃物处置单位进行评价<br>2.为什么未对XX医疗废弃物处置单位进行评价?<br>——供应商管理员不清楚应该评价<br>3.为什么人员不清楚?<br>——供应商管理员为检测员兼职，未对其进行供应商管理培训 |
| 纠正/纠正措施 | 1.暂停使用XX医疗废弃物处置单位进行医疗废弃物处置<br>2.组织对XX医疗废弃物处置单位进行供应商评价<br>3.组织对兼职供应商管理的检测员进行供应商管理培训<br>4.核查其他供应商是否存在未评价情况，如有则一并整改<br>5.监督计划增加对供应商评价活动的监督 | “纠正五步法”<br>1.隔离/控制问题：暂停医疗废弃物处置<br>2.纠正问题：对医疗废弃物处置单位进行评价<br>3.纠正措施：组织供应商管理员培训<br>4.举一反三：核查其他供应商是否存在类似问题<br>5.整改监督：后续监督供应商管理 |
| 效果验证 | 1. 初步文件判断，纠正措施基本有效<br>2. 半年后监督确认，纠正措施持续有效 | 判断纠正措施的短期效应和长期效应 |

# 第四节　管理评审

## 一、管理评审的定义及目的

### （一）定义

根据《实验室管理评审指南》（RB/T 195—2015），管理评审指“最高管理者根据质量方针和目标对管理体系的适宜性、充分性、有效性进行定期的、系统的评价活动”。实验室的管理评审由最高管理者主持，其目的是系统评价管理体系对实现质量方针、目标的持续适用性、充分性、有效性和效率（管理评审也包括确定得到结果与使用资源之间的效率关系)。其中，最高管理者指在最高层指挥和控制组织的一个人或一组人（参见GB/T 19000—2016《质量管理体系基础和术语》3.1.1），也称实验室管理层。最高管理者在组织内有授权和提供资源的权力。

管理评审的定义中，管理体系指组织建立方针和目标并实现这些目标的相互关系或相互作用的一组要素。质量方针指管理层就检测结果质量正式发布的实验室的总的质量宗旨和方向，质量管理原则可以作为实验室制订质量方针的基础。质量目标是实验室在检测结果的质量方面所追求的目的。通常，质量目标依据质量方针来制订。

### （二）目的：适宜性、充分性和有效性

根据管理评审的定义，管理评审的目的是保持管理体系的持续适宜性、充分性和有效性。

适宜性指管理体系适应内外环境变化的能力。管理体系是在特定的内、外部环境条件下建立的，而内、外部环境总是在不断变化的，如组织机构或人员变动、新技术的引进、运行机制改变等内部环境中的变化，市场的需求、客户、法律法规、标准的变化等外部环境的变化。实验室在建立管理体系时，应及时评估内外部环境变化所带来的风险和机遇，适时做出调整改进，以不断满足各方面的要求，做到你变我也变，使管理体系持续地与内外部环境的变化相适应。

充分性指管理体系能否足够满足市场、客户潜在的和未来的需求及期望的能力，也指管理体系各过程的开展程度。“充分性”要求实验室的管理体系结构合理，过程满足管理的需要，程序完善，资源充足，具有充分满足顾客和市场不断变化的要求的能力。因此，一方面，实验室在建立、运行和保持管理体系时，要考虑管理体系的结构和过程的合理性，评价是否符合ISO/IEC 17025：2017等标准的要求、是否符合实验室的需要和实验室的能力、是否具有自我发现问题和解决问题的能力。另一方面，实验室应定期评估潜在的风险和机遇，预测市场和客户未来的需求及期望，及时调整方针和目标，以持续保持管理体系的充分性。

有效性指管理体系的运行结果达到所设定质量目标的程度，同时也要考虑运行的结果与所利用资源之间的关系，确保管理体系的经济性。为判定管理体系的有效性，组织可将有关的信息与设定的方针、目标进行对比，判断管理体系过程是否达到预定的目标。这些

信息主要包括报告准确率、报告及时率、设备利用率、顾客满意度、投诉处理满意率、风险识别率等。

总之，适宜性、充分性和有效性是相互关联、不可分割的，有效性是实验室建立质量管理体系的根本目的，适宜性、充分性是达到有效性的重要保证。实验室管理层应按策划的时间间隔，围绕适宜性、充分性、有效性对管理体系系统的评审，识别可能存在的风险和机遇，及时做出改进决定并采取相应的措施，实现对管理体系、检测报告、过程和资源需求的持续改进。管理体系对环境的变化应具有持续的适宜性，在满足要求方面应具有持续的充分性，从而确保实现方针和质量目标的持续有效性。

## 二、管理评审存在的问题

### （一）管理层重视程度不够

部分实验室管理层质量管理意识淡薄，对质量管理体系重视程度不够，管理评审流于形式，每次管理评审结论大同小异，无法真正发挥管理评审的作用。

### （二）对实验室管理评审的理解不全面

大部分初次构建实验室管理体系的人员认为，实验室管理评审工作就是平日的工作总结，有的实验室也会将管理评审看作体系文件的评审，这些理念都是不正确的。管理评审可以结合部门总结来完成，管理评审工作完成之后通常会对体系文件实施适当修订，但是总结与修订文件并不是管理评审工作的最终内容和目标。

### （三）管理评审内容与生产经营活动脱节

通常情况下，实验室管理评审工作的准备阶段会要求各部门收集输入管理评审的素材，对素材进行评审以获得下一年度管理体系及生产经营活动的改进。但是因为输入素材的收集会受到时间的影响，往往与管理体系相关的素材容易收集，却难以全面收集实验室日常与生产经营紧密相关的材料，导致后期的评审工作与生产经营活动脱节。

### （四）管理评审形式单一

管理评审通常以会议的形式，由管理层组织。对于较小的实验室，一次会议的适用性较强。但是随着检验检测业务的迅猛发展，实验室建设的规模也在不断扩大，涉及的领域和学科更为广泛，其管理体系相关的问题通常很难在一次会议中得到充分评估和解决。

### （五）管理评审改进不到位

管理评审会议后，各部门负责人和相关岗位人员整改流于形式，不能从深层次发掘出现问题的原因，做出的改进措施不到位。质量负责人和质量管理人员也没有及时进行有效的跟踪验证，使得管理评审工作毫无意义。

## 三、如何有效开展管理评审

### （一）落实管理层职责是管理评审的关键

实验室管理评审不是普通的工作检查，而是对实验室管理体系实施自我评价和改进的有效手段，它是站在更高的层次，从全局的角度做出决策，因此实验室管理层对该活动的支持尤为重要。只有落实管理层职责，提高其质量意识，才能加强整个实验室的质量管理水平，真正实现管理评审的作用。

### （二）获得全员理解是管理评审的基础

实验室管理评审的输入及后期的改进涉及实验室正常运行涵盖的生产、管理及改进等各个环节。因此实验室全员对开展管理评审的理解尤为重要，要确保大家理解管理评审是在做什么，为什么这么做，要达到什么样的效果，从而让实验室全员真正接受和理解管理评审，做到全员参与。实现全员理解是管理评审获得有效性的基础。

### （三）与生产经营活动相结合是管理评审的核心

实验室管理评审是及时发现管理体系中的薄弱环节以达到实验室规定的质量方针、目标，找到过程中存在的差距或不足，并寻求改进机会。这就需要全员在日常的经营工作中记录好各个环节（人、机、料、法、环、测）中存在的问题，以问题为导向，提出改进建议。这些建议可作为管理评审的输入。这种与生产经营活动相结合的方式，是提高实验室管理评审质量的核心。

### （四）多形式相结合是管理评审的保障

管理评审通常以会议的形式开展，每年集中组织一次，由最高管理者主持，质量负责人、技术负责人、各部门负责人及质量管理人员等参与评审，但并不是所有实验室都能有效利用这种方式。CNAS—CL01—G001：2018指出，对规模较大的实验室，管理评审可以分级、分部门、分次进行。

实验室检测领域覆盖面较广，管理体系较多的机构，一年一次的管理评审，覆盖的范围和可解决的问题相对有限。实验室可尝试在完成常规的年度全要素管理评审外，开展专题管理评审活动。例如：推行风险管理体系的实验室，可针对“体系风险评估”的方式及工具进行探讨，开展专题管理评审，达到质量体系的持续有效运行；实验室开展“质量成熟度”评估管理，可集中开展“质量成熟度”专题评审，以保持机构的管理体系先进性。

对于规模较大、组织架构设置较为复杂的综合性实验室，建议采用分级管理评审的形式，即各业务部门先进行内部的管理评审，将相关内容以书面形式反馈至公司最高管理层进行管理评审。一方面，各部门通过内部的管理评审可以对自身质量体系运行情况进行一次梳理，同时可将管理评审的辐射范围加大，提供一次较好的自我分析的机会。另一方面，经过一个或两个轮次部门的管理评审，再上升至最高管理层进行管理评审时，最高管理层可以获得更加浓缩的信息，在分类总结后更好地提出输出意见，获得更好的管理评审效果。

### （五）高效跟踪验证是管理评审的保证

管理评审会议后，各部门负责人和相关岗位人员根据输出结果做好改进措施。质量负责人组织人员进行改进措施的跟踪验证，对问题产生的原因要深入分析，确保整改的有效性，防止措施落实不到位或产生负面结果。如果整改不深入，不彻底，管理体系依然保留了部分风险隐患，需要质量负责人和质量管理人员及时进行高效跟踪验证，帮助相关部门查找问题根源，做到整改有效实施，有效降低管理体系运行中的风险。需要长期改进的项目要列入下一年度的计划。

## 四、管理评审与经营战略的关系

### （一）管理评审与经营战略关系概述

《质量管理体系 要求》（ISO 9001：2015）0.1“总则”提到，“采用质量管理体系是组织的一项战略决策，能够帮助其提高整体绩效，为推动可持续发展奠定良好基础”；9.3.1“管理评审 总则”中提到，“最高管理者应按策划的时间间隔对组织的质量管理体系进行评审，以确保其持续的适宜性、充分性和有效性，并与组织的战略方向一致”。ISO/IEC17025：2017在8.9.1“管理评审”中提到，“实验室管理层应按照策划的时间间隔对实验室的管理体系进行评审，以确保其持续的适宜性、充分性和有效性，包括执行本准则的相关方针和目标”。这些条款均要求组织的管理评审与组织的战略相结合。因此实验室在建立管理体系并对体系进行管理评审时，首先应明确实验室的发展战略，包括经营方针、中长期和近期经营目标，确定管理体系对实现经营方针和目标的影响，评价方针和目标是否满足实验室战略发展的需求，并确定完善和改进措施。

对于实施全面质量管理的实验室，质量管理体系覆盖了实验室的运营体系，质量战略、质量方针、质量目标与经营战略、经营方针、经营目标一致，管理评审的范围覆盖组织运营的方方面面。对于未实施全面质量管理的实验室，质量战略未完全覆盖运营体系，重点关注顾客满意、产品和服务的质量，那么质量战略、质量方针、质量目标应由组织的经营战略、经营方针、经营目标分解而来，管理评审的范围同样与实验室经营息息相关，涉及实验室经营的大部分内容。

所以，建立实验室管理体系应该是质量管理与经营战略管理的衔接和融合。作为管理体系重要一环的管理评审，则可成为体现质量管理与经营战略结合的重要武器和检验手段，可推动管理体系融合各类内外部资源，推动业务与成本挂钩，推动实验室建立基于业务“效费比”的成本管控体系，从而扩大管理体系对企业整体绩效的促进作用。

### （二）某综合性检验检测机构结合经营战略的管理评审输出案例

根据合规性评价及目标指标监测的经营战略要求，以下结合检测实验室的行业特点，展示一个结合战略的管理评审输出案例。某家综合性、集团性的检验检测机构计划建立一套能降低运营风险、提高产品和服务质量，并实现可持续性发展的实验室绩效考核体系。

**1. 建立考核体系**

（1）建立考核体系模型。

作为一家向社会出具证明性数据的第三方检测机构，需要遵守多项合规义务，包括但不限于国家和地方主管部门制定的法律法规要求、认证认可主管部门的准则/规则要求、其他监管机构（公安、消防、环保等）的HSE管理要求。同时，作为一家提供检测服务的营利性机构，产品（报告）的质量和顾客对服务的满意也是公司赖以生存的基石，因此考核体系模型的指标主要从合规指标和高绩效指标着手。

针对不同的考核对象，该机构分别设立了实验室考核体系和公司考核体系，两个考核体系在指标选择上又有各自的侧重，具体模型如图7-4所示。

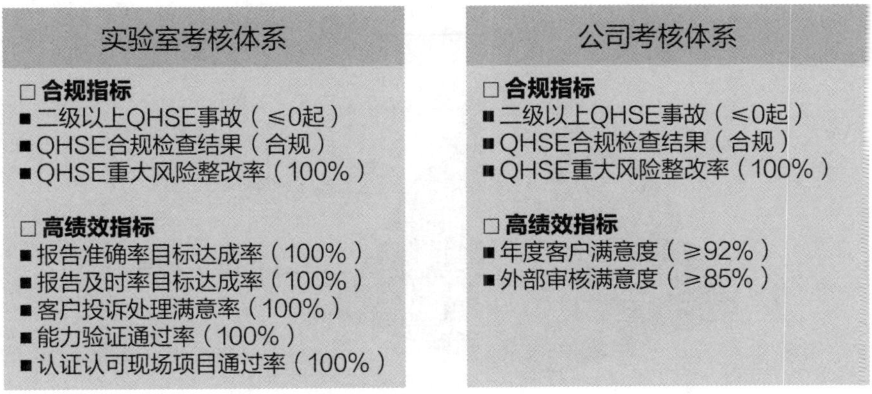


**图7-4　实验室考核体系和公司考核体系模型**

（2）指标评分规则及考核体系评级。

根据指标的特点及对公司运营的影响程度，该机构给每个指标都赋予了权重。为了便于计分，指标评分采用扣分制和得分制并行的方式，例如：二级及以上QHSE事故、QHSE合规性检查结果等以结果为导向的指标，使用扣分制评分；报告及时率、目标达成率、客户投诉处理满意率这类以和目标相对的完成度进行评价的，使用得分制评分。如表7-13所示。

**表7-13　指标评分规则**

| 体系 | 类别 | 指标 | 目标 | 权重 | 评分规则 |
|---|---|---|---|---|---|
| 实验室考核体系 | 合规指标 | 二级及以上QHSE事故 | ≤0 | 10 | 扣分制，最多可扣40分 |
| | | QHSE合规检查结果 | 合规 | 10 | 扣分制，最多可扣40分 |
| | | QHSE重大风险整改率 | 100% | 20 | 得分制，最多可得20分 |
| | 高绩效指标 | 报告准确率目标达成率 | 100% | 10 | 得分制，最多可得10分 |
| | | 报告及时率目标达成率 | 100% | 10 | 得分制，最多可得10分 |
| | | 客户投诉处理满意率 | 100% | 10 | 得分制，最多可得10分 |
| | | 能力验证通过率 | 100% | 20 | 扣分制，最多可扣20分 |
| | | 认证认可现场项目通过率 | 100% | 10 | 扣分制，最多可扣10分 |
| 公司考核体系 | 合规指标 | 二级及以上QHSE事故 | ≤0 | 20 | 扣分制，最多可扣40分 |
| | | QHSE合规检查结果 | 合规 | 20 | 扣分制，最多可扣40分 |
| | | QHSE重大风险整改率 | 100% | 20 | 得分制，最多可得20分 |
| | 高绩效指标 | 年度客户满意度 | ≥92% | 20 | 得分制，最多可得20分 |
| | | 外部审核满意度 | ≥85% | 20 | 得分制，最多可得20分 |

为了便于管理层实时、快速地对实验室或公司运营的情况有清晰的认知，该机构将实验室/公司评级分为四个等级，分别是优秀（A级≥90分）、较好（B级≥75分）、一般（C级≥60分）、较差（D级＜60分），满分为100分。如图7-5所示。根据每项指标的得分汇总得到总体评分，按照评分等级可以对实验室或公司实施分级管理或实施奖惩措施。

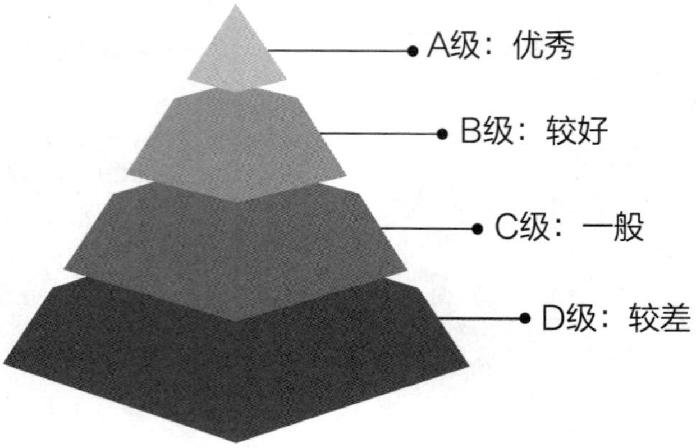


**图7-5　考核体系评级**

**2. 考核体系的应用**

结合建立考核体系的初衷，考核体系最终结果的应用主要有两个方向。

预警：发现潜在风险，向相关部门发出警告并要求其采取措施应对，从而最大限度减少或避免风险造成的损失。

实施奖惩：针对已经发生的问题实施纠正，并对相关人员实施奖惩，鼓励改进，淘汰“劣币”，促进良性循环。

（1）预警。

如何预警？每个季度根据考核体系反馈的数据结果，观测风险发生的可能性前兆，向相关实验室或公司发出预警信号，报告风险情况，以避免风险在不知情或准备不足的情况下发生，从而最大限度地减少风险造成的损失。

（2）奖惩制度。

奖惩制度包括奖励制度和惩戒制度。奖励制度是对优秀的部门实施物质或精神上的鼓励，以调动其工作潜能和工作积极性的制度，是一种正激励机制；惩戒制度是对不合规、低效能行为进行最大限度的防范和纠正的制度，是一种负激励机制，两种制度从正反两个方面保证实验室或公司良性改进。该机构结合自身已有的资源，针对实验室和公司考核体系制订了奖惩制度。

## 五、管理评审实施的步骤

管理评审与内部审核一样，也是实验室质量风险管理体系执行PDCA循环中的检查（Check）阶段的活动，是实验室控制风险，寻求自我改进、自我完善的重要环节。它是实验室质量风险管理体系的一个运行周期的结束，也开启了持续改进的另一个循环。其自身也是一个小的PDCA循环管理活动，包括管理评审策划、管理评审准备、管理评审实施、管理评审决议跟进四个阶段。

### （一）管理评审策划

管理评审之前应进行策划活动，策划是否充分将直接影响管理评审的质量，因此管理评审策划是做好管理评审的前提。实验室应根据实际运行及风险控制情况，策划和控制管理评审的目的、范围、时机、形式、方法、内容、分工、时间安排等，形成管理评审方案，发送至参与评审的相关部门或人员。

**1. 管理评审的时机**

管理评审应在适当的时机实施，确保实验室质量风险体系的管理评审能与经营紧密结合，避免出现评审走形式的现象。一般管理评审每12个月开展一次，通常会在每年年末或次年年初定期开展，但当内外部因素或相关方需求及期望发生较大变化时，也可策划附加管理评审，主要包括以下情况。

1）经营战略、资源、产品、服务、市场环境等发生重大变化和调整。

2）相关的法律、法规、政策和标准及其他要求发生变更。

3）发生重大质量事故、客户关于质量有严重投诉或投诉连续发生。

4）管理层认为确有必要的其他情况。

**2. 管理评审的形式**

实验室规模、架构、检测领域覆盖面不同，管理评审策划组织的形式也可不同。对于规模小的实验室，策划每年定期的管理评审就可以全面评价整个实验室质量风险管理体系。对于规模较大、架构复杂、检验领域覆盖面广的实验室而言，每年定期的管理评审覆盖的范围和可解决的问题都较为有限，这时就需要考虑策划专题管理评审或分级管理评审。

（1）专题管理评审。

实验室在完成每年定期的管理评审外，还可以根据实验室风险控制的结果策划实施专题管理评审，这种形式更有针对性，能更好地调查并分析、解决问题。例如，实验室在抽样环节和样品管理环节存在较多风险，就可以针对抽样和样品管理环节进行深入调查，确定现有措施存在哪些典型风险，并分析、讨论、决议改进计划。实验室新增加了一项风险管控机制，为了确认新机制的适宜性、充分性和有效性，也可以组织一次专题评审。

（2）分级管理评审。

对于规模大、架构设置较为复杂且检验任务较为繁重的实验室，除了年度定期的管理评审、专题管理评审外，还可以策划分级管理评审。即各业务部门先进行内部的管理评审，将相关内容以书面形式反馈，然后再进行公司级管理评审，虽然这在一定程度上会拉长管理评审的周期，但是在解决问题的有效性方面会有大幅提升。

模拟某大型综合性实验室开展分级管理评审行动，表7-14为典型的分级管理评审计划部分模块示例。

**表7-14　实验室分级管理评审计划部分模块**

| 1. 分级管理评审日程安排 | | | | |
|---|---|---|---|---|
| 阶段 | 时间 | 内容 | 文件/表单 | 责任部门 |
| 启动管理评审 | 2021年12月21日 | 发布管理评审启动通知 | 《公司管理评审计划》 | 质量部 |
| | 2021年12月22日至2021年12月30日 | 管理评审要求宣讲会 | 管理评审宣讲PPT | 质量部 |
| 部门级管理评审 | 2022年1月4日至2022年1月8日 | 各部门编制管理评审输入材料 | 《管理评审输入表》 | / |
| | 2022年1月12日至2022年1月22日 | 各部门自行组织管理评审 | 《各部门管理评审计划》《各部门管理评审会议签到表》《各部门2021年管理评审改进措施实施验证报告》《各部门管理评审会议重点讨论的议题》《各部门管理体系整体运行情况汇报PPT》《各部门管理评审输出表（含各部门2022年质量目标）》《各部门2022年管理评审改进措施行动计划》 | 各部门 |
| 公司级管理评审 | 2022年1月25日至2022年1月29日 | 收集各部门管理评审材料 | 《各部门管理评审报告》 | 质量部 |
| | 2022年2月9日至2022年2月11日 | 汇总各部门管理评审材料，编制公司管理体系整体运行PPT | 公司管理体系整体运行情况汇报PPT | 质量部 |
| | | 汇总管理评审输入中的跨部门建议，将跨部门建议反馈相关部门 | 《公司管理评审会议重点讨论的议题》 | 质量部 |
| | | 确定管理评审会议议题和议程，收集主讲人管理评审PPT | 《管理评审会议议题和议程》 | / |
| | 2022年2月14日 | 发布管理评审会议通知 | / | 质量部 |
| | 2022年2月18日 | 组织召开公司管理评审会议 | 《管理评审会议签到表》《2022年公司质量目标》 | 管理层 |
| 管理评审输出 | 2022年2月21日至2022年2月25日 | 汇总各部门、公司管理评审输出（含改进措施行动计划） | 《2022年度各部门质量目标》《公司管理评审改进措施行动计划》 | 质量部 |
| 发布管理评审报告 | 2022年3月1日至2022年3月5日 | 编制公司管理评审报告 | 《公司管理评审报告》《公司管理评审改进措施行动计划》 | 质量部 |
| 实施/跟踪改进计划 | 2022年1月22日至2022年12月15日 | 各部门在规定时间内实施改进措施 | 各部门实施改进措施的证明记录 | 各部门 |
| | 2022年1月22日至2022年12月31日 | 定期跟进各部门管理评审改进事项，验证各部门改进措施实施的有效性 | 《2022年管理评审改进措施实施验证报告》 | 质量部 |

续表

| 2. 评审内容 | | | | | |
|---|---|---|---|---|---|
| 序号 | 管理评审内容 | 实验室 | 业务/客服 | 职能部门 | 公司 |
| 1 | 与实验室相关的内外部因素的变化 | √ | √ | √ | √ |
| 2 | 目标实现 | √ | √ | | √ |
| 3 | 政策和程序的适宜性 | √ | √ | √ | √ |
| 4 | 以往管理评审所采取措施的情况 | √ | √ | √ | √ |
| 5 | 近期内部审核的结果 | √ | √ | √ | √ |
| 6 | 纠正措施 | √ | √ | √ | √ |
| 7 | 由外部机构进行的评审 | √ | √ | √ | √ |
| 8 | 工作量和工作类型的变化或实验室活动范围的变化 | √ | | | √ |
| 9 | 客户和员工的反馈 | √ | √ | √ | √ |
| 10 | 投诉 | √ | | | √ |
| 11 | 实施改进的有效性 | √ | √ | √ | √ |
| 12 | 资源的充分性 | √ | √ | √ | √ |
| 13 | 风险识别的结果 | √ | | | √ |
| 14 | 保证结果有效性的输出 | √ | √ | | √ |
| 15 | 其他相关因素，如监控活动和培训 | √ | √ | √ | √ |
| 16 | 管理体系及其过程的有效性 | √ | | | √ |
| 17 | 履行本准则要求相关的实验室活动的改进 | √ | √ | √ | √ |
| 18 | 提供所需的资源 | √ | √ | √ | √ |
| 19 | 所需的变更 | √ | √ | √ | √ |

**3. 管理评审的方法**

评审方法有多种，实验室无论采取何种管理评审形式，均应视实际情况，选择合适、有效、实用，且最有利于达成评审目的和要求的评审方法，可采用其中一种或多种进行。

1）列表评审法。将需要评审的项目和要求列入表内，安排人员按某一评审标准逐一收集信息并评价。评审项目和要求可视每次管理评审的目的、重点情况而异。

2）集体讨论法。也称为头脑风暴法，通过评审会议形式，集思广益、广泛讨论，并将讨论结果形成评审报告。采用评审会讨论，事前应将议题、要求通知有关部门人员，使与会人员做好充分准备。

3）专题研讨法。将所需管理评审的项目和要求分为几个专题，事先分派给有关部门和人员负责，最终将专题报告汇总形成管理评审报告。

4）问题导向法。列出实验室质量风险体系运行过程中实际的和潜在的、外部的和内部的所有问题，逐个调查、分析论证，提出改进建议，最后形成评审报告。

5）统计分析法。通过调查、统计实验室市场占有率、报告准确率、客户投诉率、内部质量审核的结果、外部供方绩效等数据，按评审目的和重点进行分层分类分析，最后将统计分析的结果、结论和建议形成评审报告。

6）前后结合法。对上一年管理评审的项目达成情况进行调查，确定项目达成过程是否存在需要改进的地方，展望未来，确定来年管理评审项目新的方向。

7）上下结合法。管理评审是管理层负责的，但是要做好工作，必须要有员工的参与，各个过程的主管应当评审各自负责的模块，提出改进建议。例如，外部供方绩效可由采购部门和使用部门共同评价，收集员工关于设备、试剂、耗材等采购物品的意见和采购验收使用的数据，分析后得出哪些供方可维持资质、哪些供方要取消，提出来年合格供方目录及来年采购过程控制的改进意见。

8）内外结合法。将体系内部项目与外部项目结果相结合，提出改进建议。例如：内审结果与客户投诉，如果内审没有什么问题，但客户反馈问题大，说明内审质量有问题；反之则说明内审充分有效。

9）日常与评审结合法。定期评审往往问题成堆，无法解决，因此除了定期评审，还应结合日常活动做好平时的管理评审，日常就统计、分析各种数据，并提出改进建议。

**4. 管理评审方案示例**

模拟某实验室考虑各种因素运用上述形式及方法，表7-15为管理评审方案示例。

**表7-15 实验室质量风险管理体系管理评审方案**

| 序号 | 评审目的 | 评审范围 | 评审时间 | 评审时机/形式 | 评审方法 | 评审内容 | 评审人员 |
|---|---|---|---|---|---|---|---|
| 1 | 确认公司质量风险管理体系的适宜性、充分性、有效性 | 公司所有部门 | 2022年1月 | 定期年度评审/分级管理评审 | 集体讨论法、统计分析法、前后结合法 | 见以下详细表格 | 管理层、各部门负责人、各关键活动负责人 |
| 2 | 确认投诉流程的适宜性、充分性、有效性 | 实验室A | 2022年3月 | 专题管理评审 | 专题研讨法、问题导向法、统计分析法 | 投诉 | 部门负责人、投诉负责人 |
| 3 | 确认各部门质量风险管理体系的适宜性、充分性、有效性 | 实验室A | 2022年3月 | 分级管理评审 | 列表评审法、集体讨论法、上下结合法 | 见以下详细表格 | 部门负责人、各关键活动负责人 |
| 4 | | 实验室B | | | 统计分析法、前后结合法、内外结合法、 | 见以下详细表格 | 部门负责人、各关键活动负责人 |
| 5 | | 业务客服 | | | 问题导向法、日常与评审结合法 | 见以下详细表格 | 部门负责人 |
| 6 | | …… | | | …… | …… | …… |

注：每次管理评审均需要制订管理评审计划，包括输入要求、分工及时间安排。

## （二）管理评审准备

管理评审策划之后就要严格按管理评审策划的要求进行管理评审的准备工作，包括输入材料的准备、管理评审会议通知等，准备工作是否到位是做好管理评审的重要保证。

**1. 评审输入准备**

管理评审的过程是一个包括调查、评估、分析和决策的过程。因此，在管理评审的准备过程中，各部门应该针对评审内容进行事前调查，做到信息真实客观、有的放矢。各部门在调查信息汇总的基础上，进行整理、评估，分析出问题的关键和实质，并提出改进的建议以便管理层决策。管理评审输入准备的材料形式不限，可以是文字、图片、图表，重点是能突出反映事件发展的趋势，能说明评审内容。

各部门在对管理评审内容进行调查分析时，可运用SWOT分析法对评审内容进行全面、系统、准确的剖析，从而根据分析结果制订相应的改进计划或对策等。

模拟开展某实验室活动范围的评审，表7-16为SWOT分析工具的应用示例。

**表7-16　SWOT分析工具的应用**

| Strengths（优势） | Weakness（劣势） |
| --- | --- |
| 市场开发、内部经营管理以及检测团队成熟<br>优质重点客户维护稳定 | 场地不足、设备老化<br>人员超负荷工作<br>生产能力不足 |
| **Opportunity（机会）** | **Treats（威胁）** |
| 汽车检测良好的市场前景<br>客户规模扩大，测试需求新增<br>竞争对手存在财务危机<br>新技术设备降价 | 竞争对手数量逐年增加<br>市场价格高度透明化<br>新冠肺炎疫情影响送样 |
| 建议：进军汽车检测领域、开发客户VIP套餐、收购竞争对手、采购新技术设备、扩增场地 | |

**2. 管理评审会议通知**

管理评审会应由管理层主持，各部门管理评审输入材料准备完毕后，质量部需提前一周或两周将管理评审会议通知发送至各部门，通知包括会议内容、参会人员、时间、地点等，确保体系涉及的所有部门负责人及相关人员均参加。

模拟某实验室管理评审会议安排，表7-17为管理评审会议通知示例。

**表7-17　实验室管理评审会议通知**

| | |
| --- | --- |
| 会议时间 | 2022年3月4日 |
| 会议地点 | XXX会议室 |
| 会议主持 | 总经理 欧XX |
| 会议参加部门 | 实验室A、实验室B、实验室C、业务客服、质量部、人力资源部、财务部、行政部 |
| 会议参加人员 | 王XX、李XX、孙XX、赵XX、钱XX、周XX、吴XX、田XX |
| 会议记录人 | 刘XX |

续表

| 会议议程 | | | |
|---|---|---|---|
| 议程 | 时间安排 | 内容 | 主持/主讲 |
| / | 9：00—9：10 | 会议签到 | / |
| | 9：10—9：20 | 管理层代表致辞 | 总经理 欧XX |
| 议程一 | 9：20—10：30 | 2021年度公司管理体系整体运行情况 | 质量负责人 田XX |
| | 10：30—10：45 | 茶歇 | / |
| 议程二 | 10：45—11：10 | 2021年度实验室A 管理评审汇报 | 实验室负责人 王XX |
| | 11：10—11：35 | 2021年度实验室B 管理评审汇报 | 实验室负责人 李XX |
| | 11：35—12：00 | 2021年度实验室C 管理评审汇报 | 实验室负责人 孙XX |
| | 12：00—13：40 | 午餐 | / |
| | 13：40—14：10 | 2021年度业务客服 管理评审汇报 | 业务客服负责人 赵XX |
| | 14：10—14：40 | 2021年度质量部 管理评审汇报 | 质量部负责人 钱XX |
| | 14：40—15：10 | 2021年度人力资源部 管理评审汇报 | 人力资源部负责人 周XX |
| | 15：10—15：20 | 茶歇 | / |
| | 15：20—15：50 | 2021年度财务部 管理评审汇报 | 财务部负责人 吴XX |
| | 15：50—16：20 | 2021年度行政部 管理评审汇报 | 行政部负责人 田XX |
| 议程三 | 16：20—17：00 | 讨论管理评审报告中的议题 | 总经理 欧XX |
| | 17：00—17：20 | 2021年度公司管理评审输出总结 | 质量负责人 田XX |
| | 17：20—17：30 | 管理层代表总结 | 总经理 欧XX |

### （三）管理评审实施

管理评审的实施是管理评审的关键，所有的策划和准备工作都是为了管理评审的实施，管理层应对此高度重视，并认真做好管理评审的实施工作。

管理层应选择一位代表，亲自主持管理评审会议，会上应明确主要议程、重点评价项目，采用集思广益的办法发动大家展开讨论和评价，并鼓励与会人员提出问题和改进建议。全体评审人员参加会议，对实验室质量风险管理体系运行和适应情况进行讨论、研究、核实、分析和综合评价。管理层应在管理评审中，对特别可能引起问题的倾向、经常出现问题的区域引导大家重点深入讨论，取得共识，确定改进目标，明确解决问题的措施，并做会议总结发言。

模拟某实验室管理评审部分输入分析，表7-18为管理评审输入分析报告示例。

**表7-18 管理评审输入分析报告**

**1. 近期内部审核结果**

（1）调查

2021年度内审、监督检查共发现41个不符合项，管理体系基本持续符合相关要求，且处于有效运行状态。

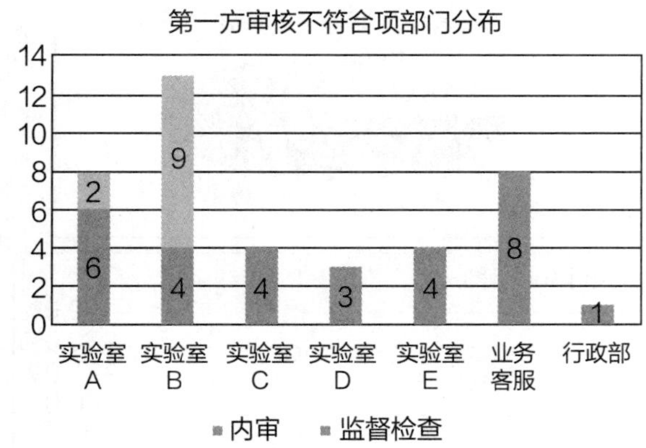


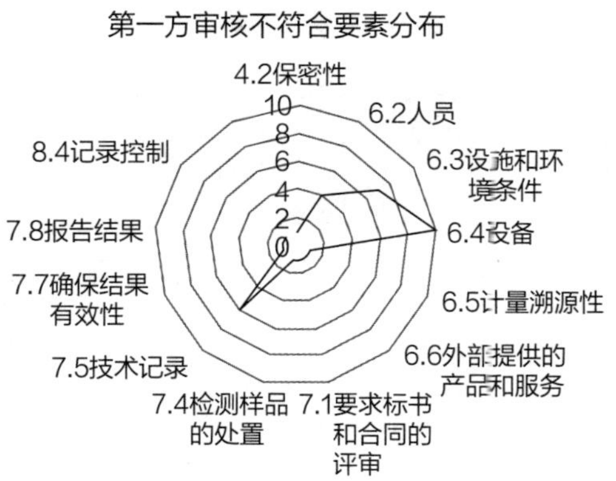


| 年度 | 占比第一 | 占比第二 | 占比第三 |
|---|---|---|---|
| 2021年 | 6.4设备 | 6.3设施环境 | 7.5技术记录 |
| 2020年 | 6.2人员 | 7.5技术记录 | 6.4设备 |
| 2019年 | 6.2人员<br>6.4设备<br>6.5计量溯源性<br>7.5技术记录 | 4.1公正性<br>6.6外部提供的产品和服务<br>7.7确保结果有效性 | / |
| 2018年 | 7.7确保结果有效性 | 6.2人员 | 7.3抽样<br>7.4检测样品的处置 |
| 2017年 | 人员 | 记录的控制 | 设备 |
| 2016年 | 结果报告 | 要求标书和合同的评审 | 人员 |
| 2015年 | 记录的控制 | 设备 | 测量溯源性 |

（2）评估

部门维度分析：实验室B、实验室A、业务客服发现问题较多；较2020年实验室C稍微改善。

要素维度分析：集中于6.4设备、6.3设施和环境条件、7.5技术记录；较2020年，6.2、7.5有所改善，6.4仍未改善，6.3暴露新问题。

近几年第一方审核常发生不符合项的要素：占比较多的是人员、设备。

（3）分析

2021年人员、设备问题较多，人员未开展监督、监控，设备未开展期间核查；环境条件监控设施配备不到位。

（4）改进

2022年增加设备/人员培训、监督频次；配备环境条件监控设施，增加实验室设施评审；等等。

续表

| 2. 客户投诉 |
| --- |

（1）调查：2021年全部投诉12起。

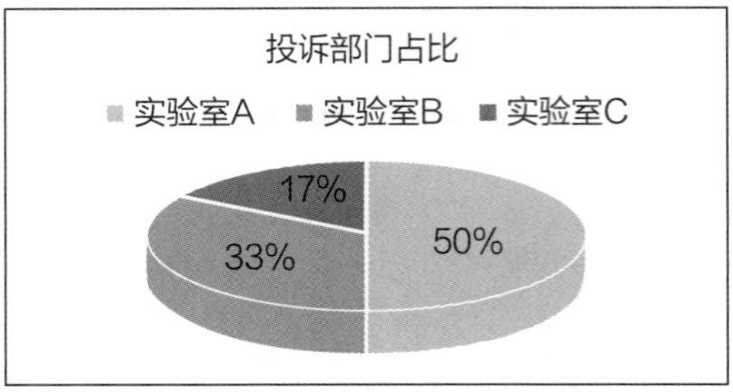


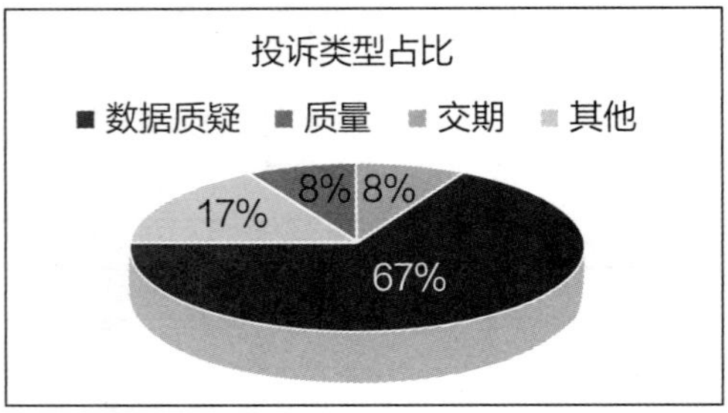


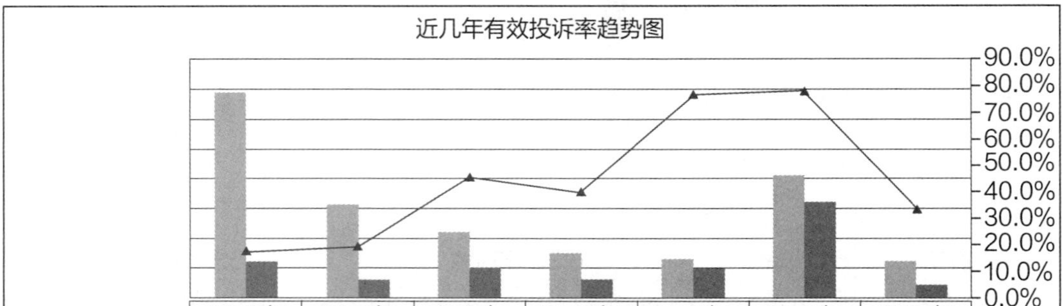


| | 2015年 | 2016年 | 2017年 | 2018年 | 2019年 | 2020年 | 2021年 |
| --- | --- | --- | --- | --- | --- | --- | --- |
| 投诉数量 | 69 | 31 | 22 | 15 | 13 | 42 | 12 |
| 有效投诉数量 | 12 | 6 | 10 | 6 | 10 | 32 | 4 |
| 有效投诉率 | 17.4% | 19.4% | 45.5% | 40.0% | 76.9% | 78.0% | 33.3% |

（2）评估

部门维度分析：实验室A投诉最多。

投诉类型分析：主要类型为交期。

近几年投诉情况：2021年投诉总量、有效投诉数量比2020年有所下降。

（3）分析

2021年实验室A投诉交期问题较多，主要是由于实验室产能超负荷、人工费时、未及时交付产品。

（4）改进

上线实验室信息化管理系统（LIMS），提高工作效率，发出产能预警及迟单预警。

### （四）管理评审决议跟进

管理评审会议后，质量部应根据管理评审输入分析报告、会议记录，特别是管理层的总结发言，编制管理评审报告、管理评审改进行动计划。

**1. 管理评审报告**

管理评审报告一般包括：管理评审的目的、时间、地点、参加部门/人员、评审内容和主要议题；体系及其过程的持续适宜性、充分性、有效性的结论；改进意见；等等。

模拟某实验室管理评审报告，表7-19为管理评审报告示例。

**表7-19　管理评审报告**

| 评审时间 | 2022年3月4日 | 评审地点 | XXX会议室 |
|---|---|---|---|
| 评审目的 | 确认公司质量风险管理体系适宜性、充分性、有效性 | | |
| 评审主持 | 总经理 欧XX | | |
| 参加部门 | 实验室A、实验室B、实验室C、业务客服、质量部、人力资源部、财务部、行政部 | | |
| 参加人员 | 王XX、李XX、孙XX、赵XX、钱XX、周XX、吴XX、田XX | | |
| 评审内容 | 1. 与实验室相关的内外部因素的变化<br>XXXXXXXXXXX<br>2. 目标实现<br>XXXXXXXXXXX<br>3. 政策和程序的适宜性<br>XXXXXXXXXXX<br>4. 以往管理评审所采取措施的情况<br>XXXXXXXXXXX<br>…… | | |
| 评审输出 | 1. 管理体系及其过程的持续适宜性、充分性、有效性的结论<br>结合管理评审输入情况，公司管理体系的运行基本符合相关要求，管理体系及其过程基本适宜、充分、有效。<br>2. 履行管理体系要求相关的实验室活动的改进措施<br>结合管理评审输入情况，各部门提出5项改进措施，具体见《2022年管理评审改进行动计划》，质量部负责跟进改进实施情况。<br>3. 资源需求<br>结合管理评审输入，提出资源需求：采购离子色谱、扩增汽车场地。<br>4. 管理体系所需的变更<br>……<br>5. 与战略方向有关的结论<br>…… | | |

**2. 管理评审改进行动计划**

管理评审的决议跟进是管理评审的目的，对于管理评审改进行动计划，质量部应要求各部门认真落实，并对改进行动的效果进行验证，确认是否达到改进的目的，使管理评审真正发挥内部监视和测量及持续改进的作用。对于未能按要求完成的，应要求责任部门分析原因、严肃查处，并追究相关人员责任。改进行动措施完成及效果验证均形成材料，并作为下一次管理评审的重要输入材料。

模拟某公司管理评审改进输出，表7-20给出了一份管理评审改进行动计划示例。

**表7-20　管理评审改进行动计划及跟进**

| 序号 | 改进目的 | 改进措施 | 责任部门 | 责任人 | 计划完成时间 | 实际完成时间 | 输出证明材料 | 验证结果 | 验证人 |
|---|---|---|---|---|---|---|---|---|---|
| 1 | 与战略保持一致 | 目标及指标新增合规目标 | 质量部 | 田XX | 2022年3月10日 | 2022年3月15日 | 目标及指标管理方案 | 完成 | 王XX |
| | …… | | | | | | | | |
| | | | | | | | | | |

# 第八章

# 实验室质量风险管理改进

在实验室质量风险管理过程中，改进是继策划、实施、监测的最后一环。“改进”一词在标准ISO 9000：2015中指提高绩效的活动，可以是一次活动，也可以是循环活动，提高绩效的循环活动又称持续改进。

本章共四节。第一节主要从不符合和纠正措施等基本概念讲起，介绍实验室改进工作中涉及的不符合的类型和来源、纠正和纠正措施的实施步骤、原因分析的方法。第二节主要介绍实验室如何采用潜在失效模式及后果分析法（FMEA）来实现“潜在风险和机遇的应对”。第三节重点介绍持续改进，包括持续改进的基本概念是什么、实验室如何实现持续改进、持续改进实施的一般步骤，以及常用的持续改进方法（品管圈、提案改善、8D、零缺陷等）。第四节介绍实验室如何开展质量创新工作，包括质量创新概念的提出与发展、实验室质量创新的方式和途径。

# 第一节　不符合和纠正措施

## 一、基本概念

### （一）不符合

《质量管理体系 基础和术语》（ISO 9000：2015）对不符合（Nonconformity）的定义是：未满足要求。这里的“要求”指明示的、通常隐含的和必须履行的需求或期望。

### （二）纠正

《质量管理体系 基础和术语》（ISO 9001：2015）中对纠正（Correction）的定义是：为消除已发现的不符合所采取的措施。实验室常见的纠正方式包括暂停工作、重新测试、通知客户召回报告等。

### （三）纠正措施

《质量管理体系 基础和术语》（ISO 9000：2015）中对纠正措施（Corrective action）的定义是：为消除不符合的原因并防止再次发生所采取的措施。导致发生不符合项的原因可能有多个，采取纠正措施就是为了找出并消除这些原因，防止再发生类似的不符合。

“纠正”与“纠正措施”的关系：纠正是“亡羊补牢”，只能消除当前不符合，不能防止问题再次发生；纠正措施是“防微杜渐”，采取措施提防问题的再发生。纠正可与纠正措施一起实施，也可以在其之前或之后实施。

## 二、不符合的类型及来源

### （一）不符合的类型

根据不符合项对实验室能力和管理体系运作的影响，不同的外部审核将其分为不同的类型，以国内资质认定（CMA）及实验室认可（CNAS）为例，CMA将各个要素评审的结论分为符合、基本符合和不符合，其中对基本符合项和不符合项提出整改要求；CNAS将不符合项分为严重不符合和一般不符合。基于以上两种不符合的分类原则，本书考虑不符合的风险程度，将不符合项按照严重程度的大小分为严重不符合和一般不符合。

**1. 严重不符合**

一般指影响实验室诚信或显著影响技术能力、检验检测或校准结果准确性和可靠性以及管理体系有效运作的不符合。

例1：某环境领域实验室现场采样时未开设烟道采样口，直接出具监测报告。

例2：某实验室故意通过稀释、吸附、吸收、过滤、改变样品保存条件等方式改变检测样品性质，出具检测报告。

例3：某实验室对某检验检测活动未实施有效的质量控制。

**2. 一般不符合**

一般不符合指偶发的、独立的，对检验/检测/校准结果、质量管理体系有效运作没有严重影响的不符合。一般不符合项反复发生，则可能上升为严重不符合项。

例1：某实验室某样品蛋白质原始记录划改未签字和标明日期。

例2：某实验室样品室内有一瓶水无样品标识。

例3：某实验室仪器编号××××未清晰标明校准因子。

另外，按照不符合的性质还可以将不符合分为以下三种类型。

1）体系性不符合：也称文标不符，主要为没有达到约定的要求，体系文件与评审相关准则不符，衔接不完整，文件之间矛盾。

2）实施性不符合：也称文实不符，主要为写到未做到，未按体系文件规定要求实施，或体系文件可操作性差造成执行出现偏差。

3）效果性不符合：也称实效不符，主要为虽按照体系文件运行了，但由于实施不认真，效果没能达到预期的要求。

### （二）不符合的来源

ISO/IEC 17025：2017条款7.10.1规定，“当实验室活动或结果不符合自身的程序或与客户协商一致的要求时（例如，设备或环境条件超出规定限值，监控结果不能满足规定的准则），实验室应有程序予以实施”。由此可知，不符合的来源，大致可分为两种：一是不符合自身的程序规定，二是不符合和客户达成的一致要求。那么这两种不符合项又主要来源于哪里呢?

（1）来源于日常人员能力的监督所发现的不符合，如人员尚不具备满足测试方法要求的能力，人员不能够按照程序文件规定的操作完成相关检测工作。

（2）来源于日常检测结果有效性的监控，监控包括以下13个方面。

1）使用标准物质或质量控制物质。

2）使用其他已校准能够提供可溯源结果的仪器。

3）测量和检测设备的功能核查。

4）适用时，使用核查或工作标准，并制作控制图。

5）测量设备的期间核查。

6）使用相同或不同方法重复检测或校准。

7）留存样品的重复检测或重复校准。

8）物品不同特性结果之间的相关性。

9）审查报告的结果。

10）实验室内比对。

11）盲样测试。

12）参加能力验证。

13）参加除能力验证之外的实验室间比对。

（3）来源于实验室质量人员、公司或者集团层面组织的监督检查。实验室监督员指在实验室内部、由实验室技术负责人授权，对检验检测工作进行日常监督的人员。公司或集团层面的监督检查可由监督组织部门进行授权。

（4）内外部审核（含客户审核）、管理评审。

（5）顾客投诉或者检测人员日常工作中发现的问题。

（6）主管部门（如市场监督管理局）的专项检查等。

实验室通过对不符合项的整改来改进管理，使管理体系更加完善，实验室各项工作能够按照管理体系的要求作业，满足和客户达成一致的检测协议，满足监管部门和评审机构的要求，实现消除或者降低检测过程中可能存在的风险。

## 三、纠正和纠正措施的实施步骤

ISO/IEC 17025：2017针对实验室开展纠正和纠正措施工作做如下要求。

> 8.7.1 当发生不符合时，实验室应：
>
> a）对不符合做出应对，并且适用时：
>
> ——采取措施以控制和纠正不符合；
>
> ——处置后果；
>
> b）通过下列活动，评价是否需要采取措施，以消除产生不符合的原因，避免其再次发生或者在其他场合发生：
>
> ——评审和分析不符合；
>
> ——确定不符合的原因；
>
> ——确定是否存在或可能发生类似的不符合；
>
> c）实施所需的措施；
>
> d）评审所采取的纠正措施的有效性；
>
> e）必要时，更新在策划期间确定的风险和机遇；
>
> f）必要时，变更管理体系。

本书根据ISO/IEC 17025：2017的要求将实施纠正和纠正措施分为如下五个步骤。

步骤一：评审不符合。

当发生不符合工作时，实验室应首先组织评审小组对发现的不符合工作进行评审，以决定采取什么样的应对措施。评审时考虑：不符合工作是否属于偶发的、独立的；不符合工作的性质是什么；影响程度怎样；不符合的严重程度怎样；有无重大风险；等等。

步骤二：分析原因。

实验室在“分析不符合原因”时，应识别和使用适宜的方法和工具。实验室可使用的方法和工具有多种，包括5WHY分析、鱼骨图分析法、柏拉图（80/20原则）分析法等。

步骤三：制订纠正及纠正措施。

实验室在判定不符合工作是否需要制订纠正/纠正措施时，应考虑不符合工作是否属于偶发的：当评价表明不符合工作属于偶发的，仅需采取纠正；当评价表明不符合工作可能再次发生，也可能在其他场合发生，或使对实验室的运行与其管理体系的符合性产生怀疑时，实验室还应采取纠正措施。

实验室分析评价不符合工作的严重性方面（包括分析对先前结果的影响），或对不符合工作的可接受性做出决定（基于实验室建立的风险水平）方面，ISO/IEC 17025：2017列举了一些实验室常见的纠正方式，包括暂停工作、重复检测、扣发报告、必要时通知客户并召回。

其中，“基于实验室建立的风险水平采取相应的措施”，是站在风险管理思维的角度来思考实验室面对出现的不符合应该采取什么样的应对措施。风险等级较低时可以对样品进行复测，出具准确的报告；风险等级较高时，实验室必须扣发检验检测报告，如报告已发出，必要时通知客户并召回报告。

实验室采取的纠正措施包括配置资源，增加人员、设备，改善实验室环境设施，编制或修订作业文件，组织人员开展培训学习，组织实施监督检查及风险评估以改进实验室管理体系的有效性等。

步骤四：审核及实施纠正、纠正措施。

审核纠正措施时，应关注纠正措施的选择和实施原则。针对一个不符合工作往往可以分析出多个原因，相应的纠正措施方案也会有多种。实验室应选择最有可能消除问题的根本原因并防止问题再次发生的措施。纠正措施的实施往往涉及资源的投入，占用一定的成本，因此采取纠正措施的力度应与不符合的严重程度和风险大小相匹配，权衡利弊，全面考虑。最终决定采取的纠正措施应以步骤简单、环节少、效果显著为原则。

在审核纠正措施时，还要考虑实验室在某个区域采取纠正措施时是否可能对其他区域产生负面影响。当识别出可能对其他区域产生负面影响时，应适当调整之前制订的纠正措施，必要时，重新制订纠正措施。

管理人员在审核纠正措施时还要考虑：是否有必要更改策划期间确定的风险或机遇。是否有必要变更管理体系。如果确定有必要，则应补充完善相应的纠正措施。

有些不符合是偶然发生的或经评价问题不严重或危害性较小的，不采取纠正措施也不会带来太大的风险，则只需纠正。责任部门应按照审核通过的纠正/纠正措施开展整改活动，将不符合的状态恢复至正常的状态。应该注意的是，纠正措施的实施往往涉及文件的制订或修改，实验室应将纠正措施实施所要求的任何变更制订成文件并加以实施。

步骤五：评估纠正措施的有效性。

完成纠正措施后，开具不符合的人员必须要跟踪验证，以评估纠正措施的有效性。

纠正措施的验证方式主要取决于不符合的性质和整改的难易程度，以及被验证信息的可信程度。通常情况下可选择的验证方式有：现场验证；书面文件记录、证明文件验证；下次审核验证；必要时，可组织开展补充评审验证纠正/纠正措施的有效性。

实验室可根据不符合的严重程度及紧急程度自行规定整改期限。我国认可机构对不符合整改的时限要求：CMA资质认定评审开具的不符合项，整改期限不得超过30个工作日；CNAS实验室认可开具的不符合项，纠正/纠正措施完成期限一般为2个月，严重不符合必须在1个月内完成整改。

## 四、原因分析的方法

在不符合整改过程中，原因分析准确与否决定了后续纠正措施是否有效，不符合项能否关闭。所以，原因分析非常重要，审核员及受审核方掌握好原因分析的方法，有助于提升原因分析的准确性。常用的原因分析方法有柏拉图（80/20原则）分析法、因果分析法（鱼骨图法）、5WHY分析法等。

### （一）柏拉图（80/20原则）分析法

**1. 柏拉图（80/20原则）的来源**

1897年，意大利经济学家柏拉图在对19世纪英国各阶层的财富和收益统计进行分析时发现：80%的社会财富集中在20%的人手里，而80%的人只拥有社会财富的20%。他在对不同时期和不同国度的社会财富分配的统计资料做分析时发现这种现象反复出现。这些数据足以证明社会财富的分配是不平衡的，而且这种不平衡是可以预期的。这就是“二八法则”，但在当时并没有引起多少人的注意。

世人开始对“二八法则”深刻了解，是在第二次世界大战后，这应该归功于哈佛大学语言学教授吉普夫和罗马尼亚裔的美国工程师朱兰。

1949年，吉普夫发现了“最省力法则”，这是对“二八法则”的重新发现与解释。“最省力法则”说的是：资源总是会自我调整，目的是使工作量减少，20%~30%的资源与70%~80%的资源活动有关。

后来，朱兰发现产品品质中隐含着“二八法则”。在他的倡导和实践下，“二八法则”成为全球品质革命的中心思想。

以后，“二八法则”也被人们称为“柏拉图法则”“柏拉图定律”“80/20原则”“80/20定律”“最省力法则”“不平衡原则”等。

**2. 柏拉图（80/20原则）分析步骤**

1）确定要分析的不符合工作，如10月份出现大量迟单、11月份报告审核差错率增加等。如果可能，最好把不符合工作列在纸上或其他地方。

2）收集所有故障/差错类型的数据，并进行分类，决定占比最重要的20%。在应用80/20原则时最困难的是确定20%是什么——换句话说，就是确定在所有投入中，哪些20%可以决定80%的产出。根据工作任务的重要性和紧急程度，可以将它们划分成四种类型，如图8-1所示。对每种类型予以不同对待。A类工作又称第一象限工作，具备高重要性及高紧急程度，实验室最好首先处理。D类工作又称第四象限工作，和A类工作正好相反，重要性低，紧急程度也低，实验室最好把它们累积起来定期集中处理。B类工作和C类工作又称第二象限工作和第三象限工作，这两类工作有时较难区分。B类工作具备高重要性和低紧急程度，实验室最好予以关注，确保它们能在各自截止日期之前完成。通常情况下，这些任务将使实验室更受益。C类工作具备低重要性和高紧急程度，实验室最好不要投入过多精力来完成，但需及时处理。分析重要性占比时，应该关注关键的20%优先处理（A类工作），同时关注B类工作，以确保它们能在各自截止日期前完成，当实验室能够成功地处理B类工作时，A类任务自然就减少了。

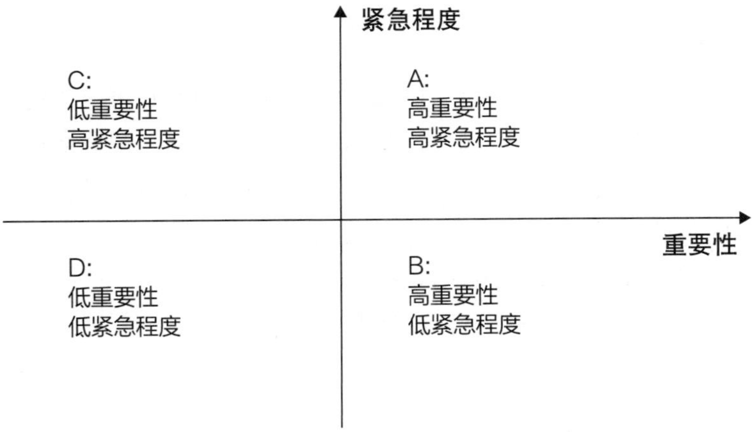


**图8-1　重要紧急四象限法则**

3）将分类好的数据进行汇总，由多到少排列，并计算累计百分比。计算累计百分比的公式：累计百分比=各项累计数÷总数×100%。

4）绘制横轴与纵轴：横轴表示分类项目；左边纵轴表示次数，最高刻度是发生的总数；右边纵轴表示发生率，最高刻度是发生率100%。左边纵轴最高刻度和右边纵轴最高刻度在一条水平线上。

5）绘制柱状图，并在柱状图上标示重点原因项。

6）绘制累计曲线。如图8-2所示：某实验室6月份报告差错100份，其中，类型A报告溯源类差错55份，占比55%；类型B报告技术类内容差错25份，累计占比80%；类型C报告未正确执行客户要求类差错10份，累计占比90%；类型D报告结论差错5份，累计占比95%；其他类型差错5份，累计占比100%。

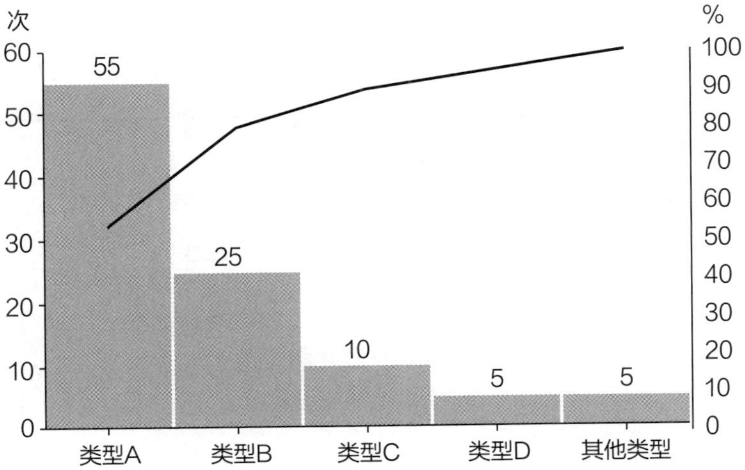


**图8-2　柏拉图（80/20原则）分析**

7）分析排列图，确定重要的故障/差错类型，可选择累计占比前80%的主要差错类型（报告溯源类差错和报告技术内容差错）进行整改。

8）针对主要故障/差错，组织原因分析并制订纠正措施。

**3. 柏拉图（80/20原则）使用注意事项**

柏拉图（80/20原则）是用来做重点管理的工具，重点通常只占全体的一小部分，只要掌握了重要的少数，就能控制全体，通常重点只占全体的20%，但影响度却能占80%。柏拉图（80/20原则）可以配合鱼骨图法一起使用。柏拉图（80/20原则）可用作不符合问题改善前、中、后的比较分析，确认改善措施的效果。

**4. 柏拉图（80/20原则）使用时常见的问题**

1）对要分析的多个故障/差错项目没有从大到小排列。

2）“其他类型”没有放在最后一位。

3）“其他类型”的数值远大于前面几项。

4）直方柱之间未连接。

## （二）因果分析法（鱼骨图法）

**1. 定义**

鱼骨图是1953年日本管理大师石川馨提出的一种极方便又有效的原因分析法，因其形状如鱼骨，故称鱼骨图（又称石川图），如图8-3所示。产品制造过程中发生的问题通常受到多个因素的影响，因此在解决问题时经常需要通过头脑风暴法找出可能的因素，并且把它们整理成层级分明、条理清楚的特性要因图，鱼骨图就是一种能够快速发现问题“根本原因”的方法，因此广泛应用于质量管理中。它与5WHY分析法类似但直观程度远高于5WHY分析法。

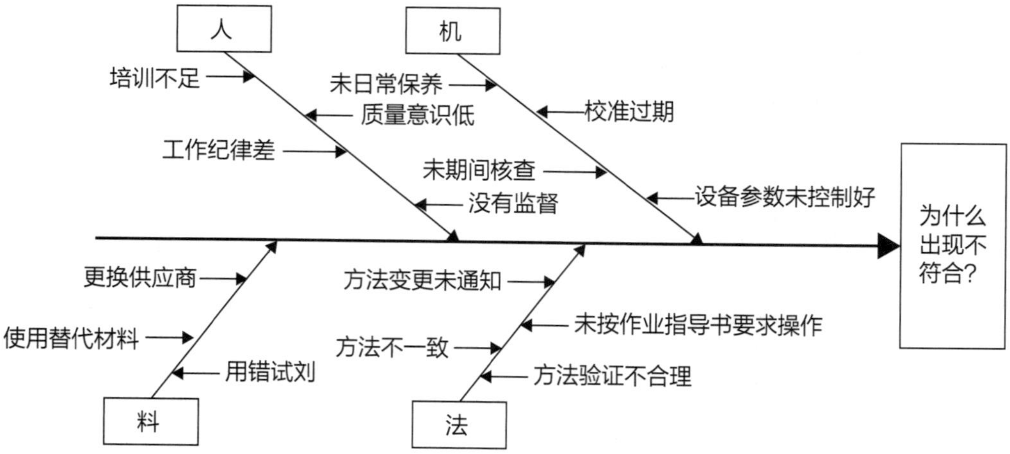


**图8-3　鱼骨图**

**2. 内容**

通常，我们先把问题放在图形中部（鱼的脊柱），然后通过头脑风暴找出几个类别的原因，将这些原因放到从主线散发出的分支（鱼的大骨）上。这些类别非常宽泛，可能包括“人、机、料、法、环、测”等。划分类别后，将其细分为更小的群组。举例来说，在“人”下方，可以考虑“领导”“职员”或“培训”等潜在的根本原因。

越来越深入地分析潜在的原因和次级原因，对每个分支提出问题，并可在这个过程中越来越接近问题的根源。通过这种方法，可以去除无关类别，确定相关因素，并且可能找到根本原因。

鱼骨图一般分为三种类型：整理问题型（各要素与特性值间不存在原因关系而是结构构成关系）、原因型（鱼头在右，特性值通常以“为什么……”来写）和对策型（鱼头在左，特性值通常以“如何提高/改善……”来写）。原因型鱼骨图为使用最频繁的类型，实验室在开展不符合工作原因分析时，可以选择此种类型，按照下述步骤开展原因分析。

**3. 步骤**

1）明确需要解决的问题，将其定义清楚，并把问题写在鱼头位置。针对问题点，选择主骨的分类方法，如5M1E：人（Man）、机（Machine）、料（Material）、法（Method）、测（Measurement）、环（Environment）。

2）问题的负责人将各要素画在鱼脊上，形成鱼骨图的大骨。大骨是在鱼脊上画出与鱼脊呈45°角的直线。

3）由问题的负责人召集与问题有关的人员组成工作组进行头脑风暴，该组成员必须对问题有一定深度的了解。针对5M1E的各个方面，讨论导致问题出现的所有可能原因，形成鱼骨的小骨。头脑风暴法（Brain Storming）是一种集思广益、发挥团体智慧，从不同角度找出问题所有原因或构成要素的会议方法，简称BS。头脑风暴法的活动原则是“严禁批评、自由奔放、多多益善、搭便车”。

使用鱼骨图法需注意的要点如下。

1）右边鱼头是果（Effect），左边鱼骨和鱼刺是因（Cause），鱼骨是大的要因（Main—cause），鱼刺是小的要因（Sub—cause）。

2）现场作业大的要因一般为5M1E。

3）管理类问题大的要因一般为：人、事、地、时、物。

4）运用头脑风暴法寻找中、小原因。

5）各要素归类、整理，明确其从属关系。

6）分析确认重要因素。

7）检查各要素的描述方法。

鱼骨图不以数值表示和处理问题，而是通过整理问题与原因的层次来标明关系，因此能很好地描述定性问题。鱼骨图的实施要求工作组负责人（即进行企业诊断的专家）有丰富的指导经验，整个过程中负责人应尽可能为工作组成员创造友好、平等、宽松的讨论环境，使每个成员的意见都能完全表达，保证正确画出鱼骨图，即防止工作组成员将原因、现象、对策混淆，同时还要保证鱼骨图层次清晰。负责人不对问题发表任何看法，也不能对工作组成员进行任何诱导。

### （三）5WHY分析法

**1. 定义**

5WHY分析法，又称“为什么—为什么”分析法，是一种探索问题根本原因的方法。

5WHY不代表问5个问题，而是对一个问题连续发问，从不符合项出发向前反推事件发生的原因，第一层“为什么”的答案可能是问题的表象，第二层“为什么”可能获得问题的直接原因，再多问几次“为什么”就可能找到问题的根本原因。在连续发问的过程中，每一个“原因”都会紧跟着另外一个“为什么”，直到问题的根源被确定下来。

**2. 步骤**

第一步是陈述要分析的不符合，即向有关人员清晰陈述发生的问题和相关信息，使所有相关人员都了解要分析的问题是什么，包括不熟悉该类问题的人员。只有与该类问题相关的人员才更了解问题的本质，清楚问题发生的原因，否则就如盲人摸象，只能根据个人认知的部分信息分析问题，无法找到问题的根本原因。第二步是连续问“为什么”，从表面原因一直问到深层次的原因，直到认为问题的根本原因已被识别。检验是否找到根本原因的方法是看这个原因解决后问题是否会再次发生，如果不会再次发生，那么就是找到了根本原因，否则仍需继续寻找根本原因。

杰弗逊纪念馆事件就是典型的运用5WHY分析法进行原因分析并解决问题的案例。杰弗逊是美国第三任总统，华盛顿广场建有一座杰弗逊纪念馆。雄伟壮观的纪念馆建成后没几年，外墙面就出现了裂纹，变得斑驳陈旧。政府组织专家对此问题进行专门研讨。最初大家认为元凶是有侵蚀性的酸雨，并设计了详尽又复杂的解决方案并实施，但没有任何成效。专家们进一步研究，却发现每天冲洗墙壁的清洁剂对建筑物有酸蚀作用。那么，为什么每天要冲洗墙壁呢？是因为墙壁上每天都有大量的鸟粪。为什么会有那么多鸟粪呢？因为大厦周围聚集了很多燕子。为什么会有那么多燕子呢？因为墙上有很多燕子爱吃的蜘蛛。为什么会有那么多蜘蛛呢？因为大厦四周有蜘蛛喜欢吃的飞虫。为什么有这么多飞虫？因为这里灯光充足，纪念馆窗户的温度比其他地方高，引来了许多飞虫，而且飞虫繁殖特别快，所以吸引了大量蜘蛛，并由此发生了前面一系列问题。由此可见，纪念馆灯光充足是使墙体损坏的根本原因，对应的解决方案也十分简单，关上整幢纪念馆的窗帘。仅从结论看，纪念馆的墙体损坏是灯光充足导致的，让人觉得匪夷所思、难以置信，但通过层层分析，得到的结论确是如此。因此，在处理问题时，若能透过重重迷雾追本溯源，便能从根本上解决问题。正如杰弗逊纪念馆墙壁的裂纹，只要关上窗帘就能节省几百万美元的维修费用。

**3. 要求**

（1）5WHY分析法总的指导方针。第一，要持有天真的态度，像孩童般善于发问，对问题不要有固化的思维；第二，要绝对客观，杜绝带个人情感分析问题；第三，不要认为答案是显而易见的，不要陷入惯性思维，否则难以找到问题的关键；第四，组建一个多功能的工作小组完成分析，集合多人的智慧并从多方面分析问题；第五，如果问题涉及多个原因，应找到每个原因的根源。

（2）确认所描述的状态是事实而非推断猜测。也就是说，每一次提问“为什么”得到的答案应该是客观事实，而不是臆想的结论，就如杰弗逊纪念馆墙面出现裂纹的表面原因是冲洗墙壁的清洁剂对建筑物有酸蚀作用，这是实际发生的事实，不是猜测。在分析问题时要基于事实和已知的数据。

（3）推论要理性、客观，避免借口类答案。例如：为什么设备没有及时校准？因为事情太多了。为什么没有维修设备？因为设备超负荷运作。为什么设备超负荷运作？因为生产量太大。为什么生产量大？因为业务接了很多订单。为什么接了那么多订单？因为公司要赚钱。这种类型的回答都是在找借口，并没有实际分析产生问题的原因，不能有助于寻找产生问题的根本原因。

（4）避免对原因的追求牵涉人的心理。如操作员心情烦躁、检测人员工作时想其他事情等，这往往导致分析不出根本原因。

（5）分析原因应围绕问题本身，避免推卸责任。例如，不符合项的责任部门是A部门，但原因分析却是B部门的责任，这就存在推卸责任的嫌疑。

（6）注意层与层之间的相关性。5WHY分析法是层层递进寻找原因，每个问题和答案之间有必然关系，如果层与层之间跳脱了，就容易遗漏关键原因甚至根本原因。例如，今天上班迟到了5分钟，是因为昨晚睡太晚了。这个问题与答案之间就比较跳跃，两者间不存在必然的关系。今天上班迟到5分钟，是因为出门比平时晚了5分钟，这两者间就很明显存在因果关系，出门晚很大概率会迟到。所以，分析原因的过程中应保持层与层之间的紧密关系。

总体来说，5WHY分析法顺利进行，不仅在提问的时候要抓住要点，回答的时候更应把握好方向，最核心的原则就是：要往我们可以控制的事项上回答，避免不可控制的内容。

以上介绍的三种分析方法，各有优缺点，使用时可根据具体情况选择，也可以交叉使用，如采用鱼骨图分析法时，对不同层次的原因可采用5WHY分析法。如表8-1所示。

**表8-1　三种原因分析法的优缺点**

| 原因分析方法 | 适用范围 | 优点 | 缺点 |
|---|---|---|---|
| 柏拉图分析法 | 适用于分析较为复杂的不符合工作 | 抓住少数的核心原因、重点原因，可提高改进的效率 | 需要对每一个不符合原因进行占比评估；受限于不符合工作评估小组人员的评估能力 |
| 鱼骨图分析法 | 适用于各种类型的根本原因分析 | 可确定所有可能影响事故的潜在过程和因素，原因分析较为全面 | 无法提供不符合工作和根本原因之间的因果关系；注重不同层次原因对问题的影响，切断了不同层次之间的因果关系 |
| 5WHY分析法 | 适用于分析较为简单的不符合工作 | 最为简单的根本原因分析法，容易被所有人理解；提供了不符合工作到根本原因的因果关系 | 信息量有限；分析效果基于分析人员的经验和能力，易受个人主观因素的影响 |

## 第二节　潜在风险和机遇的应对

### 一、“预防措施”与“潜在风险和机遇的应对”

早期的质量、环境及职业健康与安全管理体系标准（如ISO 9000、ISO/IEC 17025、

QS 9000、ISO/TS 16949、ISO 14001、OHSAS 18001）中，均涉及“预防措施”这个术语。《质量管理体系—基础和术语》（ISO 9000：2015）中，“预防措施”是指“为消除潜在不合格或其他潜在不期望情况的原因所采取的措施”。在企业实际的管理体系运作中，虽然都会编制一份有关“预防措施”的形成文件的程序，但真正做到较全面预见性地发现潜在问题通常存在较大难度，换言之，这样作业的可操作性不强，取而代之的主要是“纠正措施”。但“纠正措施”与“预防措施”的确是两个不同的概念，“预防措施”是为了防止某问题发生所采取的措施，而“纠正措施”是为了防止同样的问题再次出现所采取的措施。

为了解决上述问题，自《质量管理体系 要求》（ISO 9001：2015）取消“预防措施”这个条款后，所有ISO颁布的管理体系标准均不再使用“预防措施”，并代之以“潜在风险和机遇的应对”，新版ISO/IEC17025：2017标准也是如此。

事实上，为了有效地实施“预防措施”，使可能存在的潜在问题被及时发现，需要一个从识别问题到控制潜在影响的管理系统，对于这一点，不同行业已经开发出很多行之有效的方法，除了消费品行业的作业条件风险评价法（LEC），还有食品行业的危害分析与关键控制点法（Hazard Analysis and Critical Control Point，HACCP），以及汽车行业的潜在失效模式及后果分析法（Potential Failure Mode and Effect Analysis，FMEA）等，其中FMEA已在一些实验室得到应用并取得了非常好的效果，本书将其作为一个重要的“预防措施”方法简要介绍。

## 二、潜在失效模式及后果分析（FMEA）

### （一）什么是FMEA

潜在失效模式及后果分析（FMEA）起源于美国，是在产品设计及过程设计阶段，对构成产品的子系统、零件及构成过程的各工序逐一进行分析，找出所有潜在的失效模式，并分析其可能的后果，从而预先采取必要的措施，以提高产品的质量和可靠性的一种系统化的活动。

FMEA方法广泛应用于航空、航天、舰船、兵器等军用系统的研制中，并逐渐渗透到机械、汽车、医疗设备等民用工业领域，取得了显著的成果。有文献统计，美国某知名汽车公司大约50%的质量改进是通过FMEA和FTA（故障树分析法）/ETA（事件树分析法）实现的。麦肯锡公司的调查结果表明：日本汽车及零部件制造企业应用FMEA和FTA/ETA的比例高达100%，1980年至2000年，每百辆车的问题数从118个下降到20个，FMEA起到了重要的作用。

### （二）FMEA实施的步骤

FMEA的实施，包括六个步骤：识别潜在失效模式、识别潜在后果、识别潜在原因、识别控制、识别和评估风险、建议措施和结果。

FMEA实施的结果体现在潜在失效模式及后果分析表中，FMEA分析顺序如图8-4所示。

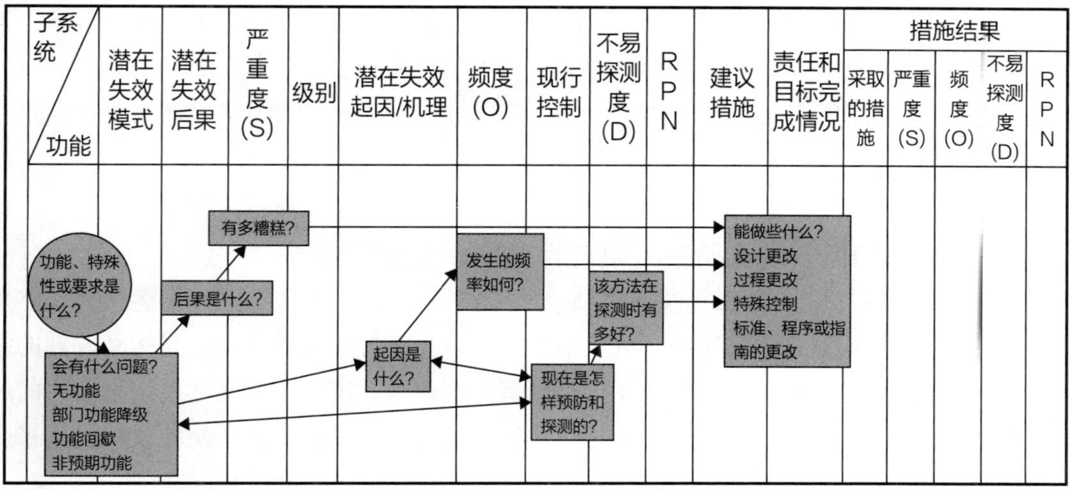


**图8-4　潜在失效模式及后果（FMEA）分析顺序**

执行FMEA并不困难，它是一种分析技术， 即在一张包括诸多要求的表单上进行分析并加以控制和应用便可达成的过程控制。美国三大车厂在《潜在失效模式及后果分析手册》中已明确给定了这种表单的格式，该表单包括如下主要内容。

1）功能要求：填写被分析过程（或工序）的简单说明。

2）潜在失效模式：记录可能出现的问题点。

3）潜在失效后果：列出上述问题点可能引发的不良影响。

4）严重度（S）：对上述问题点的不良影响进行评价并赋分（1～10分），分值越高影响越严重。

5）潜在失效起因/机理：该潜在问题点可能出现的原因或产生机理分析。

6）频度（O）：对上述“起因/机理”出现概率赋分（1～10分），分值越高出现机会越大。

7）现行控制：列出目前本企业对这一潜在问题点所使用的控制方法。

8）不易探测度（D）：在采用“现行控制”的方法控制时，对该潜在问题被检查出来的难易程度赋分（1～10分），得分越高越难以被检出。

9）风险顺序数（Risk Priority Number，RPN）：将上述“严重度”“频度”“探测度”得分相乘得出结果，数值越大则这一潜在问题越严重，越应及时采取“预防措施”。

10）建议措施：列出对RPN较高的潜在问题点制订的“预防措施”，以防止其发生。

11）责任和目标完成情况：写出实施上述“预防措施”的计划方案。

12）措施结果：对上述“预防措施”计划方案实施状况的确认。

13）纠正后的RPN：实施纠正措施后，将评估的严重度、频度和不易探测度的等级数填入标准表格。

潜在失效模式及后果分析结果评价方法。

1）风险顺序数（RPN）的评价：风险顺序数RPN是严重度数（S）、频度数（O）、不易探测度数（D）的乘积。RPN=S×O×D，是一项设计风险指数，取值在1～1000之间。当RPN较高时（大于100），设计小组应提出纠正措施来降低RPN值。一般实践中，不管RPN大小，当严重度数（S）较高时，就应予以特别注意。

2）建议措施的提出：依RPN值排列风险顺序，对高风险的影响和关键项目提出纠正和预防措施。

## 三、FMEA如何实现实验室“潜在风险和机遇的应对”

实验室的潜在风险既存在于实验室活动（或过程）中，也存在于实验室的管理体系中。不符合往往可通过内外部审核、人员监督、客户投诉等方式被发现，是被动发现的结果。产品（或服务）、过程、管理体系的持续提升与改进，需要实验室主动识别潜在的风险（或改进的机遇），FMEA是一个系统的工具和方法。现以某三级医院的改善案例来介绍如何利用FMEA实施实验室的“预防措施”（或“潜在风险和机遇的应对”）。

某三级中西医结合医院检验科将FMEA分析用于检验科预防措施的制订和管理中，取得了良好的效果，具体做法如下。

第一步：绘制流程图。

检验科质控组成立FMEA小组，通过绘制流程图，将样品接收至报告发放的全过程以流程图的方式逐一展开，形成5个主流程及10个子流程，如表8-2所示。

**表8-2　检验科预防措施管理流程**

| 主流程 | 地点 | 子流程 |
|---|---|---|
| 样本采集 | 检验科采血中心 | 检验科真空采血管选择，对患者实施样本采集 |
| 样本交接 | 检验科采血接待处 | 接待处与物业人员进行样本交接，清点种类、数量，检查样本质量 |
| 检测准备 | 检验科仪器操作处 | 检验科各岗位对检测仪器的准备工作，添加试剂 |
| 样本检测 | 检验科仪器操作处 | 检验科各岗位仪器操作，对样本操作 |
| 结果报告 | 检验科检验结果发布处 | 检验科各岗位对检验结果审核，结果发布 |

第二步：分析失效模式计算危机值。

项目组成员采用“头脑风暴法”，找出10个子流程中每一步骤的潜在失效模式，分析潜在失效原因，评估失效后果的严重度（S）、失效模式发生的概率（O）、失效模式的可检测程度（D），计算风险顺序数（RPN）。RPN分值与严重程度成正比，数值越大，对失效的影响也越大。RPN值最高的失效模式（环节）是流程中最需要优先采取改进措施的部分，如表8-3所示。

**表8-3　集中式管理中的失效模式和RPN值**

| 失效模式 | 潜在原因 | O | D | S | PRN |
|---|---|---|---|---|---|
| 用错采血管 | 黑盖血沉管和黑盖氟化钠管存在错用的可能 | 8 | 4 | 8 | 256 |
| 样本丢失 | 检验科接待人员和样本运送人员手工交接 | 5 | 8 | 10 | 400 |

续表

| 失效模式 | 潜在原因 | O | D | S | PRN |
|---|---|---|---|---|---|
| 检验前仪器的准备 | 深色试剂存在对全自动生化分析仪管路污染的可能 | 8 | 6 | 8 | 384 |
| 检验中漏做试剂空白 | 同一项目多瓶试剂存在漏做试剂空白的可能 | 10 | 8 | 8 | 640 |
| 拿不到检验报告 | 由检验科打印的纸质报告单有丢失的可能 | 8 | 8 | 5 | 320 |

第三步：制订并实施改进措施（预防措施）。

项目组通过讨论，形成如下改进措施并予以实施。

1）氟化钠真空采血管改用灰色盖子，从颜色上与黑色盖子的血沉真空管加以区分，再在条形码上分别以“黑色”“灰色”标注。

2）在LIMS中增加检验科窗口接待人员与样本运送人员交接样本的流程，形成数字化样本交接清单。

3）对深色试剂如镁、比浊法试剂如脂蛋白a等在“污染预防”中设置3次清洗试剂针。

4）在校准设置中对同一项目多瓶试剂的设置每瓶试剂均做试剂空白。

5）检验报告无纸化，由病区医生和门诊患者根据需要自行打印。

第四步：改善效果评估。

1）运用FMEA前后的RPN控制效果对比。5个失效模式的RPN值较之前显著下降，其中4个失效模式的RPN值小于100，达到该院检验科风险控制可接受值，1个失效模式的RPN值为100，属于风险受控区间值，如表8-4所示。

**表8-4　两组集中式管理的RPN比较**

| 失效模式 | 实验组 | | | | 对照组 |
|---|---|---|---|---|---|
| | O | D | S | RPN | RPN |
| 用错采血管 | 2 | 1 | 8 | 16 | 256 |
| 样本丢失 | 2 | 5 | 10 | 100 | 400 |
| 检验前仪器的准备 | 2 | 2 | 8 | 32 | 384 |
| 检验中漏做试剂空白 | 2 | 1 | 8 | 16 | 640 |
| 拿不到检验报告 | 2 | 2 | 5 | 20 | 320 |

2）运用FMEA前后质量情况对比。预防措施实施后，统计了2017年9月至2018年1月挑选采血管和样本从采样到接收所用时间，与同期数据进行比较，分别降低80.00%和30.83%，差异有统计学意义（$P<0.05$），检验流程被极大优化，如表8-5所示。

**表8-5　运用FMEA前后检验流程优化情况比较**

| 组别 | 挑选采血管所用时间（s） | 样本从采样到接收所用时间（min） |
|---|---|---|
| 实验组 | 3.0 | 41.5 |
| 对照组 | 15.0 | 60.0 |

# 第三节　持续改进

## 一、持续改进的基本概念

对于以“高绩效”“质量竞争力”为质量目标的实验室来说，仅依据实验量管理体系标准（ISO/IEC 17025：2017）开展纠正、纠正措施以及风险管理措施（预防措施）是远远不够的，机构需要导入适当的绩效改进工作以实现持续改进。

“持续改进”一词要追溯至“持续改善”。“持续改善”（Kaizen）方法最初是一个日本管理概念，指逐渐、连续地增加改善，由日本“持续改进之父”今井正明在《改善：日本企业成功的关键》一书中提出。Kaizen意味着改进，涉及每一个人、每一环节的连续不断的改进，从最高的管理部门、管理人员到工人都包括在内。持续改善的策略是日本管理中最重要的理念之一，是日本人竞争成功的关键之一。

## 二、持续改进的基本步骤

在《质量管理体系 基础和术语》（ISO 9000：2015）中，持续改进被定义为“提高绩效的活动”。持续改进的过程可以用“PDCA”循环的方法来实现，如图8-5所示。

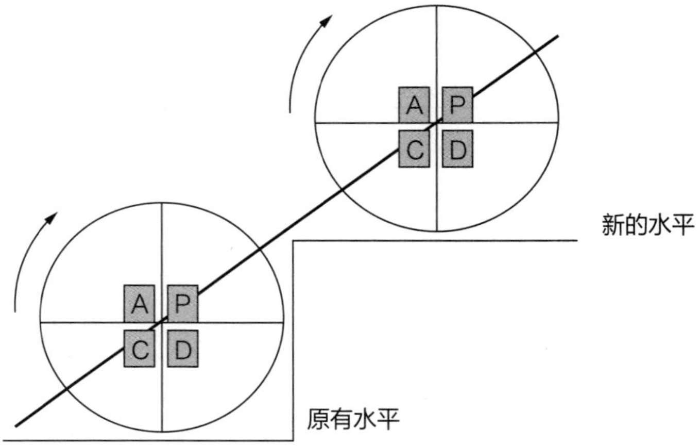


**图8-5　持续改进PDCA示意图**

PDCA又称戴明环（Deming Cycle），是一个质量持续改进模型，是提高产品或过程质量、改善组织经营管理的重要方法，是过程管理体系运转的基本方式。它包括4个阶段8个步骤，4个阶段即计划（Plan）、执行（Do）、检查（Check）和处置（Action）。每个阶段和步骤的工作内容如表8-6所示。

表8-6　PDCA的4个阶段8个步骤工作内容

| 阶段 | 步骤 | 工作内容 |
|---|---|---|
| 计划 | 步骤1：分析现状，找出存在的问题 | ① 确认问题 |
| | | ② 收集和组织数据 |
| | | ③ 设定目标和测量方法 |
| | 步骤2：分析产生问题的各种原因或影响因素 | / |
| | 步骤3：找出影响的主要因素 | / |
| | 步骤4：制订措施，提出行动计划 | ① 寻找可能的解决方法 |
| | | ② 测试并选择 |
| | | ③ 提出行动计划和相应的资源 |
| 执行 | 步骤5：实施行动计划 | / |
| 检查 | 步骤6：评估结果（分析数据） | / |
| 处置 | 步骤7：标准化和进一步推广 | / |
| | 步骤8：在下一个改进机会中重新使用PDCA循环 | / |

## 三、持续改进的常用方法

受PDCA的影响，质量管理领域诞生了一系列持续改进理论和方法。从早期的品管圈（QCC）、提案改善、解决问题的8个步骤（8D），到后期的零缺陷、六西格玛等，这些质量改进工具无一例外地打上了PDCA的烙印。

### （一）品管圈（QCC）

品管圈（Quality Control Circles，QCC）指由相同、相近或互补性质的工作场所的人们自动自发组成数人一圈的小圈团体（又称QC小组），全体合作、集思广益，按照一定的活动程序来解决工作现场、管理、文化等方面所发生的问题及课题的方法。它是一种比较活泼的品管形式，目的在于提高产品质量和工作效率。

### （二）提案改善

提案改善是为持续提升或突破KPI绩效，鼓励全员参与、集思广益，引导每一位员工在做好本身岗位工作的同时，针对工作中存在的问题，发挥独创之构想，提出创新性改善意见或改善方法，组织团队资源实施改善，并对改善过程及结果进行验证、评估与预测的活动过程。

### （三）解决问题的8个步骤（8D）

8D（Eight Disciplines）又称团队导向问题解决方法。8D就是要建立一个体系，让整个团队共享信息，努力达成目标。该方法适用于解决各类可能遇到的简单或复杂的问题，是解决问题的一个很有用的工具。

### （四）零缺陷

美国质量管理学家克劳斯比指出，质量改进的最终目标是零缺陷，零缺陷是指引质量持续改进的理念。零缺陷管理的核心是第一次就把正确的事情做正确（Do it right the first time），其中正确的事情、正确地做事和第一次做正确，三个因素缺一不可。

### （五）六西格玛

六西格玛是一套系统的、集成的业务改进方法体系，是旨在持续改进企业业务流程，实现客户满意的管理方法。它通过系统地、集成地采用业务改进流程，实现无缺陷的六西格玛设计（Design for Six Sigma，DFSS），并对现有过程进行过程界定（Define）、测量（Measure）、分析（Analyze）、改进（Improve）、控制（Control），简称DMAIC流程，消除过程缺陷或无价值作业，从而提高质量和服务、降低成本、缩短运转周期，达到客户完全满意，增强企业竞争力。

# 第四节　质量创新

## 一、质量创新概念的产生与发展

### （一）什么是创新

创新，顾名思义，就是创造新的事物。1912年，熊彼特在《经济发展理论》一书中首次提出“创新理论”（Innovation Theory）：创新者将资源以不同的方式进行组合，创造出新的价值。这种“新组合”往往是“不连续的”，也就是说，现行组织可能产生创新，然而大部分创新产生在现行组织之外。因此，他提出了“创造性破坏”的概念。熊彼特界定了创新的五种类型：开发新产品、引进新技术、开辟新市场、获得原材料或半成品的一种新的供应来源、实现新的组织形式和管理模式。

### （二）从质量管理到质量创新

随着知识经济时代的到来，创新进一步成为全球企业关注的重点，成为创新价值、提升企业竞争力、战胜竞争对手、赢得顾客和市场的利器。创新的类型在熊彼特最早提出的五种类型的基础上有了进一步的发展，其中，质量创新就是集产品创新、生产方法创新和市场创新为一体的新颖创新模式。

20世纪80年代末，日本索尼公司盛田昭夫和石原慎太郎合著《日本可以说不》，提出日本的“技术反转”战略将成为新的经济形态。所谓“技术反转”就是企业把发展中心放在改善生产过程，而不是研究开发新产品，新产品主要是利用别人的发明。据调查，日本企业的研究开发（R&D）经费三分之二用于改善产品的生产过程，三分之一用于新产品的开发（美国三分之二的R&D经费用于新产品的开发）。录像机、传真机等是美国发明的，日本人拿过来，一下子就主宰了市场，其改善产品生产过程最重要的一招就是TQC（Total Quality Control，全面质量控制）。

TQC在日本取得了辉煌的成功，“技术反转”战略对发展中国家也具有积极意义，然而，近年来世界经济的发展，说明“技术反转”战略已经过时，需要人们重新思考新的发展战略，重新思考当今的质量管理模式。

产品质量的形成，来源于两个方面：一是在设计过程中确定的质量水平；二是在制造过程中达到的质量水平。一般来说，前者是一个创新过程或突破过程，后者是一个比照过程或维持过程。回顾质量管理发展史，质量管理首先是对后者的管理，不仅质量检验、统计质量控制如此，全面质量控制也是如此。在大工业生产条件下，不能不强调对制造过程的控制，但是，对制造过程控制得再严格，也只能做到产品质量接近或达到由设计过程决定的质量水平。后来，质量管理通过前伸后延，成为全面的质量管理（Total Quality Management，TQM），将设计过程纳入质量管理的范围，但强调的依然是控制，包括对设计和开发策划的控制、对设计输入的控制、对设计输出的控制、对设计验证的控制等。这说明，全面的质量管理实质上还是全面的质量控制。

长期以来，“管理”被人们普遍认为就是将现有的业务梳理得井井有条，不断改进质量、流程，降低成本，提高效率等。直到德鲁克提出，创新是组织的一项基本功能，是管理者的一项重要职责。质量管理也不例外，它不仅要求通过各种管理措施，使产品质量接近或达到既定的质量水平，而且要求突破这种水平。

费根堡姆在1998年10月第三次上海国际质量研讨会上指出：“现在全世界的人们都会要求商品质量是完美的、人人都可以买得起的、服务是满意的。把握这种全面质量的价值体现是所有公司取得成功的基础。我们的工作需要从减少错误转向发掘长处。”这段论述充分阐述了提高产品质量的两个途径：一是“减少错误”，消除产品中的质量问题或质量隐患；二是对产品进行根本性的改造，使其包容更多的科学技术内容。前者依靠管理手段实现，后者则需要实施创新。对企业来说，创新通常包括制度创新、技术创新和管理创新。从很大程度上来说，技术创新和管理创新就是质量创新，因为技术创新和管理创新的目的，最终要体现在提高质量、增加效益等方面。21世纪的质量管理工作正在迅速地从传统的全面质量管理（TQM）进入全新的全面质量创新（Total Quality Innovation, TQI）阶段。

### （三）质量创新的定义和特征

质量创新指通过对技术、管理、人力资本、企业家精神等要素的使用，提升产品和服务的固有特性，以更好地满足市场多层次的消费需求，最终实现更高效益。质量创新的本质是满足需求，而不是简单地提高性能指标参数，或者单纯地降低产品缺陷，更不是故步自封地致力于质量管理体系的建设与完善。全面质量创新（TQI）具有如下三大特征。

**1. 更加重视产品创新**

如果说TQC的重点在生产过程，TQM扩展到设计过程，TQI则把管理的重点放在研究开发上，包括基础研究、应用研究和开发研制。即便是对老产品的改进，其着眼点也不能局限于“减少错误”，而是“发掘长处”，其重点是用新原理、新方案、新材料、新结构、新成分、新工艺对老产品进行改造，使其尽可能多地具有创新的性质，扩大其功能，提高其可靠性，增强其安全性（包括环境安全）。

**2. 更加重视质量改进**

虽然TQM的质量改进往往局限于“减少错误”，但其通过审核评审、收集顾客意见等方法来识别“错误”的做法，为TQI寻找创新的突破口提供了前提条件。也就是说，TQM的PDCA方法在TQI中同样适用，只是前者重点在消除不符合的“错误”，后者重点在对“错误”进行分析，然后寻找创新的突破口。可以说，后者也是一种质量改进，是一种“改朝换代”式的质量改进。

**3. 更加重视识别需求**

众所周知，知识经济、高科技产业，包括质量创新，都存在风险，而且往往是高风险。除了技术本身的风险，最大的风险来自市场，如果创新了一种产品，但市场却不需要，那么创新也就失去了意义。因此，TQI更加重视市场调研、营销质量，更加重视把握市场机遇。美国的数字化电视推出之后，日本研制的高清晰度电视只好退出舞台，这种案例比比皆是，企业需要加强对市场包括对竞争对手的研究和把握，否则，创新也会失败。

## 二、实验室质量创新的方式和途径

杨克军在《供应链质量管理：概念、战略及方法》一书中，将供应链（尤其是核心企业）实施质量创新的路径及方法归纳为产品创新、方法创新和标准创新三个方面，其中产品创新是质量创新的最新成果，技术创新（或方法创新）是质量创新的基础，标准化是创新成果转化的桥梁。

参照杨克军的分类法，本书将实验室的创新路径及方法归纳为服务创新、方法创新和标准创新三种，其中服务创新和标准创新均好理解，本书仅就实验室可以尝试开展的方法创新略举二例进行介绍，即质量大数据的应用和质量追溯技术的应用。

### （一）质量大数据的应用

**1. 什么是质量大数据**

质量大数据指具有能够反映质量特性的各类数据，质量包括狭义质量（产品质量）和广义质量（经营质量），质量大数据是在质量数据的基础上拓展到大数据范畴，覆盖产品质量、经营质量以及其他与质量相关的领域，因此质量大数据的研究和应用也就包括供应链质量管理和宏观质量管理两方面。

**2. 质量大数据的收集**

根据目前质量工作的内容和形式，质量大数据来源基本可分为政府、市场和消费者三个方面。

（1）政府数据来源。在政府行政监管的基础上，质量大数据来源可以包括标准数和监管数据。涵盖各类标准的技术指标（或参数）、执行数据、反馈数据，尤其是服务标准将是未来大数据采集的主要渠道之一。监管数据主要指产品质量监督抽查、工业生产许可证及证后监管、质量申诉投诉、消费者投诉、商标以及食药品监管等部门的监管信息。

（2）市场数据来源。市场将是未来质量管理的重要领域。市场中大数据的来源可以包括：企业行为数据，如企业规模、管理体系、技术水平等企业信息，产品包装、规格、质量、市场渠道、物流、检测认证等产品信息；经济数据，如行业发展、标准体系建设、质量水平等行业信息以及宏观经济数据，通过数据挖掘，可以更好地将宏观质量管理和经济宏观调控相结合，提升经济运行质量。

（3）消费者数据来源。消费者大数据来源可以包括：互联网，如社交网络、电子商务网站等产生的大量消费者数据，用户的每一次点击、每一次评论都将是数据的重要获取对象；社会服务机构，超市、医院、社区服务机构等服务行为发生地产生的大量产品和服务大数据，如消费者对产品的抱怨情况，服务领域的质量测评数据，市民对产品、服务、工程、人居质量的评价数据等。

**3. 质量大数据的应用**

现有质量数据分析应用主要围绕产品和服务质量以及行政监管信息，大数据时代则需要全面采集和有效利用广泛的社会、企业以及消费者数据。

（1）服务质量评价。在大数据收集技术的支撑下，未来可以全面收集顾客对服务水平的评价数据，这种评价数据区别于现行的顾客满意度的统计调查数据，而应该是接近总体样本量的服务评价数据，能够全面反映顾客对服务的主观评价，同时可以更好地解决统计调查中存在的精度和系统性误差问题，真实全面地反映服务质量水平。

（2）产品召回。现阶段产品召回中数据分析主要应用于汽车等消费品，未来，产品召回的数据采集和分析对象可以扩大产品范围，对给人身安全和财产权益造成伤害的产品数据全面监测和采集，包括政府产品监管数据、企业生产和销售数据、市场消费者数据等，还可以结合产品伤害监测系统联合采集数据，共同收集产品缺陷数据，为不同的应用提供数据支撑。

（3）质量数据平台。质量大数据平台可以由数据采集系统、数据分析系统、信息发布系统组成。数据采集系统主要是跟踪和抓取质量相关数据，这些数据的格式不再局限于传统的文本、图片等结构化数据，还可以包括半结构化和非结构化数据。数据采集是后续分析和应用的基础，对整个质量大数据的研究和应用发挥着关键作用。

**（二）质量追溯技术的应用**

**1. 质量追溯的定义**

追溯，本意为追根溯源，指根据线索追踪和探寻事物的本质或渊源。在质量管理领域，ISO 9001标准将“可追溯性”定义为：通过记录的标识，追踪产品目标对象的历史、应用或位置的能力。可追溯性可分为质量追踪与质量溯源两部分。

1）质量追踪是从物流的角度出发，通过标识的相关信息对产品的全生命周期活动过程进行跟踪，以准确定位产品的位置。质量追踪的关键部分是对产品及其零部件的使用情况和产品的组成情况进行追踪，以实现对产品形成的全过程进行控制。

2）质量溯源是从信息流的角度出发，通过对与产品相关的数据及事件的标识、检索和分析，最终确定故障发生的根源性原因，找到质量问题的源头，是一个问题查找的过程。质量溯源的关键部分是对质量信息的搜集、检索、存储和分析。

**2. 质量追溯的类型**

质量追溯可分为向前追溯（顺着生产过程的方向，往前追溯，预测可能出现的质量隐患）和向后追溯（逆着生产过程的方向，往后追溯，诊断已经发生的质量问题）两种类型。

1）向前追溯，又可以称为预测结果追溯，即跟踪供应链的每一个关键点，按照某个或若干标准，找到产品的准确位置。通常用于找到成品当前在供应链中所处的位置，也可认为是产品的正向追溯。当成品已经卖出，要追溯该成品安装在哪里，以便及时追回不合格品，将损失降到最低程度。向前追溯多用于产品的召回，以某部件或成品为出发点，顺着正向的供应链进行追溯，确定问题产品在供应链所处的位置。

2）向后追溯，也可以称为诊断原因追溯，即追踪供应链中的每一个关键点，按照一个或若干标准，找出某个产品的源头和质量特征。通常用于找到一个质量问题的源头，有时也被认为是产品的反向追溯，也就是在安装或售后服务过程中发现成品中有不合格的零部件并找出不合格原因后，能够利用标识追溯其采购、生产、安装、售后服务的各个环节，根据不合格原因找出责任点。向后追溯是对某种质量问题进行的追溯，一般以此问题为出发点，根据一定的标准，确定问题产品的质量特性。

**3. 质量追溯的应用领域及作用**

站在政府质量监管的角度，质量追溯具有如下作用。

1）产品质量安全风险管理的作用。例如，国际食品法典委员会（CAC）指出“可追溯性”是风险管理的关键，尤其是对非预期效应的监控和标识管理特别有效。食品可追溯的两大层次，一个是企业对食品生产链信息的可追溯，另一个是政府对生产链信息的监管数据库建设。

2）产品质量安全“确责”与“召回”的作用。明确产品质量安全责任的归属，确定负责人；明确不合格产品的批次，实现缺陷产品快速、准确召回；通过“确责”与“召回”，最终实现“来源可查、去向可追、责任可究”的追溯目标。

3）产品质量安全信息记录的作用。详细记录各食品安全关键控制点的相关信息。信息记录包括信息的宽度（范围）、深度（产业链覆盖环节）和准确度，信息记录能决定可追溯的效果。

站在供应链企业自身经营管理的角度，质量追溯具有如下作用。

1）实现产业升级。产品质量溯源系统是典型的物联网与互联网的融合集成应用项目，可通过产品溯源技术将产品产供销的全流程信息采集储存，供消费者、监管机构、溯源企业随时查询调阅。

2）强化质量控制。产品质量追溯系统分为企业生产工艺的内部溯源和产品流通环节的外部溯源两个部分。各类生产企业进行追溯系统的建设，势必加强原料采购、原料储存、提料投产、生产加工、抽样质检、成品储存等环节的标准化和规范化，明确各环节责任人，并为落实企业的追责提供依据。

3）规避质量风险。产品一旦出现质量问题，可以根据追溯系统快速查清责任环节。如食品过了保质期，消费者食用后出现肠胃不适，此时就要盘查原因是商超疏于盘货下架还是厂家库存积压导致的食品过期，查明原因后，就可以明确责任，避免产业链上的供货商、生产商、销售商相互扯皮，以利于企业在食品安全事故中规避风险。

4）实施精准召回。产品一旦出现质量问题，可以根据产品批次精准召回，既可以精确追踪到这批问题产品的销售状态及时采取下架或召回处理，还可以避免整个品牌大批量盲目召回。产品质量追溯系统可以记载消费者的信息，当发现产品质量问题时，可以通过数据库快速追踪消费者的信息，从而减少用户损失导致的后期赔偿。

全面了解质量大数据以及质量溯源技术在供应链质量管理以及政府质量监管方面的应用，可以帮助实验室站在更高的视角审视并洞悉新的商业机会，从而探索出新的商业模式。只有跳出传统的、单一的检验检测服务的“红海”，转型成依据检验检测数据的技术服务提供商，检测检测机构才能够进入全新的“蓝海”，并实现可持续发展。

# 附录

## 商业实验室如何实施“零缺陷”质量管理

杨克军　《中国质量》2021年第4期

**摘要**

商业实验室，又称第三方检测机构，其检测对象绝大多数是“单一”的样品，其检测结果往往用于贸易结算、质量监督、安全防护、医疗卫生、环境监测等，检测结论错误或不准确，将给贸易双方、监督者与被监督者、利益相关方造成严重影响。本文介绍零缺陷质量管理的核心思想，从定义、必要性、现状、应用和实践案例五方面进行阐述。

**关键词**

商业实验室；质量管理；零缺陷

站在供应链质量管理的角度，第三方检测机构除了应具备“独立”“公正”等商业属性以外，还应具备检测结论“准确”的产品属性。检测结论“准确”，就是指“零缺陷”。质量是企业的生命线。对于制造企业来说，“零缺陷”是企业提升核心竞争力的一种重要手段，是一种“奢侈品”；对于商业实验室而言，“零缺陷”是一个第三方机构提供“公正”“客观”“准确”数据的基本要求，是一种“必需品”。

### 一、什么是“零缺陷”质量管理

美国质量管理大师菲利普·克劳斯比在其著作《零缺点的质量管理》一书中　针对大部分管理人员普遍持有的对质量的错误看法，提出了质量管理的四大定理，也即“零缺陷”的基本理念：质量的定义就是符合要求；以防患于未然为质量管理制度；工作标准必须是“零缺点”；以“产品不合标准的代价”衡量质量。

零缺陷理论自20世纪70年代末创立至今，经过不断完善，已成为一套质量管理的经典哲学，成为企业创造质量奇迹进而迅速发展壮大的强劲动力，备受IBM、GE、摩托罗拉、施乐等世界顶级公司推崇。

### 二、商业实验室实施“零缺陷”质量管理的必要性

商业实验室又称第三方检测机构。所谓第三方，通常指合同关系双方的两个主体之外相对独立的、公正的第三主体。引入第三方的目的是确保交易的公平、公正，避免纠纷和欺诈。站在供应链质量管理的角度，第三方检测机构除了应具备“独立”“公正”等商业属性以外，还应具备检测结论“准确”的产品属性。而所谓检测结论“准确”，就是指“零缺陷”。

制造业进行批量生产，一批产品的交付合格率如果达不到100%，往往可以通过“返修”“退货”“换货”或必要时辅以“赔偿”等方式来消除顾客对不合格产品的投诉或不满意。商业实验室检测的对象绝大多数是“单一”的样品，检测结果往往用于贸易结算、质量监督、安全防护、医疗卫生、环境监测等，检测结论错误或不准确，将给贸易双方、监督者与被监督者、利益相关方造成非常严重的影响。

此外，即便做到了检测结论“准确”，但检测报告中的一些非结论性错误，例如样品信息

错误、客户信息错误、检测标准错误等报告描述性错误，再如检测报告与原始记录不一致的溯源性问题，都会给客户（或委托方）带来不好的印象，甚至使客户对报告的“公正性”和“客观性”产生怀疑，从而导致相关检测机构逐渐丧失“公信力”，进而失去其持续经营的根本。

综上所述，对于大多数制造业企业而言，“零缺陷”是在产品质量满足买卖双方合同约定的质量允收准则（AQL）的基础上，制造商提出的更高的工作标准，是一种“奢侈品”；对于所有商业实验室而言，检测报告中包含的一切信息必须100%准确，“零缺陷”是一种“必需品”。

## 三、商业实验室业务流程及质量管理状况剖析

然而，认真剖析一下第三方检测实验室的业务流程及质量管理方式，我们不难发现，大多数实验室与“零缺陷”的目标相距甚远，还存在巨大的改善空间。

首先，我们来看一下实验室的检测工作流程。

从制造工厂的角度来看，生产一件产品通常要经过“设计→采购→原料加工→半成品加工→成品组装→包装→运输→交付”等，生产工序少则十来个、多则数十个甚至上百个，检验或试验只是其中一环，似乎并不重要。但是，站在检测实验室的角度，可将检测工作分解为多个工序，以玩具样品检测为例，可分为“合同评审→录单/开案→接样/分样→分板→制样→前处理→仪器分析→数据审核→报告编制→报告审核→报告发放”等十余个步骤，检测作业并不简单。

在制造工厂，人们通常用“直通率”来衡量制程质量，以一个制程质量稳定在“3σ”水准（即工序质量合格率为99.73%）的产品生产过程为例，如果该过程包括十个工序，则其产品一次加工合格率为97.33%（计算过程读者可以自行验证），产品最终不合格率为2.67%。这个结果对于普通的企业而言，是足以为傲的质量绩效，但对于追求“零缺陷”（或“六西格玛”）的企业而言，却是远远不够的。

上述“直通率”的计算方式同样适用于商业实验室。对于绝大多数不同类型的样品，检测工作通常无法通过“一个步骤”完成，也无法做到所有步骤都通过仪器/设备来完成。以玩具样品检测为例，以上所述十余个步骤都是由“人工作业”（或“人机交互”）的方式来完成的。假定每个工序的工作质量稳定在“3σ”水准，则检测报告（即最终产品）的准确性为99.73%，这意味着每10000份报告中有267份有瑕疵（甚至结论错误）的报告交付给客户。假如实验室在报告交付前增加一道“全检”工序，考虑任何人工检查均存在一定的“漏检率”（假设为5%），则仍然会有0.13%（或1335ppm）的不合格报告交付给委托方。对于追求“客观”“公正”“准确”的第三方检测实验室而言，这个结果显然是无法接受的。

然而，99.73%的工序“直通率”或者1335ppm的报告“差错率”，只是一个假设的“理想”情形，大多数实验室各工序的质量水准远远达不到“3σ”。我们假设某实验室统计期内的报告发放量为10000份，各工序的“不合格率”以及相关检验工作的“漏检率”如下表所示，那么可测算一下该实验室的最终表现。

**表　某实验室各工序的质量绩效（模拟）**

| 序号 | 工序名称 | 工序合格率 | 累计合格率 | 漏检率 | 不合格数 | 累计不合格数 |
|---|---|---|---|---|---|---|
| 1 | 合同评审 | 98.8% | 98.80% | — | 120 | 120 |
| 2 | 录单/开案 | 90.0% | 88.80% | — | 1000 | 1120 |
| 3 | 接样/分样 | 98.0% | 86.80% | — | 200 | 1320 |
| 4 | 分板 | 97.8% | 84.60% | — | 220 | 1540 |

续表

| 序号 | 工序名称 | 工序合格率 | 累计合格率 | 漏检率 | 不合格数 | 累计不合格数 |
|---|---|---|---|---|---|---|
| 5 | 制样 | 99.85% | 84.45% | — | 15 | 1555 |
| 6 | 前处理 | 99.85% | 84.30% | — | 15 | 1570 |
| 7 | 仪器分析 | 99.55% | 83.85% | — | 45 | 1615 |
| 8 | 数据审核 | — | | 8% | -69 | 1546 |
| 9 | 报告编制 | 90.0% | 74.54% | — | 1000 | 2546 |
| 10 | 报告审核 | — | — | 5% | | -2418.7 |
| 11 | 报告发放 | — | 1.27% | — | — | 127.3 |

由上表可知：该实验室的“直通率”（或“一次做对”的合格率）仅为74.54%，大量不符合要求的报告需要通过“最终检查”挑选出来，即便如此，理论上至少还有1.27%的不合格报告被交付给委托方，从而导致抱怨、投诉、索赔甚至诉讼案的发生。

上表中各工序的“合格率”及“漏检率”仅是“模拟”（或“虚构”）的数字，从事检测工作的读者（尤其是实验室管理人员）可以自行将所在实验室的相关数据同表1进行对比，得出自己实验室的情况。如果您无法获得相关数据，那么本文作者只能遗憾地告诉您：您实验室的绩效表现比表1更加糟糕。

其次，我们再来看一下实验室的质量目标。

为了满足实验室认可准则（ISO/IEC17025或RB/T214）的要求，商业实验室通常会制订质量目标，例如“结论性错误为零”“一般性报告错误率＜x”等。我们可以通过如下“假设”来推测实验室在质量目标管理方面存在的问题。

（1）假定某检测实验室的质量目标为“一般性报告错误率＜1%”，则意味着每10000份报告中有100份有瑕疵的报告交付给了客户，也意味着报告检查工序漏检了100份报告。

（2）假定报告检查工序的漏检率为5%，则意味着在检查前，该10000份报告的差错数为100/0.05=2000份，累计过程合格率仅为80%。

（3）假定这2000份差错报告由6~8个工序（或过程）产生，则平均每个工序（或过程）的不合格率为2.50%~3.33%，同“3σ”水准下的0.27%不合格率相距甚远。

## 四、“零缺陷”质量管理模式在商业实验室的应用

相信上述对商业实验室业务流程及质量管理状况的剖析可使广大读者更加清楚实验室“零缺陷”质量管理的重要性。为了便于实验室负责人更好地推行“零缺陷”质量管理模式，本文拟定了一个“先易后难”的“六步法”实施方案，供各位读者参考。

第一步，调查各检测工序的“不合格率”以及数据和报告审核的“漏检率”。通过系统的“不符合”数据收集，全面掌握本实验室的质量状况。适当时，可将“不符合”转化为“金钱”，核算各工序因“不符合要求”需付出的代价（金钱损失）。

第二步，为每个工序制订“过程不符合”的质量目标。第一阶段的目标建议至少应达到“3σ”的水准（即不合格率小于0.27%）。各工序第一阶段目标达成后，可进一步制订更高的质量目标（如“6σ”）。

第三步，建立“过程不符合”的监视与测量系统。定期（每天、每周、每月）向各工序/岗位（或“零缺陷”工作站）反馈过程不合格统计信息及“不符合要求”的代价（不仅是报告不合格）。

第四步，建立“零缺陷”质量改进工作机制。定期（每天、每周、每月）召开“零缺陷”质量工作会议，并辅之以提案改善、QCC小组等质量改进活动，按照“80/20”的原则，对各类“不符合”进行原因分析、制订对策及改进。

第五步，建立“一次做对”的工作质量标准。同制造业推行“零缺陷”一样，实验室管理层应围绕以下三个方面展开：制订对员工的工作要求；提供员工所需的工具、金钱、方法等，以期达到要求；尽全力鼓励并帮助员工达到要求。

第六步，建立“一次做对”的质量文化。管理层应以身作则，彻底摒弃以往的“差不多就好”“人都会犯错”等错误观念，在整个组织内宣传、弘扬“零缺点”“零故障”“第一次就把事情做对”的质量文化。

在上述六个步骤中，实验室也可以根据实际情况将第五步调整至最开始，以此作为调查“不符合工作”的依据。第六步显然是最难的，需要实验室管理层及全体工作人员“笃定守正、久久为功”，长期修炼才能实现。

## 五、案例分享：某商业实验室在“零缺陷”质量管理方面的实践

某检测实验室的“一般性报告错误率”目标为0.4%。2014年，该实验室在3个月内因连续2起报告错误引起某欧洲品牌厂商B客户的强烈投诉并表示将终止合作。B客户每年委托给该实验室的测试项目总金额近200万元人民币。

为了挽回该客户，实验室负责人登门拜访致歉，并在实验室内部迅速启动了“零缺陷”质量工作计划，具体分两个阶段进行。

第一阶段（临时措施）：实施针对VIP客户（含B客户）的“零缺陷计划”。

（1）针对所有VIP客户（含B客户）增加一道“报告检查”工序，通过“双重检查”（Double Check）的方式，确保VIP客户报告交付的“零缺陷”目标，即错误率从此前的0.4%降低到0.02%（200ppm）。

（2）进一步完善大客户技术文档，确保“第一次就把事情做对”。具体工作包括对测试计划（Protocol）、分板手册、报告模板等技术文档的修订完善，以及对客户其他特殊要求进行充分解读，形成文件并组织落地等。

第二阶段（长期措施）：在整个实验室、全部客户范围推广“零缺陷计划”。

（1）培训宣传——开展“零缺陷”基本概念和理念的培训。

（2）组织架构——成立“零缺陷”质量管理委员会。

（3）管理体系——建立“零缺陷”质量政策与目标管理体系。

（4）测量系统——建立质量成本统计、分析与报告机制。

（5）改进机制——开展提案改善及QCC小组活动。

经过长达一年的努力，整个实验室的质量管理水平得到了全面提升，所谓“观念变则行为变，行为变则结果变”，在几乎没有增加任何人手的情况下，该实验室各工序的“一次做对”合格率均达到“3σ”水准。尤其是报告制作部门：经过6个月的努力，“报告编辑错误率”由0.4%降至0.1%；再经过6个月的努力，又由0.1%降低至0.01%，创造了不可思议的“奇迹”。

当然，B客户最终也消除了不满意，并且其委托给实验室的测试量在最近几年也获得了稳步的提升。同时，“零缺陷”作为一项重要的战略，也帮助该实验室提升了核心竞争力，使实验室成功获得了更多VIP客户的认可，并实现了业绩的持续增长。

# 参考文献


[ 1 ] 谢非. 风险管理原理和方法［M］. 重庆：重庆大学出版社，2013.

[ 2 ] 李素鹏. 企业风控体系建设全流程操作指南［M］. 北京：人民邮电出版社，2020.

[ 3 ] 田武. ISO 9001：2015标准中有关“基于风险的方法”的理解［J］. 质量与认证，2015，（10）：47-48，51.

[ 4 ] 中国认证认可协会. 质量管理体系审核员2015版标准转换培训教材［M］. 北京：中国标准出版社，2015.

[ 5 ] 黄进. 对ISO14001：2015《环境管理体系要求及使用指南》国际标准“风险和机遇”要求的理解［J］. 中国标准化，2016，（6）：104-110.

[ 6 ] 郝红岩. 对ISO 45001：2018标准中风险管理分析［J］. 中国认证认可，2019，（9）：26-31.

[ 7 ] 柯章勇. 基于风险思维的ISO/DIS 45001职业健康安全管理体系［J］. 中国认证认可，2017，（3）：44-45.

[ 8 ] 梁嘉声. 检测实验室如何应对ISO/IEC 17025：2017标准新要求的经验分享［J］. 食品安全质量检测学报，2020，11（23）：8989-8993.

[ 9 ] 陆渭林. ISO/IEC 17025：2017《检测和校准实验室能力的通用要求》理解与实施［M］. 北京：机械工业出版社，2020.

[10] 沈镜鸿. 完善检验检测监管体制提升检验检测产业质量［J］. 上海质量认证沙龙，2017，（5）：39-42.

[11] 唐晓飞. 化学分析中的质量保证和质量控制［J］. 电大理工，2011，（3）：1-2.

[12] 刘向峰. 检测实验室内部质量控制方法及其适用性分析［J］. 现代测量与实验室管理，2015，（3）：48-50.

[13] 刘崇华，董夫银. 化学检测实验室质量控制技术［M］. 北京：化学工业出版社，2013.

[14] 丁锦春，徐彩萍，林青，等. 有效实施盲样考核的探讨［J］. 环境与职业医学，2012，（8）：526-528.

[15] 李艳. 多点校准工作曲线［J］. 黑龙江冶金，2014，（2）：51-53.

[16] 杨克军. 供应链质量管理：概念、战略及方法［M］. 北京：中国标准出版社，2019.

[17] 安泰环球技术委员会. 管理风险 创造价值——深度解读ISO 31000：2009标准［M］. 北京：人民邮电出版社，2010.

[18] 夏冬艳. 浅谈风险矩阵法在采购风险评估中的应用［J］. 经营空间，2012，（12）：66-67.

[19] 史园园. 合规管理体系认证-合规是组织可持续发展的基石［EB/OL］. https://www.sohu.com/a/258620419_100075654，2018-10-10.

[20] 贺蕾，等. 112起高校实验室事故分析统计与防控对策研究［J］. 应急救援，2017，（2）：49-53.

[21] 吕双庆. 实验室常见事故预防与应急处理 [J]. 石油化工安全环保技术，2016，(1)：32-34.

[22] 宋小飞，伍银爱，吕鹏飞，等. 突发事故应急预案在高等院校实验室管理中的应用 [J]. 实验室技术和管理，2015，32，(4)：251-255.

[23] 陈卫华. 实验室安全风险控制与管理 [M]. 北京：化学工业出版社，2020.

[24] 李在卿. ISO 45001：2018《职业健康安全管理体系要求及使用指南》的应用指南 [M]. 北京：中国标准出版社，2019.

[25] 李艳芬. 信息化背景下分析合规性评价在企业管理中的应用 [J]. 科学与信息化，2017，(26)：167-168.

[26] 吴一. 如何进行合规性评价 [J]. 中国质量，2015，(7)：77-79.

[27] 朱学安. 合规性评价的做法和应注意的问题 [J]. 中国水泥，2013，(11)：97-99.

[28] 贺荣芳，张幸福，吴苏江. HSE风险管理理论与实践 [M]. 北京：石油工业出版社，2009.

[29] 郜军. 目标管理 [M]. 北京：电子工业出版社，2019.

[30] 赵延荣，王伟灵. 失效模式及效应分析在医学实验室预防措施中的应用 [J]. 国际检验医学杂志，2018，3 (A02)：143-145.

[31] 程虹，刘芸. 利益一致性的标准理论框架与体制创新——"联盟标准"的案例研究 [J]. 宏观质量研究，2013，(2)：92-106.

[32] 耿雷，刘静. 检验检测机构公正性风险的识别与控制 [J]. 中国检验检测，2019，27 (6)：74-78.

[33] 浦哲，等. 热交换器检验检测机构公正性风险识别及控制 [J]. 西部特种设备，2021，4 (3)：58-63.

[34] 师源，等. 基于风险和机遇思维的检测实验室人员管理关键环节 [J]. 分析仪器，2020，(2)：118-122.

[35] 赵永刚. 如何做好检测实验室的管理评审 [J]. 中国检验检测，2018，26 (04)：68-70.

[36] 于欣. 通过SWOT分析探讨药品检验机构管理评审的工作方式 [J]. 中国药学杂志，2020，55 (19)：1644-1648.

[37] 扈悦文，赵伟. 再谈管理评审与企业经营 [J]. 中国管理信息化，2020，23 (5)：115-116.